DISNEY

365 cuentos

Volumen 2

Una historia para cada día

LIBROS DISNEY

© de esta edición: Editorial Planeta, S. A., 2017
Avda. Diagonal, 662-664, 08034 Barcelona (España)
www.planetadelibrosinfantilyjuvenil.com
www.planetadelibros.com
Primera edición: septiembre de 2017
Segunda impresión: junio de 2018
ISBN: 978-84-9951-880-0
Depósito legal: B. 1.200-2017
Impreso en España

Día de Año Nuevo

Era el primer día del nuevo año, y Pongo y Perdita paseaban con sus amos, Roger y Anita. La niebla matutina empezaba a disiparse, y el ambiente era despejado y frío.

—Ay, Pongo —suspiró Perdita, feliz—. ¡Qué año tan maravilloso hemos pasado! Podemos estar agradecidos por nuestros quince cachorritos.

—Sí, querida, y por todo lo que nos espera este año.

—¿Te puedes creer que ayer estuvieron despiertos hasta medianoche para celebrar la llegada del año nuevo? —se quejó Perdita—. ¡Y seguían despiertos cuando nosotros nos fuimos! Espero que no agoten a la pobre Nanny.

—Sí, lo de anoche en casa fue una verdadera fiesta —coincidió Pongo—. Y Lucky se habría pasado toda la noche viendo la televisión si le hubiésemos dejado.

—Deberíamos volver a casa ya —dijo Perdita—. Me da miedo que Cruella de Vil vuelva mientras estamos fuera. Me aterra la forma en la que mira a nuestros cachorros.

—Supongo que sí —dijo Pongo—. Pero estoy seguro de que Nanny los está cuidando bien.

Pongo y Perdita tiraron suavemente de sus correas para que Roger y Anita supieran que era hora de irse. Los cuatros se dirigieron a casa mientras otra suave llovizna empezaba a caer.

—¡Nanny! ¡Niños! ¡Ya estamos en casa! —gritó Roger mientras él y Anita se quitaban las botas llenas de barro y Pongo y Perdita se limpiaban las patas en la alfombrilla del vestíbulo. Pero nadie contestó.

—¡Pongo! —exclamó Perdita con creciente pánico—. ¿Dónde están los cachorros?

Pongo subió rápidamente por las escaleras y empezó a buscar por las habitaciones, una a una. Perdita fue a mirar en la cocina. Roger y Anita intercambiaron unas miradas de preocupación, pero intentaron mantener la calma.

Pongo se dirigió apresuradamente a la sala de estar para reunirse con Perdita, que estaba a punto de llorar.

—¡Ay, Pongo! —balbuceaba—. ¿Dónde estarán?

—Tranquila, querida —dijo Pongo con las orejas levantadas, prestando atención.

Los dos perros permanecieron en silencio. Entonces oyeron que del sofá provenía un pequeño ronquido. Allí, acurrucados entre los cojines, los cachorros dormían profundamente.

—¡He encontrado a Nanny! —gritó Roger—. ¡Se había quedado dormida en la silla!

Perdita estaba ocupada contando a los cachorros dormidos.

—... 12, 13, 14... ¡Ay, no! ¡Falta uno!

Pero Pongo trotó hasta la habitación contigua.

—¡Aquí está, querida! —gritó—. Es Lucky, por supuesto. Está viendo la fiesta de Año Nuevo en la televisión.

Un cuerpo para todas las ocasiones

Con un cielo lleno de pequeñas nubes y una brisa tan cálida como maravillosa, los coches de Radiador Springs se encontraban disfrutando de un día estupendo. Todos… menos Sally.

—¡Hola, Sally! ¿A qué viene esa cara tan larga? —preguntó Flo.

—Es que hoy no es mi día —gruñó Sally—. Esta noche tengo una cita con Rayo y ¡quiero llevar algo especial! Pero no encuentro nada que me guste. No hay nuevos accesorios ni nada bonito que pueda usar.

—¿Has probado a mirar en la tienda de utensilios de Sargento? —preguntó Flo.

Sally asintió con tristeza.

—Sí, pero ¡no he encontrado nada!

Las amigas se toparon con Ramón mientras avanzaban.

—Sally quiere ponerse guapa para su cita con Rayo esta noche. Pero ¡no encuentra nada! —le explicó Flo.

Ramón se acercó, como si quisiera contarles un secreto.

—Puede que tenga la solución…

Momentos después, Sally y Flo se encontraban en el taller de pintura de Ramón. Sally se vio abrumada por su oferta.

—¡Vamos, mujer! —la animó Ramón—. Un nuevo look te sentará de maravilla. ¡Ese Rayo McQueen no se creerá lo que ven sus faros!

—Bueno, es que yo tenía en mente algo mucho menos radical —admitió ella, nerviosa.

—¡Venga, si te va a encantar! —le dijo Flo.

Ramón se puso ruedas a la obra, pintando con maestría en todas direcciones.

Cuando Sally se miró al espejo, estaba cubierta del capó al maletero con unas fieras llamas de colores naranja y amarillo. Tragó saliva por el espanto.

En un segundo intento, Ramón la cubrió con unas enormes flores abiertas de par en par. Ella volvió a decepcionarse.

Y, en su tercer intento, Ramón creó un patrón con manchas variadas de todos los colores imaginables.

—Creo que éste es demasiado especial —confesó Sally, sintiéndose tonta al ver su reflejo.

—Necesitamos algo más —decidió Ramón—. Déjame pensar…

Con una tormenta de espray e inspiración, Ramón desveló su mejor creación hasta el momento.

—¡Anda! —exclamó Sally al abrir los ojos—. ¡Si soy yo otra vez! ¡He vuelto a la normalidad!

Ramón y Flo mostraron una gran sonrisa.

—Porque así es como mejor estás —dijo Ramón.

—Sí —confirmó Flo—. Eres perfecta, Sally. No lo olvides nunca.

Sally se sonrojó enseguida.

—Esta noche, Rayo no te podrá quitar los ojos de encima —dijo Ramón.

Sally se marchó con inmensa alegría en sus ruedas. No necesitaba cambiar cómo era, ni por dentro ni por fuera.

Disney·PIXAR

MONSTRUOS, S.A.

Relaxópolis

Era otro día de frío en Monstruópolis. Sulley y Mike iban de camino al trabajo. Mike suspiró hondamente.

—¿Cuál es el problema, colega? —quiso saber Sulley.

—¡Estoy harto y cansado del invierno! —respondió Mike—. Hace frío y viento, y anochece muy pronto —pensó durante un segundo—. ¡Sulley, creo que tengo depresión invernal!

—Eso parece —reconoció Sulley—. Aunque sólo queda un mes o dos.

Mike suspiró de nuevo. ¡Un mes o dos más de invierno le parecían una eternidad! Pero una gran sonrisa se dibujó en su cara cuando miró hacia arriba y vio un cartel. En él aparecía un gran monstruo rosa con gafas de sol, sentado en una tumbona en la playa y bebiendo algo que parecía un refrescante granizado. En grandes letras se leía: ¡ACABA CON EL INVIERNO EN RELAXÓPOLIS!

Mike se detuvo de golpe y agarró a Sulley de su peludo brazo. Señaló el cartel, demasiado excitado como para decir una palabra.

—¡Ésa es una gran idea! —exclamó Sulley—. ¡Una semana en una isla tropical será estupenda!

Tan pronto como llegaron al trabajo, Mike rellenó sus formularios de vacaciones. ¡Estarían de camino a Relaxópolis a primera hora de la mañana del sábado!

Cuando llegaron a su destino, fueron directos a la playa, donde cada uno pidió un refrescante granizado. Mientras se relajaban en las tumbonas en la zona más soleada de la playa, Mike exclamó:

—¡Esto es vida!

—Desde luego —añadió Sulley—. ¿Crees que necesitas un poco de esta crema solar Monstruo Trópico? ¡No debes tomar mucho el sol el primer día!

—Sólo me voy a broncear un rato —dijo Mike, feliz—. Noto como se derrite mi depresión.

Se puso un monóculo de sol espejado sobre su ojo y colocó los brazos detrás de la cabeza. ¡Eso era el paraíso!

Al cabo de un rato, Sulley se aburrió de tomar el sol y decidió darse un baño. Después se apuntó a un partido de monstruobol en la playa. Un par de horas después regresó a las tumbonas, donde Mike estaba profundamente dormido. Sulley lo miró de cerca. ¡Mike se había quemado al sol!

Sulley cubrió a Mike con una toalla y corrió a por un granizado. Cuando regresó a las tumbonas, Mike se empezaba a despertar.

—Eh, colega —dijo Sulley—. Imagino que has espantado el frío, ¿eh?

Mike miró a Sulley adormecido.

—Fíjate, ya no estás helado —explicó Sulley—. ¡Ahora estás al rojo vivo!

La historia de Marlin

—P. Sherman, calle Wallaby, 42, Sídney. P. Sherman, calle Wallaby, 42, Sídney.

Dory seguía murmurando la dirección. Ella y Marlin buscaban al hijo perdido del pez payaso, Nemo. Acababan de escapar de un rape rabioso y ahora intentaban encontrar a alguien que pudiera darles indicaciones para llegar a Sídney. Allí era donde estaba Nemo, probablemente.

— P. Sherman, calle Wallaby, 42, Sídney. P. Sherman, calle Wallaby, 42, Sídney —continuó repitiendo Dory.

Marlin ya había memorizado la dirección y creía que se volvería loco si la oía una vez más.

—¡Dory! —dijo con un suspiro—. Sé que sólo quieres ayudar, pero ¿tienes que seguir hablando?

—Me encanta hablar —dijo Dory—. Se me da muy bien. Mmm... ¿De qué estábamos hablando?

—¡Sólo quiero encontrar a Nemo! —dijo Marlin.

—Eso es, Chico —dijo Dory.

—Una vez, Nemo y yo... —empezó Marlin.

—Continúa —dijo Dory—. ¿Va a ser emocionante?

—Sí, es una historia emocionante —dijo Marlin, aliviado por haber conseguido que dejara de recitar la dirección—. Bueno —empezó Marlin—, una vez llevé a Nemo al otro lado del arrecife, a visitar a un pariente mío al que se consideraba, en su día, el nadador más rápido de todos los peces payaso. Pero cuando fuimos a visitarlo, se había hecho muy mayor.

—¿Cuándo llega lo bueno? —dijo Dory bostezando.

—Estaba a punto de contarlo —dijo Marlin con un suspiro—. Bueno, pues, de camino a casa, adivina con qué nos tropezamos.

—¿Con qué? —preguntó Dory.

—¡Con una medusa enorme! Estaba merodeando por el agua y nos cerraba el paso entre dos grandes matas de posidonias.

—Ajá... —dijo Dory. Parecía que intentaba recordar algo—. P. Sherman... —murmuró muy bajito.

—Por un momento, creí que no lo contábamos —dijo Marlin—. Pero entonces... una tortuga de mar enorme nadó hacia nosotros y engulló a la medusa de un bocado.

—¿Le diste las gracias a la tortuga? —preguntó Dory, que parecía haber vuelto a la historia.

—Pues no... —respondió Marlin—. Me daba miedo que nos comiera a nosotros también, así que Nemo y yo seguimos nuestro camino. Pero, desde entonces, me fascinan las tortugas marinas. Y espero no tener que encontrarme nunca más con una medusa.

—¡Oye, yo también tengo una historia! —dijo Dory emocionada—. Ocurrió en la calle Wallaby, 42, Sídney. En P. Sherman. Pues bien, en P. Sherman, calle Wallaby, 42, Sídney, había un... mmm... pez y... bueno...

Marlin gruñó y siguió nadando.

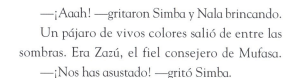

Cobardicas

—N ala! ¿Estás despierta? —susurró Simba.
—Sí —susurró también Nala, saliendo de la oscura cueva donde dormía con su madre—. ¿Qué haces aquí? Vas a meternos en un lío otra vez.

Simba y Nala habían salido a explorar el Cementerio de Elefantes prohibido, donde las hienas los habían acorralado, y el padre de Simba, Mufasa, los había rescatado.

—Vamos. —Simba silbó—. Sígueme.

Poco después, los dos cachorros se encontraban en la oscura sabana, cerca de la base de la Roca del Rey.

—Bien, ¿qué es lo que quieres? —preguntó Nala.

—Sólo quería asegurarme de que no seguías asustada —dijo Simba.

Nala frunció el ceño.

—¡¿Asustada?! —exclamó—. ¡Yo no era la que estaba asustada!

—¡¿Qué?! —gritó Simba—. ¿Insinúas que era yo el asustado? Porque a mí no me asustan unas cuantas hienas estúpidas. No me habría asustado aunque nos hubiésemos topado con diez hienas.

—Pues yo no me habría asustado aunque nos hubiésemos encontrado a veinte hienas y a un búfalo de agua enfadado —dijo Nala.

—¿Ah, sí? —dijo Simba—. Pues yo no me habría asustado ni de treinta hienas, un búfalo de agua y un...

—¡¿Cálao furioso?! —graznó una nueva voz desde la oscuridad.

—¡Aaah! —gritaron Simba y Nala brincando. Un pájaro de vivos colores salió de entre las sombras. Era Zazú, el fiel consejero de Mufasa.

—¡Nos has asustado! —gritó Simba.

—Yo no me he asustado —dijo Nala indignada.

—¡Ni yo! —añadió Simba, rápidamente.

Zazú los observó a ambos por encima de su largo pico.

—¿Ah, no? Pues ¿de quién eran esos gritos? —dijo con ironía.

—Nos has sobresaltado, eso es todo —masculló Nala.

Zazú se ahuecó las plumas.

—Escuchadme los dos —dijo—, no tenéis que avergonzaros de admitir que estáis asustados. Ni el rey Mufasa negaría que estaba aterrado cuando se enteró de que habíais desaparecido. Y si él puede admitirlo, un par de cachorros flacuchos como vosotros también pueden hacerlo, ¿verdad?

—Supongo —dijo Simba mientras Nala se encogía de hombros.

—Todos nos asustamos —siguió Zazú—. Lo que cuenta es cómo reaccionas ante el miedo. Ahí es cuando demuestras tu verdadera valentía. ¿Entendido?

—Entendido —dijeron Simba y Nala.

—Bien.

Zazú emprendió su camino hacia la Roca del Rey. El sol estaba saliendo y era hora de desayunar.

—Ahora volved a casa cuanto antes... si no queréis que os dé un susto de verdad.

La puesta a punto de Rojo

Una mañana, el camión de bomberos Rojo pensó que era el día ideal para plantar un jardín. Encendió su motor. Rrrrrr. El motor de Rojo sonaba raro.

¡Pop! ¡Pop! ¡Pop!

Comenzaron a salir ruidos de su tubo de escape.

Mientras su motor iba soltando extraños ruidos, Rojo intentaba no prestar atención. Con un poco de suerte, lo que estuviera mal probablemente se solucionaría, porque Rojo no quería ir a la clínica de Doc. Se dirigió al pueblo a trabajar en su jardín, y pronto adelantó a Rayo.

—¡Hola, Rojo! —saludó Rayo—. ¿Cómo te va?

—Bien —respondió tímidamente Rojo.

¡Bang! ¡Bang!

—¡Vaya! —exclamó Rayo—. Eso no puede ser bueno. ¿Te encuentras bien?

—Humm... Ejem... —murmuró Rojo.

¡Pop! Rojo siguió conduciendo hacia el pueblo. Rayo también se dirigió al pueblo para reunirse con sus amigos. Ellos no querrían que Rojo estuviese enfermo. Rayo encontró al resto en el Café V8 de Flo, repostando para desayunar.

—Rojo no está bien —explicó Rayo, señalando al camión de bomberos, que había empezado a plantar un jardín al otro lado de la carretera—. Pero le da miedo ir a la clínica.

—Oh, cáscaras —dijo Mate, la grúa—. Sé cómo se siente ese pobre chico. ¡Yo también estaba asustado la primera vez! Pero Doc es un profesional. ¡Tendrá arreglado a Rojo antes de que sepa qué es lo que le pasa!

Los amigos intentaron convencer a Rojo de que visitara a Doc. Ramón le ofreció una nueva capa de pintura en su taller, pero nada podría convencer a Rojo de que acudiera.

—Será mejor que vayamos allí —dijo Rayo a Sally, que acababa de llegar.

Los dos coches aceleraron. Y Mate, Luigi, Guido, Fillmore y Flo los siguieron.

¡Bang! ¡Pop, pop, pop!

El motor de Rojo gorgoteaba, y de su tubo de escape salían más y más ruidos.

Sally se inclinó hacia él.

—Escucha, Rojo. Todos sabemos que la primera puesta a punto puede dar miedo. Pero lo que esté mal puede tener fácil arreglo. Si no vas ahora, podría convertirse en un problema. Ninguno quiere que tengas que pasar por una revisión completa. Nos importas demasiado.

Rojo miró a sus amigos. Sabía que lo que Sally decía era cierto.

—¿Vendrías conmigo? —preguntó a Sally.

—Por supuesto que sí —respondió ella, contenta de que su amigo cambiara de idea.

Más tarde, Rojo salía de la clínica y sus amigos lo estaban esperando. Rojo revolucionó su motor. ¡Brruum! Sonaba suave como la seda. ¡Era maravilloso correr a toda máquina!

El vaquero kung-fu

Andy estaba acurrucado en la cama, leyendo un cómic con Woody a su lado. A Woody le encantaba oír las historias del experimentado maestro del kung-fu, y sintió cierta decepción cuando Andy se quedó dormido.

Aun así, a él también le estaba entrando sueño. Cuando el pequeño vaquero de juguete se tapó con las sábanas, no tardó en dormirse también.

En su sueño, Woody había vuelto al viejo Oeste. Estaba en su escritorio en la oficina del sheriff, esperando a que llegaran los problemas… y no tuvo que esperar mucho.

—¡Sheriff Woody! —llamó uno de los ciudadanos, entrando de golpe en la oficina—. ¡Están llegando Sombrero Negro y sus secuaces!

—¡Ningún forajido va a robar a los habitantes de Piedrarroz si estoy aquí para protegerlos! —prometió Woody, levantándose de un salto.

En vez de coger su sombrero, ¡el sheriff se puso su bandana de kung-fu! Se la ató en la cabeza justo cuando llegaron el malvado Sombrero Negro y su banda.

—¡Entréguenos todo el dinero de la ciudad, sheriff! —ordenó Sombrero Negro.

Él y los suyos eran unos de los villanos más duros y temidos de los alrededores.

Woody apretó los ojos.

—Tengo algo que decirte, Sombrero Negro —anunció, haciendo una pose de lucha—. ¡Toma esto! ¡Ai yaaa!

Con una serie de patadas voladoras y algún que otro golpe con las manos, Woody acabó con la banda entera. Los ciudadanos empezaron a vitorearlo.

—¡Muchas gracias, Woody! ¡Eres nuestro héroe!

De pronto, se despertó por un grito real de socorro. Abrió los ojos de par en par. Estaba tan atrapado en su sueño que no se había dado cuenta de que Andy ya se iba a la escuela.

—¡Emergencia! —gritó Slinky desde el suelo—. ¡Los monos rojos andan sueltos!

El vaquero observó desde el borde de la cama y vio a Rex corriendo mientras era perseguido por un grupo de monos rojos y locos.

—¡Éste es un trabajo para el sheriff kung-fu! —anunció Woody, pero al saltar se tropezó con la colcha.

Intentando volar con los brazos, cayó de la cama, rebotó en una pelota y se estrelló contra la mesa de Andy con un sonoro ¡pam!

—Woody, ¿estás bien? —le preguntó Bo Peep, corriendo a su lado.

—Vaya, qué mal se me dan las patadas voladoras —se quejó Woody.

Los demás no tenían ni idea de qué estaba hablando.

—Si vienen más bandidos, tendréis que buscar a un vaquero kung-fu de verdad. Yo no sirvo para esto.

—No necesitas dar patadas voladoras para ser un buen vaquero —le dijo Bo, y Woody se dio cuenta de que tenía razón.

Cogió su lazo y corrió para ayudar a Rex. Quizá no supiera kung-fu, pero los demás juguetes sabían que, cuando se trataba de ser un sheriff, él era el mejor.

Lo que sea por una carrera

Dusty había salido para hacer algunos recados y se encontraba volviendo a toda prisa a Propwash Junction. Él y Chug habían hecho planes para ver juntos la Carrera Interestatal por la televisión, y puesto que ésta pasaba justo por su ciudad, no quería perderse ni un solo minuto.

Pero, según volaba, el viento empezó a soplar más fuerte. Pronto, el pequeño aeroplano comenzó a tambalearse por las corrientes, y avanzar se le hacía cada vez más y más complicado.

—Espero llegar a tiempo para la carrera —dijo, entrecerrando los ojos para ver entre la tormenta.

Cerca de él, otros dos aviones se retiraron. El viento era demasiado fuerte y seguir podría ser peligroso. Pero Dusty se negó a parar. No iba a permitir que una «pequeña brisa» le impidiera ver la carrera.

Más adelante, divisó otro grupo de aviones.

«Esos de ahí aún están volando», pensó, sin darse cuenta de que eran competidores de la carrera ni de que estaban buscando un sitio seguro en el que aterrizar.

Los corredores miraron a Dusty y se quedaron de piedra.

—¡Ese avión debe de estar loco! ¿No sabe que está volando directo hacia un tornado?

Dusty no lo sabía, pero no tardó en descubrirlo. El viento lo azotaba y atrapó sus alas, haciéndolo girar cada vez más rápido.

—¡No podré aguantar mucho! —gimió—. Me está atrapando.

Usando toda su pericia, el avión intentó mantenerse estable al lado del tornado y… ¡casi termina dándose de bruces contra un acantilado! La situación se volvía más peligrosa a cada segundo que pasaba. ¡Estaba en serios problemas!

Pero ¡un momento! Entre los fuertes vientos, Dusty localizó un hueco en las piedras.

«Ésa es la entrada al arroyo de Alas Rotas», pensó.

Sólo tenía una oportunidad. Abriendo los *flaps* de sus alas, se dejó llevar por el viento hacia el estrecho cañón. En el último momento, se puso de lado, esquivando las rocas mientras se lanzaba hacia la seguridad que ofrecía el arroyo.

Unos minutos más tarde, apareció cerca de Propwash Junction. Jamás se había alegrado tanto de ver el lugar, y, justo cuando aterrizaba, Chug se acercó para informarlo de que la carrera estaba a punto de empezar. ¡Había llegado a tiempo!

Corrió emocionado hacia la televisión, sólo para oír como un reportero anunciaba que la carrera se había suspendido por culpa del tornado. Dusty gruñó. ¡Tanto trabajo para nada!

Chug mostró su sorpresa al ver el tornado en televisión.

—¡Hay que estar loco para volar en esas condiciones!

—Sí —respondió Dusty—. ¡Y que lo digas!

Un día en la manada

En las profundidades de Sudamérica, el malvado explorador Charles Muntz empezaba a emocionarse. Llevaba años intentando hacerse con un raro pájaro tropical, y aquél era el día en que por fin iba a conseguirlo.

Muntz había construido unos dispositivos de comunicación que le permitían hablar con sus perros. Reunió a su valerosa manada en una de las salas de su aeronave y empezó a explicarles su misión. Los perros tenían una pinta temible, a excepción de uno…

—¿Un pájaro? —jadeó Dug, un golden retriever.

Muntz puso los ojos en blanco y suspiró. ¿Cuántas veces tenían que pasar por lo mismo?

—No es un pájaro cualquiera —dijo, sosteniendo una foto de la rara criatura que estaba buscando—. Este pájaro.

El explorador explicó a la manada la nueva estrategia que había ideado para sacar al ave de su escondite y capturarla.

—Seguid el plan y traédmelo vivo —les ordenó.

—¡No se preocupe, maestro! —ladró uno de los perros—. Cumpliremos sin error.

—Seremos rápidos —dijo otro.

—¡Seremos despiadados! —gruñó un tercero.

Mientras, Dug se rascaba felizmente la oreja con la pata trasera. Le hacía sentirse bien, y no fue hasta que terminó que se dio cuenta de que todos lo estaban mirando.

—Uy. Eh… sí, maestro —dijo.

Muntz ordenó a los perros que se fueran y que trajeran al pájaro. En cuanto se alejaron corriendo, él se marchó a la cocina para preparar un buen festín. Iba a celebrarlo. En poco tiempo, el pájaro sería suyo.

Ya en la jungla, los perros avanzaron con sigilo por la hierba, buscando a la criatura. Los líderes de la manada, Alfa y Beta, iban delante, con las narices pegadas al suelo. Dug trotaba en la parte trasera, con la lengua colgando, mientras admiraba las hermosas plantas y los árboles de la jungla.

De pronto, Beta localizó al pájaro. Era una criatura alta y elegante, con unas plumas muy coloridas. Estaba tan feliz, masticando unas bayas, y no tenía ni idea de que los perros acechaban cerca.

En cuanto la manada se dispuso a atacar, Dug olfateó algo en el aire.

—Un momento —susurró—. ¿No oléis algo?

Alfa gruñó mientras los demás perros levantaban la cabeza para olfatear, y entonces empezaron a babear.

—¡No! ¡Hoy no! —les suplicó—. ¡Tenemos que seguir el plan!

Pero ni siquiera Alfa pudo resistir el olor mucho tiempo. Mientras Charles Muntz dejaba en la mesa su plato de pollo a la brasa, vio a los cuatro perros sentados a la mesa, jadeando hambrientos. Seguir las órdenes era importante, pero el olor del pollo… ¡era irresistible!

Supermamá

Como Elastigirl, Helen Parr había luchado contra algunos de los supervillanos más poderosos. Ahora, sin embargo, su mayor reto era conseguir que su familia estuviera lista por las mañanas.

Su marido podía apañárselas solo, más o menos, pero sus hijos Dash y Violet siempre se estaban peleando y a menudo llegaban tarde a la escuela.

Dash quería usar su supervelocidad para correr hasta allí, pero Helen le advirtió de que tendrían grandes problemas si lo hacía. Como todos los superhéroes, fingían ser personas normales, así que no podían ir usando sus poderes como si nada.

Pero incluso la propia Helen tenía que admitir que a veces no era fácil. Después de dejar a Dash y a Violet en clase, el pequeño Jack-Jack empezó a llorar. Se le había caído el chupete de la boca y se le había perdido por la parte de atrás del coche.

Sin pensarlo, la madre estiró el brazo hacia atrás por encima de la cabeza y empezó a buscar por el asiento trasero. De pronto, se dio cuenta de lo que estaba haciendo y volvió el brazo a la normalidad justo cuando otro coche pasaba por su lado. Había estado cerca. Un poco más y ¡se habría desvelado su identidad secreta!

Ya en casa, Helen andaba ocupada guardando la colada cuando sonó el timbre. Sabía que tenía que ser el cartero, y se estiró hacia la puerta para abrirla. Por suerte, se paró justo a tiempo y empezó a caminar con normalidad hacia ella, tratando de parecer natural.

Más tarde, en el supermercado, estaba intentando pasar el carro por las estanterías de conservas. Sin embargo, había mucha gente bloqueando el camino. Pensó en lo sencillo que sería si pudiera estirarse sobre sus cabezas y coger las cosas que necesitaba.

Quizá si lo hacía muy rápido nadie se daría cuenta. Miró alrededor, preparó los dedos y… suspiró. No podía arriesgarse a que alguien la viera, así que tendría que esperar como los demás.

Mientras aguardaba, un carro chocó contra un gran montón de naranjas. La montaña de fruta se tambaleó y empezó a desmoronarse. Iba a caer sobre su carro, donde Jack-Jack se encontraba durmiendo plácidamente.

De manera instintiva, Helen rodeó la torre de naranjas con los brazos, sosteniéndola para evitar que cayera. Encogió de nuevo los brazos y se volvió para ver a un niño que la miraba con cara de haberse quedado de piedra. Helen fingió como si lo que se habían alargado fueran sus mangas, y no los brazos, y salió corriendo de la tienda para regresar a casa.

Cuando Dash y Violet regresaron de la escuela, ambos dijeron que el otro había usado sus poderes. Su madre sonrió y les dio un gran abrazo. Fingir que no tenían poderes era importante, pero a veces no podían evitar ser ellos mismos.

La **Dama** y el **VAGABUNDO**

Espaguetis con albóndigas

Golfo acababa de escapar del lacero de nuevo. Le había enseñado a aquel perrero quién mandaba.

El olfato de Golfo advirtió leña ardiendo en las chimeneas y comida al fuego. Su estómago, de repente, rugió de hambre. Escapar del perrero siempre le abría el apetito.

Pero ¿adónde podría ir a cenar esa noche? Los lunes solía parar en el Schultzes a tomar escalope vienés, los martes comía ternera y col en O'Briens, pero lo que de verdad le apetecía eran unos espaguetis con albóndigas.

Así pues, Golfo se dirigió al restaurante de Tony y arañó la puerta trasera, como de costumbre.

—¡Ya voy, ya voy! —gritó Tony. Apareció por la puerta secándose las manos con un trapo y fingió no ver a Golfo, como hacía siempre—. ¿No hay nadie? —gritó Tony—. ¡Debe de ser el Día de los Inocentes! —Fingió pararse a pensar durante un momento—. ¡Ah, no, no es día veintiocho y ni siquiera es diciembre! ¡Es enero!

Golfo ya no lo aguantaba más. Estaba hambriento y ladró.

—¡Ah, eres tú, Bundo, amigo mío! —dijo Tony. Golfo, también conocido como Seductor, saltó arriba y abajo—. Tengo tu cena, tranquilo, ahora te la traigo.

Golfo se sentó y miró a su alrededor, al abarrotado callejón. Eso era vida.

Entonces el chef apareció con un plato lleno de pasta. Y no le había puesto dos, sino tres albóndigas. Aquélla era una noche especial.

Tony se quedó hablando con Golfo mientras éste comía, contándole su día: que le habían entregado tarde el pescado; el cliente que se había quejado de que la salsa de tomate llevaba mucho ajo; el viaje que él y su mujer planeaban hacer en breve...

Golfo terminó de comer y dio un último lametón al plato. Quedó reluciente.

—Esto me recuerda que... —dijo Tony— hay algo de lo que quiero hablarte. Es hora de que sientes cabeza y te busques una esposa.

Golfo miró al hombretón, horrorizado, y empezó a alejarse por el callejón.

Tony se rio tan fuerte que su cara se agitó.

—¡Adiós, Bundo! —gritó—. Pero ¡recuerda mis palabras: un día de éstos conocerás a una perrita a la que no podrás resistirte! Y cuando lo hagas, tengo una buena idea: ¡tráela a Tony's para una cena romántica!

Golfo ladró, dándole las gracias al cocinero. Paseó por la manzana, moviendo la cabeza. Él era libre y no llevaba collar. ¿Sentar cabeza? Eso no pasaría nunca.

Peter Pan

El cuento de Nunca Jamás

En una noche fría de invierno, John y Michael no podían dormir, así que se metieron en la cama de su hermana mayor, Wendy.

—¡Va, venga, Wendy, cuéntanos un cuento! —dijo Michael.

—¡Sí, por favor, uno de Peter Pan! —pidió John.

—Por supuesto —dijo Wendy—, ¿os he contado cuando Peter Pan se burló del malvado Capitán Garfio?

—Sí —dijo Michael—. Pero ¡queremos oírlo otra vez!

Wendy rio y empezó su historia.

—Bien, una noche, el Capitán Garfio atracó su barco en una cala secreta cerca de la isla de Nunca Jamás. Él y sus hombres remaron hacia la orilla en silencio, en un intento por descubrir el escondite de Peter Pan y los Niños Perdidos. El Capitán Garfio odiaba a Peter Pan, porque el chico le había cortado la mano en un duelo y se la había dado de comer a un cocodrilo enorme. Y, por su culpa, aquel cocodrilo estaba decidido a comerse lo que quedaba de él. Sin embargo, por suerte para el Capitán Garfio, el cocodrilo también se había tragado un reloj, por lo que siempre alertaba al pirata de su presencia con el sonido del tictac.

—Por suerte para Peter Pan —continuó Wendy—, su querida amiga Campanilla se había enterado previamente del malvado plan del Capitán Garfio, así que voló hasta Peter y le advirtió que el pirata estaba en camino.

—¡Ja, ja! —rio Peter Pan—. Bueno, entonces tendremos que prepararnos para hacerle frente.

Encontró un reloj justo como el que el cocodrilo se había tragado. Silbó fuerte para que se oyera por todo el bosque y un grupo de monos amigos suyos aparecieron.

—¡Tomad, un nuevo juguete! —gritó Peter, y les lanzó el reloj—. ¡Ahora, escondeos! Y él y los Niños Perdidos se apresuraron también a sus propios escondites.

Cuando Garfio desembarcó, lo primero que oyó fue el tictac del reloj. ¡Parecía que el sonido venía hacia él de todas partes! Los monos se lo estaban pasando en grande lanzándose el reloj unos a otros mientras se acercaban a Garfio con sigilo. Aterrorizados, Garfio y su tripulación corrieron hacia el bote y remaron como locos de vuelta al barco.

Justo entonces, los padres de los niños entraron en la habitación para comprobar que los tres estaban bien.

—¿No les estarás contando más cuentos sobre Peter Pan, verdad, Wendy? —preguntó su padre.

—¡Peter Pan existe, padre! —gritaron los niños—. ¡Lo sabemos!

Cuando los padres dieron a sus hijos un beso de buenas noches, no se dieron cuenta de que un chico vestido de verde estaba agazapado tras la ventana de la habitación. Había estado escuchando el cuento, y volvería de nuevo, pronto.

Un evento digno de ver

Radiador Springs estaba completamente vacía. Parecía una ciudad fantasma, siniestra y silenciosa. Nada se movía, excepto una hoja de papel, que iba volando con la brisa mientras El Rey circulaba lentamente por la calle, solo.

—¿Dónde está todo el mundo? —preguntó al aire, y su voz resonó a su alrededor—. ¿Hola? ¿Hay alguien por aquí?

—Estoy yo, por ejemplo —anunció una voz familiar—. ¡Encantado de verte!

—¡Rayo! —gritó El Rey, sorprendido—. Qué bien que te encuentro.

—¿Estabas buscando a alguien? —preguntó Rayo McQueen.

—A mi esposa —explicó El Rey—. Se fue al centro hace unas horas, no la veo desde entonces —dijo, intentando no parecer muy preocupado.

—Sé dónde está —dijo Rayo, confiado—. Ha tenido que coger un desvío. ¡Doc ha tenido un problema!

—¿Qué ha ocurrido? —preguntó El Rey, sorprendido.

Sabía que a Doc le gustaba practicar para las carreras en las afueras de la ciudad y seguramente estaba allí, calentando sus viejas ruedas.

—Siempre he admirado la forma de correr de Doc, no puedo dejarlo en apuros. ¿Puedes llevarme con él?

Rayo McQueen asintió y aceleró el motor con avidez.

—¡Sígueme!

El Rey y Rayo corrieron hasta llegar a un grupo de coches de todas las formas, tamaños y colores, que los estaban esperando detrás de las montañas.

—¡Feliz cumpleaños! —gritaron, extendiendo una colorida pancarta.

Estaban todos allí: Fillmore, Mate, Luigi con una abultada peluca… También Guido y Sargento. Incluso su esposa, ¡qué pilla! Y, por último, pero no menos importante, ¡Doc! Todos se habían reunido para prepararle una fiesta sorpresa a El Rey.

—¿Qué te parece una carrera con una vieja gloria? —le preguntó Doc, haciendo gruñir su motor y lanzándole un guiño amistoso.

Su esposa le dio un beso en la mejilla.

—¿Estás contento? —le preguntó—. Hemos preparado una carrera con tu campeón favorito.

El Rey no se podía creer la suerte que tenía de contar con unos amigos y una adorable esposa que le habían preparado algo tan especial.

Guido lo guio hasta la pista sin dejarse la bandera, y Doc tuvo tiempo de dirigirse a El Rey antes de colocar las ruedas ante la línea de salida, listo para salir disparado.

—¡Feliz cumpleaños! —le dijo—. Y que gane el más rápido.

—¿Preparados? ¿Listos? ¡Ya! —gritó Guido, ondeando la bandera con alegría.

Con un chirrido de ruedas y levantando una nube de polvo, los dos amigos corrieron uno junto al otro a toda velocidad.

Disney·PIXAR

MONSTRUOS, S.A.

El monstruo de los huevos de oro

Mientras Mike y Sulley entraban por el pasillo de Monstruos S.A. pasaron junto a las fotos de Asustador del Mes de Sulley colgadas en la pared.

Mike se giró repentinamente hacia su gran amigo.

—Sulley —dijo—, ¿alguna vez piensas que nos merecemos algo más?

—Más..., ¿qué quieres decir? —preguntó Sulley.

—Oh, ya sabes —continuó Mike—, eres el mejor asustador mes tras mes. Lo único que te llevas es una foto en el pasillo. ¡Deberíamos ser famosos!

—¿Qué tienes en mente? —preguntó Sulley.

—Una campaña de marketing —respondió.

—¿Cómo vamos a hacer eso? —dijo Sulley.

—Bueno, para empezar, conseguiremos unas nuevas fotos de tu cara y no como las antiguas, sino autografiadas. Y eso no es todo. —Mike estaba lanzado—. Haremos tazas, pósters, hasta camisetas.

Mike hizo unas cuantas poses de asustador, incluyendo la favorita de Sulley: el viejo Salto y Rugido Waternoose.

—Podemos poner una tienda de regalos justo aquí en el edificio, con «Los mejores momentos de Sulley el superasustador».

—¿Para qué todo eso? —preguntó Sulley.

—¡Dinero! —exclamó Mike, guiñando un ojo—. ¡Mucho dinero!

—No sé, Mike —dijo Sulley—. Sencillamente, no me parece bien, nosotros sacando dinero de esas cosas. Pero y si... ¡eso es! —Sulley dio un salto, casi tirando al suelo a Mike. ¡Donaremos el dinero a la caridad!

—¿Quién ha dicho nada de donativos? —repuso Mike.

—¡Qué gran idea! —dijo Sulley, ignorando a Mike.

—¿Cómo vamos a disfrutar de nuestra gloria si donamos el dinero? —preguntó Mike.

—Bueno, habrá alguna manera —explicó Sulley—. Haremos la donación en nombre de Monstruos S.A.

—No lo veo muy claro —dijo Mike.

—¡Es una idea maravillosa! —contestó Sulley—. Y cuando ayudemos a la compañía a hacer una donación generosa, ¡el señor Waternoose estará muy orgulloso de nosotros!

Mike empezó a dar vueltas a la idea.

—¡Y convocaremos a la prensa! —añadió.

—Sí, ¿por qué no? —dijo Sulley.

—¡Es una gran idea! —animó Mike.

—¡Estamos de acuerdo! —exclamó Sulley.

—¡Me alegro de haberlo pensado! —dijo Mike a su amigo, con una gran sonrisa.

—Tú siempre tienes buenas ideas —coincidió Sulley, sonriendo también.

—Es lo que digo siempre —añadió Mike—. Asustar es importante, pero ¡son los cerebros de los monstruos los que más importan!

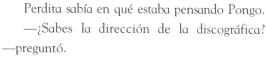

Pongo lleva el ritmo

—No sé qué vamos a hacer —dijo Roger Radcliffe a su mujer, Anita—. Tenemos todos estos cachorritos a los que alimentar, y ¡no tengo ni una canción para vender!

—No te preocupes —le respondió Anita—, estoy segura de que pronto te vendrá la inspiración.

—¡Me alegro de que estés tan segura! —dijo Roger—. Porque lo único que tengo es un montón de papeles —concluyó señalando la papelera rebosante.

—No te rindas —dijo Anita—. Sé que puedes hacerlo.

Cuando Anita se fue, Pongo vio a su amo moviéndose de un lado a otro frente a su piano.

—Pongo, viejo amigo, debo de haber escrito diez canciones en diez días, pero son todas horribles —dijo Roger, señalando la papelera—. ¿Qué voy a hacer?

Pongo quería ayudar a su amo, pero no sabía cómo.

Esa noche, Pongo habló con Perdita sobre el dilema de Roger. Se sentaron en medio de la sala de estar, rodeados por los cachorros.

—Roger ya ha escrito diez canciones —explicó Pongo—. Cree que no son lo suficientemente buenas para venderlas, pero yo sé que lo son, lo he oído tocarlas. Si tu amo es compositor de canciones, desarrollas un buen oído para los éxitos. Las canciones están arriba, arrugadas y amontonadas en la papelera.

Perdita sabía en qué estaba pensando Pongo.

—¿Sabes la dirección de la discográfica? —preguntó.

Pongo asintió.

—He ido de paseo con Roger allí docenas de veces.

—Creo que deberías intentarlo —dijo Perdita.

Después de que Roger y Anita se fueran a dormir, Pongo entró sin hacer ruido en el estudio y recogió las partituras de la papelera; salió a hurtadillas de la casa y llevó las composiciones a la discográfica. Pongo pasó todas las páginas de partituras por debajo de la puerta y corrió de vuelta a casa.

Al día siguiente, sonó el teléfono y Roger contestó.

—¿Qué? —dijo Roger al auricular—. Pero ¿qué…? ¿Cómo has…? Sí, ya veo. Bueno, gracias. ¡Gracias!

Anita se acercó rápidamente.

—¿Quién era?

—Eran de la discográfica —dijo Roger—. Me han comprado diez canciones.

—¡Diez canciones! —gritó Anita—. Creía que no tenías ni una para vender.

Roger se rascó la cabeza, confundido.

—Creía que no las tenía.

—Y ¿qué ha pasado? —preguntó Anita.

Perdita miró a Pongo y ladró. Su marido también sabía llevar el ritmo... hasta la casa discográfica para la que trabajaba Roger.

La estación espacial High Jinks

Andy no pudo contener la emoción. Allí, encima de la cama, estaba el último complemento de la serie de juguetes de Buzz Lightyear: ¡una estación espacial del Comando Estelar!

—¡Gracias, mamá! ¡Es el mejor regalo del mundo! —gritó, corriendo a jugar con su nuevo juguete.

Aunque aún no podía mostrar sus sentimientos, a Buzz también le encantaba.

Cuando Andy se fue al colegio al día siguiente, los juguetes se activaron, y Buzz les enseñó la estación espacial.

—¡Aquí la tenéis! ¿Qué os parece?

Rex y Jam la miraron asombrados.

—¡Espaciotástica! —dijo el dinosaurio.

Woody se quitó el sombrero para inspeccionar la estación. Era tres veces más grande que él y tenía toda clase de artilugios y funciones escondidas.

—No está mal —dijo, haciendo como si no estuviera sorprendido.

—¿Que no está mal? —dijo Buzz—. Tiene cañones láser, una plataforma de teletransporte y una cápsula de emergencia a turbopropulsión. ¡«No está mal» se queda corto!

La estación era un sueño hecho realidad para Buzz, un sueño que quería compartir con sus amigos.

—Mirad, es lo bastante grande para todos —dijo.

A Woody se le abrieron los ojos como platos.

—¿Quieres decir que podemos…?

—Claro —respondió Buzz—. Os nombro a todos guardianes espaciales honora…

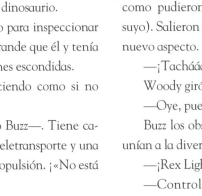

Pero los juguetes no esperaron a que acabara la frase. Entraron en tromba junto a Buzz, haciéndolo girar como una peonza, y entraron en el interior.

Exploraron con asombro la estación espacial. Aunque algunos no quisieran admitirlo, siempre se habían preguntado cómo sería eso de ser un guardián del espacio, y aquélla era su oportunidad de descubrirlo.

—Mirad lo que he encontrado —dijo Rex.

Woody, Jam y Slinky se apresuraron a llegar a su lado y gritaron de alegría al ver un conjunto de uniformes del Comando Estelar.

Todos cogieron uno y se embutieron en ellos como pudieron (aunque Rex acabó rasgando el suyo). Salieron de la estación para enseñar a Buzz su nuevo aspecto.

—¡Tacháááán!

Woody giró sobre sí mismo para lucir el traje.

—Oye, pues ser sheriff del espacio no está mal.

Buzz los observó atónito mientras los demás se unían a la diversión.

—¡Rex Lightyear al rescate! —rio el dinosaurio.

—Control canino —ladró Slinky—. ¿Me reciben? Cambio.

Woody se marcó una pose heroica.

—¡Hasta el infinito y más allá!

—Ay, no… —murmuró Buzz, observando cómo sus amigos brincaban con sus uniformes del Comando Estelar. ¡Los nuevos reclutas le iban a dar un montón de trabajo!

Feliz cumpleaños

Era el cumpleaños de su padre y Remy había estado trabajando duro para preparar una sorpresa. Sin embargo, antes de poder desvelarla, oyó que su padre, Django, soltaba un suspiro de tristeza.

Remy y su hermano Emile corrieron a su lado para descubrir qué le pasaba.

—Sé que eres un gran chef —le dijo Django—. Pero ¿eres aún una rata?

—Pues claro que sí —le respondió Remy, sorprendido.

—¿Estás seguro? Cocinas, lees, tienes amigos humanos… —dijo su padre—. Me gustaría que me hicieras el mejor regalo de cumpleaños: demuéstrame que aún eres de los nuestros.

Remy le preguntó cómo podía demostrar que aún era una rata, y Django los llevó a él y a Emile por una tubería hasta las cloacas. Les explicó que a una auténtica rata le encantaban las alcantarillas.

—Le gusta ese olor fuerte —dijo la vieja rata—. Una mezcla perfecta de basura, agua sucia…

—… y cosas podridas —completó Emile, respirando hondo.

Remy dijo que también le encantaba el olor, pero cuando su padre vio que se estaba tapando la nariz se dio cuenta de que no estaba diciendo la verdad.

—Intenta respirarlo, por favor —dijo Django, con un suspiro.

Lentamente, Remy se destapó primero un agujero de la nariz y luego el otro. Olió un poco y la peste le llenó la nariz. Tenía que admitir que no estaba tan mal.

—¡Bien! —aplaudió Django—. Ahora intenta mordisquear un cable.

Señaló uno que Emile ya estaba mordiendo y le explicó que las ratas de verdad adoraban la sensación de hincarle el diente a un cable. Mientras su hermano mordisqueaba, Remy corrió a apartarlo.

—¡Para! ¡Este cable lleva corriente! —le gritó.

Cogiendo a su hermano por la cintura, lo apartó de allí justo cuando empezaron a saltar las chispas en el lugar que había estado royendo.

Django dio saltos de alegría.

—¡Las verdaderas ratas ayudan a sus hermanos! —celebró—. Pero también caminan a cuatro patas.

Remy prefería caminar a dos patas, pero quería hacer feliz a su padre, así que se agachó y correteó por la alcantarilla.

—¡Ése es mi chico! —gritó Django.

Remy había demostrado que era una rata de corazón.

De vuelta al restaurante, después de haberse pasado casi media hora lavándose bien, su padre le dijo lo contento que estaba y que no podía pedir nada más.

—Pues tengo algo para la rata más auténtica del mundo —sonrió Remy.

Entonces le mostró su sorpresa: un delicioso pastel con forma de rata, con orejas y cola.

—¡Feliz cumpleaños, papá! —gritó Emile, y entonces empezaron a comerse juntos el pastel.

Las señales de Vitaminimucho

Chug, Dusty, Dottie y Leadbottom se encontraban en el aeródromo cuando oyeron un sonido de hélices sobre ellos.

—¿Qué es ese ruido? —preguntó Chug.

—Suena como un gran avión que vuela a gran altitud —respondió Dusty.

Dottie se sobresaltó.

—¡Tienes razón! —dijo—. Acabo de recibir una llamada de socorro. El avión se ha pasado de largo. Se le han estropeado los mandos y ahora se está quedando sin combustible.

El avión de transporte tendría que realizar un aterrizaje de emergencia. Leadbottom empezó a despejar la pista, pero Dottie lo detuvo.

—Nuestra pista es demasiado pequeña para un avión de este tamaño —dijo—. Alguien tendrá que subir y guiarlo hacia la ciudad.

Leadbottom se encogió de alas.

—Yo no puedo volar tan alto a mi edad, Dottie. Esto es un trabajo para alguien que sea fuerte y joven.

Todos miraron a Dusty.

—¡Jolín! Yo soy demasiado pequeño, seguro que el avión no me ve —dijo, pero entonces su hélice empezó a girar—. Pero se me ha ocurrido una idea mejor. Por suerte, ¡acabo de llenar el tanque con Vitaminimucho!

—¿Y qué? —dijo Chug, mientras Dusty emprendía el vuelo.

—¡Ahora no es momento de fumigar! —gritó Dottie, pero Dusty ya estaba muy lejos para oírla.

Todos observaron cómo la avioneta se iba elevando.

Estaba demasiado bajo para guiar al avión de transporte. ¿En qué estaría pensando?

«No hace falta que suba tanto —pensó Dusty—. Sólo tengo que abrir los rociadores y hacer algunas maniobras.»

Tras él empezó a surgir una estela blanca mientras se lanzaba y hacía algunas piruetas. Unos momentos después, terminó de hacer lo que quería. ¡Sólo cabía esperar que su idea funcionara!

—Oye, colega, ¿me oyes? —dijo a través de la radio—. ¡Echa un vistazo abajo!

El preocupado avión miró hacia abajo. Allí, suspendidas en el aire, había una serie de flechas blancas que apuntaban hacia la izquierda.

—La ciudad más cercana está por ahí —le informó Dusty—. Tienen un aeropuerto que es de tu tamaño.

El avión viró a la izquierda para seguir las flechas. Ahora que ya sabía adónde ir, estaba fuera de peligro. ¡Dusty lo había salvado!

—¡Señales de indicación de Vitaminimucho! ¡Qué idea tan ingeniosa! —celebró Leadbottom mientras Dusty aterrizaba a su lado.

—¡Enhorabuena, Dusty! Tengo que pedirte disculpas —confesó Dottie—. Por un momento, pensé que estabas evitando volar alto y que quizá tuvieras miedo a las alturas.

—¿Miedo a las alturas? Eh…, sabes que soy un avión, ¿verdad? —preguntó Dusty, y todos los amigos rieron y celebraron otro trabajo bien hecho.

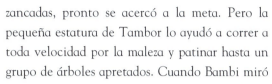

La carrera

Buenos días, joven príncipe —dijo Tambor a Bambi un bonito día de invierno.

—Buenos días, Tambor.

—Tengo una gran idea, Bambi. Hagamos una carrera —dijo Tambor—. Empecemos desde aquí —suspiró dibujando una línea en la tierra—. Y el primero que llegue a aquel pino grande, gana la carrera.

—Pero... es una tontería hacer una carrera entre nosotros —le dijo Bambi a su amigo.

—¿Por qué? —preguntó Tambor, confundido.

—Porque venceré yo —aseguró el cervatillo.

—¿Cómo estás tan seguro? —le retó Tambor, sacando pecho.

—Porque soy más grande y rápido que tú —explicó Bambi.

—Si estás tan seguro de que vas a ganar —replicó Tambor—, ¿por qué tienes miedo de correr?

Bambi hizo una pausa para pensar sobre lo que acababa de decirle su amigo. No quería herir los sentimientos del conejito.

—Vale —dijo al fin—. ¡Corramos!

—¡Estupendo! —gritó Tambor—. ¿Preparado?

—¡Preparado!

—De acuerdo —dijo Tambor, agachándose.

Bambi también se agachó.

—En sus marcas. Listos. ¡Ya!

Los dos salieron tan rápido como pudieron. Bambi, con sus grandes y largas piernas, a amplias zancadas, pronto se acercó a la meta. Pero la pequeña estatura de Tambor lo ayudó a correr a toda velocidad por la maleza y patinar hasta un grupo de árboles apretados. Cuando Bambi miró atrás, vio que su amigo le estaba pisando los talones. El conejo aprovechó la oportunidad para saltar y adelantar a Bambi. El cervatillo paró para saltar por encima de un árbol que se había caído y bloqueaba el camino. Tambor pasó por debajo, adelantó a su amigo y se puso en cabeza.

Bambi daba zancadas cada vez más largas y corría cada vez más rápido. Pronto pasó a Tambor, pero en su ansia por ir tan rápido como pudiese, se enredó en un arbusto. Mientras Bambi luchaba por liberarse, Tambor volvió a adelantarlo.

Estaban muy cerca del gran pino. Bambi corría tan rápido como podía, saltando troncos y arbustos. Tambor saltaba tan rápido como sus piernas de conejo le permitían, esquivando cualquier obstáculo que estuviera en su camino. Cuando cruzaron la línea de meta, estaban a la misma altura.

—¿Has visto? —dijo Tambor, jadeando—. Los pequeñitos pueden seguirte el ritmo.

—¡Tienes toda la razón! —dijo Bambi, también jadeando.

Y los dos amigos, ambos ganadores, se sentaron juntos a recuperar el aliento.

La jardinera ignífuga

El cielo estaba encapotado en Radiador Springs, pero no era porque las nubes amenazaran con lluvia…, ¡sino que la montaña de neumáticos de Guido y Luigi estaba en llamas y llenaba la ciudad de humo!

—¡Tenemos que apagar las llamas antes de que se extiendan! —gritó Rayo McQueen mientras los demás las miraban llenos de pánico.

Antes de que nadie se animara a ayudar, Rojo lanzó un buen chorro de agua con su potente manguera, y apagó las peligrosas llamas en un visto y no visto.

—¡Gracias, Rojo! Radiador Springs tiene suerte de tener un camión de bomberos como tú —le felicitó Sargento.

—¿Cómo nos las apañaríamos sin él? —coincidió Flo.

Rojo se sonrojó y volvió con sus flores. Los demás lo observaron mientras las regaba orgulloso a la luz del fuerte sol.

—Deberíamos hacer algo para mostrar nuestra gratitud a Rojo —susurró Rayo McQueen a la masa de coches agradecidos que habían presenciado el acto heroico del camión.

—¿Qué tal una medalla? —sugirió El Rey.

—Quizá le dé algo de vergüenza —señaló Sally, que conocía a Rojo mejor que nadie—. Pero su equipamiento ya es un poco viejo —añadió tras pensarlo un poco.

—¿Y si le regalamos piezas nuevas? —sugirió Rayo.

—¡Excelente idea! —dijo Doc—. La ciudad puede cubrir los gastos.

—Y yo conozco a los proveedores de servicios de emergencia en los circuitos de carreras —insistió Rayo.

Al terminar el día, los amigos de Rojo se reunieron y lo rodearon con regalos en forma de nuevas piezas. Había tantas cajas que el camión se vio abrumado.

—Nunca lo había visto tan contento —dijo Sally.

Pero, al día siguiente, Sally y Rayo lo encontraron bajo un árbol, con pinta de abatido y disgustado.

—¿Qué le pasa a Rojo? —preguntó Rayo—. ¿Será que no le funciona el nuevo equipamiento?

Sally sonrió.

—¡Qué va! Funciona de maravilla.

Observaron como Rojo se apartaba de la sombra para acercarse poco a poco a sus flores. Sus aparatos y manivelas produjeron un zumbido mientras se preparaba para regarlas.

—A Rojo le está costando descubrir qué manivela es la que abre el agua… —explicó Sally.

Justo entonces, la manguera disparó una sustancia blanca espumosa que cubrió las flores hasta que sólo quedó un único pétalo a la vista.

—… y cuál es la que echa espuma de extintor —se rio Sally.

Rojo se quedó mirando aquel desastre. ¡Estaba claro que aún tendría que practicar mucho para dominar su nuevo y mejorado sistema!

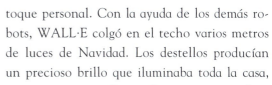

Hogar, dulce hogar

WALL·E era un robot con una misión. Se había pasado varias semanas limpiando una zona para poder construir una casa para EVA y ahora había llegado el momento de hacerlo.

Por suerte, no tendría que hacerlo solo. Sus amigos robots de la nave espacial *Axioma* estaban más que dispuestos a ayudar. WALL·E estaba seguro de que, trabajando juntos, tendrían lista la casa en un periquete.

El plan era sencillo: los demás robots le traerían chatarra y él la comprimiría en bloques de construcción. ¿Qué podía fallar?

¡Pues todo! Los demás robots estaban demasiado entusiasmados. En vez de apilar la chatarra de manera ordenada junto a WALL·E, la lanzaban hacia él a toda velocidad. Latas, hojalata e incluso una nevera: al pobre robot le cayó de todo hasta que él y los bloques que había conseguido colocar fueron derribados.

Al terminar la casa, el robot pintor de la *Axioma* se acercó para darle algo de color, pero ¡WALL·E también terminó pintado!

Los siguientes en ayudar fueron los robots limpiadores. Mientras trabajaban, levantaron una nube de polvo que cubrió toda la zona, haciendo que a WALL·E le costara incluso encontrar el nuevo edificio.

Cuando por fin se disipó la nube, el pequeño robot localizó la casa y se metió en ella. Estaba quedando estupenda, pero aún necesitaba un toque personal. Con la ayuda de los demás robots, WALL·E colgó en el techo varios metros de luces de Navidad. Los destellos producían un precioso brillo que iluminaba toda la casa, haciendo que se viera incluso mejor.

Después de unos últimos toques, terminó el trabajo. Sólo quedaba enseñarle la casa a EVA.

—¡Tadá! —gritó WALL·E.

Abrió la puerta y EVA flotó hacia el interior. Parecía maravillada; casi no se podía creer lo que estaba viendo. Había deseado una casa propia desde que llegaron a la Tierra, y ahora…

De pronto, el brazo de EVA se enganchó en uno de los cables de las luces de Navidad. Instintivamente, se dio la vuelta y abrió fuego con sus láseres.

WALL·E se puso a cubierto mientras la casa estallaba a su alrededor. El robot gruñó cuando por fin pudo levantar la cabeza y vio que la única parte de la casa que quedaba en pie era la nevera. Tanto trabajo para nada. EVA aún no tenía un lugar al que llamar hogar.

Entonces WALL·E oyó que EVA suspiraba con ilusión. Miró alrededor hasta que la encontró flotando dentro de la nevera.

—¡Casa! —dijo.

WALL·E también estaba contento. Quizá no fuera la que había planeado para ella, pero al menos ahora EVA tenía un hogar.

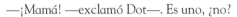

¡Palindromomanía!

—Eh, Atta —dijo Flik—, ¿sabías que tu nombre es un palíndromo?

Atta lo miró con extrañeza.

—¿Qué es un palíndromo? —preguntó.

—Es una palabra que se lee igual hacia delante que hacia atrás —respondió Flik atentamente.

—Deletreado, tu nombre es A-T-T-A. Pronunciado hacia atrás, tu nombre también es A-T-T-A.

—Oh —dijo Atta—. Es fantástico. No había oído hablar de los palíndromos.

—¿De veras? —preguntó Flik—. A mí me encantan. Hay otros nombres que son palíndromos: Bob.

—¿O Lil? —probó Atta.

—¡Correcto! —dijo Flik—. Y Otto.

—¡Y Nan! —añadió Atta—. ¡Esto es realmente divertido!

—¿Qué es divertido? —dijo Dot, que acababa de llegar corriendo.

—Pensar en palíndromos —respondió Atta.

—¡Ajá! —dijo Dot.

—¡Ajá es un palíndromo! —exclamó Flik.

Juntos, Atta y Flik, explicaron a Dot lo que era un palíndromo.

—¡Oh! —dijo Dot—. ¡Esperad! Dejadme ver si puedo pensar en alguno más.

Dot miró a su alrededor, esperando que algo que viera pudiera darle una idea. Avistó a su madre la Reina en la distancia, a la sombra.

—¡Mamá! —exclamó Dot—. Es uno, ¿no?

—Casi... —dijo Atta, guiñando un ojo—, ¡no está mal para un Dod como tú! —rio Atta, contenta de haber inventado un palíndromo.

—¡Ah, sí? —contestó Dot traviesa—. Bueno, pues aún no has visto nada.

Dot y Atta se retaron a pensar más palíndromos. A Dot se le ocurrieron ojo, asa y oro. Atta atacó con somos, radar y reconocer.

—Sí —intervino Flik—. ¡Reconocer es uno bueno y largo! Es difícil pensar en palíndromos que tengan más de cuatro letras. Pero siempre estará *malayalam* (que es un dialecto de la India). Y también anilina, que es un compuesto orgánico...

Flik continuó haciendo una lista de palíndromos largos con casi cada letra del abecedario. Según iba recitando y recitando monótonamente, Dot y Atta se miraron y cerraron los ojos. Ahora ambas estaban pensando en la misma palabra, y no era un palíndromo: A-B-U-R-R-I-D-O.

Cuando Flik terminó con su lista, miró a Dot y Atta con una sonrisa de satisfacción. Cada una de ellas ya tenía un palíndromo.

—Uau —dijo llanamente Atta, más aburrida que impresionada.

—Zzz —roncó Dot, que se había quedado dormida en algún punto entre la V y la W.

Un rescate espinoso

Rex se inclinó sobre el mando de la consola de Andy, golpeando los botones tan rápido como le permitían sus pequeños brazos. El nuevo videojuego de Andy era muy divertido, pero ¡también difícil!

—¡Vamos, colega! ¡Dale a ese alienígena! —lo animó Buzz, pero Rex sabía qué hacer.

—¡No! Estoy intentando esquivarlo. ¿Ves? Lo dice aquí —explicó Rex, sujetando una lista de trucos que Andy había escrito para completar el juego.

De pronto, el dinosaurio gritó de sorpresa al ver que una repentina ráfaga de viento se llevaba las hojas y salían volando por la ventana.

—¡Que se van las notas! —exclamó.

—Vaya, lo que faltaba —dijo Woody, corriendo a reunirse junto a Buzz y Rex en la ventana.

—Han caído en el patio de los vecinos —dijo Buzz, señalando las hojas—. Recuperarlas será un juego de niños.

Pero Woody advirtió un problema. El cartero venía andando por el camino, ¡directo hacia las instrucciones! Los juguetes vieron con horror como el cartero recogía el papel y lo metía en el buzón de los vecinos.

—¡Ay, no! Y ¿ahora qué? —gruñó Rex.

Sin esas instrucciones, no habría manera de completar el juego.

—Tú tranquilo —sonrió Woody—. Las recuperaremos.

Woody se puso un par de dedos en la boca y silbó con fuerza. Buster, el perro, se presentó al momento corriendo a toda prisa. El vaquero y Buzz saltaron sobre su espalda y se agarraron con fuerza mientras éste bajaba las escaleras como un rayo, en dirección al jardín de los vecinos.

—Ahora, hacia arriba —dijo Woody al llegar a la base del buzón.

Buzz frunció el ceño al ver las zarzas espinosas que habían crecido alrededor del buzón.

—Esas espinas me podrían estropear el traje espacial.

Woody estaba de acuerdo: las espinas eran un problema. Por suerte, se le daba muy bien resolver problemas.

—¡Ponte a dos patas, Buster! —gritó.

Jadeando felizmente, el perro hizo lo que le pedían. Pero, incluso erguido sobre sus patas traseras, no era lo bastante alto como para alcanzar el buzón, lo que significaba que ¡era hora de hacer algunas acrobacias!

Con mucho cuidado, Woody y Buzz se subieron a la cabeza del perro. Woody se agarró bien mientras Buzz se subía a sus hombros.

—¡Vaya!, pesas más que Jam con la tripa llena —se quejó Woody.

Los dos se tambalearon un poco mientras el astronauta se estiraba, hasta que…

¡Sí! Con un último estirón, Buzz alcanzó una esquina de la hoja. Lo habían conseguido; Woody y Buzz habían resuelto el problema. No había misión que no pudieran cumplir juntos, pero Woody esperaba que no tuvieran que emprender otra aventura así hasta dentro de un tiempo.

A la caza del mango

Hace mucho tiempo, antes de que Mowgli llegara a la selva, Bagheera, la pantera, se encontraba por primera vez con Baloo, el oso.

Bagheera era más joven, pero no menos serio. Cuando cazaba se movía sigilosamente, con elegancia y velocidad. Nunca se tropezaba y, por supuesto, nunca se caía. Cuando dormía, mantenía un ojo abierto. Cuando hablaba, escogía cada una de sus palabras con cuidado. Y nunca nunca se reía.

Un día, Bagheera estaba caminando por el borde de la rama de un mango inclinada sobre un río. Había un fruto maduro al final de la rama, y a Bagheera le encantaban los mangos. El único problema era que la rama era fina, y cuando Bagheera se aproximó a su extremo, comenzó a doblarse y a crujir. Lo último que Bagheera quería era que se partiese la rama y caer al río.

Así que se agazapó y, mientras tramaba un plan, oyó un carraspeo de garganta. Miró hacia abajo y vio un gran oso gris.

—Parece que no te vendría mal una ayudita —dijo el oso.

—No, gracias —respondió educadamente Bagheera—. Prefiero hacerlo por mi cuenta.

Pero el oso lo ignoró y comenzó a trepar.

—Hagamos una cosa —jadeó el oso—. Me sentaré en el borde de esa rama y agarraré tu cola. Puedes descender y coger el mango, yo te tendré sujeto por si se rompiera el extremo de la rama. ¡Y después podemos compartir el mango!

—No creo que sea buena idea —dijo Bagheera impaciente—. No creo que esta rama pueda sostenernos a los dos.

¡Crac!

El oso había ignorado a Bagheera y se había subido a la rama. La rama, por supuesto, se había partido con el peso combinado de ambos. Y ahora una pantera muy mojada y enfadada estaba en el río, junto a un oso muy mojado y divertido.

—¡Ja, ja, ja, ja! —se carcajeó Baloo (porque era Baloo, obviamente)—. ¡Vaya vaya, eso ha sido una aventura! Oh, vamos —dijo al ver lo enfadado que estaba Bagheera—, no es una pérdida tan grave, ya ves —comentó Baloo, sosteniendo la rama rota con un mango fantástico colgando de su extremo.

—Hagamos una cosa —dijo el oso—, vamos a escalar esa roca y a secarnos al sol mientras nos comemos este mango. Soy Baloo. ¿Cómo te llamas tú?

—Bagheera —respondió la pantera, mientras escalaban juntos la roca.

Y entonces, casi sin darse cuenta, Bagheera sonrió. Y después, casi sin darse cuenta, se rio. Y Baloo se rio con él. Así fue como comenzó una amistad que duró para siempre.

Dɪsɴᴇʏ·PIXAR

MONSTRUOS, S.A.

Una confusión monstruosa

Una mañana en el trabajo, Mike Wazowski abrió la puerta de su taquilla y encontró una nota pegada en su interior. Decía:

Mike,

Las rosas son rojas.

Las violetas son azules.

¡Tengo mi ojo puesto en ti!

Sellado con un beso de…

Tu Admirador Secreto.

Mike se quedó boquiabierto. Enseñó la nota a su mejor amigo, Sulley.

—¿Quién crees que puede ser? —preguntó Sulley.

—¡Ni idea! —respondió Mike—. Eh, ¿puede ser esa belleza con seis brazos de la sección de Compras? ¿O la atractiva recepcionista con un ojo, Celia?

—Supongo que puede ser cualquiera —dijo Sulley—. Pero es hora de trabajar.

De camino a la Planta de Sustos, la mente de Mike daba vueltas al asunto. ¿Quién podía ser su admirador secreto?

Entonces Mike oyó una voz.

—¡Wazowski! —era Roz, la malhumorada Responsable de Distribución, deslizándose detrás de ellos—. ¡Me faltan papeles! —exclamó.

—Oh…, cierto —dijo Mike—, te los daré tan pronto como pueda, Roz. Hasta la vista. —Sulley y él se dieron media vuelta y se encaminaron pasillo abajo.

—¡Eso espero, Wazowski! —gritó Roz a Mike, agitando su dedo—. Pero recuerda: tengo mi ojo puesto en ti. Siempre estoy vigilando…

Mike y Sulley se quedaron helados y se miraron el uno al otro.

—¿Acaba… de decir…? —comenzó Sulley.

—… ¿Mi ojo puesto en ti? —continuó Mike, recordando la nota.

Sulley tragó saliva.

—¡Tu admirador secreto es Roz!

—¡NOOOOOO! —El grito de Mike retumbó en el pasillo, mientras Celia se acercaba paseando.

—Eh, Mike —dijo, parpadeando su ojo—. ¿Una mañana difícil?

—Oh, Celia —respondió Mike hoscamente, aún traumatizado por la idea de que Roz se sintiese atraída por él.

—Vaya —dijo Celia—, pensé que mi nota te alegraría el día.

—¿Tu nota? —se sorprendió Mike—. Celia, ¿eres tú mi admirador secreto?

—¿No es obvio? —suspiró Celia—. ¡«Tengo mi ojo puesto en ti»! Y yo tengo un ojo, igual que tú.

El rostro de Mike se iluminó.

—Te iba a preguntar si querrías salir conmigo —continuó Celia—. Pero si no quieres…

Sin decir ni una palabra, Mike saltó a los brazos de Celia y se agarró a ella.

—¡Gracias, gracias, GRACIAS! —exclamó.

A lo que Celia preguntó riendo:

—¿Eso es un sí?

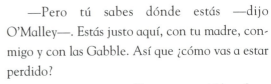

Nunca puedes perderte

—¡Oh, cielos! —dijo Amelia Gabble. La gansa y su hermana gemela, Abigail, iban caminando por la carretera en dirección a París, cuando Amelia se detuvo.

—¿Qué pasa? —preguntó Abigail chocando con ella.

—Tan sólo mira y verás —dijo Amelia.

Las dos gansas comenzaron a discutir.

Detrás de ellas paseaban Thomas O'Malley, Duquesa y sus tres gatitos.

—Me pregunto cuál será el problema —dijo Duquesa.

—Será mejor que lo averigüe —dijo O'Malley.

Caminó hacia delante.

—Señoritas, señoritas, ¿qué ocurre? —preguntó a las gemelas gansas.

—Sabemos que éste es el camino que lleva a París —explicó Amelia—. Pero ahí delante, el camino se bifurca.

Efectivamente, el camino se dividía en dos.

—Deberíamos ir a la derecha —dijo Amelia.

—Deberíamos ir a la izquierda —dijo Abigail.

Los tres gatitos se empezaron a preocupar.

—Señor O'Malley, ¿estamos perdidos? —preguntó Marie con voz asustada.

O'Malley sonrió a la pequeña gatita.

—¿Perdidos? ¿Qué es «perdidos»? No conozco el significado de esa palabra.

—Yo sí —dijo Berlioz—. Si estás perdido, no sabes dónde estás.

—Pero tú sabes dónde estás —dijo O'Malley—. Estás justo aquí, con tu madre, conmigo y con las Gabble. Así que ¿cómo vas a estar perdido?

Duquesa movió la cabeza y dijo:

—Señor O'Malley, si queremos llegar a París y no conocemos el camino, creo que sí que estamos perdidos.

—Pero París es solo un lugar —añadió O'Malley—. Y los lugares son fáciles de encontrar.

—¡Mira, mamá! —gritó Toulouse—. Veo algo sobre esa colina. ¡Es la parte superior de la Torre Eiffel!

—¡Tienes razón, Toulouse! —exclamó Duquesa.

—¡Bien hecho, pequeño tigre! ¡Sí! —repuso O'Malley, y después se volvió hacia las hermanas Gabble—. Bueno, señoritas, ¡parece que a París se va por allí!

Pronto llegaron a París, donde las hermanas Gabble se encontraron con su Tío Waldo. Los gansos se despidieron moviendo el ala.

—Oh, cariño —dijo O'Malley—, algún día lo entenderás. Los lugares vienen y van, pero cuando eres un espíritu libre, nunca puedes estar perdido.

—¿Nunca? —preguntó Marie.

—Nunca —repitió O'Malley—. Porque dondequiera que vayas, ¡ahí estás!

Marie asintió con la cabeza. ¡Le gustaba cómo sonaba eso!

Disney
Pinocho
El regalo de Gepetto

Un día Gepetto estaba en su taller pintando un reloj cuando se le ocurrió una idea.

—Ya sé lo que voy a hacer con ese tronco de pino que acabo de encontrar —dijo a su gato, Fígaro—. ¡Voy a hacer una marioneta espléndida!

Dejó el reloj y se puso manos a la obra. Cuando terminó de hacer la marioneta, sacó sus botes de pintura y un poco de tela.

—Pero... —dijo a Fígaro—, ¿los ojos deberían ser azules o verdes? ¿Su pelo debería ser rubio, castaño o negro? Su ropa, ¿roja o morada?

De repente, Gepetto oyó un ruido fuera. Se acercó a la ventana y miró. Pudo ver grupitos de niños de camino a casa desde la escuela. Gepetto los vio pasar correteando, riendo, gritando y agitando sus cuadernos. Suspiró con cierta pena.

—Cómo me gustaría tener un hijo... —dijo.

Justo entonces se percató de una niña pequeña que caminaba en silencio con su madre. Como el resto de las niñas, llevaba un cuaderno bajo el brazo. Cuando un grupo de niñas correteó a su lado, las miró con timidez.

—Debe de ser nueva en el pueblo. Creo que no le vendría mal un amigo —comentó Gepetto.

De pronto, se le ocurrió una idea.

—¡Disculpe, señorita! —gritó desde la ventana—. ¿Podría echarme una mano?

La niña corrió hacia allí, tirando de su madre detrás de ella. Gepetto la estaba invitando a su taller..., ¡era un honor!

—Como puedes ver, mi amigo necesita unos ojos —dijo Gepetto, señalando la marioneta—. Pero no sé de qué color deberían ser.

La niña pensó.

—Verdes —se decidió.

Gepetto cogió su bote de pintura verde y pintó dos ojos grandes y verdes en la cara de madera.

—Y ahora dime, ¿de qué color debería ser su pelo?

—Marrón —dijo la niña.

Con cuidado, Gepetto pintó unos rizos marrones en la marioneta.

—Necesitará ropa —dijo a continuación—. ¿Qué te parece, roja o verde?

La niña se miró su vestido azul.

—Azul —dijo a Gepetto.

Entonces Gepetto confeccionó un pantalón azul para la marioneta. Después le añadió una sonrisa roja en la cara.

—Ahora falta una última cosa —dijo Gepetto—. Estoy ocupado en mi tienda todo el día, y me temo que este amiguito pueda sentirse solo. ¿Podrías cuidarlo por mí?

La cara de la niña se iluminó de alegría. Y abrazando a la marioneta, la sacó del taller, llevándola consigo.

—Muchas gracias —dijo la madre—. Usted sería un buen padre.

Gepetto sonrió y pensó: «Algún día».

Disney · PIXAR

LOS INCREÍBLES

¡Superpesado!

Dashiell Robert Parr estaba aburrido. Era sábado por la tarde y no tenía nada que hacer. Ya había corrido treinta y dos kilómetros, pero sólo había tardado dos minutos en hacerlo, gracias a su supervelocidad.

—Podrías ponerte con tus deberes de matemáticas —dijo su madre, Helen.

—¿Deberes? —pensó—. Los haré mañana. Ahora quiero hacer algo divertido.

¡Riiiing!

Sonó el teléfono y Violeta, la hermana de Dash, salió corriendo de su cuarto para cogerlo. Dash había vislumbrado su objetivo. Sonrió y se apresuró al cuarto de Violeta.

Cinco minutos más tarde, Violeta regresó. ¡Todo su cuarto estaba revuelto! Sólo lo podía haber hecho una persona.

—¡Mamá! —gritó Violeta—. ¡Dash ha desordenado mi habitación!

Mientras Helen iba por el pasillo, una brisa sacudió la habitación de Violeta. Helen miró en su interior.

—A mí me parece que está bien, cariño. Ahora tengo que preparar la cena —observó ella, sin darle ninguna importancia.

Violeta miró de nuevo en su cuarto y vio que todo había vuelto a su sitio. Entonces miró la puerta del armario, ligeramente entreabierta.

—¡Dash! —exclamó Violeta—. ¡Sal de ahí, pequeño insecto!

Dash corrió por el dormitorio de Violeta a una supervelocidad que hacía que Violeta no pudiera saber dónde estaba. Dash sólo se detuvo cuando vio el diario de Violeta, que estaba abierto encima de su cama.

—Ooooh —dijo Dash, cogiendo el diario—. ¿Qué tenemos aquí?

Era el colmo. Violeta ya había aguantado suficiente a Dash.

—¡Devuélvemelo! —ordenó con un chillido.

Dash intentó salir corriendo de la habitación, pero Violeta lanzó un campo de fuerza delante de la puerta. Dash se estrelló contra él y cayó al suelo, pero se hizo de nuevo con el diario. Violeta se volvió invisible y se abalanzó sobre él.

Los dos hermanos continuaron persiguiéndose en una nube de superpoderes hasta que oyeron a su madre llamándolos.

—¡Hora de cenar! —gritó.

Dash se quedó quieto. Después, en un abrir y cerrar de ojos, salió por la puerta de la habitación y recorrió el pasillo hacia la mesa de la cocina.

—Dash, ¿has acabado los deberes? —preguntó Helen.

Entonces apareció Violeta en la mesa. Su pelo estaba totalmente alborotado.

—No —respondió Dash con una sonrisa—. He encontrado algo mejor que hacer.

Un amigo de portada

Rayo McQueen pasó zumbando por los cañones rocosos, con la carrocería sudando. Miró sus retrovisores para comprobar que nadie lo seguía. Necesitaba un plan y lo necesitaba ya mismo.

—Oye, ¿a qué viene tanta prisa? —le dijo Mate, al otro lado de la carretera.

Rayo no esperaba ver a su amigo tan lejos de Radiador Springs, pero ¡era un alivio tenerlo allí!

—¡Mate, necesito ayuda! — le explicó sin aliento—. Chuki no me da ni un respiro. ¡Ayúdame a perderla de vista!

Mate se rio.

—Es reportera y quiere hacer un artículo sobre mi vida privada —comentó Rayo—. Me está siguiendo a todas partes. Estaba en el café V8 de Flo, intentando tomar uno de sus famosos brebajes de la Copa Pistón, cuando de pronto ha salido de la nada y me ha hecho una foto. Al momento ya tenía un micrófono en la cara y a Chuki bombardeándome a preguntas. «¿Qué es lo que beben los campeones?».

Mate asintió comprensivo. Él también odiaba que lo molestaran mientras bebía.

—Y luego, en el local de Doc —siguió Rayo—, estaba despidiéndome cuando de pronto ha aparecido Chuki preguntándome si estaba deprimido, porque suelo ir a ver a Doc cuando necesito consejo.

—Sí, suena bastante molesto —coincidió Mate.

—Entonces le he dicho que estaba en plena forma y me he largado —terminó Rayo—. No me imagino lo que habría pasado si me hubiera visto con Sally.

Mate se rio de nuevo.

—¡Seguro que terminabas en la columna de cotilleos!

Rayo gruñó con fastidio.

—Por suerte, te has encontrado conmigo —lo animó la grúa—. Cógete a mi cable de remolque.

Mate bajó a su amigo por el acantilado hasta la carretera que había abajo: un atajo que confundiría a la reportera y daría a Rayo una oportunidad de escapar.

—¡Me salvas el maletero! — le gritó a su amigo, haciendo que su voz resonara en las rocas.

Justo entonces, los reporteros aparecieron al borde del acantilado, tan rápido que casi chocan con Mate. Se detuvieron en seco y lo observaron confundidos.

—Soy Chuki, del noticiario. ¿Ha visto a Rayo McQueen? —preguntó.

—Sí —respondió él—. Pero hace rato que se ha ido.

Chuki abrió los ojos con sorpresa.

—¿Cómo ha podido escaparse?

—Yo lo he ayudado —explicó Mate, orgulloso—. ¡Soy su mejor amigo!

Los ojos de la reportera empezaron a brillar con emoción.

—¿En serio? —preguntó ella—. ¡Entonces tengo un montón de preguntas que hacerle!

A Mate le costó un rato darse cuenta de que iban a sacar la siguiente gran exclusiva sobre Rayo McQueen… ¡interrogándolo a él!

Disney·PIXAR
MONSTRUOS, S.A.

La peor pesadilla de Mike

—¡AAAAAAYYYY...! ¡AYYY! Sulley se sentó en la cama. El angustioso grito provenía del cuarto de su amigo Mike. Sulley abrió de golpe la puerta de Wazowski.

—Hola —dijo Mike con voz temblorosa—. Creo que he debido de tener una pesadilla. —Tragó saliva, y después se sentó en la cama.

Sulley se quedó callado.

—Sulley..., ¿no quieres saber de qué trataba? —preguntó Mike.

Sulley se acercó y se sentó en el borde de la cama de su amigo.

—He soñado... —comenzó Mike—. Esto te va a parecer una locura pero... ¡he soñado que había un niño, un niño humano, ahí, en mi armario! —Señaló al otro lado del cuarto mientras se reía nerviosamente.

—Bueno, bueno —dijo Sulley—. Puede que sea por la película que viste anoche.

—¿Niñozilla? —se burló Mike—. No. He visto esa película una docena de veces.

—¿Por qué no vuelves a intentar dormirte? —dijo Sulley, conteniendo un bostezo.

—Recuerdo que, cuando era pequeño, mi mamá solía traerme un lodolicioso cuando tenía una pesadilla —dijo Mike.

Sulley suspiró pacientemente, después fue a coger un lodolicioso de la cocina para Mike.

—Y me cantaba una nana —añadió Mike.

Con voz grave y carrasposa, Sulley cantó:

¡Duérmete, Mike, Ojito Saltón,
Con el pelo verde y pequeños colmillos!
¡La mañana vendrá cuando salga el sol,
despertarás y abrirás tus ojitos saltones!

—Ojito saltón —corrigió Mike a su amigo—. Y mi mamá siempre revisaba el armario.

Con otro paciente suspiro, Sulley abrió la puerta del armario y entró en él, decidido a enfrentarse a cualquier peligro.

—¡Nada aquí! —gritó.

De pronto, un ruido ensordecedor y una avalancha de trastos salieron por la puerta del armario. Una fregona amarilla cayó. ¡Parecía una cabellera rubia!

—¡AAAAH! ¡AAAAH! —chilló Mike.

Saltó por encima de las sábanas, pero luego se tranquilizó.

—Oh, con esta oscuridad, pensé que esa fregona era, ya sabes, ¡un niño humano! —Se estremeció y dedicó a Sulley otra sonrisa.

Sulley se burló de esa idea.

—No seas tonto, Mike —dijo—. Un niño nunca andaría suelto por Monstruópolis. ¡Menudo desastre!

—Tienes razón —coincidió Mike, amodorrado—. Buenas noches, Sulley.

—Buenas noches, Mike.

¿Dónde están Buzz y Jessie?

Andy había cogido a Buzz y Jessie para jugar, pero luego había salido y los juguetes no aparecían por ningún lado.

—¿Qué ha pasado con esos dos? —se preguntó preocupado Woody.

Organizó una reunión de emergencia para que los demás juguetes supieran que Buzz y Jessie habían desaparecido.

—Mi oreja también —dijo el Sr. Patata, señalando el agujero que tenía a un lado de la cabeza.

Woody dijo a los soldaditos que se prepararan para una expedición de búsqueda.

—Mirad por todas partes y mantenedme informado —les ordenó.

—¡Señor! ¡Sí, señor! —respondió Sargento.

Él y su tropa cogieron un *walkie-talkie* y salieron a registrar la casa.

Mientras tanto, los demás juguetes se dispusieron a buscar por la habitación de Andy. Slinky exploró bajo la cama, pero sólo encontró calcetines sucios.

Woody miró en la zona más lejana de la habitación, pero allí tampoco había rastro de sus amigos, sólo un montón de cómics.

Desde el interior de la papelera, el Sr. Patata lanzó un grito de alegría. Woody fue a mirar, esperanzado.

El Sr. Patata apareció sonriendo: había encontrado su oreja desaparecida, pero ni rastro de los juguetes que faltaban.

De pronto, el *walkie-talkie* empezó a crepitar.

—¡Los hemos encontrado! —anunció Sargento—. Estamos frente a la puerta del baño. ¡Traigan una cuerda!

Woody y los demás corrieron hasta allí. Según llegaron a la puerta del baño, pudieron oír gritos de pánico desde el interior. Había montones de burbujas flotando a través de la rendija de la puerta, y también un charco que se estaba extendiendo por el pasillo.

—¡Parece que tienen problemas! —dijo Woody.

Al oír otro grito, Rex empezó a asustarse.

—¡A lo mejor un monstruo de burbujas se los está comiendo!

No había tiempo que perder. Usando una cuerda como lazo, Woody alcanzó el pomo de la puerta y lo giró con todas sus fuerzas. La puerta se abrió y todos entraron corriendo.

Los gritos de sus amigos provenían de la bañera, pero los bordes estaban demasiado arriba como para ver lo que sucedía.

—¿Quién va a salvarlos? —preguntó un soldadito, pero Woody ya había entrado en acción.

Arrastrando un taburete cercano, Woody se subió y miró hacia la bañera… y ¡no se podía creer lo que veían sus ojos! Jessie y Buzz estaban en un barco de juguete riendo y gritando divertidos mientras cruzaban el agua.

—¿Enviamos refuerzos, señor? —preguntó uno de los soldaditos.

Woody empezó a reír.

—No, ¡a menos que también quieran navegar!

El tentempié de Rolly

¡A la cama! —gritó Pongo.

—¡Jo, papá! —se quejó Patch—, no estamos cansados!

—No discutáis —dijo Pongo—. Los cachorritos necesitan descansar.

Con un suspiro, Patch se unió a la fila de cachorros que subía por las escaleras.

—Tengo hambre —se quejó Rolly mientras los cachorros se acomodaban para dormir.

—Tú siempre tienes hambre —dijo Patch.

—Y tú siempre quieres quedarte despierto y vivir aventuras —dijo Rolly.

—Qué pena que nunca consigamos lo que queremos —dijo Patch en un suspiro.

Unas horas después, Rolly sintió un golpecito en su hombro.

—¿Ya es por la mañana? —preguntó.

—No —dijo Patch—, es medianoche. ¿Quieres salir a explorar? Te daré un tentempié.

—¡Un tentempié! —gritó Rolly emocionado.

—¡Chist! —dijo Patch—. ¡Vamos!

Rolly siguió a Patch a la cocina. Patch miró hacia la mesa y asintió.

—Después de cenar vi a Nanny poner unos jugosos huesos ahí arriba. Los guarda para la sopa de mañana.

—¡Sopa! —gritó Rolly—. ¡Qué desperdicio! Los huesos son para roerlos.

A Patch y Rolly se les ocurrió un plan. Primero, Patch trepó hasta la mesa subiéndose a los hombros de Rolly. Todo iba bien hasta que Patch lanzó el primer hueso y éste aterrizó en el cubo de la basura. Rolly corrió tras él y saltó dentro. Pero se atascó. Patch intentó que no cundiera el pánico.

Pensó y pensó hasta que se le ocurrió otro plan, uno para rescatar a Rolly.

Patch volvió arriba y despertó a Lucky y a Pepper. Los dos cachorros siguieron a Patch hasta la cocina. Entonces Patch cogió la larga correa de su padre y lanzó una punta dentro del cubo.

—¡Agárrate a la correa! —dijo Patch a Rolly.

—¡Vale!

Patch se volvió hacia los otros cachorros:

—Ahora, tiremos todos de esta parte de la correa, cuando cuente tres.

Los tres cachorros tiraron, el cubo de la basura cayó y Rolly salió disparado al suelo de la cocina.

—¡Gracias! —dijo Rolly.

Los cachorros lamieron a su hermano y volvieron a la cama.

—Al final has tenido tu aventura —susurró Rolly a Patch antes de quedarse frito.

—Sí —dijo Patch—, y siento que tú no consiguieras tu tentempié.

—No lo sientas —dijo Rolly—. Mientras esperaba a que me rescatarais, ¿qué pensabas que hacía? Estaba comiéndome el jugoso hueso. Y, chico, ¡estaba muy bueno!

Una montaña rusa emocional

—¡Hola! Soy Alegría. ¿Te gusta mi pelo azul? Yo me encargo de… ¡ponerte contento! Y te diré que hay un montón de cosas por las que ser feliz. ¡Como los dinosaurios! O la cobertura de los cupcakes. Y los monos: es muy divertido ver cómo se balancean. ¡Ay, y las pelotas de goma! Hacer muecas también es divertido. Y las volteretas; a veces hay que dar volteretas. A mí me encanta el sol. Bueno, pero ¡también me encanta la lluvia! Y las nuevas aventuras ¡son lo mejor de lo mejor! Pero, sobre todo, ¡he descubierto que la felicidad está en estar con tus amigos y tu familia!

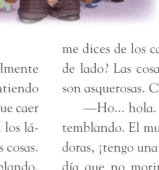

—Ay… Hola, yo soy Tristeza. Normalmente me siento un poco apagada. A veces no entiendo el mundo. ¿Por qué los helados se tienen que caer de los cucuruchos? O ¿por qué se rompen los lápices? Aunque también me gustan algunas cosas. Me gusta la lluvia, te deja mustio y temblando. Los cachorros también me parecen monos…, hasta que te mordisquean el jersey nuevo. Siempre estoy perdiendo las cosas. O, a veces, soy yo la que anda perdida. Me gusta llorar. Me ayuda a calmarme y a pensar en el peso de los problemas de la vida. Entonces me siento mejor. Pero luego vuelvo a sentirme triste.

—¡Eh! ¿Qué estás mirando? Vale, me presentaré. Soy Ira. ¿En serio me estás diciendo que no puedes adivinar cuál soy? Pues te daré una pista: ¡SOY EL ROJO! Me gusta apartar a los demás con la bocina en los atascos de la vida. Pero si hay una cosa que me enciende, más que las puestas de sol y las velas perfumadas, ¡es que pongan verdura en los sitios que no corresponde!

Brócoli en la pizza… ¿En serio pensaban que no me iba a dar cuenta?

—Yo soy Asco. Soy la elegante de color verde. En el mundo hay muchas cosas horribles, como los pies. ¿A quién se le ocurrió que las personas debían andar sobre esas masas malolientes de carne con dedos? ¡Ah! ¿Y los calcetines y los zapatos? Puaj. Y, ya que estamos, ¿qué me dices de los cangrejos? ¿Por qué caminan así de lado? Las cosas que caminan de esa manera son asquerosas. Como las arañas…, ¡agh!

—Ho… hola. Yo soy Miedo. Soy el que está temblando. El mundo está lleno de cosas aterradoras, ¡tengo una lista! Considero un éxito cada día que no morimos. Hablo de cosas como la escalera del sótano: ahí abajo está muy oscuro. Y la aspiradora de la abuela suena como un monstruo. Y, puestos a decir, los payasos también dan miedo. Pero te diré lo que me gusta: la seguridad. Me encanta relajarme por las tardes, tomando una taza de té y viendo un tranquilo programa sobre naturaleza. Hasta que enseñan animales. Ésos dan miedo.

Una carrera saludable

Dusty, Chug y Dottie estaban reunidos en la pista, susurrando.

—¿Está todo listo? —preguntó Dottie.

—Sí —respondió Dusty—. Será nuestro pequeño secreto.

Tres avionetas jóvenes oyeron lo que decían y se acercaron para ver qué pasaba.

—¿Cuál es ese secreto, Dusty? —preguntaron.

Chug les bloqueó la vista.

—Lo siento, chicos. No podemos decíroslo.

—Venga, Chug —dijo Dusty, sonriendo a las jóvenes avionetas—. ¡El secreto es un juego genial llamado «La carrera alada de Propwash Junction»!

Los chicos se mostraron emocionados.

—Si queréis, también os podéis unir —les dijo Dusty, cosa que celebraron con alegría.

La avioneta les anunció que él sería quien hiciera de juez. La primera parada sería en el viejo silo, y, a la señal de Dusty, los tres jovenzuelos emprendieron el vuelo hacia allí lo más rápido posible.

Lydia, una pequeña avioneta rosa, fue la primera en llegar.

—¡Yuju! ¿He ganado la carrera? —preguntó.

Chug, que estaba esperando en el silo, le dijo que sólo había ganado la primera ronda, pero desveló que aún quedaban algunas más.

—¡La siguiente parada es la zona de aterrizaje! —gritó Dusty.

Las avionetas hicieron rugir sus motores y levantaron el vuelo de nuevo. Volaron a toda prisa, cortando el aire con su velocidad. Aunque todos se esforzaron mucho, sólo podía haber un ganador.

—¡Esta vez el primero ha sido Danny! —anunció Dusty. Una pequeña avioneta amarilla se paró en seco y le preguntó:

—¿Hay más rondas, Dusty?

—Sólo una, pero la meta es un misterio —le explicó él—. Chug ya está de camino. Para alcanzar el último destino, tendréis que encontrarle.

Los jóvenes despegaron de nuevo. Juntos volaron por el cielo, buscando pistas del paradero de Chug. Finalmente, lo vieron en el hangar. Todos corrieron hacia él, siendo la avioneta azul la primera que logró que las ruedas tocaran el suelo.

—La parada misteriosa es el taller de Dottie —dedujo.

Dottie se acercó.

—Exacto, ¡todos habéis ganado!

—¿En serio? —se sorprendieron las avionetas.

Dottie sonrió con malicia.

—Sí, porque llegáis a tiempo… ¡para la inspección anual!

Chug se rio.

—La carrera sólo era una trampa para traeros, porque siempre montáis un escándalo cuando hay que visitar al médico.

—Y los verdaderos campeones tienen que estar en plena forma todos los días del año —añadió Dusty.

Los jóvenes sonrieron. Odiaban ir al médico, pero Dusty tenía razón. Además, ¡llegar hasta allí había sido muy divertido!

La historia se repite

Era un día para recordar en Radiador Springs. En la galería, había fotos de los mejores momentos en la pista llenando todas las paredes.

—¡Bienvenidos, amigos! —saludó Doc, que estaba aparcado con aire orgulloso junto a una vitrina de trofeos, muchos de los cuales había ganado él.

—Para nosotros siempre es un placer admirar los recuerdos de las grandes carreras que hicimos, Doc —dijo El Rey, acompañado por su esposa.

—Mira, Rayo —dijo Sheriff, señalando un marco—. ¡Una foto de tu reto más reciente!

Los coches admiraron la fotografía. Rayo McQueen sonrió al recordar aquel momento.

—También fue mi última carrera —remarcó El Rey—. ¡Fue muy emocionante!

—¿Y si lo repetimos? —sugirió Sheriff.

—¿Por qué no? ¡Será divertido! —dijo El Rey. Más tarde, aquel mismo día, en el Valle Ornamento, Doc se encontraba en el centro de la pista con la bandera preparada.

—¡Arranquen motores! —ordenó.

Rayo McQueen y El Rey se lanzaron unas miradas de ánimo.

—¡Adelante! —gritó Doc.

Desde la colina, los coches observaron a sus amigos corriendo pegados por la pista del desierto.

—Es imposible saber quién ganará —comentó Doc, emocionado.

Pero mientras observaban, ¡Rayo McQueen se salió de la pista!

—¿Por qué está frenando? —se extrañó Doc.

—En la Copa Pistón hizo lo mismo —le recordó Sheriff—. Pero ¡esto no es lo que queríamos decir cuando propusimos repetir la carrera!

—¡Está volviendo a la ciudad! —alertó Doc.

El Rey dejó de correr al ver que ya no tenía a nadie con quien competir.

—¿Qué pasa? —le preguntó a Doc.

—¡No lo sabemos! ¡Vamos a seguirlo! —respondió éste.

Los coches se dirigieron a la ciudad, siguiendo las marcas de neumáticos que Rayo había dejado. Lo encontraron en la gasolinera, con pinta de avergonzado.

—Oye, Rayo, no hacía falta que me dejaras ganar otra vez —dijo El Rey.

—¡Lo sé, lo siento! —se disculpó él—. ¡Es que me acabo de acordar de que prometí pasar a por Sally y no quería llegar tarde!

Justo entonces, Sally apareció con un aspecto radiante, reforzado por los reflejos del sol.

—¡Hacer que no tuviera que esperarme era más importante que cualquier carrera! —dijo Rayo, guiñando un faro.

—¡Desde luego! —respondió El Rey.

—Parece que el chico ha aprendido algo de ti, cielo —se rio la esposa de El Rey, mientras se acurrucaba a su lado. La carrera ya no tenía ninguna importancia.

DUMBO

El escondite

Durante bastante tiempo, Dumbo fue el nuevo bebé del circo. Pero un día, la cigüeña llegó con un paquete flamante: un bebé jirafa.

—Mira, Dumbo —dijo su amigo, el ratón Timoteo—, creo que deberíamos preguntar al nuevo bebé si quiere jugar con nosotros.

Dumbo asintió contento. Así que fueron al corral de la jirafa.

—Hola, Señora Jirafa —saludó Timoteo—. ¿Podría salir a jugar con nosotros su adorable bebé?

—Bueno... supongo que sí —dijo ella.

Dio un beso a su bebé y lo dejó al cuidado del ratón Timoteo y del pequeño Dumbo.

—Vale, niños —dijo Timoteo, colocándose frente a los dos—, ¿a qué os apetece jugar?

Dumbo y el bebé jirafa lo miraron sin saber qué decir.

—Ajá... ya veo —dijo Timoteo—. No sabéis demasiados juegos. ¿Puedo proponeros el divertido juego del escondite?

Dumbo y la jirafa asintieron alegremente, mientras Timoteo cerraba los ojos y contaba.

—El que no se haya escondido —dijo finalmente abriendo los ojos—... ¡Esperad! ¿No sabíais que os teníais que esconder?

No, en realidad no lo sabían.

—Vale —suspiró Timoteo—. Empecemos desde el principio. Cuando cierre los ojos os escondéis. Encontráis un lugar donde no me podáis ver y donde yo no os pueda ver. Como éste... —Timoteo se agachó detrás de un cubo de palomitas—. ¿Lo entendéis?

Dumbo y la jirafa asintieron lentamente.

—Bien, lo intentamos de nuevo. Uno, dos, tres...

Timoteo contó hasta veinte y abrió los ojos.

—¡No, no, no! —gruñó—. Vosotros no os escondéis detrás de las palomitas. Sois demasiado grandes.

Y una vez más cerró los ojos y contó. Entonces, muy despacio, abrió los ojos.

—¡Mucho mejor! —dijo, sorprendido.

Por supuesto, no tardó mucho en encontrar el rechoncho cuerpo de Dumbo detrás del fino poste de una tienda, ni el largo cuello de la jirafa asomando tras el baúl que tenían los payasos.

—Esta vez, chicos, intentad encontrar un lugar donde podáis esconder vuestro cuerpo entero —dijo Timoteo.

Así que Dumbo y la jirafa esperaron a que Timoteo cerrara otra vez los ojos y, silenciosamente, se escondieron a hurtadillas detrás del poste y del baúl. Pero esta vez, la alta y delgada jirafa se escondió tras el alto y delgado poste. Y el bajito y rechoncho Dumbo se escondió detrás del bajo y ancho baúl. ¡Y sabéis qué? Estaban tan bien escondidos que, a día de hoy, ¡puede que el ratón Timoteo aún los esté buscando!

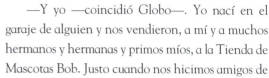

Nostalgia

Nemo seguía sin creerse todo lo que le había pasado. Primero, un buzo lo había pescado en el océano. Después, había viajado mucho en un agua muy fría. Y, al final, lo habían metido en un acuario en la consulta de un dentista. Los otros peces del acuario eran simpáticos, pero Nemo echaba de menos a su padre y su casa. No podía pensar en nada más que en volver al océano. Pero ¿funcionaría el plan de huida? Parecía imposible...

—¡Eh, chico! —Globo, el pez globo, nadó hacia él—. ¿Estás bien? Te veo branquicaído.

—Es verdad —dijo Nigel, el pelícano.

Peach, la estrella de mar, miró desde su sitio en la pared del acuario.

—Está triste, es normal —dijo, y sonrió a Nemo con dulzura—. Tranquilo, cariño, sabemos cómo te sientes.

—¿Cómo vais a saberlo? —murmuró, lamentándose—. A vosotros no os han sacado del océano y os han alejado de vuestro padre.

—Bueno, no —admitió Gluglú—. Pero todos teníamos familia donde vivíamos y todos la echamos de menos.

—¿De verdad? —Nemo parpadeó sorprendido. Nunca lo habría pensado.

—Claro —dijo Peach—. La mujer que me vendió por Internet tenía muchas estrellas de mar en el sótano. —Suspiró con tristeza—. Aún me pregunto dónde habrán acabado todos mis hermanos y hermanas. Daría dos o tres de mis brazos por verlos de nuevo.

—Y yo —coincidió Globo—. Yo nací en el garaje de alguien y nos vendieron, a mí y a muchos hermanos y hermanas y primos míos, a la Tienda de Mascotas Bob. Justo cuando nos hicimos amigos de los otros peces, él vino y me compró. —Señaló con la aleta al dentista que estaba en la consulta, fuera del acuario—. Aunque podría haber sido peor —continuó Globo—, vosotros sois los mejores amigos que he tenido.

Un pez que se llamaba Deb asintió.

—Yo tuve suerte de que nos comprara a mí y a mi hermana juntas. ¿A que sí, Flo? —dijo, y sonrió a su propio reflejo en el cristal del tanque. Cuando el reflejo no respondió, Deb se encogió de hombros—. Supongo que Flo está demasiado conmovida ahora mismo, pero puedo asegurar por su sonrisa que está de acuerdo. No sabemos qué habríamos hecho la una sin la otra, pero aún echamos de menos al resto de la familia.

—¡Hala! —dijo Nemo, mirando a sus compañeros de acuario—. Parece que sí que sabéis cómo me siento.

Aunque el hecho de que los otros peces también hubieran sido alejados de sus familias lo ponía triste, Nemo ya no se sentía tan solo. Por lo menos, ellos entendían lo mucho que quería volver con su padre. Ahora, un poco más valiente y más decidido que nunca, Nemo estaba listo para escapar del acuario, fuera como fuese.

El armario embrujado

Rex y Slinky estaban explorando su nueva casa en la guardería Sunnyside.

—¿A que este sitio es genial? —dijo Rex, observando todos los juguetes y cosas divertidas que había allí.

—Ya lo creo —respondió Slinky—. ¡Es como la habitación de Andy, pero en grande!

Mientras empezaban a explorar, un grupo de dinosaurios de juguete les bloqueó el paso de repente.

—No podéis ir por aquí —dijo un estegosaurio—. ¡Es donde está el armario embrujado!

A Rex le empezaron a temblar las piernas.

—¿El armario embrujado? —dijo, tragando saliva—. ¿Qué es eso?

—Es el lugar más peligroso de Sunnyside —susurró otro dinosaurio.

—Es superpeligroso —aportó un tercero.

A Rex no le gustaba nada cómo sonaba eso. Odiaba todo lo que fuera peligroso. Se puso a temblar de miedo con las cosas que le contaron los juguetes.

—Cuando es de noche, atrapa a los que se acercan demasiado —explicaron—. ¡Y se los traga para siempre!

—¿Pa... pa... para siempre? —tartamudeó Rex.

—Nadie ha vuelto jamás para contarlo —dijo uno de los dinosaurios—, y es imposible de abrir.

Rex dio un paso atrás, pero con las prisas por alejarse se tropezó con el muelle de Slinky.

—¡Eh, ten cuidado, lagartija! —le advirtió el perro, pero ya era demasiado tarde. En cuanto el muelle terminó de tensarse, disparó a Rex por los aires.

—¡Socooooorroooo! —gritó mientras volaba.

Los dibujos de los niños estaban colgados de una cuerda que cruzaba la sala, para que se secara la pintura. Rex se agarró de ella y dejó escapar un suspiro de alivio.

Pero ¡el alivio no duró mucho! La cuerda se partió, lanzando al dinosaurio hacia abajo, en dirección al armario embrujado.

Con un grito, se estrelló contra la puerta y luego cayó de bruces contra el suelo. Al momento, la puerta empezó a abrirse lentamente…

—¡Somos libres! —celebró un grupo de juguetes, corriendo al exterior.

Levantaron a Rex y lo llevaron en volandas como si fuera un desfile.

—¡Eres nuestro héroe, Rex! —gritó uno de ellos.

—Has vencido al armario embrujado —dijo otro.

El dinosaurio miró a su alrededor y sonrió. No estaba acostumbrado a ser un gran héroe, pero tenía que admitir que aquello le gustaba.

—Vaya, gracias —dijo.

Uno de los otros dinosaurios lo miró pensativo.

—¡Ahora puedes ayudarnos con el cajón encantado!

Rex notó que las piernas volvían a temblarle.

—¿En... encantado? ¡Ay, no! —lloriqueó.

Puede que, al fin y al cabo, ¡no estuviera listo para ser un héroe valeroso!

Disney
EL
REY LEÓN

¡Te pillé!

Una mañana temprano, Simba se levantó para ir a buscar a Nala y continuar jugando al pillapilla. La noche anterior, cuando sus madres les hicieron irse a la cama, a Simba le había tocado pillar. ¡Menuda forma de ir a dormir! Estaba ansioso por cazar a Nala y que le tocara a ella pillar, cuanto antes. Pero, cuando llegó junto a la manada, parecía que todos estaban esperando a Nala.

—¿Dónde está Nala? —le preguntó a su mamá.

—He oído a su madre decir que no se encontraba bien —respondió—, así que se han quedado en la cueva descansando hasta que esté mejor.

—Pero ¡tiene que salir! —protestó Simba—. ¡Me toca pillar y tengo que cazar a alguien!

Su madre sonrió.

—Creo que vas a tener que esperar, pequeño Simba —dijo.

—¡Eso es muy aburrido! —gruñó Simba.

—Puedes jugar tú solo, Simba —le recordó.

—Está bien —suspiró el leoncito.

Primero intentó cazar saltamontes, pero saltaban muy alto, muy lejos y muy rápido y pronto se cansó y se frustró.

Entonces intentó trepar a los árboles, pero a los pájaros no les gustaba demasiado que un cachorro de león estuviera rondando por sus ramas y lo espantaron.

Al final, probó a tumbarse para encontrar dibujos en las nubes. Pero ése era el juego favorito de Nala y hacía que la echara aún más de menos.

Se dio la vuelta y aplastó una flor silvestre con su zarpa.

—Te pillé, tú la llevas —dijo con poco entusiasmo.

De repente, le vino una idea a la cabeza. ¿Y si recogía unas cuantas flores silvestres y se las llevaba a su amiga enferma? Tal vez así se recuperaría antes.

Con energías recargadas, Simba recogió tantas flores como pudo con la boca y se encaminó de nuevo hacia la cueva de la manada.

—Zon pada Nana —dijo, soltando las flores a los pies de la madre de Nala—. Son para Nala —repitió—. Espero que se mejore pronto.

—Gracias, Simba —dijo la leona—. Pero ¿por qué no se las das tú mismo? Parece que ya está un poco mejor. ¡Nala! —la llamó.

Y la amiga de Simba salió, sonriendo y muy contenta de verle. Nala olisqueó las bonitas flores.

—¿Son para mí? Gracias, Simba —dijo, y se giró hacia su madre—. ¿Puedo ir a jugar con Simba ya, mamá?

—No veo por qué no —dijo su madre.

—¡Perrrrfecto! —dijo Nala.

—¡Sí, perrrrfecto! —dijo Simba. Entonces se acercó y la tocó ligeramente con su pata—. ¡Te pillé, tú la llevas!

La ley de la carretera

A las afueras de Radiador Springs, los residentes empezaron a reunirse. Les molestaba no sentirse seguros en las carreteras porque un grupo de rebeldes estuviera causando problemas.

—Deberías darles una lección —dijo Dustin, la furgoneta mensajera, a Sheriff.

El coche policía no estaba seguro de con quién estaba enfadada la multitud. Había demasiados coches molestando en la interestatal como para controlarlos a todos.

—¿De quién estás hablando? —preguntó.

—¡De esos gamberros que están haciendo el loco en las carreteras de la ciudad! Molestan a todo el mundo, sobre todo a los vehículos pesados. El otro día, uno de ellos se me cruzó sin avisar, ¡me llamó «viejales» y me exigió una carrera!

—¡Dustin tiene razón! —declaró Doc—. ¡Esos maleantes no tardarán en provocar un accidente!

—Pero tienen buenos motores, no creo que pueda alcanzarlos —admitió Sheriff.

—Yo correré en tu lugar —sugirió Rayo McQueen.

—Gracias, McQueen —dijo Sheriff—, pero creo que prefiero usar a Mack para este trabajo.

Mack pareció confundido.

—Pero yo no soy muy rápido, Sheriff…

—¡No te preocupes! —dijo éste, con una sonrisa—. ¡Enseñaremos a esos matones que la ley siempre va un paso por delante!

Más tarde, ese mismo día, los coches rebeldes salieron a la carretera para buscar más víctimas inocentes para sus desafíos.

—¡Vamos a molestar a ese grandullón! —dijo Boost, el líder de la banda.

Los demás lo animaron y se pusieron ruedas a la obra.

Mack corría tan tranquilo por la carretera cuando los gamberros se le acercaron a toda prisa.

—¡Eh, tú, ven aquí! —exigió Boost.

—Estamos cerca de la ciudad —advirtió uno de la banda—. Espero que Sheriff no esté detrás de una pancarta.

—¿Y qué, si lo está? —gritó Boost—. ¡Le haremos morder el polvo!

Mack entró en un cañón estrecho. Los gamberros lo siguieron, riéndose de la mala suerte que parecía tener. ¡Ahora sólo podía seguir hacia delante! Pero poco esperaban ellos… ¡que Mate los encerrara con unas barricadas! En cuanto las colocó, ya no habría quien pasara por ellas. Ni siquiera los maleantes.

Mack frenó. Los gamberros se detuvieron tras él.

—¿Qué pasa aquí? —preguntó Boost.

La puerta de carga de Mack se abrió, desvelando a Sheriff en su interior, equipado con esposas y el poder de la justicia.

—¡Saludos, amigos malhechores! —dijo—. ¡Bienvenidos a mi nueva unidad móvil contra el crimen!

Los gamberros gruñeron. Ya no había forma de salir de ésa. Sheriff había conseguido engañarlos y ahora tendrían que lidiar con las consecuencias.

Una historia sobre Dory

Dory estaba nadando por el hermoso arrecife y tarareando una melodía cuando, de pronto, la detuvo un pez sonriente.

—¡Eh, Dory! ¡Feliz cumpleaños! —la felicitó.

—¿Cumpleaños? —repitió ella, extrañada.

—No me digas que te has olvidado de tu cumpleaños —dijo el pez.

—¿Hoy es mi cumpleaños? ¡Viva! —exclamó Dory—. ¡Eh, Marlin, Nemo! Hoy es mi cumpleaños. Ah, y recuerdo que los cumpleaños significan regalos.

Nemo y Marlin palidecieron al instante. ¡Se habían olvidado! Pero, por suerte, Dory se olvidaría también en cualquier momento.

—Tenemos que ir a recoger el regalo —dijo Marlin, nadando hacia atrás lentamente.

—¿Vais a algún lado? —preguntó Dory, emocionada—. ¿Puedo ir?

—Ah, pues… —Marlin se quedó pensando y cambió de tema—. ¡Feliz cumpleaños, Dory!

—¿Hoy es mi cumpleaños? —Parecía sorprendida—. ¡Eso significa que tendré regalos!

—Exacto —dijo Marlin, cogiendo a Nemo de la aleta—. Y enseguida volvemos con uno.

Dory se alegró mucho.

—¡Regalo de cumpleaños! ¡Regado de peldaños! —empezó a canturrear—. Respaldo de rebaños. Restando los recados.

Se quedó parada.

—¿Qué recados eran ésos?

Entonces, un enorme tiburón gris se le acercó.

—Hola, señor tiburón —le saludó—. ¿Sabe qué recados tenía que hacer?

—Pues no sé… Yo estaba buscando amigos —dijo el tiburón, sorprendido por la pequeña pez.

—Muchos de mis amigos son sólo objetos —admitió Dory, ofreciéndole algunas algas—. Toma, para ti.

Unos pececillos que se escondían entre las algas chillaron de miedo y huyeron despavoridos.

El tiburón corrió tras ellos.

—¡Sólo quiero ser vuestro amigo! ¡Soy vegetariano!

Dory se volvió y vio un pez payaso naranja a lo lejos. Nemo y Marlin estaban volviendo.

—¡Aquí tienes tu regalo! —dijo Nemo—. Esta alga está llena de tinta de sepia. Puedes escribir cosas en las piedras si necesitas acordarte de algo.

—¡Vaya, eres un genio! —dijo Dory sonriendo—. ¡Muchas gracias! La llevaré en la espalda para no olvidarme.

Se colocó el alga como una bufanda, pero cinco minutos más tarde se extrañó de llevarla encima.

—¿Por qué estoy llevando esta alga tan sucia?

—Dory… —suspiró Nemo.

—¡Espera! ¡Quizá podría llevar esto como complemento por mi cumpleaños! —decidió, haciendo cabriolas en el agua.

Nemo y Marlin hicieron un gesto de resignación. A veces Dory podía dar mucho trabajo, pero no la cambiarían por nada del mundo.

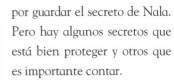

El secreto de Simba

Simba y Nala eran grandes amigos. Les encantaba contarse sus secretos.

—Me dan miedo los ratones —le confesó Nala una vez—. Pero no se lo digas a nadie.

—Tranquila, no lo haré —prometió Simba.

Un día, Simba y su padre Mufasa salieron a dar un paseo.

—Mira ese ratón llenándose las mejillas con semillas —dijo Mufasa.

—¡Qué gracia! —dijo Simba—. No entiendo por qué a Nala le dan miedo.

Nala oyó a Simba hablando con su padre y se enfadó mucho con él.

Unas semanas más tarde, le dijo:

—Voy a contarte un secreto, pero es muy gordo. Si esta vez lo cuentas, me enfadaré un montón.

—¡Te prometo que no diré nada! —dijo Simba.

—Vale —dijo Nala—. Éste es el secreto: ayer encontré una gran cueva donde los acantilados rojos. Hoy quiero ir a explorarla.

Simba jugó todo el día sin Nala. Cuando se hizo la hora de cenar, empezó a preguntarse si tardaría mucho en volver.

La madre de Nala estaba preocupada.

—Simba —le dijo—, ¿sabes dónde está Nala?

—No —respondió.

Había prometido que no se lo diría a nadie y no quería romper la promesa. El sol cayó y la luna empezó a brillar en el cielo.

Sarabi, la madre de Simba, fue a hablar con su hijo.

—¿Sabes dónde está Nala? —le preguntó.

—No puedo decirlo —respondió Simba—. Es un secreto. ¡Prometí no decir nada!

—Simba —dijo su madre—, eres un buen amigo por guardar el secreto de Nala. Pero hay algunos secretos que está bien proteger y otros que es importante contar.

Simba pensó en lo que le había dicho su madre y decidió que tenía que contar a los demás adónde había ido su amiga.

Toda la manada corrió hacia los acantilados rojos. Al rato, oyeron una voz débil.

—¿Ma... mamá?

¡Era Nala! Los leones se acercaron corriendo a la entrada de la cueva, pero estaba bloqueada casi por completo. ¡Un desprendimiento de rocas había atrapado a la pequeña! Los leones cavaron y cavaron hasta que, al fin, apartaron todas las rocas. Nala salió de allí y corrió hacia su madre.

Unos minutos después, Simba se acercó con la cabeza gacha.

—Siento haberles contado tu secreto, Nala —se disculpó.

—Si no hubieras dicho nada, aún seguiría ahí. ¡Era una tontería de secreto! —respondió su amiga.

Cuando llegaron a casa, ya era hora de irse a dormir. Nala y Simba se acurrucaron juntos.

—Me alegro de que estés en casa —dijo Simba—. Y ¡eso no es ningún secreto!

Nala sonrió: ella también estaba contenta de haber vuelto a casa.

La **Dama** y el **VAGABUNDO**

El toque de Reina

Una noche, cuando ya era tarde, Reina levantó las orejas y abrió los ojos de par en par. ¡El bebé estaba llorando! A Reina le encantaba el nuevo bebé de la casa y siempre intentaba protegerlo. Si lloraba, tenía que descubrir por qué. Se escapó de su cesta, abrió la puerta con el hocico y subió la escalera con sigilo.

Mientras tanto, Jaime y Linda estaban intentando calmar al bebé.

—¡Jaime, es que no sé qué le ocurre! —dijo Linda.

Estaba sujetando al bebé en sus brazos, tratando de calmarlo, pero su carita estaba cada vez más roja y llena de lágrimas. Jaime se sentó medio dormido en el borde de la cama y miró a su esposa sin saber qué hacer.

—Bueno, sabemos que no tiene hambre —reflexionó—, porque le acabamos de dar el biberón.

Se frotó las sienes como si le dolieran. Entonces se dio cuenta de la presencia de Reina, que había entrado con cuidado en la habitación.

—Hola, Reina —le dijo.

La perrita se acercó a la cuna, donde Linda había dejado al bebé. Tenía las manitas cerradas y sus gritos se habían convertido en fuertes sollozos.

—No sabemos lo que pasa con el pequeñín —le explicó Jaime.

—Le hemos dado de comer y le hemos cambiado el pañal, incluso le he cantado todas las nanas que sé. ¡A lo mejor tú sabes qué es lo que le pasa!

Eso era todo cuanto necesitaba oír. Reina saltó encima de la cama y miró la cuna. Los ojos del bebé estaban cerrados con fuerza y tenía las mejillas mojadas por las lágrimas. El pequeño pateaba la sábana con sus piernecitas.

Reina se acercó y apartó un poco la sábana para dejarla más suelta. El bebé abrió los ojos y miró a Reina. El llanto pasó a ser un leve sollozo y el pequeño se arrimó para llegar hasta la perrita. Con su manita, le cogió de la oreja y empezó a tirar de ella. A Reina le dolió, pero aguantó sin hacer nada. Con la barbilla, fue meciendo la cuna, mientras que con la cola fue marcando un ritmo en la madera. Pum, pum, pum...

—¡Ga! —dijo el bebé, mientras ofrecía una sonrisa. Sus grandes ojos azules parecían como flores mojadas. Aún agarrando la oreja de Reina, el bebé empezó a reír.

—¡Mira, Jaime! —dijo Linda con alegría—. ¡Reina ha conseguido que pare de llorar!

—¡No sé qué haríamos sin ti! —le dijo Jaime, agradecido.

La cuna continuó su suave balanceo, mientras la perrita marcaba el pum, pum, pum con la cola.

Al poco tiempo, los párpados del bebé empezaron a volverse más pesados, hasta que se cerraron del todo. Aún tenía lágrimas en las mejillas, pero no tardó en aflojar la oreja de Reina, y entonces sonrió y cayó dormido.

EL LIBRO DE LA SELVA

Mowgli encuentra a un amigo

Bagheera, la pantera, encontró a Mowgli en la selva cuando sólo era un bebé, y lo llevó con una familia de lobos.

La madre lo crio durante diez años como si fuera su cachorro. Mowgli era un bebé humano muy feliz.

Un día llegaron malas noticias a la selva. Shere Khan, el tigre, había regresado. El tigre era malvado y odiaba a todos. Pero más que a nadie, Shere Khan odiaba al Hombre. Esto significaba que ya no era seguro para Mowgli vivir en la selva. Los lobos decidieron que debía marcharse a vivir entre humanos.

Bagheera había estado muy pendiente de Mowgli a lo largo de los años, así que se ofreció a llevarlo. Esa noche, el cachorro humano montó a lomos de la pantera para emprender su camino a través de la selva.

Pero Mowgli no quería abandonar la selva. Era su hogar.

—¡Yo no quiero ir a la ciudad del Hombre! —gritó—. Puedo cuidar de mí mismo.

Aunque Bagheera se preocupaba mucho por Mowgli, llegó un momento en que se cansó de la pelea con el cachorro de hombre y se adentró en la selva, dejando a Mowgli solo.

En la oscuridad de la noche, entre las sombras, Mowgli empezó a preocuparse de que quizá no pudiera cuidarse él solo.

Al poco tiempo un oso llamado Baloo salió de la selva y observó a Mowgli. El oso trató de ser amigable, pero Mowgli le dijo que se fuera y lo dejara a solas.

Sin embargo, Baloo no escuchaba y decidió que el pequeño cachorro necesitaba algo de diversión.

—Eh, chico, Baloo te va a enseñar a pelear como un oso —dijo, dando saltos a su alrededor.

El divertido comportamiento del oso hizo que Mowgli se riera y pronto estuviera bailando y boxeando como Baloo. Cuando terminaron, Mowgli saltó sobre la barriga de su nuevo amigo y le hizo cosquillas.

—¿Estás bien, chico? —preguntó Baloo.

Justo entonces Bagheera se acercó a ellos. Había regresado para asegurarse de que Mowgli estaba bien. La pantera explicó a Baloo que pensaba que Mowgli debía ir a la ciudad del Hombre para estar a salvo de Shere Khan.

Baloo no quería que su nuevo amigo se fuera a la ciudad del Hombre.

—Lo estropearán. Harán un hombre de él —advirtió el oso.

Bagheera suspiró. Sabía que sería difícil convencer a Mowgli ahora que se había hecho amigo de Baloo. La pantera observó mientras la pareja saltaba al río y ya flotaba lejos de allí.

Disney

HÉRCULES

Un verdadero héroe

—¡Hércules, frena un poco! —le gritó Anfitrión a su hijo, que estaba tirando de su carro para ir al mercado. El joven iba directo hacia un arco de mármol que estaba en construcción. Hércules no comprendía lo fuerte que era en realidad, así que sus esfuerzos por ayudar solían terminar en desastre.

Más tarde, Anfitrión y su esposa Alcmena decidieron contarle la verdad: que no eran sus verdaderos padres. Lo encontraron cuando era un bebé y lo criaron como si fuera suyo. Anfitrión le entregó un medallón.

—Llevabas esto colgando cuando te encontramos —le dijo.

El medallón tenía un rayo dibujado, el símbolo de los dioses.

Hércules quería saber más, así que a la mañana siguiente se fue para visitar a Zeus. Cuando llegó, se acercó a la estatua gigante del dios. De pronto, lo alcanzó una enorme mano de piedra.

—Hijo mío, mi pequeño Hércules —dijo Zeus.

Los ojos de Hércules se abrieron como platos. Zeus, el dios más poderoso de todos, ¡era su padre! Éste le explicó que, cuando era un bebé, lo secuestraron y lo convirtieron en humano. Su tremenda fuerza era la única cualidad divina que había mantenido.

—Si demuestras ser un héroe en la Tierra, recuperarás tu condición de dios —le explicó Zeus—. Busca a Philoctetes, el entrenador de héroes.

Dicho esto, Zeus silbó y al momento entró Pegaso, un caballo alado. La estatua recuperó su forma y volvió a ser de piedra rígida.

Esa noche, Hércules y Pegaso volaron hasta la casa de Philoctetes. Phil, como solía llamarle el joven, empezó a entrenarlo. Después de un tiempo, Hércules logró superar con éxito todas las lecciones de héroe y convertirse en todo un hombretón.

Entonces, sintió la necesidad de comprobar su fuerza en el mundo real. Phil lo llevó a Tebas, donde se enteraron de que dos chicos se habían quedado atrapados por un derrumbamiento de piedras. Él y Pegaso volaron hasta allí y Hércules levantó una gran roca, liberando así a los jóvenes.

Sin embargo, no hubo tiempo de celebrarlo. Un horrible monstruo conocido como «Hidra» salió de una cueva cercana…, y tenía hambre. Con su enorme cabeza y sus afiladas garras, se lanzó contra Hércules, quien le cortó la cabeza con su espada. Pero al separarse la cabeza, aparecieron otras más. Cuantos más cuellos rebanaba, ¡más cabezas aparecían!

La Hidra atrapó al héroe con una de sus garras. Hércules golpeó el acantilado con los brazos con todas sus fuerzas. En unos segundos, el muro se derrumbó y grandes rocas cayeron sobre el monstruo, acabando con él. Hércules se llenó de alegría, pues estaba muy cerca de convertirse en un auténtico héroe.

Mate, el doble

Radiador Springs estaba eufórico con el nuevo cine al aire libre. Se había preparado una gran pantalla con antelación, y los residentes acudieron a la primera proyección a la luz de la luna.

—Llegamos pronto, la película aún no ha empezado —dijo Rayo McQueen a sus amigos Mate y Sally.

—¡Qué bien! Así no tendremos problemas para encontrar sitio —añadió Sally, convencida.

Mate miró el póster de la película que había en la valla.

—¡Anda, el protagonista de esta peli es George Kloonkey! —dijo emocionado—. Una vez actué con él.

Rayo intentó descubrir si lo estaba diciendo de broma. Sally se rio y animó a la grúa a que contara su historia. Si era cierta, ¡tenía que ser fascinante!

—Yo era su doble —explicó Mate—. Me cambiaba por George en las escenas peligrosas… porque somos muy parecidos.

Sally y Rayo miraron de nuevo el póster de George Kloonkey. Sinceramente, Mate no se le parecía en absoluto, pero no querían herir sus sentimientos.

La grúa relató una ocasión en que actuaron en un estadio:

«—Prepárate, es tu turno —me había dicho George.

«—¡Estoy listo! —había presumido yo».

Les describió una película rodada en el mundo real de las carreras, un filme que, según les contó, se titulaba *Ruedas oxidadas*.

—Turbo Jack iba delante y me cortaba el paso mientras le perseguía —siguió Mate—. Sus neumáticos dejaban llamas en la pista, y me decía que jamás llegaría a la línea de meta, pero yo salté las llamas… y ¡entonces me encontré con una fila de clavos!

—Vaya —dijo Rayo, siguiéndole la corriente—. Y ¿cómo saliste de ésa?

—¿No te acuerdas? —le preguntó Mate—. ¡Tú también estabas allí!

Rayo se quedó confuso.

—Despejaste el camino y yo pasé y te di las gracias —continuó Mate.

—El típico truco de Hollywood —dijo Rayo—. Un poco de magia peliculera.

—¿A qué te refieres? ¡Si fue real! —insistió Mate—. El director pensó que haría la película más realista.

—¡Claro que sí! —se rio Sally—. Pero no conozco ninguna película llamada *Ruedas oxidadas*.

Mate suspiró.

—Normal, nunca la terminaron.

—¿Y eso por qué? —preguntó Sally.

—Kloonkey terminó marchándose del rodaje. ¡Decía que yo era demasiado bueno y que le quitaba protagonismo!

Sally y Rayo se rieron. Mate tenía mucha imaginación.

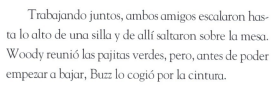

¡Es hora de una fiesta!

Andy estaba en la escuela y los juguetes tenían la casa para ellos solos.

—Eh, chicos, ¿qué tal si hacemos una fiesta del espacio exterior? —sugirió Buzz.

A Jessie le encantaba la idea, pero Woody no estaba tan convencido.

—Yo prefiero una fiesta vaquera —dijo.

—Jo... —se quejó Buzz, decepcionado.

Entonces susurró algo a Jessie, y ella se rio.

—Buena idea —dijo.

Antes de que Woody pudiera preguntar qué tramaban, Buzz lo cogió por el brazo.

—¡Ven, vamos a realizar una misión intergaláctica!

Buzz arrastró a su amigo hasta la cocina. Se quedaron bajo la mesa, mirado sus largas patas.

—¿Va a ser complicado? —preguntó Woody.

—Complicado, pero muy importante —asintió el astronauta.

Señaló una copa llena de pajitas que había sobre el mantel.

—Tenemos que recuperar las pajitas verde alienígena.

Woody tragó saliva. Las pajitas estaban muy arriba.

—¿Por qué las verde alienígena? —preguntó.

—Necesitamos pajitas verdes para la decoración del espacio exterior de nuestra fiesta —anunció Buzz.

Woody se quejó. Parecía que su sueño de una fiesta del Oeste se había esfumado por completo.

Trabajando juntos, ambos amigos escalaron hasta lo alto de una silla y de allí saltaron sobre la mesa. Woody reunió las pajitas verdes, pero, antes de poder empezar a bajar, Buzz lo cogió por la cintura.

—¡Hasta el infinito y más allá! —gritó, y saltó de la mesa.

Woody gritó cuando Buzz abrió las alas y cruzó volando la cocina.

¡Plas!

Se estrellaron contra el cuenco de agua de Buster.

—Buen aterrizaje —murmuró un Woody empapado.

Buzz miró el cuenco que había al lado, lleno de comida de perro maloliente.

—Podría haber sido peor —dijo.

Llevando las pajitas bajo el brazo, Woody siguió a Buzz hasta la habitación de Andy.

—Ya hemos vuelto, amigos —anunció Buzz.

Woody se quedó de piedra cuando empezaron a llover serpentinas y a estallar los petardos. Todos sus amigos estaban reunidos, vestidos con su mejor equipamiento de vaqueros.

—¡Bienvenido a nuestra fiesta del salvaje Oeste, sheriff Woody! —gritó Jessie.

—¡Esto es genial! —celebró Woody.

—Ha sido difícil esconder la sorpresa, pero ¡lo hemos conseguido! —dijo Buzz—. Pero ¿qué hacemos ahora con estas pajitas?

Woody tuvo una idea: dobló una pajita e hizo un cinturón de vaquero intergaláctico para Buzz. Sus amigos se rieron. Los vaqueros y los astronautas son fantásticos por sí solos pero, ¡juntos son aún mejor!

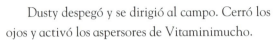

Vuelo a ciegas

Skipper estaba encandilando a Dusty y a Chug con historias de los viejos tiempos.

—La noche era tan oscura y neblinosa que no conseguíamos localizar al U.S.S. Flysenhower —dijo.

—Y ¿cómo volviste a bordo? —preguntó Dusty—. ¿Con el radar?

Skipper se rio.

—¡Entonces no usábamos radar! Nos vimos obligados a hacer un aterrizaje a ciegas. Por suerte, encontramos el camino gracias a una radiobaliza.

—¿Qué es eso, Skip? —preguntó Dusty.

Skipper le explicó que era un aparato que envía señales de radio desde los portaaviones para guiar a los aeroplanos.

Dusty no había oído nunca que existiera algo así. Ni siquiera se podía imaginar cómo sería no poder ver por dónde volaba.

Pero, antes de que pudiera pensar mucho en ello, Leadbottom lo llamó.

—Me prometiste fumigar la cosecha después del entrenamiento —le recordó la vieja avioneta.

Dusty gruñó. Una promesa era una promesa, pero después de escuchar aquella historia, fumigar cosechas le parecía muy aburrido.

—¿Por qué no intentas volar a ciegas? —le sugirió Chug—. ¡Yo te guiaré desde tierra! ¡Seré tu radiobaliza!

¡Eso sí que hizo mover la hélice de Dusty!

—¡Qué idea tan buena! —dijo él—. ¡Vamos a hacerlo!

Dusty despegó y se dirigió al campo. Cerró los ojos y activó los aspersores de Vitaminimucho.

—Todo listo, Chug. No veo nada —dijo.

Al poco, la radio de Dusty empezó a sonar.

—¡Bip! Radiobaliza a Dusty —dijo Chug—. Gira hacia las 9.

Dusty giró a la izquierda, pero notó que algo fallaba.

—¿Estás seguro? El campo está en dirección contraria —comentó.

—¡Me he liado! —admitió Chug—. Gira a la derecha 180 grados.

Confundido, Dusty viró a la derecha, pero la voz de Chug volvió a sonar a gritos por la radio.

—¡No, quería decir izquierda! ¡Nunca sé cuál es cuál!

—Aclárate —dijo Dusty, girando.

—¡Demasiado a la izquierda! ¡Bip, bip! —gritó Chug, esforzándose por sonar como una radiobaliza de verdad.

Todos esos bips no hacían más que confundir al pobre Dusty. Al poco tiempo, ya no tenía ni idea de qué dirección debía tomar.

La voz de Chug sonó por la radio por última vez.

—Ay… Será mejor que abras los ojos, Dusty —dijo—. Y ¡deja de echar Vitaminimucho!

Dusty miró hacia abajo. Había volado de vuelta a la pista y, en vez de rociar los campos, estaba fumigando a sus amigos. No tardó en sonrojarse por la vergüenza. ¡Quizá lo de volar a ciegas no fuera tan buena idea, después de todo!

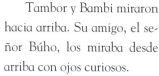

Bambi

Crecer

Un día, Bambi y Tambor estaban jugando juntos en la pradera.

—¡Mira, Bambi! —exclamó Tambor.

Una manada de ciervos trotaba en estampida hacia ellos.

—Ojalá pudiera ser un ciervo —dijo Bambi.

—Ya sabes lo que dice mi padre siempre —dijo Tambor.

—Lo sé —dijo Bambi—: «Gran manjar la verdura es. Hace largas las orejas y muy fuertes los pies».

—No, eso no —dijo el conejito—. Es decir, sí que dice eso, pero también dice: «Si tu salto has de mejorar, todo el día debes practicar».

—¡Tengo que saltar todo el día? —preguntó Bambi.

—¡No! —gritó Tambor—. Que si quieres ser un ciervo, ¡debes practicar!

Bambi echó un vistazo hacia atrás, a los dos grandes ciervos que se embestían entre ellos, entrelazando sus astas para comprobar su fuerza. Parecían muy poderosos y majestuosos, y el cervatillo quería ser como ellos.

—Vale —dijo Bambi a Tambor.

—Vale —dijo Tambor—, sígueme.

El conejo brincó hasta el borde de la pradera y paró bajo un gran roble.

—Agacha la cabeza —le dijo a Bambi.

Él hizo lo que le pidió.

—Y ahora, ¿qué? —preguntó, mirando al suelo.

—Corre hacia delante —dijo Tambor.

Bambi corrió hacia delante, hacia el tronco del viejo roble, pero antes de que llegara, una voz le gritó que parara. Bambi derrapó en la frenada y se detuvo justo a unos centímetros del árbol.

Tambor y Bambi miraron hacia arriba. Su amigo, el señor Búho, los miraba desde arriba con ojos curiosos.

—Bambi, ¿por qué ibas a embestir el tronco de mi árbol con la cabeza? —preguntó el búho.

—Estoy practicando para convertirme en un gran ciervo —dijo Bambi—. Los adultos se embisten con la cabeza para mostrar su fuerza.

El señor Búho se rio y dijo:

—Bambi, ¡los ciervos tienen astas para protegerse la cabeza! Y convertirte en ciervo no es algo que puedas practicar, es algo que ocurrirá con el tiempo.

—¿Ocurrirá? —dijo Bambi.

—¡Claro! —le aseguró el señor Búho—. El verano que viene lo verás, serás más grande y más fuerte. También tendrás astas y ¡espero que un poco de sentido común para no embestir un roble!

—Sí, señor —dijo Bambi.

—Ahora, marchaos —dijo el señor Búho—. Y no tengáis prisa por crecer. Pronto llegará, os lo prometo.

—Vale —dijeron Bambi y Tambor.

Entonces los dos amigos volvieron a la pradera nevada a jugar.

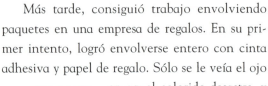

Disney·PIXAR

MONSTRUOS, S.A.

Riesgos laborales

Mike pasó por la puerta de entrada de Monstruos S. A., silbando tan feliz. Ese día era el aniversario de su primer día de trabajo para la empresa y estaba seguro de que todos sus compañeros querrían celebrarlo con él.

Pero, al llegar, Sulley y los demás lo miraron sorprendidos.

—¿Es que os habéis olvidado todos? —dijo con decepción.

Tiró su fiambrera de la comida y se dio media vuelta.

—Ya veo que aquí nadie me aprecia. ¡Pues dimito!

Sulley intentó detenerlo, pero Mike ya se había decidido. Salió como un torbellino, dispuesto a encontrar un trabajo donde reconocieran su esfuerzo y dedicación.

Mientras Mike buscaba un nuevo empleo, se sintió emocionado. El mundo estaba lleno de nuevas e increíbles oportunidades, y un monstruo con su talento no tendría problemas en encontrar trabajo.

Pero incluso él mismo se sorprendió cuando terminó haciendo de modelo. Iba elegante de pies a cabeza y le hicieron desfilar por una pasarela. Sin embargo, con un cuerpo tan fornido como el suyo, el traje parecía de todo menos distinguido, y en cuanto se tropezó por los enormes zapatos que llevaba, su jefe lo llamó para decirle que aquello no iba a funcionar.

—Soy demasiado guapo. Es eso, ¿verdad? —dijo Mike.

Estaba claro que lo de ser modelo no era para él, pero aún había muchas opciones que probar.

Más tarde, consiguió trabajo envolviendo paquetes en una empresa de regalos. En su primer intento, logró envolverse entero con cinta adhesiva y papel de regalo. Sólo se le veía el ojo en aquel colorido desastre, y cuando el jefe le dijo que estaba despedido, tuvo que salir dando saltitos.

Un poco después, Sulley se encontraba sentado en una cafetería, preguntándose cómo podría hacer que Mike volviera a Monstruos S. A. Sin querer, tiró el café al suelo, y el camarero llamó a alguien para que lo limpiara. Las puertas de la cocina se abrieron y apareció Mike, corriendo.

Se resbaló en el suelo y se estrelló directo contra la mesa de Sulley, haciéndola pedazos. Esta vez, ni siquiera esperó a que le dijeran que estaba despedido. En vez de eso, volvió con la cabeza gacha a Monstruos S. A., acompañado por Sulley. Nadie le quería, ¿qué otra opción le quedaba?

Pero entonces se quedó de piedra al ver que todos sus compañeros salían a recibirlo. Le llevaron un enorme pastel y se apresuraron a darle un apretón de manos.

—¡Feliz aniversario! —celebraron.

—¿Teníais una fiesta preparada? —preguntó Mike—. ¿Por qué no me lo habíais dicho?

Sulley le explicó que se había marchado antes de poder desvelar la sorpresa. Mike sonrió feliz. Sus amigos sí le apreciaban, pero él los quería más todavía.

Un golpe de suerte

Los fines de semana, Nemo se reunía con su amigo Chiqui. La tortuguita iba a otra escuela, así que les gustaba mucho poder encontrarse.

Mientras los dos amigos reían y jugaban, un grupo de pequeñas tortugas se acercó a ellos.

—¿Cómo va eso? —les dijo Chiqui.

—Hola, Chiqui —dijo una de sus amigas tortugas—. Vamos a subirnos a una corriente para un buen pimpam-pum. ¿Te vienes?

—¡Ya lo creo! —respondió Chiqui.

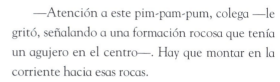

Nemo se quedó maravillado con las tortugas. Una vez montadas en la corriente, ¡podían viajar por el océano a toda velocidad! Era emocionante y divertido, pero también muy peligroso.

—Enséñame cómo hacer lo del patapim-patapum —le suplicó Nemo.

—Es «pim-pam-pum». Y es una corriente muy fuerte. ¿Crees que puedes aguantar con esa aleta tuya? —le dijo Chiqui, receloso.

—Por favor, no me dejéis de lado —dijo Nemo—. Puedo hacer todo lo que hagáis las tortugas.

Chiqui se sintió mal por el pequeño pez payaso.

—Vamos, no te desanimes. Si quieres rocanrolear, vamos allá.

Chiqui pasó delante, y subió hasta que se encontraron cerca de la corriente, que atravesaba el océano de manera endiablada.

—Atención a este pim-pam-pum, colega —le gritó, señalando a una formación rocosa que tenía un agujero en el centro—. Hay que montar en la corriente hacia esas rocas.

Nemo ya se sentía atraído por la fuerza de la corriente. Chiqui partió primero, cogiendo carrerilla…

—Cuando estés dentro, escóndete en el caparazón y rebota en las paredes hasta que salgas de la corriente al otro lado.

—¿Qué? —gritó Nemo, aterrorizado—. ¡Yo no tengo caparazón!

—Ah, es verdad —se dio cuenta Chiqui—. Ups. ¡Pues agárrate fuerte!

Escondió la cabeza en la concha y fue rebotando por las paredes rocosas.

Nemo terminó del revés sin querer y se encontró dando varias volteretas.

—¡No puedo controlarlo! —gritó—. ¡Aaah!

Haciendo espirales a toda velocidad, pensó que jamás dejaría de dar vueltas.

—¡Vaya, qué pedazo de movimientos! —animó una de las tortugas que miraba.

Nemo consiguió salir a salvo de la corriente. Las tortugas fueron a felicitarlo y no se podían creer lo valiente que había sido. ¡Nemo había inventado un nuevo movimiento!

Desde entonces, el juego del pim-pam-pum pasó a ser conocido como «las cabriolas de la suerte de Nemo».

BIG HERO 6

Pesadilla tecnológica

Los amigos de Tadashi pasaron una noche por el garaje. Hiro estaba dormido en el sofá.

—Lleva trabajando en su proyecto todo el día —les contó Tadashi.

Entonces les enseñó a sus amigos una de las pequeñas piezas de metal que Hiro había hecho.

—Esto son microbots —explicó—. Trabajan juntos cuando los controlan con un transmisor neuronal.

Tadashi buscó el guante controlador para que sus amigos pudieran probarlos, pero, según estaba mirando, las piezas de metal empezaron a zumbar furiosamente.

Los amigos gritaron espantados cuando los pequeños microbots se reunieron para formar una mano gigante.

—¡Es mi hermano! —gritó Tadashi, señalando a Hiro—. ¡Aún lleva la cinta en la cabeza!

Los microbots respondían a los sueños de Hiro y lo que fuera que estaba soñando parecía muy violento.

La mano formó un puño y se lanzó contra sus amigos. Ellos corrieron y lo esquivaron, gritando aterrorizados, excepto Fred.

—¡Esto es épico! —exclamó, agachándose para evitar otro golpe del puño de los microbots.

Todos se refugiaron tras un pequeño muro.

—Vamos a despertar a Hiro —sugirió GoGo.

Se llevó las manos a la boca y gritó, pero Tadashi le contó que Hiro tenía un sueño muy profundo.

Además, si el estruendo del puño gigante no lo había despertado, poco podrían hacer gritando.

La mano apareció sobre el muro y los amigos volvieron a huir. Alcanzaron una puerta al fondo del taller e intentaron abrirla.

—¡No puedo! —dijo Wasabi, sudando por el esfuerzo.

Los demás se agarraron a él y tiraron juntos, pero no sirvió de nada.

Estaban atrapados y los microbots se estaban acercando más y más con cada segundo que pasaba.

Honey Lemon tuvo una idea: ondeando su bolso, lo lanzó contra el enjambre de máquinas. Los microbots lo esquivaron con facilidad, pero ése no era el objetivo de Honey Lemon. El bolso chocó contra la cabeza de Hiro y éste se despertó, sobresaltado.

Al momento, los microbots cayeron todos al suelo. Hiro parpadeó y luego sonrió al ver a los demás.

—¡Qué alegría veros, chicos! —dijo—. ¡Quería enseñaros mi proyecto!

Sin perder un segundo, los amigos de Tadashi pusieron excusas para salir pitando del garaje. ¡Ya habían visto suficientes microbots!

Hiro no entendía a qué se referían. Miró a su hermano.

—Yo sólo quería poner en práctica mi proyecto con ellos.

Tadashi sonrió.

—Créeme, ya lo has hecho —dijo—. Y ¡ha sido un gran éxito!

LOS INCREÍBLES

Disney · PIXAR

Todos los días la misma historia

Bob Parr echaba de menos su vida de superhéroe. Como Mr. Increíble, luchó contra robots, aplastó a supervillanos y fue una auténtica amenaza para todos los criminales.

Pero ahora que los héroes se habían visto obligados a esconder sus poderes, trabajaba en una aburrida oficina haciendo un trabajo que no le gustaba.

Mientras Bob se embutía en su coche una mañana, le vino a la mente el Increíblemóvil que conducía en su anterior vida. Recordó el rugido de su motor y el sonido que hacían las balas al rebotar contra él.

El coche que llevaba ahora no era así en absoluto. Era pequeño y ruidoso, y mientras Bob aguantaba la hora punta del tráfico, el motor tosió y se caló. Detrás de él, los demás conductores empezaron a hacer sonar el claxon enfurecidos.

Bob pisó a fondo el pedal del acelerador, pero el coche no se movió. Enfadado, dio un pisotón y gruñó mientras su pierna atravesaba el fondo del coche, haciéndole un agujero.

—Parece que tocará ir a pie —suspiró, sacando ambos pies por el agujero.

Empezó a correr, llevando el coche hasta la oficina. Cuando llegó, sólo quedaba una plaza de aparcamiento. Los coches a ambos lados estaban mal aparcados, así que no había sitio para el pequeño utilitario de Bob.

Miró alrededor para asegurarse de que nadie lo veía, apartó los demás coches y metió el suyo en el pequeño hueco que quedó.

Corrió hacia su puesto de trabajo, preparándose para otro día aburrido. La máquina de café funcionaba mal, como siempre, y mientras Bob llenaba su taza, empezó a chisporrotear.

Arropó la máquina con sus fuertes brazos para evitar que estallara. Empezó a salir humo del dispensador. Bob suspiró. Parecía que ese día no iba a tener café.

Después de una tediosa mañana de trabajo, fue a comer al parque. Masticó su sándwich, recordando los buenos tiempos. Mientras se acercaba a la papelera para tirar la basura, un ladrón que huía se estrelló contra su brazo tendido.

No se dio cuenta de que el hombre cayó al suelo, desmayado, ni de que la policía se lo llevó esposado. Cuando una ancianita se acercó para darle las gracias por lo que había hecho, sólo dijo:

—Bueno, todos tenemos el deber de mantener la ciudad limpia.

En casa, Bob pateó una de las pelotas de fútbol de Dash, agradeciendo que se hubiera acabado otro tedioso día de trabajo. La pelota cruzó toda la ciudad hasta golpear un camión descontrolado, haciendo que se detuviera.

Puede que Bob no se diera cuenta, pero ¡incluso haciendo un trabajo aburrido en la oficina, seguía siendo bastante increíble!

Un consejo innecesario

¡Rayo McQueen estaba buscando consejo! En el centro de la ciudad, localizó a su amigo Mate y al viejo y sabio Doc, que disfrutaban del sol sobre sus capós.

—¡Eh, Mate! —llamó—. ¿Has visto a El Rey?

—No. ¡Lo siento, amigo! —respondió Mate.

—Prueba a mirar en el museo —sugirió Doc.

Las ruedas de Rayo rechinaron en el asfalto cuando salió disparado.

—¡Buena idea! —gritó.

—¿A qué viene tanta prisa? —se preguntó Doc. Los jóvenes de Radiador Springs siempre iban a toda prisa, como si fueran contra reloj.

—Necesito consejo —le confesó Rayo.

Doc frunció el ceño.

—Si necesitas consejos de conducción, sólo tienes que preguntarme, chico.

—Gracias, pero necesito un consejo diferente —respondió él—. Sólo El Rey me puede ayudar en esto.

Doc se sintió como un indeseado mientras su joven amigo se marchaba.

—¿Qué puede saber El Rey que no sepa yo? —gruñó.

—¿Qué te pasa, Doc? —preguntó Sheriff, que acababa de llegar—. Cuando McQueen te pidió que le enseñaras algunos trucos, ¡te pusiste a gruñir más que un depósito de aceite vacío! Deberías estar contento de que vaya a preguntarle a otro.

Doc refunfuñó.

—¡Pero siempre acude a mí para buscar consejo! Voy a ver qué le tiene que decir El Rey a ese novato.

Doc encontró a Rayo en la calle con El Rey. Le estaba dando las gracias tan entusiasmado que Doc tuvo que hacer algunas filigranas para llamar su atención.

—¡Aún tengo algunas maniobras secretas que te pueden ser de ayuda, campeón! —gritó.

—Buen dominio del asfalto, Doc —dijo Rayo, apreciando su habilidad.

—Aún puedo conducir, ¿ves? —le gruñó Doc mientras él se iba—. Pero parece que mis consejos no son tan buenos como los del señor El-Rey-Sabelotodo.

El Rey se rio.

—¡No te preocupes, Doc! ¡A McQueen aún le encantan tus consejos! Es sólo que no estás casado. Verás…

Doc se unió a El Rey para seguir a Rayo.

—Rayo quería mi opinión sobre un regalo —le susurró mientras observaban como el campeón le entregaba una caja a Sally.

—Por el aniversario de nuestro primer encuentro —anunció Rayo.

Sally se quedó fascinada.

—¡Vaya, remaches cromados!

El Rey se rio y lanzó un guiño a Doc.

—A mi esposa también le encantan.

Doc volvió a sonreír, pues ya no se sentía como una pieza inútil.

EL LIBRO DE LA SELVA

¡A pescar!

—Muy bien, chico —dijo el oso Baloo—. Hoy voy a enseñarte a pescar como un oso.

Mowgli estaba emocionado. Le encantaba su nuevo amigo Baloo. No era como Bagheera, la pantera, que seguía insistiendo en que tendría que vivir en la Aldea del Hombre por su propio bien. Baloo no le pedía nada y estaba mucho más interesado en vivir bien en la jungla, que era lo que Mowgli quería.

—Mira esto, chico —dijo cuando llegaron a la orilla del río—. Todo lo que hay que hacer es esperar a que pase un pez nadando y entonces...

¡Zas! Rápido como la luz, Baloo cogió un pez plateado con su zarpa.

—¡Ahora, prueba tú! —le dijo a Mowgli.

Mowgli se sentó muy cerca a esperar a que un pez pasara nadando. Entonces, ¡chof!, se cayó de cabeza al agua.

—Mmm... —dijo Baloo, después de pescar a Mowgli y sacarlo del agua empapado—. Ahora te enseñaré otra técnica.

Baloo y Mowgli caminaron hacia otra parte del río. Esta vez, a los peces se los veía saltar de vez en cuando por fuera del agua cuando nadaban por una pequeña catarata. Baloo dio unos pasos por el agua, esperando a que un pez saltara y entonces, ¡zas!, cogió el pez justo en el aire.

—Ahora tú, compañero.

Mowgli se metió en el agua como había hecho Baloo. Esperó al pez y se lanzó a por él. ¡Chof!

—Vale, plan C —dijo Baloo, tras volver a pescar a Mowgli—. Te llevaré a la cascada grande. Allí, los peces caen, literalmente, en tus garras. Lo único que tienes que hacer es estirar el brazo y coger uno.

Mowgli siguió a Baloo a la cascada grande. Seguro que los peces plateados saltarían por todo el lugar. Coger uno sería fácil.

En un abrir y cerrar de ojos, Baloo sujetaba un pez para que Mowgli lo admirara.

—Esta vez lo conseguiré. ¡Mírame, Baloo! —dijo el cachorro humano, emocionado.

Arrugó la frente al concentrarse y entonces, ¡zas! Por un instante, Mowgli tuvo, de verdad, un pez plateado en las manos. Pero un segundo después, el pez se escapó de su apretón y saltó al agua de nuevo. Mowgli contempló sus manos vacías y soltó un suspiro.

—¡Sabes qué, chico? —dijo Baloo, dando una palmadita con su enorme garra en el hombro huesudo de Mowgli—. Creo que estás trabajando muy duro y ésa no es la vida de la jungla. Tiene que ser divertida, feliz y sin preocupaciones. Así que, venga, vamos a sacudir algún bananero.

Y Mowgli aceptó alegremente.

Fantasmas de juguete

Bonnie estaba en su habitación, jugando con Woody, Buzz y todos sus nuevos juguetes. Los héroes estaban trabajando juntos para acabar con el malvado Doctor Chuletón, que estaba volviendo a causar problemas.

—¡Escuadrón fantasma, listos para la acción! —gritó Buzz mientras él, Woody, Rex y Trixie, la triceratops de juguete de Bonnie, corrían hacia el supuesto laboratorio del Doctor Chuletón.

—Es inútil —se rio el Doctor Chuletón—. ¡Nada puede detener a mi ejército fantasma!

El pérfido villano activó una palanca. Con un siniestro aullido, tres temibles fantasmas aparecieron de la nada.

—¡Sálvese quien pueda! —gritó Trixie.

A Rex, no hacía falta decírselo dos veces. Los dos dinosaurios corrieron a cubierto, dejando a Woody y a Buzz enfrentándose a los espectros ellos solos.

—Y ¿a... ahora qué, Buzz? —preguntó Woody.

—Tranquilo, vaquero —dijo Buzz, mostrando su arma—. Sólo tengo que activar el fantasmoláser y…

Pero la pistola sólo ofreció un triste clic.

—Ay, no —dijo Buzz, apurado—. ¡Parece que me he dejado las pilas en casa!

Woody y Buzz se abrazaron mientras los fantasmas se acercaban más y más, hasta que…

—¡Bonnie, a comer! —la llamó su madre, interrumpiendo el juego.

Los juguetes esperaron a que Bonnie se fuera de la habitación y entonces se pusieron en pie. Todos estaban muy emocionados, ¡hacía años que no lo pasaban tan bien!

—Y aún no habéis visto nada —se rio Trixie—. ¡Esperad a que Bonnie juegue a los viajes temporales!

Jam sonrió. Le encantaba ser el malvado Doctor Chuletón, pero incluso él estaba un poco preocupado por los siniestros fantasmas.

—Por suerte, las historias que se inventa son pura fantasía. Si no… —empezó la frase, pero entonces una voz cercana lo interrumpió.

—¡Hola, colega! —saludó.

Jam se volvió para encontrarse con un fantasma que le sonreía. Sus ojos se abrieron como platos mientras se daba la vuelta y salía corriendo despavorido.

—¡Aaah! ¡El fantasma!

—¡Espera, no huyas! —le pidió el fantasma, pero Jam ya estaba muy lejos como para oírlo—. Vaya, siempre que un nuevo juguete me ve, se larga corriendo y gritando. Yo no tengo la culpa de ser un fantasma de juguete.

Trixie se esforzó en animar al pequeño fantasma.

—No te lo tomes a pecho, Fantasmín. Seguro que con los demás te irá mejor —le prometió.

Justo entonces, Rex, Woody y Buzz vieron a la tétrica figura. Al igual que Jam, huyeron a toda prisa, gritando de miedo.

La triceratops le pasó el brazo por detrás y se rio.

—Vaya —dijo—. ¡Puede que haya hablado demasiado pronto!

Problemas con el pájaro

Era la época de lluvias y el techo de la colonia de hormigas tenía una gotera.

—¡Brigada de cubos! —gritó la princesa Atta.

Las hormigas se alinearon obedientes y empezaron a recoger el agua con unas hojas, pasándolas por la larga fila y tirando el agua al canal. Era agotador, pero estaban acostumbradas a trabajar duro.

—Tiene que haber una forma más fácil —dijo Flik—. ¡Mañana voy a encontrar una manera de arreglar el techo!

—¿Qué estás haciendo, Flik? —le preguntó Dot a la mañana siguiente.

La lluvia había parado y se encontraban en el exterior. Flik había preparado decenas de piezas y hojas a un lado del suelo.

—Estoy arreglando la gotera —dijo alegre—. Estas hojas repelerán el agua, y luego ésta viajará por estos estambres vacíos, que harán de canalones.

—Vaya —dijo Dot.

Era la única hormiga que pensaba que los inventos de Flik eran útiles.

—Lo único que me falta es algún tipo de artilugio protector para la entrada en sí —dijo, pero entonces vio un ranúnculo—. ¡Ajá! Esa flor debería ser perfecta. Vamos, Dot. Échame una mano. ¡Madre mía, este invento impresionará incluso a la princesa!

Juntas, las dos hormigas arrastraron la flor hasta lo alto del montículo de entrada.

—¿Se puede saber qué estáis haciendo? —rugió una voz.

Era la princesa Atta.

—¡Flik ha pensado una forma de arreglar la gotera! —gritó Dot, triunfante.

Flik se encogió de hombros.

—En realidad es muy sencillo, lo que he hecho es…

De pronto, el vigía empezó a gritar.

—¡Pájaro! ¡Pájaro! ¡Viene un pájaro!

Flik, Atta y Dot corrieron a ponerse a cubierto. En efecto, un ruiseñor sobrevolaba el hormiguero.

—¡Va a por la flor! —gritó una hormiga.

El ruiseñor se lanzó y cogió con su pico el ranúnculo que Flik y Dot habían arrastrado hasta allí.

—¡Avalancha! —gritaron las hormigas.

Mientras el hormiguero se derrumbaba, las hormigas se desperdigaron para ponerse a salvo. El pájaro se marchó al momento.

—Buen trabajo, Flik —dijo la princesa—. Tardaremos semanas en reconstruir esto.

Flik suspiró y agachó la cabeza.

—No te preocupes —le susurró Dot—. Algún día harás grandes cosas.

—Eres muy dulce, Dot —dijo Flik, con tristeza—. Una pena lo del pájaro. Debería haber sabido que le gustaría la flor; los pájaros son muy predecibles.

Flik parecía pensativo.

—Quizá algún día pueda usar eso a mi favor.

Flik sonrió a Dot.

—Imagínatelo —dijo—. ¡Una hormiga usando a un pájaro en sus planes!

Pinocho

Sigue a tu estrella

Pepito Grillo era un alma errante. Le encantaba la independencia, la emoción y la simplicidad de su estilo de vida. Durante muchas estaciones, había deambulado por el campo, parando a descansar en los pueblos por el camino y volviendo a las andadas cuando estaba descansado.

Pero, con el tiempo, Pepito Grillo vio que había una cosa que faltaba en su vida de vagabundo: un propósito. Acampado una noche al lado de la carretera, se sentó en el saco de dormir y contempló su fogata.

—Me pregunto cómo me sentiría si ayudara a alguien de verdad —dijo.

Pepito se tumbó en su saco de dormir e intentó ponerse cómodo en el suelo duro para observar el cielo estrellado. Mientras sus ojos contemplaban los miles de puntos luminosos, una estrella del sur resaltó sobre las otras y parecía que brillaba más que el resto.

—¿Eso es una estrella de los deseos? —se preguntó en voz alta. Ya que no podía saberlo con certeza, decidió que sería mejor pedir un deseo, sólo por si acaso—. Estrella de los deseos —dijo—, deseo encontrar un lugar donde pueda marcar la diferencia y hacer un poco de bien.

Cuando hubo pedido el deseo, Pepito Grillo sintió de repente un extraño impulso: la necesidad de levantarse, recoger sus cosas y seguir a aquella estrella. No podía explicar muy bien lo que sentía, pero lo sentía.

Y ¿sabéis qué hizo Pepito Grillo?

Apagó la hoguera, recogió sus cosas y se puso en marcha. Siguió a aquella estrella en la noche, caminó por largas carreteras y senderos, atravesó campos y colinas. Anduvo hasta que salió el sol y dejó de ver la estrella. Entonces acampó y durmió.

Hizo lo mismo durante varias noches y varios días más.

Entonces, una noche llegó cerca de un pueblecito, miró a la estrella y vio que parecía apuntar justo en aquella dirección.

Era ya muy tarde cuando Pepito Grillo entró en el pueblo y miró a su alrededor. Todas las ventanas de todas las casas estaban cerradas, excepto la de una tienda al final de la calle. Al mirar adentro, vio que era el taller de un carpintero, iluminado sólo por las brasas de un fuego que moría en la chimenea. Parecía un lugar cálido y agradable para pasar la noche.

El pequeño Pepito Grillo desconocía que aquélla era la casa de Geppetto, un viejo tallista que acababa de terminar una marioneta a la que llamó Pinocho.

También desconocía que acababa de encontrar el lugar donde haría más que un poco de bien.

El campeón de la cosecha

Era casi la época de la cosecha y Dusty iba a fumigar los campos una última vez. De la nada, aparecieron dos cazas y se unieron a su vuelo.

—¿Qué tal si hacemos algunas piruetas juntos, señoritas? —sugirió Dusty.

Las chicas se burlaron por la oferta.

—¿Crees que puedes hacerlo mejor que nosotras?

Dusty sonrió y realizó un rizo.

—¡Ya lo creo! —gritó—. ¿Podéis hacer esto?

Empezó a hacer giros y toneles, pero lo interrumpió Leadbottom llamándolo.

—¡Dusty, estabas soñando despierto otra vez! —dijo el viejo aeroplano.

Dusty miró alrededor. En efecto, ¡las cazas no estaban por ninguna parte!

—Hay que esparcir la Vitaminimucho por los campos, ¡así que olvídate de todas esas acrobacias!

Él se disculpó y prometió tener más cuidado, pero tan sólo unos minutos más tarde ya estaba aburrido otra vez. ¡Fumigar los campos era un rollo! ¿De verdad era lo único que podía hacer?

—¡Eh, rociador! —llamó una voz desde arriba.

Las cazas pasaron rugiendo, acelerando por el cielo para tentarle.

—¡Aún tenemos un reto que completar!

Dusty sabía que estaba todo en su imaginación, pero ¡no le importaba! Aquella fantasía era mucho mejor que fumigar las cosechas. Partió para seguir a las cazas imaginarias, con la hélice girando a toda velocidad.

—Puede que seas un genio de las acrobacias aéreas —le dijo una de ellas, girando las alas y acelerando hacia un cañón—, pero ¿cómo se te da volar por espacios estrechos?

—¿Estás de broma? —se rio Dusty, pasándolas de largo—. ¡Esquivar obstáculos es mi especialidad!

Tomando la delantera, decidió subir la dificultad del desafío. Voló tan bajo que sus ruedas casi tocaban el suelo del cañón.

—¿Os gusta rozar el suelo?

Ellas se quedaron impresionadas.

—¡Increíble! Es mejor incluso de lo que dicen por ahí.

Dusty se rio mientras bajaba un poco más.

—¡Vamos! ¿A qué estáis esperando? —se burló.

Pero, antes de que respondieran, les cortó la voz de Leadbottom.

—¡Dusty, despierta! ¡Estás volando demasiado bajo!

La llamada de Leadbottom despertó a Dusty de su sueño. ¡Se dio cuenta de que volaba directo hacia los campos de maíz! Intentó subir, pero ¡ya era demasiado tarde! La hélice fue cortando las mazorcas mientras hacía un aterrizaje forzoso en el campo.

Al momento, Dottie se acercó para ver qué ocurría. Se asustó al ver la montaña de maíz apilada frente a Dusty.

—¡Madre mía! ¿Cómo has hecho esto?

Dusty escupió un poco de hierba y de maíz.

—Es una larga historia —gimió.

Disney
MICKEY
Y SUS AMIGOS

Saltarse el año bisiesto

Era una mañana soleada, y Mickey y Pluto estaban jugando a la pelota fuera de casa. Mickey lanzó la pelota a Pluto y él contuvo la respiración, hizo un giro complicado y saltó al aire para atraparla.

—Buen trabajo —dijo Mickey animando—. ¡Bien atrapada! ¡Buen salto!

«¿Buen salto?» Las palabras de Mickey retumbaron en su cabeza.

—Oh, caramba, ¿sabes qué día es hoy? —dijo a Pluto.

Pluto saltaba una y otra vez en el aire. Quería que Mickey le quitara la pelota y se la lanzara de nuevo.

—Casi lo olvido. ¡Hoy es año bisiesto! —exclamó Mickey.

Pluto soltó la pelota a los pies de Mickey.

—Quiero decir, hoy no es en realidad un año, es un día —continuó Mickey, hablando para sí mismo.

Pluto no estaba seguro de si Mickey le había entendido. ¡Quería jugar! Así que saltó una y otra vez al aire.

—¡Ése es el espíritu! —animó Mickey—. ¡El año bisiesto es algo por lo que estar emocionado! Al fin y al cabo, ocurre sólo una vez cada cuatro años. Bueno, casi cada cuatro años.

Mickey sacó un cuaderno y un lápiz de su bolsillo trasero y empezó a hacer números.

—Hay una ecuación matemática para resolver esto, si queremos ser realmente precisos —dijo, garabateando un par de números—. Eso es cero dividido entre... Déjame ver... Nos llevamos... —Mickey empezó a ponerse rojo—. En realidad, las matemáticas no son mi fuerte —reconoció, guardando el cuaderno en el bolsillo—. ¡Digamos que pasa una vez cada cuatro años! Imagina si tu cumpleaños fuera el 29 de febrero... El 29 de febrero sólo llega una vez cada cuatro años. ¡Así que en lugar de doce años, tendrías tres! —Se rio—. Sólo estoy bromeando... ¡Creo!

Pluto se sentó, jadeando de cansancio, mientras Mickey seguía explicando.

—¡Cada cuatro años hay un día extra en el calendario y ése es hoy! ¿Y sabes por qué tenemos un año bisiesto? —preguntó Mickey—. Porque un año tiene 365 días, pero la Tierra tarda un poco más en orbitar alrededor del Sol. ¡Así que tenemos que ponernos al día con el tiempo perdido!

El entusiasmo de la voz de Mickey volvió a animar a Pluto, que, de inmediato, se puso de pie, agitando la cola, con la pelota en la boca, saltando arriba y abajo.

—Tienes razón —coincidió Mickey, y se unió a los saltos de Pluto.

¡Salto! ¡Salto! ¡Salto!

¡Salto! ¡Salto! ¡Salto!

—¡Hurra! —gritó Mickey—. ¡Este año es bisiesto!

Déjà vu

Russell y Carl estaban explorando la jungla de Sudamérica. El sol brillaba, los pájaros cantaban y aquél habría sido un día perfecto… ¡de no ser por el hecho de que un hambriento jaguar los estaba persiguiendo!

Mientras huían del gran felino, Carl no pudo evitar pensar que ya había vivido antes la misma situación exacta. Entonces recordó un día que pasó jugando con Ellie cuando eran jóvenes. Hicieron como que eran aventureros corriendo por la selva, y cuando empezó a perseguirlos un perro furioso, Ellie dijo que era un jaguar.

Russell fue pasando las páginas de su libro, buscando con urgencia algo que pudiera ayudarlos. Encontró algunas sobre pumas, monos, loros y otros animales, pero ninguna sobre jaguares.

Escalando un muro rocoso, el joven llegó arriba primero y luego se agachó para dar la mano a Carl, tal y como su esposa había hecho cuando eran jóvenes. Saltaron de las piedras y cayeron al río con un gran salpicón.

Aunque estaba asustado, Carl no pudo evitar sonreír. Todo estaba sucediendo exactamente como pasó años atrás. Aunque en vez de caer a un río, él y Ellie cayeron a una pequeña piscina en la que una niña confundida había estado jugando tan felizmente con su muñeca sirena.

En aquel río no había ninguna niña, pero ¡sí un temible cocodrilo!

—¡Corre, Russell! —gritó Carl.

La pareja salió del agua y corrió entre los árboles. Aún podían oír al jaguar brincando por la hierba detrás de ellos, y el rápido pat, pat, pat del cocodrilo que se acercaba.

Cuando Carl huyó del perro con Ellie, era mucho más joven y atlético. Ahora, resoplaba mientras corría por la jungla. Russell sabía que su amigo no podría seguir mucho más tiempo y buscó un lugar en el que pudieran esconderse.

—¡Por aquí, señor Fredricksen! —gritó, trepando por un árbol.

Cuando el joven lo ayudó a subir por las ramas, el anciano le contó lo mucho que la situación le recordaba a aquel día con su esposa. Ellos también terminaron trepando a un árbol para escapar del perro furioso.

—Y ¿cómo se libraron de él? —preguntó Russell, esperanzado.

Si el joven Carl pudo escaparse del perro, quizá pudieran usar el mismo plan para librarse del jaguar y del cocodrilo, que se habían reunido bajo el árbol.

—No lo hicimos —admitió Carl—. Al día siguiente, vinieron los bomberos y nos salvaron.

Russell suspiró y se puso cómodo. La estación de bomberos más cercana estaba a cientos de kilómetros. ¡Parecía que tendrían que esperar bastante!

Carrera contrarreloj

¡En los días tranquilos en Radiador Springs, a Rayo McQueen y a Mate les encantaba hacer carreras marcha atrás!

—¡No puedes ganarme! —gritó Mate a Rayo mientras le adelantaba.

Justo cuando ambos desaparecían por una esquina, un coche de mensajería se paró en la calle.

—¡Esperen! —los llamó, pero ya los había perdido de vista.

Miró hacia abajo y examinó las marcas de neumáticos. Recién hechas en el asfalto, éstas sugerían que habían girado a la derecha. Se dispuso a seguirlas.

Finalmente, en el local de remolques de Mate, el mensajero encontró a quien buscaba.

—¡Rayo McQueen! —dijo sin aliento—. ¡Por fin lo encuentro! ¿No tiene una carrera hoy?

Rayo se volvió hacia él, sorprendido.

—¿De qué estás hablando? —preguntó.

—¿No lo sabe? —respondió éste—. Se suponía que Chick Hicks tenía que decírselo.

Rayo se puso furioso.

—¡El muy tramposo! ¡No quiere que corra para poder ganar él!

—La pista está en el desierto —le dijo el mensajero—. ¿Cree que podría llegar a tiempo?

—¡Conozco algunos atajos que puedes tomar! —dijo Mate—. Pero ¡cuidado de no terminar en la cuneta!

Los coches partieron, cruzando los campos yermos con sus muchos baches y caídas. ¡Había cactus, lagartijas y toda clase de obstáculos! Debían tener mucho cuidado. Pero en poco tiempo llegaron a la pista…, y por suerte la carrera aún no había comenzado.

—Hola, Chick Hicks. ¡He llegado a tiempo! ¿No estás contento? —le pinchó Rayo, sabiendo que se molestaría.

Las luces se pusieron en verde y empezó la carrera. Rayo McQueen adelantó a un coche naranja por la izquierda y, con un atrevido movimiento, pasó entre uno morado y el número 82. Volando hacia la delantera, dejó atrás a Chick Hicks con una nube de humo y, con el estallido de su claxon, el estadio entero vitoreó en el momento en que consiguió la victoria.

—¡Vuelve a ser el campeón! —anunció el locutor por el megáfono.

Chick Hicks gruñó a Rayo desde su segundo puesto en el podio.

—No te lo tomes mal, Chick —dijo Rayo, sosteniendo su brillante trofeo—. ¡Quizá la próxima vez consigas el oro con tus trampas!

Pero sabía que su rival no podía contar con ello. Algunos coches nacen para ser héroes, y el tramposo de Chick ¡no era uno de ellos!

¡Rex mola!

Una mañana, mientras el resto de los juguetes estaban entretenidos jugando, Buzz los miraba por la ventana del cuarto de Andy, observando el mundo.

—¡Mira, Woody! ¡Por ahí va el camión de Pizza Planet! —anunció.

A Buzz le encantaba Pizza Planet, pero al asomarse por la ventana para verlo mejor ¡resbaló y se cayó por ella!

—¡Buzz! —gritó Woody, corriendo al borde—. ¿Todo bien, amigo?

Desde el jardín, Buzz levantó los pulgares. Había aterrizado sobre unos arbustos.

—Tranquilo, Woody —dijo—. ¡Estoy hecho de plástico duro para guardianes del espacio!

Bajando del arbusto y sacudiéndose un poco las hojas, empezó a volver a casa de Andy.

—Tengo que volver a subir —dijo, pero entonces gritó de sorpresa al ver una terrorífica criatura verde con una larga lengua roja que apareció de entre las hojas.

Era un lagarto, que empezó a sisearle enfurecido. Buzz se dio cuenta de que ¡tenía graves problemas!

—Tengo que ayudar a Buzz —dijo Woody.

El valiente vaquero sabía que no podía dejar a su amigo solo ante el peligro. Saltando por la ventana, se deslizó por el canalón y aterrizó sobre el césped.

Mientras, Buzz se había escondido detrás de unas flores, apartándose de la vista del lagarto. La escamosa criatura fue a buscarlo, con la lengua moviéndose ansiosa. Aún no lo había localizado, pero sólo era cuestión de tiempo que lo hiciera.

—¡Escóndete aquí! —le susurró Woody, llamándolo desde unos espesos arbustos. Ambos se agacharon y se quedaron quietos, observando como el lagarto pasaba de largo.

—No nos ha visto —dijo Woody—. Creo que el terreno está despejado.

Salieron juntos de los arbustos, pero entonces se percataron de que habían cometido un gran error. El lagarto sabía que estaban escondidos y los había estado esperando. ¡Ahora estaban atrapados!

Desde la ventana, Rex observó la escena, sintiéndose verdaderamente inútil.

—Mis po… po… pobres amigos… —tartamudeó preocupado.

Entonces dejó escapar un grito, ya que tropezó y se cayó también por la ventana, aterrizando de bruces contra el matorral.

El lagarto miró a Rex.

Rex se quedó mirando al lagarto.

Instantes después, ambos gritaron aterrorizados.

Con un último siseo, el reptil se marchó. Woody y Buzz parecían muy apetitosos, pero Rex era demasiado grande y temible como para enfrentarse a él.

—¡Nos has salvado, Rex! —celebró Woody.

—He pasado mucho miedo —admitió éste.

Woody y Buzz se rieron y pasaron el brazo por detrás de su tembloroso amigo.

—Pero ¡ese lagarto ha sentido más miedo que tú! —dijeron riendo.

EL **LIBRO** DE
LA **SELVA**

La Guarida Maldita

—¿Adónde vamos, Baloo? —preguntó Mowgli. Él y su amigo oso ya llevaban un tiempo andando por la selva.

—¿Has oído hablar alguna vez de la Guarida Maldita, chico? —respondió Baloo en un susurro.

Mowgli suspiró.

—¿La Guarida Maldita? Dicen que es una cueva gigante llena de osos que se comen cualquier cosa y a cualquiera. Dicen que pueden oír a kilómetros y ver en la oscuridad. ¡Dicen que incluso Shere Khan les tiene miedo! —exclamó.

—Mmm... —dijo Baloo—. Eso dicen. También dicen que todos los osos de la Guarida Maldita miden más de dos metros, que sus dientes son verdes y afilados y que su grito de batalla es tan fuerte que las ballenas del océano lo oyen y se estremecen. Dicen todo eso y mucho mucho más.

—Y ¿vamos allí? —chilló Mowgli—. ¡No podemos, Baloo! ¡Esos osos no son de fiar como tú! ¡Son peligrosos!

—Demasiado tarde, cachorro —dijo Baloo con una sonrisa—. Ya hemos llegado.

Levantó a Mowgli, cuyas rodillas temblaban tanto que casi no se mantenía en pie, y se acercó a un matorral. El oso se zambulló bajo una palmera gigante y apareció en una llanura grande y soleada, delante de una cueva enorme. Baloo dejó a Mowgli en el suelo y éste miró a su alrededor completamente sorprendido.

Mowgli esperaba ver a cientos de osos fieros y enfadados, pero, en su lugar, vio a cientos de osos relajados y felices pasando un buen rato. Algunos osos nadaban en un pequeño lago, salpicándose unos a otros y riendo. Otros descansaban en el frescor de la cueva, jugaban al pillapilla en la llanura o comían fruta madura y deliciosa. Era como una fiesta de osos.

—No lo entiendo —le dijo Mowgli a Baloo—, ¿esto es la Guarida Maldita?

—Sí —dijo Baloo feliz, cogiendo una hoja de palmera y abanicándose con ella—. Solía llamarse la Guarida de las Delicias, pero tuvimos que cambiarle el nombre porque todos en la selva sabían que era el lugar más divertido de por aquí. Nosotros, los osos, nunca echamos a nadie de nuestra fiesta, pero entonces llegó a haber tal aglomeración que dejó de ser divertido. Así que difundimos algunos rumores, le cambiamos el nombre y *voilà*: la Guarida Maldita. Ahora ya nadie nos molesta.

—¿Y yo qué? —dijo Mowgli nervioso—. No soy un oso.

—Eres un oso de honor, Mowgli —respondió Baloo con una sonrisa—. ¡Seguro que les pareces igual de divertido que nosotros!

DUMBO

Como una mariposa

Un día, el mejor amigo de Dumbo, el ratón Timoteo, vio que el elefante estaba triste.

—¿Qué te pasa, pequeño? ¿Se han vuelto a burlar de ti por tus orejas?

Dumbo asintió. El pequeño elefante, con lágrimas en los ojos, parecía destrozado.

Timoteo sacudió la cabeza con preocupación. Los dos eran muy buenos amigos y lo hacían todo juntos. A él no le importaba ni pizca que Dumbo tuviera las orejas grandes. De hecho, pensaba que eran estupendas, únicas.

El ratón intentaba pensar en una forma de alegrar a su querido amigo cuando algo captó su atención.

—¡Mira, Dumbo! —gritó, corriendo hacia un poste cercano, de donde colgaba un gran capullo—. ¡Una crisálida de mariposa! —dijo Timoteo emocionado.

Dumbo se acercó para examinarla.

—Y, mira, está a punto de salir del capullo —dijo Timoteo. Lo miró pensativo unos instantes y se volvió hacia Dumbo—. ¿Sabes qué? Te pareces mucho a la oruga que hizo este capullo.

El elefante parecía no entender a su amigo.

—Sí, en serio. Verás: una oruga es algo que nadie quiere a su lado. Muchos creen que es algo vulgar y que no puede hacer nada interesante. Pero entonces, un día, la oruga se convierte en una bonita mariposa, y entonces a todos les encanta. Y ¡sabes qué? Pienso que a ti te ocurrirá lo mismo. Cuando seas mayor, todos te admirarán.

Dumbo sonrió a su amigo, agradecido, y se secó una lágrima con una de sus largas orejas.

De repente, empezó a llover.

—¡Ay, no! —gritó Timoteo—. La mariposa se va a mojar y no podrá volar. ¡Qué desastre! ¿Qué podemos hacer? ¡Necesitamos un paraguas para cubrirla!

Mientras el ratón buscaba un paraguas por aquí y por allá, por arriba y por abajo, por todas partes... Dumbo simplemente sonrió y desplegó sus orejas. Así, cubrió el poste para que el insecto durmiente tuviera un buen techo que lo resguardara de la lluvia.

—¡Qué buena idea! —dijo Timoteo con plena admiración.

Los amigos permanecieron allí bajo el aguacero, que por suerte no duró demasiado. Mientras esperaban, contemplaron como la nueva mariposa emergía de su capullo con unas coloridas alas. Cuando la lluvia paró, la mariposa desplegó sus preciosas alas nuevas, que estaban secas gracias a Dumbo, y voló.

—¿Sabes, amigo mío? —dijo Timoteo mientras veían como se iba volando el bonito insecto que en otro momento había sido una oruga—. Estoy convencido de que algún día tendrás éxito. Serás como una mariposa, feliz, sin preocupaciones, y flotarás por ahí. Bueno, no flotarás de verdad, eso es imposible. Imagínate, ¡un elefante volador!

El ingreso

Nemo tenía dibujada una sonrisa de satisfacción en la cara desde la ceremonia de ingreso de la noche anterior. Pensó que ya era parte del club.

—¿Qué opinas de la ceremonia, Cebo? —preguntó Gill.

—¡Fue increíble! —exclamó Nemo.

—Ojalá hubiese estado Flo —susurró Deb—. Pero parece que nunca quiere venir por la noche.

—Bueno, chico, ¿cuál fue tu parte favorita? —quiso saber Jacques.

—Creo que mi parte favorita fue nadar hasta la cima del Monte Escu... escupitu... ja... —Nemo intentó pronunciarlo, aunque sin éxito.

—Escupitájulus —dijo Globo.

—Sí —rememoró Peach—, a mí también me encantó la primera vez que subí.

—Me pregunto a quién se le ocurrió ese nombre —comentó Nemo.

Burbujas apuntó a Gluglú, éste a Globo, Globo a Peach, que señaló a Deb, quien señaló a Flo.

Deb se encogió de hombros.

—Me parece que lo bautizamos todos juntos —dijo.

—¿Por qué lo llaman el Anillo de Fuego si no hay fuego? —preguntó Nemo.

—Bueno, verás, porque es como... No lo sé —tuvo que admitir Peach.

—Pero, entonces, ¿quién lo hizo? —preguntó Nemo.

—Creo que fue Burbujas —dijo Gluglú.

—¿Verdad que son bonitas? —rumió Burbujas.

—A mí me parece muy antihigiénico nadar en las burbujas de otro —se quejó Gluglú—, que es por lo que se me ocurrió el cántico de la ceremonia. Es muy purificante para el cuerpo y la mente y hace circular el dióxido de carbono por las branquias.

—Eso tiene sentido —reconoció Nemo, aunque no lo tuviera.

—Y no olvidéis las algas —añadió Peach.

—No tienen secretos para mí —contó Deb—. Me gusta darles un buen trancazo de vez en cuando.

E hizo una demostración golpeando a Globo, que se hinchó al instante.

—¿Era realmente necesario? —preguntó éste mientras se alejaba flotando.

—¿Qué puedo hacer yo en la siguiente ceremonia? —preguntó Nemo con entusiasmo.

—Con un poco de suerte, no tendremos otra. No, si conseguimos escapar de aquí, Cebo —respondió Gill.

—Nunca se sabe —dijo Deb con tristeza—, a lo mejor viene Flo.

Todos entornaron los ojos ante aquella idea, incluido Nemo.

Fiesta en Pico Pistón

La fiesta para celebrar la reapertura del albergue Fuselaje, en el Parque Nacional de Pico Pistón, estaba en pleno apogeo. Dos viejas autocaravanas que aguardaban en el vestíbulo llamaron a Dusty Crophopper y a la pequeña Dipper. Se presentaron como Harvey y Winnie, y les dijeron que necesitaban un poquito de ayuda.

—Pasamos nuestra luna de miel aquí, hace cincuenta años —les contó Winnie—, y Harvey está intentando encontrar el lugar donde nos dimos nuestro primer beso.

Harvey examinó un mapa del parque.

—Ya te lo he dicho, había un puente y una cascada increíble —dijo él.

—Eso parece ser el Cañón de la Barrena... —sugirió Dusty. Él había estado entrenando allí unos días antes.

—¡Eso es! ¡El Cañón de la Ballena! —exclamó Harvey emocionado.

—Está junto a las Cascadas Encaladas —continuó Dusty.

—¡Junto a las Cascadas Escaldadas! —exclamó Harvey—. ¿Lo ves? Te dije que sabía dónde era. —Su memoria era tan buena como su oído.

Más tarde, aquella noche, Dusty y sus nuevos amigos se sentaron fuera, junto a una fogata, y hablaron sobre su trabajo.

—Puede que eso de ser apagafuegos se convierta en una segunda carrera para ti —comentó Harvey.

—Sí, claro —afirmó Dipper—. Esto es una segunda carrera para todos nosotros. Windlifter era leñador, Cabbie era militar, y yo, avión de carga.

Cuando Dusty pensó en ello, consideró que podía ser una buena idea, pero todavía no estaba preparado para renunciar a su carrera de corredor.

A la mañana siguiente, Skipper, el viejo amigo de Dusty, lo llamó por la radio y lo despertó. Sus amigos de Hélices Junction tenían unas noticias desalentadoras. Había llegado la nueva caja reductora que habían encontrado... pero era la equivocada.

—Hemos llamado a todos los proveedores de recambios, talleres y desguaces de todo el país —comunicó Chug con tristeza—. Nadie tiene tu caja reductora.

Dusty estaba abrumado por el dolor y la tristeza. Al parecer, su carrera de corredor había llegado a su fin.

Pero Dusty no tenía tiempo para estar disgustado. Un rato después, Maru, el mecánico, entró corriendo en el hangar de Dusty. Había dos nuevos incendios arrasando el parque.

Blade dio la orden de desplegar los vehículos y, en cuestión de minutos, Dusty y los demás componentes del equipo aéreo antiincendios estaban sobrevolando el aire. Blade ordenó a Windlifter y a Dipper que se ocuparan del incendio del oeste, mientras él y Dusty se encargaban del fuego del este. ¡Fue entonces cuando vieron que los incendios se movían en dirección al albergue Fuselaje!

Como papá

—Papá, cuando sea mayor, quiero ser como tú —dijo Simba a su padre.

Mufasa le acarició la cabeza con el hocico.

—Todo a su debido tiempo, hijo —replicó.

En ese momento, la amiga de Simba, Nala, apareció de un salto.

—¡Vamos, Simba! —gritó—. ¡Ven a jugar al río!

De camino allí, Simba se detuvo en seco.

—Escucha esto —dijo, y entonces echó la cabeza hacia atrás y rugió tan fuerte como pudo. Luego la miró expectante—. ¿Sueno como mi padre?

Nala se rio entre dientes.

—No mucho —dijo.

Pronto llegaron al río. Había mucha agua como resultado de las recientes lluvias. Simba encontró un pequeño charco y contempló su reflejo en él.

—¿Crees que me está empezando a crecer la melena? —preguntó a Nala.

—Puede que un poco —respondió Nala con un suspiro—. Pero, Simba, ¿por qué tanta prisa? ¡Disfrutemos de nuestra infancia!

Simba observó la rama de un árbol que se extendía por encima del río embravecido.

—Bueno, puede que aún no sea tan grande como mi padre, pero al menos ¡soy igual de valiente que él! —gritó, y corrió hacia el árbol, trepó por el tronco retorcido y empezó a caminar por la rama que colgaba encima del agua.

Nala corrió hacia allí.

—¡Simba! —gritó—. ¡Vuelve aquí, la rama se va a romper!

Pero el león no podía oírla por el ruido del agua. Nala se apresuró y fue a buscar ayuda.

Simba sintió que la rama empezaba a ceder.

—Uy… —se dijo a sí mismo.

La rama acabó partiéndose y el príncipe león cayó al agua. La corriente era fuerte y luchó por nadar hasta la orilla. Se estaba quedando sin fuerzas y se dio cuenta de que no lo conseguiría.

Entonces, notó que alguien lo sacaba del agua y lo soltaba en la orilla. Empapado y tosiendo, alzó la vista y se encontró con un rostro enfadado.

—¡Simba! —rugió Mufasa—. ¡Hay una diferencia muy grande entre ser valiente y ser necio! ¡Cuanto antes lo aprendas, antes crecerás!

Simba agachó la cabeza. Por el rabillo del ojo vio a Nala, que hacía ver que no los oía.

—Lo siento, papá —dijo despacio—. Sólo quería ser valiente como tú.

La expresión de Mufasa se suavizó.

—Bien —dijo—. Ya que estamos mojados, ¿por qué no vamos a una parte del río más tranquila y nadamos un poco? —Miró hacia donde Nala estaba sentada—. ¡Vamos, Nala! —gritó—. ¡Ven con nosotros!

—¡Hurra! —gritaron los cachorros, y se fueron todos juntos.

Limpieza de primavera

Mickey Mouse tarareaba mientras ordenaba su desordenada casa. Barrió unas hojas que se habían colado por la puerta principal y luego sacudió el barro del felpudo.

Estaba recogiendo unas revistas viejas cuando una de ellas llamó su atención.

—Empezar con la limpieza de primavera —leyó Mickey.

Miró por la ventana. ¡Era otoño! ¿Qué hacía limpiando su casa?

—¡Uf! —exclamó mientras dejaba caer la escoba y se tumbaba en el sofá—. Parece que ahora tengo el día libre. ¡Voy a ver si quiere venir Minnie!

Poco después, Minnie llamó a la puerta.

—¡Hola, Mickey! —saludó alegremente—. ¿Qué quieres hacer para...?

Se quedó boquiabierta. ¡La casa de Mickey era un desastre! Había barro en el suelo, polvo en los estantes, los platos sucios en la mesa, ropa aquí y allá, libros y revistas por todas partes...

—¿Qué pasa? —preguntó Mickey.

—Mickey —dijo Minnie—, ¿cuándo fue la última vez que limpiaste tu casa?

—¡No seas tonta, Minnie! —rio Mickey—. No tengo que limpiar este lugar hasta dentro de unos meses.

—¿M-m-meses? —preguntó Minnie, perpleja. No podía creerlo. ¡En unos meses la casa de Mickey estaría enterrada en suciedad!

—¡Claro! —Mickey se encogió de hombros—.

Minnie, ¿nunca has oído hablar de la limpieza de primavera?

Minnie no estaba segura de qué hacer. No quería ser grosera, pero tenía que convencer a Mickey de que limpiara la casa, ¡y no podía esperar hasta que llegara la primavera!

—¿Sabes? —dijo—, acabo de leer algo sobre una nueva forma de diversión.

—¿De verdad? —Mickey sonrió—. ¿Qué es, Minnie? Tal vez es algo que podríamos hacer hoy, ¡ya que tenemos todo el día libre!

—¡Oh! —Minnie fingió estar sorprendida por la idea—. ¡Supongo que podríamos! Yo no había pensado en eso.

—Entonces, ¿cuál es esa nueva forma? —preguntó Mickey con ansiedad—. ¿Esquí acuático? ¿Escalada en roca? ¿Fiestas con fondue?

—No —dijo Minnie, sonriendo—. ¡Limpieza de otoño! Es la última moda.

—¿Limpieza de otoño? —preguntó Mickey, dubitativo.

Primero parpadeó y después sonrió.

—¡Eso es una locura, pero suena divertido! ¡Vamos, vamos a intentarlo!

Minnie volvió a sonreír y cogió la revista con el artículo sobre la limpieza de primavera.

—Bien —dijo ella, tirando la revista al cubo de la basura—. ¡Empezaremos por aquí!

Y el ganador es...

Bonnie y su familia se habían ido de vacaciones y los juguetes tenían todo un mes para jugar y divertirse.

Sin embargo, aquel día no tratarían de divertirse, ¡sino de ganar! Woody y el Sr. Púas, el mullido erizo de Bonnie, estaban celebrando una carrera de obstáculos por toda la casa. Mientras el vaquero se preparaba, sus amigos le dieron ánimos.

—Esfuérzate al máximo —le dijo Buzz.

El Sr. Púas y Woody tomaron posiciones en la línea de salida. Los alienígenas levantaron una bandera.

—Preparados, listos… —La bandera bajó—. ¡Ya!

Los aliens gritaron y los corredores salieron a toda prisa.

—¡No me ganarás nunca, vaquero! —se rio el erizo mientras tomaba la delantera desde el principio.

—Eso ya lo veremos, Púas —amenazó Woody, esforzándose por alcanzarlo.

El Sr. Púas era muy rápido, pero Woody tenía algunos trucos bajo la manga.

—¡Ajá! —exclamó, saltando sobre las vallas—. ¡Los obstáculos son mi especialidad, compañero!

El vaquero adelantó entonces al erizo. Pero éste se rio cuando uno de los obstáculos le roció con una ráfaga de pasta de dientes.

—Bueno, pues mi especialidad es esquivar los dentífricos —se burló, agachándose para esquivar la pasta mentolada.

Los juguetes iban muy igualados mientras corrían hacia el baño y escalaban por la bañera. ¡Ya casi podían ver la meta! Sólo tenían que cruzar a nado.

—¡Último obstáculo! Nadie gana al sheriff Woody —dijo éste, zambulléndose en el agua helada—. La victoria es…

—¡Mía! —anunció Púas.

Buceó y quitó el tapón.

Woody nadó frenéticamente, pero no sirvió de nada. La corriente era demasiado fuerte. El Sr. Púas usó la cadena para tomar la delantera y llegar a la meta el primero.

—¡Ja, ja, ja! Eso te enseñará a no desafiarme —se mofó.

Más tarde, Woody estaba sentado en el suelo, envuelto con una toalla.

—En serio, ha hecho trampa —dijo.

Jessie se encogió de hombros.

—Aun así, has perdido.

Mientras el vaquero temblaba y estornudaba, Buzz suspiró.

—Debería haber competido yo —dijo—. ¡Ahora serán ellos quienes decidan qué mirar en Internet durante todo el mes!

—¡Una web de dinosaurios! —se rio Trixie, cogiendo el ratón del ordenador.

—No, yo quiero una de unicornios —insistió Buttercup, escribiendo en el teclado con sus pezuñas.

El Sr. Púas se rio.

—Calma —dijo, sonriendo a Woody y a Buzz—. ¡Tenemos todo el tiempo del mundo!

Tanto trabajo para nada

Después de un duro día de entrenamiento, Dusty aterrizó muy cansado.

—¡Uf, estoy molido! —gruñó—. Entrenar para una carrera es mucho más duro de lo que pensaba.

Dusty le contó a Chug como Skipper le había hecho sortear árboles para mejorar su técnica, y que luego le obligó a volar hacia una potente turbina para que se acostumbrara a correr con el viento de cara.

Había trabajado duro, pero ya había terminado el entrenamiento y esperaba con ilusión su merecido descanso. Por desgracia, Leadbottom tenía otros planes para él.

—¿Tienes el tanque lleno de Vitaminimucho? —le preguntó el viejo—. ¡Los campos no pueden esperar!

A pesar de su cansancio, Dusty sabía que había trabajo por hacer. Se fue a los campos y los roció como le habían pedido. Leadbottom voló a su lado, usando su propia carga para doblar la cobertura.

Mientras Dusty se quejaba diciendo que parecía que los campos no se terminaban nunca, su compañero frunció el ceño. Sobre ellos se estaban reuniendo unas nubes muy oscuras. Una gran tormenta se dirigía hacia ellos.

—No acabaremos antes de que se nos eche encima —dijo el viejo aeroplano, empezando a retirarse—. ¡Será mejor que lo dejemos por hoy!

—¿Qué? ¡No! —se quejó Dusty.

Skipper le había advertido de que se encontraría con unas horribles tormentas cuando corriera sobre el océano. ¿Cómo iba a volar entonces si dejaba que un triste chaparrón lo detuviera ahora?

—¡Voy a quedarme! —dijo decidido—. ¡Terminaré este trabajo cueste lo que cueste!

Ya en tierra, Leadbottom y Chug observaron cómo Dusty luchaba contra la tormenta. El viento lo movía de lado a lado mientras la lluvia lo golpeaba incesante.

—¿Por qué no lo deja ya? —se preguntó Chug.

Leadbottom abrió la radio para advertir a Dusty que aquello no era seguro, pero el destello de un relámpago, seguido por el estruendo del trueno, ahogaron su mensaje. Dusty sabía que su amigo intentaba decirle algo, pero tendría que esperar. ¡Primero debía terminar el trabajo!

Para asombro de todos, Dusty voló con pericia dentro de la tormenta, fumigando todos los campos por el camino. Sus amigos lo celebraron cuando llegó a salvo a la pista.

—Bien hecho, Dusty. Estoy muy impresionado —dijo Leadbottom, luchando por no sonreír—. Qué lástima que haya sido para nada.

Dusty estaba confundido.

—¿Cómo dices?

—La lluvia se llevará la Vitaminimucho —se rio Skipper.

Con un gruñido, Dusty contempló los campos mojados.

—¡Ay, no! —dijo—. ¡No había pensado en eso!

Nadie se burla de Jock

La tía Sara acababa de llegar para cuidar del bebé mientras Jaime y Linda estaban fuera, y con ella, sus gatas siamesas, Si y Am, que no habían hecho más que causar problemas. Cuando hacían alguna trastada en el salón, Reina era quien recibía el castigo, y la tía Sara acabó llevando a la perrita a que le pusieran un bozal.

Mientras tanto, solas en casa, Si y Am encontraron la puerta para perros que les permitía salir al jardín.

—Lo que sirve para perros también sirve para gatitas —siseó Si.

Las dos se escabulleron hacia el jardín y arrancaron los arriates de flores, asustaron a los pájaros del bebedero y persiguieron a una ardilla hasta lo alto de un árbol.

Encontraron un agujero pequeño en la valla del jardín, metieron las cabezas por él y vieron a Jock echándose una siesta en su caseta.

—Es hora de despertarse —dijo Am.

Si sonrió y asintió. Ambas se deslizaron por el agujero y caminaron con sigilo por el patio hasta que estuvieron sentadas cada una a un lado de Jock. A continuación, dejaron escapar a la vez un agudo y ensordecedor alarido.

El terrier se despertó de un susto. Para cuando logró identificar a las culpables, Si y Am ya estaban a medio camino de la valla, cruzando el césped. Jock echó a correr detrás de ellas, ladrando; pero las gatas pasaron por el pequeño agujero como un rayo y salieron del alcance de Jock. El agujero era demasiado pequeño para él y se tuvo que contentar con meter la cabeza y ladrarles mientras se paseaban, como si nada, de vuelta a casa de Reina y entraban por la puerta del perro.

Entonces rompieron a reír en el suelo de la cocina.

—Los perros son muy tontos —dijo Si entre carcajadas.

Aguardaron un momento y volvieron a salir por la puerta del perro, ansiosas por probar su triquiñuela una vez más. Miraron por el agujero de la valla y vieron a Jock con los ojos cerrados y tumbado frente a su caseta. Volvieron a pasar por el agujero y reptaron hacia él sin hacer ruido.

No obstante, esta vez Jock se había preparado. Cuando las gatas estuvieron a un metro de distancia, el enérgico can se levantó y gruñó. Las gatas se asustaron, dieron media vuelta y corrieron hacia la valla, pero encontraron el camino bloqueado por el amigo de Jock, Triste el sabueso, que se interponía entre las gatas y la valla, gruñendo.

Los perros persiguieron a las gatas por todo el jardín hasta que Jock estuvo seguro de que habían aprendido la lección. Entonces, dejaron que volvieran por el agujero de la valla. Esta vez, las felinas no dejaron de correr hasta que estuvieron dentro de la cocina, a salvo.

Y dentro se quedaron.

Carrera hacia la victoria

En un campo a las afueras de Radiador Springs, Rayo McQueen se encontraba mostrando sus mejores movimientos a sus amigos.

—¡Impresionante! —dijo Ramón, sorprendido.

—La suerte del principiante —gruñó Doc.

—En realidad, es un viejo truco que me enseñó un amigo —se rio Rayo.

—Ojalá pudiera correr como tú —suspiró Ramón.

—Yo puedo enseñarte, si quieres —se ofreció Rayo.

¡No tenía ningún problema en compartir algunos trucos de la pista!

—¡Yo quiero aprender! —gritó alguien.

Los coches se giraron, sorprendidos, para descubrir que un exhausto Mate acababa de llegar.

—¡Yo también puedo correr como un bólido de carreras! —insistió Mate.

Entrecerró los ojos para concentrar la vista mientras ganaba velocidad, sorteando los cactus en zigzag. Pero, al tomar una curva cerrada, sus ruedas resbalaron. Antes de que nadie pudiera impedirlo, ¡el pobre Mate se cayó por un barranco!

—¡Mate! ¿Estás bien? —gritó Doc.

Estaba tumbado sobre un cactus, que había amortiguado su caída.

Después de poner a su amigo a buen recaudo, Rayo intentó animarlo.

—Venga, vamos a practicar juntos —sugirió.

—¡Olvídalo, no tengo remedio! —dijo Mate, derrotado.

Más tarde, ese mismo día, Rayo se encontraba sentado junto a Sally y Doc.

—Mate está en el local de Flo allí solo —dijo Rayo preocupado—. Necesita nuestra ayuda para dejar de estar triste.

—Está triste porque todo el mundo conduce mejor que él. Volvería a estar contento si ganara una carrera —dijo Doc.

—Pero eso es imposible —dijo Sally—. A Mate no se le da bien correr.

Entonces Doc tuvo una idea.

—Hay una cosa que se le da mejor que a ningún otro.

Doc fue maquinando un plan en su circuito, y encontró a Mate fuera del campo de neumáticos.

—¡Rápido, Mate! —dijo apurado—. ¡Necesitamos tu ayuda! Guido ha intentado imitar a Rayo y se ha caído en una zanja.

Mate se sorprendió mucho.

—¡Voy para allá!

Pero, en vez de encontrarse a Guido en apuros, descubrió a sus amigos en lo que parecía la línea de salida de una pista, sonriendo.

—Es una carrera marcha atrás —explicó Doc.

—¿Una carrera marcha atrás? ¿Estáis seguros? —se preguntó Mate, sin tenerlo muy claro.

—¡Pues claro que sí! Todos quieren probarlo, así que tienes que unirte —dijo Rayo McQueen.

Los coches hicieron rugir los motores y, al caer la bandera, todos aceleraron en dirección opuesta.

¡Mate giró las curvas con pericia y, gracias a los ánimos del público, ganó la carrera!

Cierra los ojos

Remy y su hermano mayor, Emile, estaban en la cocina discutiendo. Remy insistía en que podía preparar todo un menú con los ojos cerrados, pero Emile no se lo creía.

—¿Que puedes cocinar sin mirar? —dijo riendo—. ¡Imposible!

A Remy no le gustaba cuando los demás dudaban de sus habilidades como cocinero, así que le dio a Emile una venda blanca.

—Tápame los ojos con esto —dijo.

Iba a enseñar a su hermano lo experimentado que era.

Emile le ató la venda en la cabeza, cubriéndole los ojos. Cuando Remy estuvo completamente a ciegas, preguntó a su hermano si quería pedir algún plato en concreto. Emile se lo pensó un momento.

—Eh… Una ensalada cuatro quesos —sugirió, con su tripa rugiendo hambrienta.

Remy asintió y se puso patas a la obra. Cogió su cuchillo de cocinero y empezó a trocear las verduras para la ensalada. Cortó y cortó las crujientes hojas.

Cuando la verdura ya estuvo preparada, colocó la mezcla en el cuenco que Emile le había preparado.

Remy rastreó el frigorífico, siguiendo su olfato. Al fin y al cabo, uno no puede hacer una ensalada cuatro quesos sin queso. Lo olió todo hasta que encontró los cuatro quesos distintos que estaba buscando.

Llevando cada uno de ellos a la mesa, de uno en uno, los cortó y mezcló. Trabajó rápido a pesar de no poder ver lo que estaba haciendo, y contó cada trozo de queso que dejaba en el cuenco para asegurarse de que no usaba demasiado.

Para entonces, la ensalada ya debía de estar casi terminada. Lo único que quedaba era añadir un poco de aliño para darle sabor. Siguiendo su olfato de nuevo, Remy escogió la mezcla perfecta de hierbas y especias. Las sazonó en el cuento junto con un poco de sal, aceite y vinagre.

Con el plato completado, Remy se quitó la venda. Esperaba ver una deliciosa ensalada cuatro quesos llenando el cuenco, pero, en su lugar, vio a Emile tumbado en el suelo relamiéndose. ¡El muy pillo había sido el propio cuenco desde el principio, engullendo cada parte del plato que su hermano había dejado dentro!

—Pero… ¡la ensalada hay que mezclarla! —señaló Remy.

Emile se levantó de un salto.

—Tranquilo, espera un momento —le dijo.

Remy había demostrado que podía preparar un plato con los ojos vendados, pero, mientras su hermano se sacudía su gran barriga para mezclar la ensalada en su interior, no pudo evitar pensar que le había tomado el pelo.

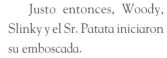

Una tarde con Zurg

Andy estaba en su habitación, divirtiéndose con sus juguetes. Había vestido a Rex como el malvado emperador Zurg y le estaba haciendo combatir una épica batalla contra Buzz.

—Ven a merendar, Andy —le llamó su madre.

Dejando los juguetes en el suelo, corrió a por su comida.

Pero, aunque su dueño se había ido, los juguetes querían seguir jugando.

—Vale, chicos, éste es el plan —empezó Woody, llamando a Slinky y al Sr. Patata—. Atacaremos a Zurg por sorpresa.

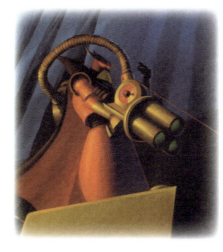

—Yo lo distraeré —dijo el Sr. Patata, colocándose los ojos de enfado.

—Y yo lo rodearé con mi muelle —anunció Slinky.

Los tres amigos se acercaron sigilosamente hasta Rex, preparándose para su ataque sorpresa.

Mientras, Rex estaba escuchando a Buzz, que le estaba dando algunos consejos sobre cómo parecer un auténtico y temible villano intergaláctico.

—Mira, Rex, tienes que empezar a caminar como un verdadero emperador espacial —dijo Buzz, mostrando un imponente andar.

—¿Así? —preguntó el dinosaurio, intentando copiar a Buzz lo mejor que pudo.

Éste lo felicitó.

—¡Vaya, lo haces genial!

Rex se sonrojó.

—Gracias, Buzz. Me has ayudado mucho.

—Para eso están los amigos —dijo Buzz, dándole unas palmaditas en la espalda—. ¡Ahora enséñame ese supergiro espacial!

Justo entonces, Woody, Slinky y el Sr. Patata iniciaron su emboscada.

—¡Listos para la acción! —gritó Woody, liderando a los demás en el combate.

—¡Eh, Buzz! ¡Mira este movimiento intergaláctico tan increíble! —dijo Rex, empezando a girar.

Movió la cola, pero entonces se tropezó con la capa de Zurg que llevaba.

El dinosaurio lanzó a Woody y a Slinky y luego aterrizó de bruces contra el Sr. Patata. Sus ojos, orejas y extremidades salieron volando en todas direcciones.

—¡Tú ganas! —dijo la cabeza, volviendo a colocarse la nariz deprisa.

—Bien hecho, Rex —dijo Buzz—. Eres un auténtico depredador espacial.

Woody estuvo de acuerdo.

—Ha sido un ataque sorpresa digno del emperador Zurg.

Rex gritó asustado.

—¿Zurg? ¿Aquí? ¡Socorro! —dijo espantado, corriendo tan rápido como le permitían sus piernas.

Woody se quitó el sombrero y empezó a reír. Rex hacía bien de emperador espacial, pero ¡sabía que el dinosaurio no querría más misiones espaciales durante un tiempo!

EL LIBRO DE LA SELVA

Bagheera se convierte en oso

Mowgli bailaba y tarareaba feliz.

—¿Qué haces, Mowgli? —preguntó Bagheera desde su sitio en un árbol cercano.

—Practicar para ser un oso —dijo Mowgli—. Deberías probarlo.

—¿Yo? —dijo Bagheera atónito—. No podría hacer tal cosa.

—¿Por qué no? —quiso saber Mowgli.

—Pues, porque soy una pantera y me gusta serlo —respondió Bagheera—. ¿Por qué tendría que querer ser un oso?

—¿Bromeas? —exclamó el cachorro humano—. ¡Los osos disfrutan de la vida! ¡Hacen el vago todo el día y comen hormigas!

—Y ¿comer hormigas es algo bueno? —preguntó Bagheera.

—¡Claro! —dijo Mowgli—. Bueno, la verdad es que al principio hacen un poco de cosquillas en la garganta, pero te acostumbras pronto.

—¿Tú ya te has acostumbrado? —preguntó Bagheera.

—Aún no —confesó Mowgli—. Pero ¡lo haré!

—Si tú lo dices... —dijo la pantera.

Mowgli se paró a pensar un momento.

—Además, si fueras un oso comerías fruta y beberías agua de coco, y te relajarías, ¡como nosotros!

—Por si te interesa —dijo Bagheera—, no veo nada de malo en ser una pantera. De hecho, a mí me gusta mucho.

—Yo creo que te da miedo —le dijo Mowgli.

—¡Claro que no! —protestó Bagheera—. ¿Qué es lo que tendría que darme miedo? —Se levantó, se estiró y saltó del árbol al suelo.

—Por eso mismo, ¿por qué no lo pruebas? —insistió Mowgli.

—¿Estás de broma? —dijo Bagheera.

—¿Sabes cuál es tu problema? —dijo Mowgli.

—No sé si quiero saberlo... —dijo Bagheera.

—Eres como una colmena. Trabajas demasiado. —Se quedó mirando a su amigo pantera—. Vamos, ¡baila conmigo! —gritó, cogiendo la garra de Bagheera y brincando a su alrededor.

Al cabo de un rato, Bagheera empezó a bailar también, moviendo las patas y sacudiendo su cola.

—¡Eso es! —dijo Mowgli con alegría.

—¿Sabes qué? Esto no está tan mal, después de todo —admitió Bagheera.

—¡Por fin lo entiendes! ¡Ahora ya sabes por qué ser un oso está tan bien!

El cachorro de hombre dejó de bailar y se dejó caer sobre un montón de musgo suave.

—No está mal, ¿verdad?

—En realidad —dijo Bagheera rascándose la espalda contra una roca—, ¡es bastante divertido!

—¡Una vez más! —dijo Mowgli, y empezaron a bailar de nuevo.

Disney

MICKEY Y SUS AMIGOS

El pícnic perfecto

Mickey y sus amigos habían planeado un pícnic aquel día.

—Cada uno puede preparar su comida favorita y luego podemos intercambiarnos las cestas —sugirió Mickey.

—Suena divertido. ¡Me muero de ganas! —replicó Minnie.

Los amigos corrieron a casa para preparar cada uno su plato.

Donald hizo un sándwich, añadió su bebida favorita y una pieza de fruta. Pero, al ver su cesta, se dio cuenta de que no quería compartirla.

En casa de Minnie, las cosas tampoco iban bien. Había empaquetado su comida favorita, pero empezó a preguntarse si le gustaría la comida que sus amigos prepararan.

Daisy estaba emocionada con la idea de compartir la comida y tarareaba mientras metía la suya en su cesta. Pero cuando cogió un plátano, se imaginó a otra persona comiéndoselo y frunció el ceño. Quizá no le apetecía intercambiar su comida, después de todo...

Mientras tanto, Goofy estaba preparando limonada para llevar al pícnic. Cubierto de zumo de limón, Goofy la saboreó. Estaba deliciosa, y quería bebérsela toda él.

Mickey no sabía que sus amigos habían cambiado de idea. De camino al parque, cada vez estaba más emocionado con el pícnic.

Cuando llegó, sus amigos ya lo estaban esperando. Todos ellos llevaban sus cestas de pícnic, pero ninguno parecía demasiado contento.

—¿Qué ocurre? —preguntó Mickey a sus amigos.

Donald explicó que todos querían comerse la comida que ellos mismos habían traído.

—¡Ah! —dijo Mickey, decepcionado—. Supongo que no tenemos por qué compartirla...

Minnie miró a Mickey, que parecía triste, y ella no quería ser la razón de su tristeza, así que cogió su cesta.

—Yo intercambiaré mi comida contigo, Mickey —dijo.

—¿De verdad? ¡Muchísimas gracias, Minnie!

Los demás vieron lo feliz que Minnie había hecho a Mickey e intercambiaron sus cestas también. Mickey sacó un mantel, se sentó sobre él y abrió su cesta de pícnic. Cuando vio lo que había dentro, se echó a reír.

—¿Qué es tan divertido? —preguntó Minnie.

Ella miró en su cesta y empezó a reírse también.

¡Todos habían metido sándwiches de mantequilla de cacahuete y limonada! Lo único diferente era la fruta. Había una naranja, un plátano, una manzana, uvas y una piña.

—Tengo una idea —dijo Mickey.

Mientras sus amigos comían, Mickey hizo una macedonia.

Después de comerse el postre, los amigos se dieron cuenta de que Mickey tenía razón: compartir era divertido.

Una fiesta rompedora

Los recreativos habían cerrado y Ralph tenía muchas ganas de pasar algo de tiempo con sus nuevos amigos: Félix y los vecinos.

El grandullón deambuló por el edificio, buscando a Félix y a los demás. No estaban por ninguna parte. Los llamó mientras subía por las distintas plantas, pero no respondió nadie. Todos habían desaparecido. Ralph estaba solo.

Sintiéndose triste, volvió al basurero. Pensaba que los demás lo habían abandonado, pero entonces…

—¡Sorpresa!

Ralph se volvió y se quedó de piedra al ver que Félix y los vecinos salían de detrás de una pila de ladrillos.

—¡Feliz fiesta rompedora! —exclamaron, con los brazos en alto.

Uno de los vecinos, Gene, ofreció a Ralph un trozo de pastel. Él lo miró, confundido.

—¿Una fiesta? ¿Para mí? —Nadie le había preparado nunca una fiesta.

—No es una fiesta cualquiera —se rio Félix—. ¡Es una fiesta rompedora! ¡La hemos hecho para ti!

Félix señaló hacia una gran pared de ladrillo que él y los demás habían levantado cerca. Sabían lo mucho que le gustaba romper cosas a Ralph y no podían esperar para verlo en acción.

—Aunque, pensándolo bien —dijo Gene, frunciendo el ceño—, yo no tengo ni idea de cómo romper cosas.

Ralph ofreció un pico al pequeño vecino.

—Yo te enseño, es muy fácil —dijo, dando un puñetazo.

Un trozo de la pared se rompió y Gene celebró la demostración.

—¡Me toca! —exclamó, golpeando con el pico.

La punta de metal se estrelló contra uno de los ladrillos. El muro se tambaleó y entonces un gran trozo se cayó contra el suelo.

Gene empezó a dar saltitos, muy contento.

—¡Soy un demoledor! ¡Soy un demoledor! —gritó.

Al poco tiempo, todos querían probar a derribar la pared. Ralph se comió el pastel, riendo mientras los vecinos hacían turnos para romper partes del muro. Sin embargo, se dio cuenta de que había alguien que se estaba perdiendo toda la diversión. ¡Félix aún no había roto nada!

—No es mi estilo —dijo, encogiéndose de hombros—. Pero he invitado a alguien que puede ayudarme.

Ralph se volvió para ver a la sargento Calhoun avanzando hacia ellos y ladrando órdenes a los vecinos.

—Se acabaron las fiestas de pijamas y las peleas de cosquillas —dijo, sacando su rifle láser—. ¿Dónde está esa pared maligna?

¡Ralph y los demás se pusieron a cubierto mientras Calhoun apretaba el gatillo y demostraba cómo se rompían las cosas a lo *Hero's Duty*!

Disney·PIXAR
MONSTRUOS
UNIVERSITY

Invasión silenciosa

Los miembros de Oozma Kappa estaban en el sótano de Squishy, practicando para la segunda ronda los Juegos Terroríficos: evitar a los padres.

Para ganar, tenían que sortear a un robot bibliotecario y coger una bandera, así que Mike había pensando una forma estupenda de entrenar.

—Sortearemos a la madre de Squishy y cogeremos un trozo de tarta —dijo—. Con calma y en silencio, ¿entendido?

—Sí, entrenador —dijeron los otros monstruos, pero Sulley puso los ojos en blanco.

Aquello era para aficionados; no suponía ningún reto para alguien como él.

Unos minutos más tarde, mientras la madre de Squishy estaba ocupada tejiendo una nueva bufanda para su hijo, Mike entró de puntillas en la habitación. El pastel estaba en una mesa a su lado. No iba a ser nada fácil.

Arrastrándose por el suelo, Mike logró meterse debajo de la mesa. Esperó al momento justo y entonces estiró el brazo rápidamente para coger un pedazo del pastel. ¡Misión cumplida!

Después de volver con cuidado al sótano, Mike dijo a Terri y a Terry que eran los siguientes. El monstruo de dos cabezas era demasiado grande para caber debajo de la mesa, pero se escabulló con sigilo detrás de la señora Squibbles y robó dos trozos de tarta justo cuando ésta se volvió para examinar la bufanda.

Don tomó una ruta distinta para hacerse con el pastel, usando sus tentáculos para subirse al techo.

La madre de Squishy no se dio cuenta de como se estiraba desde arriba para coger su trozo. Tampoco vio a Squishy apareciendo por detrás de su sillón para robar su parte. Incluso Art consiguió su porción sin que lo vieran.

Cuando le tocó el turno a Sulley, Mike intentó darle algunos consejos, pero éste los ignoró.

—Puedo hacer esto con los ojos vendados, Wazowski —dijo.

Mike pensó que sería bueno para los demás monstruos ver cómo lo hacía, así que todos se acercaron para verlo en acción.

Sulley logró cruzar la habitación con facilidad sin alertar a la madre de Squishy, pero, en cuanto se acercó al pastel, uno de sus enormes pies se enredó en la lana que ésta estaba usando para tejer. Sulley movió los brazos, intentando mantener el equilibrio, pero no sirvió de nada. Se estrelló contra la mesa, enviando el resto del pastel por los aires.

Los demás monstruos cerraron los ojos mientras la tarta se estrellaba contra ellos, cubriéndolos de verde. La señora Squibbles se quedó de piedra al ver semejante desastre. A Sulley y al resto del equipo de Oozma Kappa los habían pillado con las manos en la masa.

—Bueno, nos ha visto —dijo Squishy, que se quitó un poco de pastel de la cabeza y se lo comió—. Pero ¡al menos nos hemos llevado un buen trozo de tarta!

Disney Bambi

¡Ha llegado la primavera!

La primavera por fin había llegado al bosque. Snif, snif. Bambi podía oler el cambio en el ambiente. Los días eran más largos y las noches más cortas. El hielo y la nieve se iban derritiendo poco a poco. Nuevos brotes de azafranes y narcisos salían del suelo.

Además, el bosque ya no parecía tan solitario y triste como durante el invierno. En los últimos días, Bambi había visto muchos más animales asomando la cabecita alegremente por sus cuevas, madrigueras y nidos.

Una mañana, muy temprano, mientras paseaba entre los árboles, Bambi fue a ver a la señora Zarigüeya y a sus hijas, que estaban colgadas por la cola de la rama de un árbol. Ella y Bambi no se habían visto en mucho tiempo. Pero la señora Zarigüeya lo reconoció de todos modos.

—Hola, Bambi —dijo la zarigüeya.

—Hola, señora Zarigüeya —respondió Bambi—. No la veía desde el otoño. ¿Dónde han estado usted y su familia todo el invierno?

—Ah, es que nos gusta pasar la mayor parte del invierno dentro de casa —respondió la señora Zarigüeya—. Pero, ahora, que ya ha llegado la primavera, es muy agradable salir al aire libre.

Entonces la zarigüeya y sus hijas cerraron los ojos y se durmieron, porque les gustaba dormir durante el día.

Bambi siguió andando por el bosque y se paró al lado de un árbol lleno de pájaros piando.

—Hola, Bambi —dijo uno de los pájaros.

—Hola —respondió el cervatillo—. ¿Vosotros dónde habéis estado todo el invierno?

—Pues, en invierno volamos hacia el sur, a sitios más cálidos donde también hay más comida —explicó el pajarito—. Pero estamos muy contentos de que haya vuelto la primavera al bosque y de regresar al lado de todos vosotros, incluido tú.

Entonces el pájaro unió su canto al del resto de sus amigos. Tras muchos meses sin oírla, la melodía de los pájaros era una delicia para los oídos de Bambi.

El cervatillo caminó un poco más, encontrándose con viejos amigos a cada paso. Se topó con unos ratones que cambiaban su escondite de invierno por sus casas de primavera y verano. Vio ardillas comiendo nueces tranquilamente, guardando ya algunas en sus reservas de invierno. También oyó a un pájaro carpintero agujereando un pino, y patos que salían a darse un baño en el lago.

Bambi pensó que había sido un invierno largo, frío y difícil. Pero, de alguna manera, la llegada de la primavera le hacía sentir que todo iría bien. Allá donde miraba había vida, nuevos comienzos y, lo más importante, esperanza.

La sorpresa de Rojo

Guido y Luigi necesitaban limpiar su tienda desesperadamente. Había tantos neumáticos acumulados que apenas se podían mover. ¡Se estaba convirtiendo en algo absurdo! El único problema era que no tenían dónde colocarlos.

—¡Madre mía, Luigi! —se sorprendió Rayo McQueen al entrar en la tienda con Mate. Apilados en alto como si fueran pirámides, costaba creer la cantidad de neumáticos que tenían allí.

—Son viejos —explicó Guido—. Necesito espacio, pero no quiero tirarlos.

—Creo que sé cómo reciclarlos —dijo Mate, sonriendo.

Un rato más tarde, los coches encontraron a Mate con cara de orgulloso debajo de una enorme torre de neumáticos, con una bandera en lo alto.

—¿Os gusta? —preguntó Mate.

—No sé —dijo Guido—. Parece un poco inestable.

—¡Tranquilo, nada derribará a este pequeñín! —le dijo Mate.

Pero en cuanto las palabras salieron de su boca, llegó un fuerte temblor. De repente, los neumáticos empezaron a caer como una lluvia negra, rebotando por toda la calle.

—Esto no puede ser, tenemos que pensar en una alternativa —dijo Guido.

Entonces, Rayo tuvo una idea.

—¡Podría usarlos para crear barreras de protección por la pista! —sugirió.

—Mala idea, novato —dijo una voz gruñona.

Doc salió de entre una montaña de neumáticos.

—Éstos no te pararán si te chocas.

Rayo se imaginó estrellándose contra ellos a toda velocidad. Incluso en su imaginación, la cosa no terminaba muy bien.

—No podemos dejarlos aquí —gruñó Guido—. Necesitamos espacio para los nuevos pedidos.

—A lo mejor Sally puede usarlos en su motel —les dijo Mate.

Los coches recogieron los neumáticos y los llevaron al local de Sally.

—¡Gracias! —dijo ella—. Pero la verdad es que no sé qué hacer con ellos.

—¡Decorar! —insistió Guido, esperanzado.

Sally intentó encontrar sitios donde pudiera colocarlos, pero todos parecían peligrosos.

—Lo siento, no encuentro el lugar ideal para ellos —admitió, devolviéndolos.

—Supongo que tendremos que tirarlos mañana —dijo Guido, derrotado.

Los coches se fueron, dejando los neumáticos en un montón, listos para que los tiraran.

Sin embargo, al día siguiente, cuando Guido ya estaba mentalizado para deshacerse de ellos, los neumáticos estaban llenos de flores.

—¡Maceteros! —exclamó Guido, mientras Rojo el camión de bomberos regaba las plantas tan contento—. ¡Bien pensado, Rojo!

Al final pudieron dar un buen uso a los neumáticos.

El tesoro misterioso

El sheriff Woody estaba jugando a cartas con Jessie y Buzz cuando Slinky llegó corriendo, jadeando emocionado.

—¡Woody, ven a ver esto!

Tras seguir al perro, ¡Woody se quedó maravillado al encontrar un mapa del tesoro cuidadosamente dibujado!

—Andy dibujó esto hace mucho tiempo, después de esconder algo en el patio —recordó el vaquero.

—¿Crees que el tesoro seguirá allí? —preguntó Slinky.

Sólo había una forma de averiguarlo. Con Jessie a su lado, Woody dobló el mapa con cuidado y luego se subió al alféizar de la ventana. Los dos vaqueros se deslizaron por el canalón mientras Buzz y Slinky observaban desde arriba.

Ya en el jardín, Woody desplegó el mapa.

—Debería ser fácil encontrar este tesoro —dijo el vaquero.

Jessie tragó saliva.

—¡No estoy tan segura! —dijo—. ¡Mira detrás!

Woody se dio la vuelta y vio a un gran gato de mirada malévola que se acercaba a ellos. Sus ojos eran estrechos y su pelaje estaba erizado. ¡Se estaba preparando para abalanzarse!

Woody y Jessie se apoyaron contra la pared mientras el gato dejaba escapar un bufido furioso. Desde la ventana, Slinky y Buzz seguían observando la escena.

—¿Qué podemos hacer? —preguntó Slinky.

Por suerte, Buzz tenía un plan. Cogió un megáfono de juguete que había cerca y lo acercó a la boca de Slinky. Al momento, el perro con muelle supo lo que tenía que hacer. Ladró y gruñó por el megáfono tan fuerte como pudo.

Asustado, el gato lanzó un estridente maullido y se fue corriendo con el rabo entre las piernas.

Después de dar las gracias a sus amigos, Woody y Jessie prosiguieron su búsqueda del tesoro. Con la ayuda del mapa, fueron avanzando hasta un montón de ladrillos.

—Debe de estar aquí debajo —dijo Woody.

Él y Jessie apartaron los ladrillos. Debajo encontraron un agujero y, en el fondo, una brillante lata dorada.

—¡Yija! ¡Aquí está! —celebró Jessie.

Los juguetes bajaron y abrieron la lata. Dentro había un trozo de papel doblado.

—¿Eh? ¿Qué es esto? —se preguntó Jessie.

—Enseguida lo descubriremos —dijo Woody, desdoblando el papel.

Cuando vieron lo que contenía, los dos se sorprendieron mucho.

—¡Vaya, es precioso! —dijo Jessie.

Woody miró la hoja, en la que había un dibujo de él y Andy juntos, cogiéndose las manos y divirtiéndose al aire libre.

—Debo decir que… ¡esto sí que es un auténtico tesoro! —dijo Woody, limpiándose una lágrima del ojo.

El juego del escondite

Cuando Nemo y sus amigos estaban aburridos, les gustaba jugar. Uno de los mejores juegos en el arrecife era el escondite, porque había muchos lugares en los que ocultarse.

Se encontraban discutiendo quién sería el que buscaba cuando un banco de peces pasó a su lado gritando.

—¡Nadad lejos de aquí!

Nemo y sus amigos se dieron la vuelta para ver a un humano que invadía su mundo, vestido con un traje negro y un tubo de buceo.

—¡Tenemos que detenerlo! —dijo Sheldon.

—Pero somos muy pequeños —les recordó Perla.

—¡Necesitamos ayuda! —insistió Nemo.

—Llamaré a los tiburones —se ofreció Tad—. ¡Seguro que ellos lo espantarán!

Mientras tanto, Sheldon y Nemo prepararon un plan para distraer al buceador. Dando vueltas alrededor de su cabeza, esperaban marearlo hasta que… ¡Pumba! El martillo del buceador golpeó el coral, haciendo que Sheldon saliera despedido de manera descontrolada. Cayó en el lecho marino con una lluvia de gravilla.

—¿Estás bien? —le preguntó Nemo, mirando a través de un hueco en las piedras.

Sheldon había quedado cubierto por completo, sin espacio para salir de allí.

—¡Estoy atrapado! —gritó el caballito de mar.

Perla y Nemo intentaron apartar las piedras, pero no funcionó. Necesitaban un plan.

—A lo mejor el buceador podría sacarlo —sugirió Perla, con cierto reparo.

Nemo meditó sobre ello. Pero el buceador no iba a ayudarlos… o ¿quizá sí?

—¡Espera, tengo una idea!

El pececillo buscó algo que brillara. ¡Cualquier cosa! Vio una ostra y llamó a su concha. La ostra abrió la boca con una risita y Nemo se llevó bajo la aleta la perla que había dentro.

—Ten —dijo, dándosela a Sheldon, que no estaba muy convencido—. Agárrate bien a ella. A los humanos les gusta coleccionar cosas brillantes. Cuando el buceador vea el brillo, querrá investigar y te liberará.

Esperaron pacientemente y cuando la perla hizo algunos reflejos desde la ubicación de Sheldon, el buceador se acercó. Con sus curiosos dedos, levantó las pesadas piedras para coger la perla, liberando al caballito de mar en el proceso.

—¡Sí! —exclamaron todos, y justo Tad volvió.

Tras él había un ejército de tiburones vegetarianos, pero el buceador no conocía su verdadera dieta. Al ver que los escualos iban hacia él con una mirada temible en los ojos, se fue a toda prisa dejando un rastro de burbujas con el tubo y subió a la superficie como si su vida dependiera de ello.

—Ese intruso no volverá por aquí —se rio Bruce.

Nemo dio las gracias a los tiburones y siguió a sus amigos de vuelta a casa, donde estarían a salvo. Tenían clara una cosa: ¡aquél había sido el juego del escondite más intenso al que jamás habían jugado!

Lo que te has perdido

Mientras Dottie no miraba, Dusty estaba practicando sobre los campos para las carreras.

Dottie pensaba que a Dusty no lo habían construido para competir y siempre intentaba convencerlo para que lo dejara.

En aquel momento, Chug estaba comentando con él algunos movimientos acrobáticos y dándole muchos ánimos. Ninguno de los dos se dio cuenta de una enorme sombra que pasó volando sobre ellos.

De vuelta al taller, Dottie estaba allí con el ceño fruncido.

—¿Cómo es que se ha puesto oscuro de pronto? —se preguntó.

Hacía un rato no había ninguna nube en el cielo, así que salió afuera para descubrir lo que estaba pasando.

¡No se podía creer lo que veían sus ojos! Lo que bloqueaba el sol no eran nubes, sino ¡una enorme aeronave!

—Voy corto de combustible —dijo el dirigible—. ¿Sabes dónde puedo repostar?

Dottie sabía cómo ayudarle. Envió a Leadbottom para encontrar a Chug y traerlo de vuelta para llenar su tanque.

—Hay uno que necesita repostar todo el depósito —dijo Chug por la radio—. Vuelvo enseguida.

Dusty siguió con su entrenamiento mientras Chug se iba. El camión cisterna reconoció enseguida al desconocido.

—Pero ¡si es Colin Cowling, de la Red de Deportes de Velocidad! —dijo sorprendido.

—¿No es ése el canal que tú y Dusty estáis mirando siempre? —preguntó Dottie.

Entonces se dio cuenta de que a Dusty le gustaría mucho conocer a Colin y fue a buscarlo.

La avioneta sabía que Dottie no aprobaría sus entrenamientos, así que cuando la vio acercarse, corrió a esconderse detrás del viejo cobertizo. Se quedó quieto y en silencio hasta que su amiga pasó de largo.

—No he podido encontrarlo —les contó Dottie al volver al hangar.

—¡Qué lástima! Colin ya casi tiene el depósito lleno —dijo Chug.

Los amigos preguntaron a Colin si podría quedarse un poco más para conocer a su amigo Dusty, pero él tenía que acudir a una carrera y no podía perder el tiempo.

—Quizá la próxima vez —prometió mientras se elevaba y retomaba su camino.

Justo entonces, Dusty terminó de realizar una complicada pirueta. Parpadeó sorprendido al ver la familiar silueta de Colin Cowling pasando por encima de él.

—¡No me puedo creer que sea él! —dijo.

Emocionado, voló a toda velocidad hacia el hangar y aterrizó en la pista.

—¿Habéis visto? ¡Colin Cowling ha estado en la ciudad! —gritó—. ¿Por qué no me ha avisado nadie?

Cuando Dottie le explicó que había salido a buscarlo, Dusty se dio cuenta de lo que había pasado. Decidió que nunca más volvería a esconderse de sus amigos. ¡¡Quién sabe qué más se podría perder?!

Disney · PIXAR
LOS INCREÍBLES

Moda letal

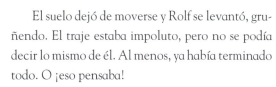

Cuando Míster Increíble visitó a la famosa Edna Moda para que le remendara su traje dañado, ésta insistió en hacerle uno nuevo.

Una vez que Bob se marchó, Edna empezó a trabajar. Aquél sería su mejor traje. Tenía que ser impactante, dramático… e ¡indestructible!

Después de elegir cuidadosamente los materiales, la sastre elaboró el modelo de colores rojo y negro. Parecía perfecto, pero antes de poder entregárselo a Míster Increíble, tenía que comprobar cómo de bien podría resistir la clase de situaciones a las que se enfrenta un superhéroe. Para ello, necesitaba algo de ayuda.

—Rolf, ven al laboratorio, cielo —dijo Edna, pulsando el botón del intercomunicador.

Su guardaespaldas, Rolf, apareció en la puerta apenas unos segundos más tarde.

—Tengo que hacerle pruebas a este traje —le dijo—. ¿Te apetece ayudar?

Rolf estuvo encantado de hacerlo y pronto se encontró en medio del laboratorio vestido con el nuevo disfraz. Saltó aterrado mientras el suelo empezaba a moverse bajo sus pies como una cinta de correr. Al poco tiempo ya iba demasiado deprisa como para mantener el ritmo y terminó rebotando y golpeándose por culpa de la cinta.

—El traje de Míster Increíble tiene que ser a prueba de fricciones —dijo Edna, marcando una casilla en sus notas.

El suelo dejó de moverse y Rolf se levantó, gruñendo. El traje estaba impoluto, pero no se podía decir lo mismo de él. Al menos, ya había terminado todo. O ¡eso pensaba!

—Prueba de resistencia al frío —dijo Edna, mientras una ráfaga de aire helado golpeaba a Rolf, congelándole y haciendo que sus dientes castañetearan.

A continuación le alcanzó una ráfaga de fuego. Empezó a saltar y a gritar mientras se le quemaban las cejas.

Todavía quedaban muchas pruebas por delante. Edna golpeó el traje con una lluvia de granizo a toda velocidad.

Luego estiró la tela con dos enormes manos robóticas, provocando un gran dolor al guardaespaldas.

El pobre Rolf tuvo que lanzarse desde un borde altísimo hacia un viento huracanado para terminar electrocutado por una corriente. Edna asentía mientras Rolf brincaba y se revolvía por la sala de pruebas. El traje era perfecto.

Cuando Míster Increíble fue a recogerlo al día siguiente, se lo puso enseguida y se contempló en el espejo.

—Edna, eres la mejor —le dijo, sacando pecho—. Es impactante, dinámico…

—E indestructible —murmuró un abatido Rolf, cojeando para unirse a ellos.

Edna sonrió. El traje era tan resistente como el propio Míster Increíble, y ¡mucho más de lo que sería nunca su guardaespaldas!

Disney · PIXAR

WALL·E

W de WALL·E

A bordo de la nave espacial *Axioma* nadie tenía que hacer nada por sí mismo. Los robots deambulaban por la nave ocupándose de las necesidades de los pasajeros y todo funcionaba perfectamente con el piloto automático.

Lo único que no funcionaba con piloto automático era WALL·E, que iba por allí intentando encontrar al pequeño robot blanco que había visto en la Tierra.

Mientras correteaba por la nave, encontró a un grupo de bebés humanos en una sala. Estaban todos en pequeñas sillas flotantes, escuchando a un robot niñera que les enseñaba el abecedario.

—La B es de «bolsas de la compra», vuestras mejores amigas. La C es de «consumo», vuestro entretenimiento favorito —recitó la niñera.

Sin embargo, cuando alcanzó la E, WALL·E la interrumpió.

—La E es de…

—¡EEEVA! —exclamó WALL·E—. ¡EEEVA!

La niñera nunca había tenido complicaciones en su trabajo y sus circuitos no estaban hechos para manejar la situación. Empezó a hacer ruidos.

—La E es de… ¡estropeado! —dijo.

Se tambaleó un momento y entonces se apagó por completo.

Alrededor de WALL·E, todos los niños empezaron a llorar. Parecían muy tristes, con las caritas arrugadas y llenas de lágrimas. WALL·E quiso hacer que dejaran de llorar, pero ¿cómo?

Entonces tuvo una idea. Metió la cabeza y los brazos dentro de su cuerpo y los niños se quedaron callados, preguntándose qué iba a suceder a continuación. Entonces se rieron al ver que volvía a salir.

—¡Bu!

El robot empezó a disfrutar divirtiendo a los bebés. Decidió llevárselos fuera de la guardería y todos salieron a explorar la nave.

Durante todo el día se lo pasaron en grande. WALL·E unió todas las sillas flotantes de los bebés y las arrastró corriendo a toda velocidad, compitiendo con otros robots de la nave. Los niños rieron y lo animaron mientras cruzaban los pasillos como un rayo, ondeando como una serpiente entre el tráfico robótico.

A continuación, fueron a la plataforma de observación para mirar el universo fuera de la nave. Los bebés se quedaron asombrados al descubrir las estrellas y los planetas.

Después de divertirse un poco más gastando bromas a los adultos, WALL·E devolvió los bebés a la guardería. Se despidió de ellos justo cuando la niñera se recuperaba.

Sus pobres circuitos seguían confundidos y su alfabeto estaba hecho un lío.

—La W es de… —empezó a decir, y todos los bebés sabían cómo responder.

—¡WALL·E! —gritaron, y entonces ¡empezaron a reír mientras volvían a saltar chispas de la niñera por la confusión!

Rodeo sorpresa

Los juguetes se encontraban en la base de la escalera de Andy, observando un extraño añadido en la casa. Parecía una especie de flor, pero ¡donde debían estar los pétalos, había una boca!

—¿Qué es eso? —preguntó Buzz, contemplando la planta.

—Es una planta tropical —explicó Jam—. Caza su propia comida.

Jessie se rio.

—¡Venga ya! —exclamó, acercándose para observarla mejor—. ¿Cómo puede cazar algo una planta?

—¡Cuidado! —advirtió Woody mientras la planta abría la boca.

Se cerró de golpe, cogiendo a Jessie por la cintura y agarrándola con firmeza. La pequeña vaquera se resistió, pero la planta era demasiado fuerte.

—¿Se puede saber qué hacéis ahí? —dijo, mirando a sus amigos—. ¡Ayudadme!

Woody se ajustó el sombrero.

—Sólo hay una cosa que podamos hacer —dijo, cogiendo una de las piernas de Jessie—. ¡Tirad!

Todos los amigos tiraron juntos, cogiendo también los brazos de la vaquera y usando todas sus fuerzas. Pero no importaba lo fuerte que tiraran, porque la planta no la soltó. Mientras los juguetes hacían un último intento, su agarre flaqueó un segundo y terminaron de bruces contra la alfombra.

La situación era peor de lo que pensaban. Woody, Buzz y Rex juntaron las cabezas e intentaron pensar en un plan mientras Slinky trataba de calmar a Jessie.

—Tú tranquila, vaquera. Te salvaremos —le prometió.

Jessie se inclinó y le dio unas palmaditas en la cabeza.

—Gracias, amigo —dijo, y Slinky movió la cola contento.

Mientras la cola golpeaba a la exótica planta, las hojas de ésta empezaron a temblar.

—¡Eh, parece que esta planta tiene cosquillas! —advirtió Slinky.

Woody entendió que mientras siguiera haciéndole cosquillas, estaría distraída.

—Tengo un plan —anunció, sacando su lazo.

Lanzó la cuerda, esperando coger a Jessie, pero en su lugar pasó de largo y acabó rodeando a la planta.

—Bueno, esto no es lo que tenía en mente —admitió Woody, pero al tirar de la cuerda ¡la planta escupió a su amiga!

Es más, el vaquero se dio cuenta de que con la boca atada, la planta se parecía mucho a un caballo salvaje. Se montó a su espalda y movió el sombrero en el aire.

—¿Quién se apunta al rodeo? —preguntó, balanceándose en una silla imaginaria.

Muchos de los demás juguetes pusieron excusas, comentando que aquello parecía demasiado peligroso, pero hubo uno que no pudo resistirse a probarlo.

—¡Cuenta conmigo, vaquero! —sonrió Buzz—. ¡Esa montura parece muy salvaje!

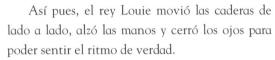

¡Baila, papito!

En las profundidades de la jungla, en las ruinas del templo, los monos y su líder, el rey Louie, siempre buscaban una excusa para bailar swing.

—¡Vamos a pegarnos un bailoteo! —sugirió el rey Louie una noche.

—¡Hurra, hurra! —gritaron los monos.

—¿Qué es un bailoteo? —preguntó un mono.

—Pues, una competición —dijo el rey Louie—. Una oportunidad para que todos muevan el esqueleto, se pavoneen y lo den todo en la pista. El que se mueva mejor gana.

—¡Hurra! —gritaron los monos.

El rey Louie se rascó la barbilla.

—Lo primero que necesitamos es un poco de música —dijo, señalando a los monos músicos—. ¡Venga, colegas!

Los músicos estallaron con una canción de jazz, soplando por las manos como si fueran trompetas, marcando el ritmo con unos cocos y tocando la batería en un tronco hueco. Pronto, todos los monos se reunieron alrededor de los músicos, tamborileando con los pies y moviendo las colas.

—Bien —dijo el rey Louie—, ¿quién baila?

Todos levantaron la mano. El rey Louie miró a su alrededor.

—Veamos —dijo rascándose la cabeza—, elijo... ¡al rey!

—¡Hurra! —vitorearon los monos. Estaban un poco decepcionados por no haber sido elegidos, pero, al fin y al cabo, el rey Louie era su rey.

Así pues, el rey Louie movió las caderas de lado a lado, alzó las manos y cerró los ojos para poder sentir el ritmo de verdad.

—¡Baila, papito! —gritó un mono.

El rey Louie movió el esqueleto y bailoteó como nunca. Entonces, cuando la canción terminó, el rey mono paró y se dirigió a su trono.

—Es hora de elegir al ganador —dijo.

—Pero, rey Louie... —empezó a decir alguien.

El resto de monos estaban pensando lo mismo: ¿no se necesitaba más de un bailarín para que hubiera un bailoteo?

—¡Qué tonto soy! —dijo el rey Louie con una risita.

Los monos se miraron unos a otros y sonrieron, esperando que el rey se hubiera dado cuenta de su error. Sin embargo, el rey Louie dijo:

—¡Claro, necesitamos un juez! ¿Quién quiere ser el juez?

Todos levantaron la mano. El rey Louie miró a su alrededor y dijo:

—Elijo... ¡al rey!

—¡Hurra! —gritaron los monos.

—Y, como juez, elegiré al ganador del bailoteo —continuó el rey Louie, y miró a todos los monos—. Ahora, veamos, elijo... ¡al rey! ¡Un hurra por el ganador!

—¡Hurra! —gritaron los monos, porque, después de todo, el rey Louie era su rey, y también un buen bailarín.

¡SOS! Un nuevo neumático para Sally

En un día soleado, Sally se encontraba descansando a la sombra, observando como Rojo regaba sus flores favoritas.

—¡Hola, Sally! —saludó Rayo McQueen—. ¿Te apetece dar una vuelta?

—¡Claro que sí, campeón! —respondió—. ¡Mis ruedas necesitan calentar un poco!

Ella salió primero, mirando por los retrovisores para ver si Rayo la seguía.

—¡Venga, campeón! ¿Por qué conduces tan lento? —le pinchó.

—¡Ja! ¡Ten cuidado o acabarás oyendo cómo ruge mi motor desde muy lejos! —bromeó Rayo, bajando por una cueva que había bajo una preciosa catarata.

—¡A ver cómo te sienta esta ducha! —dijo Sally.

Pero tuvo que tragarse sus propias palabras al pasar sobre un palo especialmente afilado. La rueda derecha de Sally se pinchó y empezó a dar tumbos sobre la tierra.

—¡Ay, no! ¡Se me ha pinchado la rueda!

Rayo la inspeccionó de cerca.

—Te llevaré al taller de Guido y Luigi —decidió—. ¡Ellos la arreglarán!

Condujeron despacio para que Sally no se hiciera más daño.

—¡Lo siento, no nos quedan más neumáticos! —dijo Guido cuando llegaron—. El camión de suministros llega con retraso, quizá se haya perdido. No sabemos cómo encontrarlo.

Sally intentó contener las lágrimas.

—Y ¿qué hago ahora?

—¡Yo me ocupo de todo! —dijo una voz.

Todos los ojos se posaron en Mate, que sonreía de oreja a oreja desde la entrada.

—¡Sé cómo localizar al camión! ¡Sally tendrá ese neumático en lo que pasa un limpiaparabrisas!

Subidos en un helicóptero Dinoco, Mate y sus amigos volaron valerosamente.

—¡Encontraremos a ese camión desaparecido en un santiamén! —gritó Mate.

Sobrevolando la carretera, la grúa localizó a su objetivo.

—¡Ahí está! ¡Vamos a ver qué le ha pasado!

Aterrizaron junto al camión.

—¡Te estábamos buscando! —dijo Mate—. ¡Ven, te enseñaremos el camino!

—¡Uf! —suspiró el camión, aliviado—. Se me ha roto el sistema de navegación. ¡No sabía qué carretera coger!

Mientras, en el taller, los amigos de Sally intentaban consolarla sin éxito. Entonces oyeron un sonido familiar. Fun, fun, fun.

El helicóptero Dinoco, Mate y el camión llegaron sonriendo y todos los coches lo celebraron muy contentos.

Con su habitual velocidad y pericia, Guido y Luigi repararon a Sally con un nuevo neumático.

—¡Ya podemos volver a correr! —exclamó Rayo.

Juntos salieron corriendo, dejando a Mate y a su amigo el helicóptero dando un paseo por el cielo.

Pinocho

Echando una mano

—¡Oh, Pinocho! —exclamó Gepetto—. ¡Mi pequeña marioneta está viva!

Era la mañana después de que el Hada Azul visitara la casa de Gepetto y diera vida a Pinocho.

—Debes prepararte para la escuela —dijo Gepetto.

Pinocho estaba lleno de curiosidad.

—¿Por qué debo ir a la escuela, papá? —preguntó.

—¡Para aprender! —respondió Gepetto—. Ahora sé un buen chico y ve a hacer la cama mientras yo friego.

Pinocho se levantó y corrió al banco de trabajo de Gepetto. Encontró un mar-

tillo, un clavo y un trozo de madera y comenzó a dar golpes con el martillo.

—¡Pinocho! ¿Qué haces? —exclamó Gepetto.

—Me pediste que hiciera la cama —dijo Pinocho—. Así que estoy haciendo una.

Con una sonrisa, Gepetto le dio unas palmaditas en la cabeza y dijo:

—Quizá sería mejor que sacaras al gato.

Mientras Gepetto se giraba hacia la mesa del desayuno, Pinocho agarró una jarra de agua. Corriendo hacia Fígaro, arrojó el agua al gato.

—¡MIIIIAAAAUUU! —aulló Fígaro.

—¡Pinocho! —gritó Gepetto—. ¿Por qué has hecho eso?

—Me... me dijiste que secara al gato. Y como no estaba mojado... —dijo Pinocho en voz baja.

—Oh, mi querido hijo, ¡tienes mucho que aprender! —suspiró Gepetto mientras secaba a

Fígaro—. Vale, puedes ayudarme a recoger un poco la casa antes de marcharte a la escuela.

—¡De acuerdo, papá! —exclamó Pinocho y salió corriendo por la puerta.

—¿Adónde irá? —se preguntó en voz alta Gepetto, mientras seguía a Pinocho afuera.

Pinocho estaba agachado junto a la base de la casa, intentando con todas sus fuerzas levantarla.

—¿Qué estás haciendo, hijo? —preguntó Gepetto, parpadeando incrédulo.

—Intento recoger la casa, papá —respondió Pinocho, con voz entrecortada por el tremendo esfuerzo que estaba haciendo.

Gepetto se rio y guio amablemente a Pinocho de vuelta al interior.

—Hijo mío, cuanto antes vayas al colegio y aprendas sobre el mundo, mejor será para los dos —aseguró.

Después cogió el gorro de Pinocho, su cuaderno y una manzana para la profesora, y le indicó el camino a la escuela.

Mientras Gepetto observaba a su hijo dirigiéndose a la escuela, movió la cabeza con preocupación.

—Espero que se las apañe para mantenerse fuera de peligro hoy —se dijo.

Emergencia espacial

Buzz, Jessie y algunos de los demás juguetes se encontraban en la nave espacial hecha por Bonnie. En realidad, era una caja de zapatos con unas alas de papel de aluminio pegadas a los lados, pero con un poco de imaginación ¡se convertía en un fantástico cohete!

—¡Hasta el infinito y más allá! —gritó Buzz.

Tras él, los demás juguetes vitorearon.

—¡Eh, esperad! —gritó Rex, corriendo hacia ellos—. ¡Yo también quiero jugar!

El patoso dinosaurio agarró un ala pero ¡la terminó arrancando!

—Ay, no… —murmuró.

—Mira lo que has hecho —le regañó el Sr. Púas.

Rex se sintió fatal, pero Buzz se esforzó por salir a su rescate.

—No os preocupéis —dijo—. ¡Arreglaré esa ala en un momento!

O puede que no. Por mucho que lo intentara, Buzz no conseguía volver a pegar el ala en su sitio. Los juguetes empezaron a preocuparse. Bonnie no tardaría en volver y seguro que se iba a enfadar al ver que su nave se había roto.

—¿Qué hacemos? —dijo Rex, preocupado.

—Tú tranquilo —dijo Pony, el unicornio—. Hay cinta adhesiva en la cocina. La cogeremos y la usaremos para pegarla.

—¡Genial! —dijo Jessie, que agarró a Pony por la oreja y empezó a tirar de él—. ¡Vamos allá!

En la cocina, Pony no tardó en localizar la cinta, pero estaba demasiado arriba como para alcanzarla.

Jessie tuvo una idea. Cogiendo un plumero, lo levantó e intentó tirar la cinta de la mesa. Una nube de polvo cayó sobre el unicornio, que empezó a toser y estornudar. Luego dejó escapar un grito de dolor cuando la cinta cayó de la mesa y se estrelló sobre su cabeza.

—Bueno, al menos ya tenemos la cinta —dijo Jessie.

Todavía estornudando por el polvo, Pony siguió a Jessie hasta la habitación de Bonnie. Buzz trabajó rápido para reparar el ala y no tardó en dejarla como nueva.

—¡Todos a bordo, Comando Espacial! —exclamó.

—¡Muy bien! —respondió Rex, emocionado por poder unirse a la aventura.

De hecho, estaba tan emocionado que no se dio cuenta de que su cola estaba golpeando los motores de cartón de la nave. Justo entonces, uno de ellos se despegó también.

—Parece que necesitaremos un poco de pegamento —dijo Dolly, examinando los daños.

—¡No hay problema! —dijo Pony, animado—. He visto un tubo en el salón.

A Jessie se le iluminó la cara. Volvió a coger al unicornio por la oreja y tiró de él.

—¡Tenemos por delante una nueva aventura, compañero!

Pony gruñó. La última aventura había sido bastante sucia y dolorosa para él. Decidió que, en el futuro, debería aprender a tener la boca cerrada.

Miedo a volar

Skipper y Dusty salieron del hangar, charlando animados.

—¿Y bien? —preguntó Skipper—. ¿Qué te ha parecido?

—¡Increíble! —exclamó Dusty—. ¡No puedo esperar a probarlo!

Chug se acercó también. Intentó mirar en el hangar justo cuando Skipper cerró las puertas.

—¿Qué pasa aquí? —preguntó.

—¡Nada en especial, cotilla! —rio Skipper—. Sólo es una tontería que me ha dejado un viejo amigo del escuadrón. Te lo enseñamos luego… si funciona.

Chug empezó a revolverse.

—¡Quiero verlo ahora! —protestó—. No debería haber secretos entre los amigos.

Dusty se rio y le explicó que dependía de Skipper, pero que igualmente lo descubriría pronto. Sólo debía tener un poco de paciencia.

Pero a Chug no le gustó cómo sonaba eso. En cuanto Dusty y Skipper se fueron, abrió las puertas del hangar y miró dentro.

Allí en medio había… bueno, la verdad es que no tenía ni idea de lo que era. Se trataba de una gran caja de metal, eso estaba claro. Pero, ¿qué es lo que hacía?

Después de comprobar que no se acercaba nadie, se metió lentamente en la caja para intentar averiguar lo que era. La puerta se cerró tras él, haciéndolo brincar de miedo.

Buscando una forma de salir, el pequeño camión cisterna encontró un gran botón rojo.

—A lo mejor esto sirve para abrir la puerta —dijo, pulsándolo.

Al instante, las paredes parecieron derretirse y Chug se encontró afuera.

—¡Argh! ¡La he abierto demasiado! —gritó.

¡Y la cosa era peor todavía! Chug empezó a correr, cada vez más rápido, mientras se acercaba al final de la pista. Antes de darse cuenta de lo que sucedía, las ruedas se levantaron del asfalto y se elevó hacia el cielo.

¿Qué estaba pasando? No tenía ni idea, pero tenía clara una cosa: ¡quería bajar de inmediato! Cerró los ojos y luego gritó mientras caía en picado.

—¡Tan rápido no! —aulló, y luego siguió gimiendo mientras hacía un giro y todo empezaba a dar vueltas.

Entonces, salido de la nada, apareció Dusty justo frente a él.

—Sal de ahí, Chug —le dijo su amigo.

Chug salió de la caja, sintiéndose mareado. Le temblaban las ruedas, pero al menos ya estaba en tierra firme.

—¿Q-qué es esa locura de máquina? —preguntó.

—¡Un simulador de vuelo! —dijo Dusty.

Chug se quedó chafado. ¿Un simulador? Bueno, pues si así es como se siente uno al volar de mentira, ¡se alegraba de no tener que hacerlo de verdad!

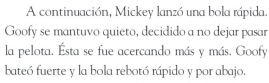

Goofy el bateador

Un día soleado, Goofy pasaba por delante del estadio cuando oyó a un reclutador de béisbol que llamaba a los viandantes.

—Vengan todos, pongan a prueba su habilidad. ¡Inténtenlo! ¡Nuestro nuevo equipo necesita a los mejores!

Goofy decidió inscribirse. ¡Sabía que sus amigos le enseñarían a jugar!

Después de firmar con su nombre, reunió a Mickey, Minnie, Donald, Daisy y Pluto. Fueron juntos a practicar al parque, pero a Donald no le hacía mucha gracia pasar el día enseñándole cómo batear.

—Donald, ayúdame, por favor —le pidió Goofy—. ¡Eres el mejor jugador que conozco!

El pato aceptó y llevó a su amigo al centro del campo. Primero, le enseñó cómo sujetar el bate.

Después de algunos balanceos de prueba, Mickey lanzó una bola. Se curvó en el aire, balanceándose mientras atravesaba el campo. Goofy intentó seguir su trayectoria, pero terminó fallando estrepitosamente.

Después de que sus amigos lo desenredaran del nudo en que se había convertido, Goofy estuvo listo para volver a intentarlo.

—¡Intenta golpear ésta bien lejos! —dijo Donald.

¡Pero a Mickey le costó tanto preparar el lanzamiento que Goofy se quedó dormido y la pelota terminó golpeando a Donald en la cabeza!

—Uy, lo siento, Donald —dijo Goofy, moviendo los pies con nerviosismo.

A continuación, Mickey lanzó una bola rápida. Goofy se mantuvo quieto, decidido a no dejar pasar la pelota. Ésta se fue acercando más y más. Goofy bateó fuerte y la bola rebotó rápido y por abajo.

El entrenador Donald empezó a gritar.

—¡Rápido, corre ya!

Goofy estaba tan emocionado que corrió directo a la última base por error.

—¡No! ¡Corre a la tercera base! —lo corrigió Donald.

Goofy se sintió confuso. Sus pies iban por un lado, su cuerpo intentaba ir en la dirección opuesta, y al final se dio de bruces contra el suelo.

—Vale, ¿qué tal si intentas coger algunas bolas? —sugirió Donald.

Minnie se dispuso a batear. Goofy cogió su guante y esperó al lanzamiento. Mickey lanzó la bola y Minnie la golpeó directa hacia Goofy. Éste corrió hacia atrás, rápido, esperando que coger la bola se le diera mejor que batearla.

La pelota empezó a caer. Goofy levantó el guante y... ¡la cogió perfectamente! Todos sus amigos lo animaron.

—¡Lo has hecho de maravilla, Goofy! —dijo Donald—. Ahora, vamos a intentarlo de nuevo.

Mickey lanzó, Minnie bateó y Goofy volvió a coger la bola. ¡Y otra vez! ¡Y otra vez!

—Goofy, vas a llegar muy lejos. Está claro que esto es lo tuyo —dijo Donald.

—No podría haberlo hecho sin tu ayuda —le respondió Goofy—. Muchas gracias, amigo.

Lo bueno de la lluvia

—¡A levantarse! —gritó Pongo. Uno a uno, les dio un empujoncito a los quince cachorritos dálmatas con el hocico. Los cachorros bostezaron y se estiraron, excepto Rolly, que se dio la vuelta y siguió durmiendo.

—Vamos, Rolly —le susurró Pongo al oído—. ¡Ya es de día! ¿No quieres salir?

Cuando mencionó la palabra «salir», Rolly se despertó inmediatamente, pero no fue el único. Como por arte de magia, el grupo de dormilones se había convertido en una manada de cachorros saltarines y ladradores. Todos corrieron a la puerta trasera de la cocina, donde saltaron arriba y abajo, esperando a que Nanny los dejara salir al jardín.

—Vale, ya voy —dijo Nanny dirigiéndose a la cocina.

Entonces, abrió la puerta de par en par y se apartó para dejar salir a los cachorros en estampida. Pero los pequeños no se movieron, porque fuera estaba lloviendo.

—Vamos —dijo Perdita, que intentaba empujar a los perritos para que salieran—. Sólo es un poco de agua.

Pero ellos se quedaron quietos como estatuas.

A la mañana siguiente, Patch se despertó el primero. Con unos ladridos agudos ayudó a Pongo a despertar a los demás. En pocos segundos, los quince estaban amontonados delante de la puerta trasera.

Nanny se apresuró a abrirla de nuevo. Y, otra vez, los cachorros se decepcionaron al ver las gotas de lluvia caer.

—Bueno —dijo Pongo en un suspiro—, en abril, aguas mil.

Al día siguiente, los cachorros ya no tenían ninguna prisa por salir. Probablemente aún estaría lloviendo, y creyeron que tendrían que pasar otro día entero dentro de casa.

Así que, cuando Nanny les abrió la puerta a una mañana soleada, los cachorros se sorprendieron tanto que no sabían qué hacer.

Entonces, con las prisas por pasar por la puerta, empezaron a tropezarse unos con otros. Corrieron en direcciones diferentes, preparados para olisquear, cavar, revolcarse y explorar.

Pero, casi a la vez, los quince cachorros notaron fresquitas las patas. Se miraron unos a otros y luego hacia abajo. ¿Qué era aquella cosa que cubría su pelaje blanco a manchas? Era marrón y húmedo, blando y... ¡era barro! Y ¡era de lo más divertido!

Desde la cocina, Pongo y Perdita observaban a sus cachorritos llenos de barro y reían.

—Sabes lo que esto significa, ¿verdad? —le preguntó Pongo a Perdita.

Perdita asintió.

—Un baño.

Pongo sonrió al ver juguetear a los perritos.

—No se lo digamos... aún —dijo.

¡Abracadabra!

Manny no estaba en su mejor momento. Gipsy lo sabía. En lo que iba de día había perdido dos varitas mágicas y había pisado su turbante.

Y con el espectáculo matinal en el mayor Circo del Mundo de P.T. Pulga, Gypsy sabía que tenía que andar de puntillas. Manny iba a debutar con su nuevo truco: la levitación, ignición y desaparición de la cámara de tortura de agua de la muerte.

—¡Atención! —exclamó Manny—, prepárense para ver la levitación, ignición y desaparición de la cámara de tortura de agua de la muerte. Observarán a mi adorable y habilidosa asistente, Gypsy, entrando en esta cámara... —Manny gesticuló hacia la lata de sardinas vacía que había a su lado—... donde la ataré de pies y manos. Entonces llenaré la cámara de agua, la sellaré, la haré levitar y le prenderé fuego. Finalmente, ¡observarán con admiración como la cámara desaparece ante sus ojos!

Manny y Gypsy habían ensayado el número hasta la saciedad. Habían planeado hasta el último detalle. Pero si fallaba una sola cosa, Gypsy se encontraría con serios problemas.

Como se vio después, no fue una sola cosa la que falló, ¡sino tres! Manny cometió el primer error cuando ató las manos y los pies juntos a Gypsy. Se suponía que debía dejar las cuerdas flojas para que ella pudiera zafarse una vez que estuviera en el interior. ¡Pero Manny las ató demasiado fuerte!

Después Manny llenó la cámara con más agua de la esperada. En los ensayos, había dejado un poco de espacio en la parte superior para que Gypsy tuviera un poco de aire dentro. Pero, esta vez, ¡se olvidó!

La tercera equivocación fue cerrar la cámara. Habían planeado dejar una vía de escape en la parte trasera de la lata de sardinas. Cuando Manny la hubiera encerrado en el interior, Gypsy se zafaría de sus ataduras, abriría la trampilla y escaparía de la cámara antes de que Manny la hiciera levitar, le prendiera fuego y la hiciera desaparecer. Pero esta vez, Manny empujó sin querer el cerrojo que aseguraba la trampilla. ¡Gypsy quedaría atrapada en su interior!

Por suerte, Gypsy no había dejado nada al azar: por si acaso, escondió un trozo de cristal afilado dentro de la lata de sardinas. Había aprendido a aguantar la respiración durante diez minutos. Tendría tiempo suficiente para salir de la lata a tiempo. Pero en tan sólo un minuto, estaba a salvo fuera de la cámara.

Al final del truco, Manny llamó a Gypsy para que saludara al público.

—¿Cómo lo has hecho, querida? —preguntó.

—¡Es magia! —respondió ella, con alivio.

Una muy buena idea

Buzz, Woody y Rex paseaban por las calles de una vieja ciudad del Oeste.

—Me encanta la vida sencilla de Bonnieville —dijo Buzz.

Woody asintió.

—Estoy de acuerdo.

Pero habían hablado muy pronto. Un platillo volador les pasó por encima.

—¡Es el malvado Doctor Chuletón y sus alienígenas! —advirtió Woody cuando la nave empezó a dispararles.

Asustado, Rex dio media vuelta y empezó a huir.

—¡Aaah! ¡Sálvese quien pueda!

—¡Espera, Rex! —gritó Buzz—. No vayas por ahí; ¡ese camino lleva al oscuro Cañón Interminable!

Bonnie dejó a Rex en una caja de cartón y cerró las tapas.

—¡Oh no! ¿Cómo vamos a rescatarlo, Buzz? —dijo ella, moviendo a Woody como si fuera él quien había lanzado la pregunta.

Pero antes de que Bonnie pudiera iniciar el rescate, su madre le dijo que era hora de irse a dormir. El juego, y Rex, tendrían que esperar hasta mañana.

Esa noche, mientras Bonnie dormía, Woody y Buzz hicieron planes para rescatar a Rex. Poco sabían ellos que el dinosaurio ya se había escapado por su cuenta. Pero entonces lo vieron, suspirando con tristeza mientras se acercaba a ellos.

—¿Qué te pasa, Rex? —preguntó Woody—. ¿No estás contento con esta aventura?

Rex se encogió de hombros.

—Sí, pero siempre me toca hacer del miedica. ¡Me gustaría ser el héroe valiente por una vez! Pero las cosas no son así para los dinosaurios en el salvaje Oeste.

Woody y Buzz vieron a su amigo irse a la cama.

—¿Piensas lo mismo que yo? —preguntó Woody.

Buzz asintió y, rápidamente, los amigos crearon algo muy especial con los materiales de manualidades de Bonnie.

—¿Seguro que es buena idea? —preguntó Buzz.

—Confía en mí —lo tranquilizó el vaquero—. Cuando Bonnie vea nuestra creación, ¡Rex será la estrella de esta aventura!

Cuando la niña se despertó a la mañana siguiente, gritó de emoción. ¡En el suelo había una isla prehistórica hecha a mano!

—¡Gracias, mamá! —gritó—. ¡Es la mejor isla del mundo y el gran Rex puede ser su rey!

Bonnie cogió sus juguetes y empezó a jugar. Pronto, su imaginación empezó a funcionar a toda velocidad y creó una nueva aventura.

—¡Rex! ¡Buzz y Woody están en problemas! —dijo Jam.

Vestido como un valiente aventurero, el dinosaurio se colocó su sombrero.

—No te preocupes, ¡yo me encargo de esto!

Woody y Buzz habían ayudado a su amigo a ser el héroe que siempre había deseado ser, pero en cuanto se vieron sobre el volcán de la isla, ¡se preguntaron si no habría sido todo un gran error!

¡Vas a ser enorme!

Dumbo se sentó en una esquina con el ceño fruncido.

—¿Qué te pasa, chico? —preguntó Timoteo.

Dumbo sólo negó con la cabeza.

—No hay razón para estar triste —continuó Ti-moteo.

Pero el elefante siguió sin decir nada.

—Bueno, si no me vas a decir qué es lo que te preocupa, tendré que adivinarlo yo mismo —dijo Timoteo—. ¡Ya lo sé! —exclamó—. ¿Tienes hambre?

Dumbo dijo que no otra vez con la cabeza.

—¿Sed? —preguntó Timoteo.

Dumbo negó de nuevo.

—¿Te preocupan las plagas de junio en Saskatchewan? —sugirió Timoteo.

Dumbo sacudió la cabeza aún más fuerte.

—Bueno, entonces —concluyó Timoteo—, sólo puede ser una cosa. Me duele decirlo, pero creo que tienes un caso de «compadecerse-de-uno-mismitis».

Las largas orejas de Dumbo se levantaron.

—Sí —continuó Timoteo—. Es una enfermedad peligrosa que ha afectado a muchos de nosotros. Incluso a los más fuertes.

Dumbo miró a su izquierda y luego a su derecha y se señaló a sí mismo.

—Sí, eso es, ¡a ti! —dijo Timoteo—. Apuesto a que sé lo que te ha puesto así: el tamaño de tus orejas por encima de la media.

Dumbo asintió.

—Y el hecho de que la gente se ría de ti —continuó Timoteo.

Dumbo asintió aún más.

—Y, además de todo eso —dijo Timoteo—, te han separado de tu mamá.

Una lágrima se formó en el ojo de Dumbo.

—¡No sientas pena por ti! —le ordenó Timoteo.

Dumbo alzó la vista, sorprendido.

—¿Sabes por qué? —preguntó Timoteo—. ¡Porque un día serás enorme!

Dumbo pestañeó incrédulo.

—Firmarás autógrafos y tu nombre aparecerá en luces de colores. Te comerás el mundo, incluidos a quienes ahora te tratan mal —predicó Timoteo.

Dumbo lo miró con nerviosismo.

—No me refiero a que vayas a comerte a nadie de verdad —explicó Timoteo—, es sólo una frase hecha. No es que algunos de ellos no se lo merezcan, pero no estamos hablando de eso. Se van a arrepentir mucho de haberte tratado mal, ¿lo entiendes?

Dumbo asintió.

—Muy bien, entonces —dijo Timoteo—. ¿Te sientes mejor?

Y Dumbo asintió aún más fuerte mientras se imaginaba el éxito y la felicidad, y que estaba con su madre de nuevo.

Disney HÉRCULES

Chico-destrucción

—¡Hércules! —gritó Anfitrión—. Este montón de heno está a punto de caerse. Voy a por el carro, ¿puedes sostenerlo?

—¡Claro, papá! —dijo Hércules a su padre.

Hércules era el más fuerte del pueblo. Podía sostener con una sola mano una enorme pila de fardos.

Pronto se acercó otro granjero, esforzándose por mantener junto un grupo de seis mulas indómitas.

—¿Te ayudo? —preguntó Hércules.

—¡Hércules! —exclamó el granjero—. Si sujetas estas mulas yo puedo ir a buscar a mis hijos para que me ayuden a llevarlas a casa.

—¡Lo haré encantado! —Hércules cogió las riendas de las mulas con su mano libre.

Justo entonces, llegó una mujer arrastrando un carro lleno de alfarería. Iba jadeando.

—Buenos días, señora —saludó Hércules—. ¿Puedo echarle una mano con eso?

—Sí, gracias —respondió la mujer—. ¡Pero parece que tienes las manos ocupadas!

—Oh, habré acabado con esto en un segundo —dijo Hércules—. Entonces podré...

De repente, se calló. Había visto a unos chicos de su edad corriendo camino abajo, riendo y gritando mientras se pasaban un disco.

Hércules los miró un buen rato. Por alguna razón, nunca había llegado a congeniar con los otros chicos del pueblo. Quizá no lo entendían. O

quizá era porque una vez los retó a una carrera de 50 metros, y los ganó a todos por 49 metros.

—¡Eh, chicos! —gritó cuando el disco voló hacia él—. ¡Lo tengo!

Se lanzó a por el disco. Las riendas de las mulas salieron volando. El montón de heno se tambaleó.

—¡Oh, oh! —dijo Hércules mientras intentaba sujetar el heno y agarrar las mulas al mismo tiempo.

Pero empujó sin querer a una de las mulas, que chocó contra el montón de heno, que cayó sobre el carro de la mujer y sobre los chicos. Hércules hizo una mueca ante el ruido de la alfarería rompiéndose y los gritos de los chicos. Las mulas corrieron hacia el horizonte.

—¡Mi alfarería! —gimió la mujer.

—¿En qué estabas pensando? —preguntó uno de los chicos, levantándose.

—Sí —dijo otro chico, arrebatando el disco a Hércules—. Apártate de nuestro camino ahora mismo... ¡Chico-destrucción!

Los hombros de Hércules se desplomaron. ¿Por qué le pasaban estas cosas? Siempre que intentaba ayudar, sólo lo empeoraba todo. Pero sabía que, algún día, su fuerza lo ayudaría a convertirse en un héroe.

Sólo esperaba que ese día llegara pronto. Porque de lo contrario..., ¡había mucha alfarería sin romper aún en Grecia!

Un toque diferente

El doctor Sherman había acabado ya su turno cuando Gill llamó a todos para hacer una reunión de la banda de la pecera.

—Tenemos que hacer algunos cambios por aquí —empezó Gill—. Hemos estado viviendo aquí dentro, ¿cuánto? Y cada día vemos el mismo paisaje: el mismo volcán, el mismo barco hundido, el mismo cofre del tesoro y la misma cueva tiki. Bien, en vista de que no podemos cambiar lo que hay dentro de nuestra pecera, propongo que reorganicemos esto un poco. ¿Estáis conmigo?

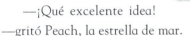

—¡Qué excelente idea! —gritó Peach, la estrella de mar.

—Yo estoy contigo —dijo Deb—, y Flo también —añadió, señalando a su reflejo.

Todo el mundo asintió.

—Podemos transformar este lugar por completo —dijo Globo.

—¡Está bien! —dijo Gill—. ¿Qué tal si empezamos por la cueva tiki? Globo, tú la levantarás. Gluglú y yo te ayudaremos a moverla. El resto de vosotros decidnos dónde creéis que quedaría bien.

Gill, Globo y Gluglú nadaron hacia la cueva tiki. Globo se metió debajo de ella y se hinchó, levantándola unos centímetros del suelo. Mientras tanto, Gill y Gluglú se colocaron cada uno a un lado de la cueva y se prepararon para empujar.

—Probemos a ponerla allí —dijo Peach, señalando una esquina lejana del acuario.

Con Globo hinchado y haciendo de carro bajo la cueva, Gill y Gluglú la empujaron hasta la esquina.

—No, no —dijo Deb—, así no está nada bien. ¿Podemos ver cómo queda allí? —dijo, señalando el otro lado de la pecera.

Así que Gill, Gluglú y Globo movieron la cueva tiki de nuevo.

—¡Esto es un desastre! —dijo Jacques.

—Sí, tiene razón —dijo Nemo.

Gill, Gluglú y Globo estaban agotados.

—¿Podemos ponernos de acuerdo? —dijo Gill—. ¡Y rápido!

—¡Ah, ya lo sé! —dijo Deb—. Traedla aquí. —Deb guio a Gill, Gluglú y Globo hacia un punto oscuro cerca de unas plantas de plástico—. Ponedla aquí —dijo.

Y así lo hicieron.

—¡Me gusta! —exclamó Peach.

—El punto perfecto —dijo Jacques.

—Mmm... —dijo Burbujas.

Gill nadó un poco hacia atrás y miró a su alrededor.

—Chicos, ¡aquí es donde estaba antes!

—¿Ah, sí? —dijo Peach.

Deb se rio.

—Bueno, con razón sólo encajaba aquí.

Los otros peces asintieron, excepto Gill, quien suspiró frustrado. Y, aquella tarde, aquél fue el final de la redecoración de la pecera.

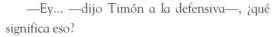

EL REY LEÓN
Dibujos en las estrellas

Desde que Mufasa murió y Simba dejó las Tierras del Reino, Timón y Pumba habían sido los únicos amigos del leoncito, y los tres juntos se lo pasaban muy bien. Una de las cosas que más les gustaba hacer después de cenar era tumbarse boca arriba en la hierba y observar el cielo por la noche, buscando formas en las estrellas.

—Vale, vale, tengo una —dijo Pumba, levantando una pata delantera y apuntando a una zona del cielo—. Allí, ¿veis aquella línea larga, delgada y curva? ¡Es una gran, sabrosa y deliciosa babosa! —Pumba se relamió imaginando el sabor.

Simba se rio.

—Pumba, ¿cómo puedes tener hambre aún? ¡Acabamos de cenar!

Pumba se encogió de hombros.

—Es un don —dijo.

Timón se aclaró la garganta.

—Odio no estar de acuerdo contigo, Pumba, amigo mío, pero eso que ves allí arriba no es ninguna babosa. Es la trompa de un elefante. Si sigues esa línea curva de las estrellas, ves como se conecta con la cabeza del elefante en un extremo. Y allí están las orejas —dijo Timón, trazándolo todo con el dedo—, y allí están los colmillos.

Simba se rio de nuevo.

—Alguien todavía está pensando en aquella estampida de elefantes que casi nos aplasta esta tarde —dijo.

—Ey... —dijo Timón a la defensiva—, ¿qué significa eso?

—No te ofendas, Timón —respondió Simba—. Sólo creo que es gracioso que lo que veis Pumba y tú en las estrellas resulta ser lo mismo en lo que estáis pensando.

—¡Eh, eh! ¡Tengo otra! —interrumpió Pumba—. Un gran matorral de moras justo allí —dijo, señalando un grupo de estrellas—. ¿A que tienen buena pinta?

—¿Ves a lo que me refiero? —dijo Simba a Timón, mirando a Pumba.

—Bueno, de acuerdo, señor sabelotodo —respondió Timón—. ¿Qué ves tú en las estrellas?

—A ver... —dijo Simba, mirando fijamente a los miles de puntos diminutos de luz que brillaban sobre ellos.

Había tantos que se podía ver prácticamente la forma que uno quisiera. Todo dependía de cómo se miraran. Pero sólo por superar a Timón, Simba quería encontrar algo realmente brillante y claro. Algo que Timón no pudiera negar que viera.

Justo en ese momento, una estrella fugaz cruzó el cielo.

—Veo un rayo de luz muy brillante, como un cohete cruzando el cielo —exclamó Simba.

—¡Ah! ¡Yo también! —dijo Pumba—. Timón, ¿tú lo ves?

Timón tuvo que admitir que lo veía.

—Sí, sí, lo veo —murmuró a regañadientes—. Ja, ja, muy gracioso, Simba.

Una solución drástica

En la guardería Sunnyside, Chunk, el monstruo de piedra, estaba teniendo un mal día.

—¿Qué te ocurre, Chunk? —preguntó Twitch, la figura de acción con forma de insecto.

—¿Por qué pareces tan enfadado? —preguntó Ken.

Chunk se encogió de hombros.

—No estoy enfadado, chicos. Sólo lo parezco —explicó—. El botón que me cambia la cara de contento a enfadado se ha quedado atascado.

Ken se acercó a él.

—Ven, deja que te ayude —dijo, haciéndole cosquillas.

La criatura rocosa refunfuñó. Las cosquillas no iban a arreglar su botón.

Desde lo alto de su estante, Comelibros comprobó el manual de Chunk, pero no ponía nada sobre cómo arreglar un botón atascado.

—Un golpe en la cabeza podría ayudar —sugirió.

Chunk se preparó mientras Twitch le daba con su bastón de lucha en la cabeza, pero la figura permaneció con la misma cara. Twitch no era lo bastante fuerte.

—Tengo una idea —dijo Ken, llevando a Chunk hacia la puerta—. Ven por aquí.

—Vale, pero no más cosquillas —le advirtió Chunk—. Y nada de bromas.

Ken sonrió amablemente.

—No, sólo queremos traerte… aquí.

Con un empujón, Ken lanzó a Chunk al Salón Orugas, donde jugaban los niños más pequeños de la guardería. Éstos no tenían ni idea de cómo cuidar los juguetes y ningún juguete quería quedarse allí si podía evitarlo. Era demasiado peligroso.

Pero Chunk no tenía otra opción. Mientras Ken cerraba la puerta, los niños llegaron corriendo al terminar el recreo. Todos vieron a Chunk y se reunieron a su alrededor.

—Parece una piedra —dijo uno de los niños.

—¡Podemos pegarle a cosas con él! —dijo otro.

Al otro lado de la puerta, Ken y los demás oyeron como golpeaban a Chunk contra toda superficie posible.

—¿Qué hemos hecho? —dijo Ken, aterrado.

—Ya es demasiado tarde para ayudarlo —dijo Telefonito.

Tendrían que esperar a que sonara la campana y los niños salieran de nuevo a jugar.

Llegado el momento, entraron en la sala, y encontraron a Chunk cabeza abajo en una esquina. Y, para su sorpresa, ¡estaba sonriendo!

—¡Ha funcionado! —celebró Twitch—. ¡Ahora ya no tiene cara de enfadado!

Chunk se puso en pie y pasó junto a sus amigos, todavía confundido y mareado.

—¿Te has enfadado con nosotros, Chunk? —preguntó Twitch con algo de reparo.

—No, no puedo estar enfadado —dijo Chunk, moviendo la cabeza—. ¡Porque ahora tengo atascada la cara de contento!

La vieja receta

Una mañana, Remy llegó corriendo a la cocina del restaurante, sujetando una vieja hoja de papel amarillento. Parecía muy emocionado mientras se subía a la pata de la mesa y se detenía al lado de su hermano Emile.

—¡La tengo! —exclamó—. ¡He encontrado una antigua copia de la receta del Pastel Delicioso!

Emile lo miró por encima de la zanahoria que se estaba comiendo.

—¿El qué? —preguntó masticando.

—¡Es la receta más sabrosa y deliciosa de todos los tiempos! —explicó Remy—. Estaba perdida, pero ¡por fin ha caído en mis patas!

Emile tragó la zanahoria y se relamió los labios. Si esa receta era tan deliciosa como decía su hermano, ¡no podía esperar a probarla!

Remy le dijo que era mucho mejor de lo que podría imaginar, y Emile empezó a saltar de emoción.

Pero, antes de poder hacer el pastel, Remy tenía que buscar todos los ingredientes. Después de estudiar la lista de cosas que necesitaba, corrió a la zona más alejada de la cocina y empezó a reunirlo todo.

—Necesito una olla grande, harina, mantequilla, albaricoques… —fue diciendo, cruzando el suelo de la cocina a toda velocidad.

Remy se había pasado meses buscando la receta, y apenas se podía creer que por fin fuera a convertirse en la primera persona en años que iba a cocinar el Pastel Delicioso.

A continuación, cogió pasas, manzanas, azúcar y canela.

Comprobó las manzanas de una en una para asegurarse de que eran las más frescas y sabrosas. El Pastel Delicioso sólo se merecía los mejores ingredientes y no valían las manzanas que estuvieran pasadas.

Cargándolo todo sobre los hombros, Remy volvió a la mesa y colocó todos los ingredientes en un montón. Sabía que todavía faltaban algunas cosas, así que volvió a donde había dejado la receta.

Sin embargo, al llegar allí, el papel no estaba por ningún lado. Aterrorizado, Remy empezó a buscarlo.

—¡Agh! —chilló—. ¿Dónde está?

Emile terminó de masticar de forma sonora.

—En mi tripa —dijo, y su hermano casi se desmayó—. No parabas de decir lo deliciosa que era, pero no me lo ha parecido tanto —dijo Emile.

Entonces se encogió de hombros.

—A mí sólo me sabe a papel.

Remy se puso a llorar. ¡Había hecho tan buen trabajo convenciéndolo de lo delicioso que era el pastel, que su hermano se había comido la receta!

Los secretos del Pastel Delicioso se habían perdido para siempre, pero al menos el dolor de tripa que tuvo Emile impidió que se comiera nada más durante un tiempo.

LOS **Rescatadores**

Servicio de taxi albatros

Orville, el albatros, no estaba bien. Su trabajo en el zoo de Central Park había terminado por esta temporada. ¿Qué podía hacer ahora?

Orville suspiró y se reclinó sobre la farola en la concurrida intersección entre la 45 y Broadway. Le gustaba observar los coches. Justo entonces, algo le golpeó el ala. Miró hacia abajo y vio una anciana pareja de simpáticos ratones.

—Disculpa, joven —dijo el ratón abuelo—. ¿Sería posible que nos ayudaras a cruzar esta transitada calle?

Orville lo miró bastante confundido.

—¿Quieres que pare el tráfico?

—Quizá podrías darnos un paseo... sobre el tráfico —sugirió la abuela ratón—. Te compraremos un perrito caliente a cambio.

¡Hummmm! Orville no podía negarse ante un sabroso perrito caliente con mostaza y chucrut, así que accedió. Además, era lo que había que hacer, tender un ala a otro animal.

—¡Trato hecho! —dijo.

Entonces la abuela ratón silbó a un grupo de ratones que estaba cerca.

—Harvey, Polly, Carl, ¡vámonos!

—¡Esperad! —exclamó Orville—. No puedo llevaros a todos.

—Piénsalo de esta manera —dijo el abuelo ratón—. Cuantos más ratones, más perritos calientes podrás comer.

Con esa idea en mente, Orville accedió a ayudar a todos los ratones a cruzar la calle. Tuvo que hacer tres viajes. Los ratones se agarraban con fuerza a las plumas de Orville y los aterrizajes del albatros dejaban bastante que desear, pero pronto todos estuvieron al otro lado sanos y salvos.

—¡Aquí están tus perritos calientes! —dijeron los ratones.

Orville se quedó muy decepcionado al ver que le estaban ofreciendo perritos calientes del puesto de perritos para ratones, que eran considerablemente más pequeños que los perritos para humanos. Aun así, un trato era un trato, y él no era quién para mirar los dientes al caballo (o perrito caliente) regalado.

Entonces Orville encontró una lata de sardinas vacía, que utilizó como asiento, y comenzó con el Servicio de Taxi Albatros para Ratones. Se corrió la voz y, al poco tiempo, ¡Orville no podía dar abasto a tanta demanda! Era un pájaro de negocios con bastante éxito.

Un buen día pensó que su negocio de Servicio de Taxi Albatros no iba muy bien y que había llegado el momento de pensar a lo grande. Así que consiguió una bufanda y unas gafas y ¡montó Aerolíneas Albatros! Vendió su negocio de taxis a una paloma emprendedora y estableció su tienda en el aeropuerto. Ahora sólo necesitaba aprender a aterrizar.

Un monstruo en el cajón

Rex pasaba junto a la cómoda de Andy cuando oyó un extraño zumbido que provenía de uno de los cajones. Cuanto más escuchaba el nervioso dinosaurio, más miedo le entraba. ¡Quizá hubiera un monstruo en el interior!

—¡Socorro! ¡Hay un monstruo en el cajón! —gritó.

Jam suspiró, exasperado.

—Ay, madre, ¡ya llega el señor Miedicasaurio! —dijo.

Woody intentó calmar a su amigo.

—Rex, los monstruos no existen.

—Entonces, ¡id a mirar! —dijo el dinosaurio, señalando la cómoda.

En efecto, todos pudieron oír el zumbido.

—Parece un monstruo zumbador —dijo Buzz.

Rex chilló horrorizado e intentó esconderse detrás del agente espacial.

—¿Ya has visto uno antes?

—Tranquilízate —sonrió Buzz—. Estaba bromeando.

Sin embargo, estaba claro que había algo raro en el cajón, aunque seguramente no fuera un monstruo. Woody y Buzz decidieron investigar.

Escalando un montón de bloques de construcción, miraron detenidamente el interior del oscuro cajón.

—No veo nada —se quejó Woody.

—Espera, activaré mi láser espacial —dijo Buzz.

Apuntó la pequeña luz roja hacia el cajón y, entonces, él y Woody gritaron de miedo cuando volvió a sonar el zumbido.

Estaba claro que allí dentro había algo. Los amigos pudieron verlo metiéndose en uno de los calcetines de Andy. ¿Sería un monstruo de verdad?

—Esto pide a gritos una reunión —susurró Woody mientras bajaban.

—¡No! —dijo Buzz—. Eso provocaría el pánico. Tenemos que acabar con él nosotros mismos.

Rex siguió temblando.

—¿E-en serio?

Woody y Rex se armaron mientras Buzz volvía a escalar hasta el cajón. Nervioso, lo abrió por completo.

—¡Sal de ahí, monstruo zumbador!

Sonó una voz de dentro del cajón.

—¿Queréis unos dientes más blancos?

Buzz frunció el ceño. Vaya pregunta más curiosa para un monstruo.

—¡Extrafresca es la pasta de dientes que necesitas! —continuó la voz.

Woody se frotó la barbilla. Algo resultaba muy sospechoso. Subió junto a Buzz y los dos se metieron en el cajón para averiguar lo que ocurría.

Al levantar los calcetines, se dieron cuenta de que los ruidos no eran de un monstruo, sino del reproductor de música de Andy. ¡Se lo había olvidado dentro!

—Ahí tienes a tu monstruo, Rex —se rio Woody.

Buzz sonrió.

—Tengo que admitir que casi me asusta un poco —susurró.

—Shh —dijo Woody—. ¡No digas nada!

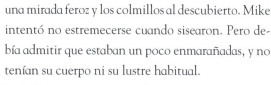

Un día de malos pelos

Una maravillosa noche... —canturreaba Mike mientras bailaba en el cuarto de baño, preparándose para su cita con Celia.

Nada más parar el coche en el aparcamiento del restaurante, salió dando un salto y se apresuró a entrar.

—Aquí estoy, pequeña —murmuró.

Cuando Mike vio a su chica con el pelo de serpientes, le dio un vuelco el corazón. La impresionante cíclope estaba sentada sola en una mesa para dos. Sus escamas verdes brillaban a la luz de las velas. Era monstruosamente hermosa.

Pero cuando Celia se volvió hacia Mike, él se dio cuenta de algo. En vez de susurrar felizmente, ¡las serpientes de su pelo se retorcían con rabia!

—¿Cómo está mi pequeña? —Mike ignoró a las serpientes con mirada de pocos amigos.

Se inclinó para besar a Celia en la mejilla, pero una serpiente cercana arremetió contra él.

—¡Ay! —exclamó Mike, saltando hacia atrás—. ¿Un día de malos pelos, querida?

—Oh, cariño. —Celia suspiró, pasándose la mano por su pelo de serpientes—. Es horrible. Se me ha acabado el acondicionador y tengo una maraña horrible desde entonces. ¿No es terrible?

Eligiendo un asiento lo suficientemente lejos de su cariñito para evitar ser mordido, Mike observó más de cerca. Las serpientes de Celia tenían una mirada feroz y los colmillos al descubierto. Mike intentó no estremecerse cuando sisearon. Pero debía admitir que estaban un poco enmarañadas, y no tenían su cuerpo ni su lustre habitual.

—Bueno, no están mal, querida —mintió Mike.

Envió un beso a Celia desde el otro lado de la mesa y trató de sonreír. Ésta no era la noche romántica que había estado esperando.

En la mesa de al lado, una pareja de monstruos se abrazaba con sus múltiples brazos. Frotaban sus narices verrugosas y susurraban palabras de amor en sus múltiples oídos. Mike suspiró. Entonces tuvo una idea.

—Perdona, cielo. —Mike se levantó y se acercó a la pareja. Cuando regresó a la mesa, sostenía un gran sombrero de color púrpura—. Amelia, Ofelia, Octelia, Bobelia y Madge —dijo Mike a las serpientes de Celia—. ¿Os gustaría meteros aquí hasta que podamos desenredaros?

Las serpientes de Celia asintieron encantadas.

—¡Oh, cariño mío! —gritó Celia.

Entonces se enrolló el pelo de serpientes y lo metió en el sombrero.

—¡Sabes incluso cómo arreglar un día de malos pelos!

Con su pelo de serpientes recogido, Celia dio a Mike un fuerte abrazo y un beso bien merecido.

La Dama y el VAGABUNDO

Tony y el vagabundo

Golfo lamió los restos de salsa de tomate de su barbilla.

—Y bien, ¿qué te parece, encanto? —preguntó a Reina.

—Creo que ha sido la mejor cena de mi vida —dijo Reina.

—¿Qué te había dicho? —alardeó Golfo—. No hay nadie en el mundo que cocine tan bien como Tony.

—No podría estar más de acuerdo contigo —dijo Reina—. ¿Puedo preguntarte algo?

—Claro —dijo Golfo—. ¡Pregunta!

—Me preguntaba... —empezó Reina—, ¿cómo os conocisteis tú y Tony?

—¿Cómo conocí a Tony? —rio Golfo—. ¡Es una gran historia!

—Seguro que sí —dijo Reina.

—Pues, verás, esto fue lo que pasó —empezó Golfo—. Era una noche fría y nevosa. Creo que nunca antes había hecho tanto frío, y yo sabía que no sería la última. Llevaba muchos kilómetros caminando cuesta arriba. Me colgaban témpanos de la punta de la nariz.

—¡Espera un momento! —lo interrumpió Reina—. ¿Llevabas caminando kilómetros? ¿Cuesta arriba? ¿En esta ciudad?

—¡Eso es! —dijo Golfo—. Nunca verás nada igual.

—Exacto —le dijo Reina—. ¿Sabes por qué? Golfo negó con la cabeza.

—¡Porque es imposible! ¡Por aquí no hay cuestas! —dijo Reina.

—¿Imposible? —dijo Golfo—. Está bien, tienes razón —confesó.

—Entonces, ¿cuál es la verdad? —preguntó Reina.

—La verdad —empezó Golfo— es que no siempre he sido el hábil y apuesto diablillo que ves ante ti.

—¿Eso es verdad? —Reina se estaba entreteniendo.

—Y esa tarde me había estado persiguiendo un grupo de diez chuchos sarnosos. Así que salí corriendo tan rápido como pudieron mis patas. Y mientras me perseguían, ¡apareció el lacero!

—¡Ay, no! —gritó Reina.

—¡Así es! —continuó Golfo—. Los chuchos se dispersaron y los perdí de vista, así que ya no tenía que preocuparme más por ellos. Pero ¡ahora el perrero me perseguía! ¡Creía que estaba acabado!

—Y ¿qué pasó? —preguntó Reina.

—Entonces Tony salió corriendo con un plato de pasta caliente —explicó Golfo—. Le dijo al perrero que yo era su perro. El lacero no lo creyó, pero cuando Tony dejó el plato de pasta delante de mí, no tuvo otra opción. Tengo que decir que creía haber muerto y subido al cielo.

—Te entiendo muy bien —dijo Reina, refiriéndose a la comida.

—Y, como suele decirse —dijo Golfo—, ¡lo demás es historia!

—¡Y muy sabrosa! —concluyó Reina.

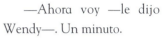

¿Me quedo o me voy?

Wendy se sentó a ver a Michael y a John mientras jugaban con Peter Pan y el resto de los Niños Perdidos.

«John y Michael parecen tan felices —se dijo Wendy—. ¿Por qué no iban a estarlo? Nunca Jamás es un lugar muy bonito, y ¡volar es muy divertido! Aunque también es peligroso —tuvo que reconocer—. ¿Quién sabe en qué tipo de líos nos podemos meter? Sobre todo con el Capitán Garfio rondando por ahí. Además, creo que a Campanilla no le caigo muy bien.»

Wendy meditó sobre todo aquello y entonces reaccionó:

—¿Qué estoy diciendo? Suena como si fuera un lugar terrible, pero ¡la verdad es que Nunca Jamás es maravilloso!

«¡Puede que eso lo explique todo! —comprendió de repente—. Quizá quiera quedarme en Nunca Jamás, pero en el fondo sé que no debo. Después de todo, mamá y papá nos echarían mucho de menos. ¡Y nosotros a ellos! Y ¿qué pasa con Nana? —Wendy empezó a inquietarse—. ¡Debe de estar muy preocupada por nosotros!

—¡Decidido! —Se levantó de un salto—. Tenemos que irnos a casa de inmediato.

«Pero si me quedo... —Wendy se paró a pensar—. ¡No tendré que crecer! Ya estamos otra vez, yo siempre he querido ser adulta algún día —concluyó.»

Justo en ese momento, Peter Pan llegó volando junto a ella.

—¿Qué haces, Wendy? —preguntó.

—Ah, nada —respondió ella.

—Entonces, ¿por qué no juegas con nosotros? —sugirió.

—Ahora voy —le dijo Wendy—. Un minuto.

—¡Está bien! Pero el último es un... —Peter se fue antes de poder terminar la frase.

«¿Cómo voy a dejar a Peter y a los Niños Perdidos? —se preguntó Wendy—. Me necesitan. Pero nuestros padres también —recordó—.»

—¿Me quedo? —preguntó en voz alta—. ¿O me voy?

Los ojos de Wendy se posaron en una margarita; se inclinó y la arrancó del suelo.

—¿Me quedo? —preguntó mientras arrancaba un pétalo de la flor—. ¿O me voy? —quiso saber mientras arrancaba otro pétalo.

Wendy siguió arrancando pétalos hasta que sólo quedó uno en la margarita.

—Bueno —dijo—, según esta flor, deberíamos volver a casa. Y supongo que tiene razón. Volveremos a casa..., pero no ya mismo.

Wendy se levantó.

—¡Eh, Peter, espérame!

Y voló detrás de Peter Pan, con las ideas más claras, al fin.

Vamos al cine

Andy estaba en su habitación, jugando con sus juguetes mientras miraba una emocionante película de vaqueros en la tele. En pantalla, el valiente sheriff corría a lomos de su caballo para salvar a la hermosa vaquera de los bandidos.

—¡Yija! —animó Andy, zarandeando a Woody—. ¡Adelante, vaquero!

Justo cuando la película iba a llegar a su emocionante final, la madre de Andy lo llamó para cenar. El niño bajó corriendo la escalera, no sin antes apagar el televisor.

En cuanto salió de la habitación, los juguetes se levantaron.

—¡Qué película tan buena! —dijo Buzz.

—Me pregunto cómo terminará —dijo Jessie.

Woody pulsó el botón del mando a distancia.

—¡Volvamos a ponerla!

La pantalla se encendió justo a tiempo para ver los créditos del final.

—Oh, no. Nos lo hemos perdido —gruñó Jam.

Woody se puso en pie de un salto.

—¡No os preocupéis, yo sé cómo termina! ¡Ya la he visto antes!

Los juguetes le preguntaron cómo acababa la historia, pero el sheriff tuvo una idea mejor: les enseñaría el final haciendo que actuaran. ¡Sería igual que ver la película!

Subiéndose a lomos de Perdigón, Woody interpretó al héroe del filme.

—Esto es lo que ocurre a continuación —dijo, sonriendo—. ¡Estad atentos!

Al principio, las cosas fueron bien. Woody corrió montado sobre Perdigón, igual que hacía el vaquero de la pantalla.

—Buena actuación, Woody —dijo Jessie.

—Es como verlo en la tele —coincidió Buzz.

Pero entonces… ¡horror! Perdigón tropezó con un lápiz y Woody salió despedido a gran velocidad. Cayó de bruces contra la cómoda de Andy, con la cara por delante, y entonces resbaló hasta el suelo.

—¿Eso es lo que pasa en la película? —preguntó Jessie.

Woody, mareado, intentó ponerse en pie.

—Eh… sí —dijo, tomando la mano de Jessie—. ¡Y luego, el valiente vaquero libera a la preciosa chica y juntos cabalgan hacia el atardecer!

Los dos montaron sobre Perdigón. Woody tomó las riendas, haciendo que el caballo se levantara sobre sus patas traseras en una pose dramática.

Era el final perfecto para la historia… hasta que la silla se resbaló y Woody y Jessie cayeron al suelo.

—Bueno, esto ya no pasaba en la película —dijo Woody, ayudando a Jessie a levantarse—. Pero os da una idea de cómo terminaba la historia.

Los demás juguetes se reunieron con ellos.

—Pensaba que era una peli del Oeste, no una comedia —dijo Jam, y entonces todos los amigos, incluido Woody, se echaron a reír a carcajadas.

¡Di «patata»!

Dusty estaba pasando el rato con Skipper, su instructor de vuelo, admirando la colección de equipamiento militar que había recogido a lo largo de los años.

—¿Qué son estos aparatos? —preguntó Dusty, deteniéndose junto a una fila de cajas de metal y cristal.

—¡Son cámaras antiguas! —se rio Skipper—. Las usaba cuando entrenaba a los Corsarios del Aire.

Skipper explicó que durante los entrenamientos de combate cambiaban las armas por cámaras. Si un avión lograba tomar una foto de su rival en el aire, contaba como un acierto.

—Es una gran idea —dijo Dusty—. ¿Puedo probar una?

Skipper aceptó y, después de colocarse la cámara en la nariz, Dusty salió en busca de cosas a las que fotografiar. Localizó un puente y le sacó algunas fotos. Luego vio una fila de árboles interesante y también pasó algunos segundos capturando la imagen.

Durante un rato, Dusty se lo pasó bien tomando fotografías del paisaje, pero no tardó en aburrirse.

—Esto es demasiado fácil. Si voy a participar en un duelo aéreo, necesito un objetivo móvil para practicar.

Al ver a Leadbottom fumigando los campos, Dusty se elevó y luego empezó a bajar en picado.

—Seguro que el viejo Leadbottom no se espera un ataque desde arriba —se rio, activando la cámara—. ¡Di «patata»! —gritó, y Leadbottom se espantó por la sorpresa.

Dusty siguió volando y, al rato, Leadbottom bajó a la pista. Les contó a Dottie y a Chug la nueva afición de Dusty por la fotografía. Los camiones se emocionaron mucho, les encantaba que les sacaran fotos.

—¡Vamos a difundir la noticia! —dijo Chug, y salieron corriendo para informar a los demás.

Aquella tarde se notaba la emoción en el aeródromo. Sparky, la carretilla elevadora, preguntó a Skipper qué estaba ocurriendo cuando un camión de bomberos pasó por allí.

—¿Os venís a la exposición de fotos de Dusty? —les preguntó.

—Nos ha pedido que pasemos a invitaros —añadió Chug, corriendo a toda prisa—. ¡No os lo perdáis!

Skipper se unió a los demás en uno de los hangares más grandes. Dentro se encontraban unas fotografías enormes de Dottie, Chug, Leadbottom y otras caras familiares en la pared. Todos sonreían y posaban contentos para la cámara.

—Dime Skip —comentó Dusty—, ¿soy tan bueno como los Corsarios del Aire?

—¡Mejor, incluso! —respondió Skipper, riendo—. Aunque ellos lo tenían más complicado.

—Sí —añadió Sparky, entre risas—. ¡Sus modelos no se prestaban tanto a que los fotografiaran!

La fiesta alternativa de Flo

Doc y Flo no se podían creer lo que veían por el retrovisor mientras miraban la marea de turistas que tenían ante ellos. Había coches por todas partes, y todos estaban sorbiendo las deliciosas bebidas de la cafetería de Flo. Ésta apenas podía con todos los pedidos, mientras acudían más y más turistas sedientos.

—¡Flo! ¡Cuántos turistas! —exclamó Doc—. ¡Radiador Springs ha vuelto a la vida!

—¡Todos han venido para ver la gran carrera de esta noche! —explicó, colocando una muestra de su famosa y espumosa Copa Pistón frente a un cliente que esperaba.

—El negocio te debe de ir de maravilla —dijo Doc, maravillado por el gentío.

—Sí, pero tendré que cerrar pronto —respondió Flo.

Los turistas no pudieron evitar oír aquello y entonces rodearon a Flo, presa del pánico.

—Pero ¿por qué? —preguntó un coche verde.

—¡Nos encantan tus especiales! —comentó una furgoneta azul.

—Lo siento —dijo Flo—. ¡Me estoy quedando sin ingredientes y sin espacio para los clientes!

—Qué pena —dijo el coche verde—. Éste es un buen sitio para pasar el rato.

Flo observó las caras de los coches, todas llenas de decepción.

—¡Está bien! —gritó—. Esperad aquí mientras llamo a unos amigos.

Más tarde, los turistas encontraron a Flo a las afueras de la ciudad, en un campo lleno de sombrillas apoyadas en podios de neumáticos bien colocados unos sobre otros. Era como un merendero improvisado con una vista perfecta de Radiador Springs.

—¡Ya estamos! —anunció Flo—. ¡Un nuevo local donde garantizamos pasar un buen rato!

Sargento abrió la puerta de una tienda marrón para mostrar las deliciosas bebidas a la sedienta multitud.

—¡Sargento se ocupará de la comida! —dijo Flo—. Y Fillmore servirá su biocombustible especial.

Fillmore saludó con los limpiaparabrisas.

—¡Y mi fantástico amigo Rojo les entretendrá! —comentó, mientras Rojo lanzaba unos chorros de agua al aire, que formaban espirales y remolinos.

—Por último, pero no menos importante —avisó Flo—, ¡aquí tenemos a nuestro invitado especial!

Todos los coches del público esperaron con emoción.

—¡Rayo McQueen! —exclamaron al verlo aparecer.

Rayo corrió e hizo cabriolas, cambiando de dirección en un abrir y cerrar de ojos. El público aplaudió su velocidad y agilidad.

—¡Bienvenidos a la fiesta alternativa de Radiador Springs! —animó Flo.

Los turistas ocuparon los sitios y todos coincidieron en que aquélla era la fiesta más estupenda a la que jamás habían ido.

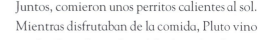

Un buen día para navegar

Un precioso día de verano, Mickey Mouse le preguntó a Minnie si le apetecía dar un paseo en barca.

—Me encantaría —respondió con una sonrisa.

Mickey y Minnie se preparaban para zarpar cuando Goofy se acercó corriendo a la orilla.

—¡Eh, chicos! ¡Hace un día estupendo para navegar!

Goofy no vio una ardilla que había delante de él y le pisó la cola sin querer. La ardilla chilló, dio un brinco y aterrizó en la barca. Mickey y Minnie, que no se lo esperaban, dieron un salto y el barco se tambaleó.

Mickey intentó detener el balanceo, pero la barca acabó volcando y Minnie gritó cuando ella y Mickey cayeron al agua.

El Pato Donald apareció con su lancha motora y los rescató.

—¿Queréis dar una vuelta conmigo? —les propuso.

Mickey y Minnie, aliviados, se sentaron y se relajaron. Pero, al cabo de un rato, el motor se paró en seco.

—Y ¿ahora qué hacemos? —preguntó Minnie.

—Tengo una idea —dijo Donald. Se quitó el sombrero y empezó a remar con él. Mickey y Minnie hicieron lo mismo. Consiguieron llegar a la orilla, con la lengua fuera.

—¿Os apetece comer algo mientras nos secamos? —preguntó Mickey.

Juntos, comieron unos perritos calientes al sol. Mientras disfrutaban de la comida, Pluto vino corriendo. Cuando vio las salchichas, decidió que también quería; saltó sobre el regazo de Mickey para intentar quitarle la comida.

—¡No! —gritó Mickey.

Pero era demasiado tarde: ¡Pluto empujó a Mickey y a Minnie de nuevo al agua!

Los ratones nadaron hasta la orilla y salieron del lago. Tosiendo y renqueando, hartos, se tumbaron en la hierba otra vez para secarse.

Pasado un rato, Juanito, Jorgito y Jaimito aparecieron en su velero.

—¿Queréis que os lo dejemos un rato? —preguntó Jorgito—. Hoy hace buen viento.

—¡Sí, gracias! —dijo Mickey. Él y Minnie subieron al barco de los niños y zarparon.

—Ah... Esto es vida —dijo Mickey.

En ese momento, el viento dejó de soplar.

—¡Ay, no! ¡Otra vez no! —gruñó Mickey.

Mickey y Minnie trataron de remar con las manos, pero fue inútil. El barco navegaba en círculos. Entre resoplidos, Mickey vio que Goofy y Donald se acercaban en barcas.

—Nos pareció que necesitabais ayuda —dijo Donald.

Mientras Donald y Goofy los remolcaban, Mickey y Minnie se sentaron y se relajaron. ¡Por fin disfrutaban de un tranquilo y bonito paseo en barco!

La hora del baño

A Bonnie le encantaba crear nuevas y emocionantes aventuras en el jardín con sus juguetes, pero en cuanto una nube oscura apareció en el cielo, su madre salió de casa para avisarla.

Estaba a punto de llover, así que cogió a Jam mientras su madre recogía el resto de los juguetes.

¡O eso pensaba ella! Mientras llevaban a Woody adentro, ¡se dio cuenta de que Dolly seguía en el césped!

Ya en la habitación de Bonnie, los juguetes trazaron un plan.

—Si llueve, Dolly va a quedar empapada —dijo Woody.

—Tenemos que rescatarla —dijo Pony, el unicornio.

Por suerte, Woody y Buzz tenían mucha experiencia liderando misiones de rescate. Juntos, bajaron a Slinky por la ventana, justo cuando la lluvia empezó a caer.

El muelle de Slinky se estiró por completo hasta el suelo. El valiente perro se agarró a un puñado de hierba para no salir despedido por el rebote y llamó a Dolly.

—¡Qué bien! Sabía que no me dejaríais fuera bajo la lluvia —celebró Dolly.

—Rápido, cógeme de la pata —dijo Slinky, pero justo cuando Dolly la enganchó se rompieron las briznas de hierba que el perro estaba agarrando.

Slinky salió despedido hacia arriba, arrastrando a la pobre Dolly por el suelo y a través de un arbusto antes de catapultarla hasta la habitación de Bonnie.

La muñeca voló por los aires y aterrizó hecha unos zorros en la silla favorita de Bonnie.

—Me alegra tenerte de vuelta, Dolly —dijo Woody, levantándose el sombrero.

Dolly se incorporó y sonrió. Se alegraba de haber vuelto a la habitación.

De pronto, los juguetes oyeron el sonido de pasos fuera del dormitorio.

—¡Rápido, viene alguien! —gritó Jessie, y los muñecos se dejaron caer al suelo justo cuando entró la madre de Bonnie.

—Oh, no. Mira, Bonnie —dijo la madre, parándose a recoger la muñeca—. No me había dado cuenta de lo mucho que se había ensuciado Dolly fuera.

La madre se encogió de hombros mientras sacaba a Dolly de la habitación.

—No pasa nada. ¡Le daremos un baño!

—Pobre Dolly —susurró Buzz.

Woody asintió.

—Vaya, ¡al final se va a mojar igualmente!

En efecto, unos minutos más tarde, la madre y Bonnie volvieron llevando a Dolly completamente empapada. Hicieron una cuerda de tender con un hilo y colgaron de ella a la muñeca. Luego bajaron a cenar.

Dolly miró a sus amigos y cruzó los brazos.

—Como veis, me he escapado de la ducha —dijo—, ¡pero no del baño!

Por mucho que lo intentaran, los demás juguetes no pudieron evitar reírse. ¡Quizá un poco de lluvia no hubiera estado tan mal, después de todo!

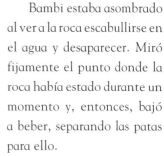

Bambi

Primeras impresiones

Bambi estaba descubriendo las maravillas del bosque. Su madre lo había llevado a un pequeño claro. La repentina luz del sol y la hierba verde le sorprendieron y agradaron. Brincó por allí con sus patas, todavía inseguras, sintiendo la calidez del sol en el lomo y la suave hierba bajo sus pezuñas. Mientras su madre pastaba por allí cerca, Bambi empezó a explorar.

Encontró una zona de hierba verde y tréboles y se inclinó para comer. No era cosa fácil, ya que sus largas patas hacían más complicado que su corto cuello alcanzara el suelo. Cuando su nariz estuvo a pocos centímetros de las puntitas de la hierba, dio un paso atrás alarmado. Una hoja acababa de saltar de entre la hierba y había acabado a varios pasos de él. «¿Una hoja saltarina?», se preguntó. Se volvió a acercar y, en cuanto estuvo cerca, la hoja volvió a alejarse de él de un salto.

Bambi miró alrededor para ver dónde estaba su madre, que aún pastaba. Por su actitud parecía que no había ningún peligro cerca, por lo que Bambi siguió a la hoja por todo el camino hasta el borde del claro, donde un arroyo chapoteaba contra unas rocas escarpadas.

La fascinación de Bambi por la hoja saltarina se desvaneció a medida que se acercaba al arroyo. El agua caía en cascada con suavidad sobre las rocas, creando burbujas y espuma en charcos poco profundos. Se acercó un paso más y sintió como su pie tocaba una roca en el borde del arroyo.

La roca se movió de repente y cayó al agua. Saltó y nadó.

Bambi estaba asombrado al ver a la roca escabullirse en el agua y desaparecer. Miró fijamente el punto donde la roca había estado durante un momento y, entonces, bajó a beber, separando las patas para ello.

De repente, volvió a dar un bote alarmado. En el agua, mirándolo, había un pequeño ciervo. Con cuidado, volvió a acercarse y ¡allí estaba!

Bambi se dio la vuelta y corrió hasta su madre.

—¡Mamá, mamá! —gritó sin aliento—. ¿A que no adivinas lo que he visto?

Su madre levantó la cabeza y lo miró con sus ojos claros y brillantes.

—Primero... —dijo—, primero he visto una hoja saltarina. Y luego he visto ¡una roca con patas que caminaba hacia el agua y nadaba! Y después... —continuó emocionado—, después he visto un pequeño ciervo que vivía en el agua. ¡Está justo allí, mamá!

La madre acarició con el hocico a su hijo, pensando en lo que había dicho, y se rio con suavidad.

—Cariño —dijo—, creo que acabas de ver tu primer saltamontes, tu primera tortuga y tu reflejo en el agua por primera vez.

Disney·PIXAR
MONSTRUOS, S.A.

Un curso estrepitoso

Se estaba celebrando una gran ceremonia de premios en Monstruos S.A. y Sulley había sido nombrado Monstruo del año. Cuando el señor Waternoose le entregó el trofeo, le pidió un favor. El hijo de uno de los inversores de la compañía acababa de entrar en Monstruos S.A. y necesitaba un poco de ayuda para convertirse en un buen asustador.

Sulley estuvo encantado de aceptar el reto. Sin embargo, pronto cambió de opinión al ver a su nuevo aprendiz.

Edwin era bajito y delgaducho, con gafas gruesas y dos dientes de conejo. Parecía nervioso e inseguro, y Sulley se dio cuenta de que se la habían jugado.

En efecto, cuando Sulley intentó enseñarle cómo rugir, el escuálido monstruo corrió a esconderse debajo de la mesa.

—No eres tú quien tiene que asustarse —explicó Sulley, pero ¡Edwin admitió que tenía miedo de todo!

Mike lo animó para que intentara rugir. Edwin respiró hondo, abrió la boca y... resopló. Tosió y se atragantó; le costó volver a respirar.

—¿Quieres un regaliz sabor viuda negra? —preguntó Mike, abriendo una bolsa de dulces.

Les encantaban a todos los monstruos, y eran estupendos para calmar los nervios.

Edwin saltó espantado. Era terriblemente alérgico a los dulces, y ni siquiera quería estar cerca de ellos por si le provocaban una reacción.

Sulley y Mike trabajaron duro para convertir a Edwin en un asustador, pero por mucho que lo intentaran, el chico no conseguía volverse más terrorífico.

Durante los entrenamientos, sólo consiguió hacer tres flexiones y se desmayó después de correr diez metros. Cuando probaron el simulador de sustos, mantuvo una conversación amigable con el niño robot en vez de intentar asustarlo. Era inútil; Edwin nunca lograría ser un verdadero asustador.

Pero el señor Waternoose exigía resultados. Decidió ir a ver al joven en acción. Mike y Sulley protestaron. Estaba casi seguro que a Sulley le quitarían el título de Monstruo del año cuando el señor Waternoose viera lo mal que lo hacía Edwin.

Mientras Sulley fue a buscar a su superior, Mike ideó un plan para dormir al jefe antes de ver a Edwin. Para prepararse, se comió un regaliz y luego dio uno a Edwin. Sin pensarlo, éste se lo tragó entero.

Cuando Sulley volvió con el señor Waternoose, no se podían creer lo que veían. Edwin estaba en el simulador de sustos, saltando y rugiendo. El miedo que provocaba se salía de la escala. La alergia que tenía lo había vuelto loco, pero Mike decidió guardar eso como su pequeño secreto.

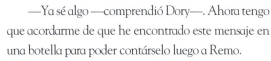

Un masaje en una gotera

En el borde del arrecife, lleno de la hermosa flora marina de todos los colores imaginables, Nemo y sus amigos esperaban para ir a la escuela montados en la espalda de su profesor favorito, el señor Raya. A lo lejos, pudieron ver su larga cola ondeando por el agua.

Dory había ido a visitar a Nemo la noche anterior y se había quedado haciendo compañía a los niños mientras se preparaban para subir.

—¡Nos vemos luego Fido, Earl, Chad y Milton! ¡Divertíos en la escuela! —dijo, saludando con sus aletas amarillas y azules.

—Somos Nemo, Perla, Tad y Sheldon —corrigió Nemo a su olvidadiza amiga—, ¡pero gracias!

El señor Raya apremió a los niños para que subieran.

—Venga chicos, vamos directos al conocimiento.

Dory oyó la palabra «conocimiento» y se quedó intrigada.

—Eso suena divertido —dijo—. Seguro que si os acompaño lo suficiente, podría aprender un par de cosas, también.

Nadó entre las algas y las formaciones de coral, posando los ojos sobre todo lo que fuera interesante.

—Eh, ¿qué es eso? —dijo parándose frente a su descubrimiento—. ¡Ya sé lo que es! ¡Es un mensaje en una botella!

¡Qué emocionante! El mensaje podría contener los secretos del océano. ¡O ser una carta de amor perdida!

—Ya sé algo —comprendió Dory—. Ahora tengo que acordarme de que he encontrado este mensaje en una botella para poder contárselo luego a Remo.

Se esforzó mucho por mantener el recuerdo.

—¿Qué me ayudaba para estas cosas? —se preguntó—. ¡Una canción! No, eso nunca funciona.

Siguió pensando.

—¡Ajá! Ya sé. ¡Una canción! ¡Cantaré una canción!

Dory volvió a casa tarareando la cancioncilla con mucha emoción.

—He encontrado un mensaje en una botella… un masaje en una gotera… ¡Más ajos en la sopera! Un badajo en…

Ese día, más tarde, Dory se reunió con los niños.

—¡Nemo, Perla, Tad, Sheldon! —los llamó.

—¡Te has acordado de nuestros nombres! —exclamó Perla, sorprendida.

—¡Sí! Y de esto también —anunció Dory—. He encontrado un masaje en una gotera. No, espera, más ajos en la sopera. Un momento… ¡un badajo en la morera! No, no… ¡un mensaje en una botella!

—¡Vaya! —dijo Nemo—. ¿Y qué decía?

La sonrisa de Dory se esfumó y su cara formó una expresión contrariada.

—Pues… no lo sé —admitió—. ¡Se me olvidó leerlo!

Los niños rieron a coro. Quizá no supieran el secreto del mensaje, pero desde luego era una victoria para Dory: ¡había conseguido acordarse de que lo había encontrado!

Disney·PIXAR
MONSTRUOS, S.A.

Un toque monstruoso

El trabajo se amontonaba en las oficinas de Monstruos S.A. Celia estaba enferma y no había nadie para sustituirla.

Sulley, como presidente de Monstruos S.A., tenía que actuar rápido.

—¿Quién puede sustituirla? —preguntó.

—Llamaré a mi madre. Le encantará ayudar —contestó Mike.

Al día siguiente llegó la Sra. Wazowski. Sulley y Mike fueron a trabajar mientras la Sra. W. se instalaba. Cuando Sulley y Mike regresaron a la hora de comer, casi no reconocían la recepción. La madre de Mike había colgado cortinas y colocado alfombras mullidas por todas partes. Mike sonrió forzadamente a Sulley.

—Lo retiraremos cuando se vaya —susurró.

Mas tarde, Mike ensayó unos monólogos.

—¿Qué desayunan los monstruos? —preguntó Mike—. ¡Lo que quieran! —Sulley y Mike se carcajearon hasta que les dolieron los costados.

—No he podido evitar oírlo —dijo la madre de Mike—. Puede que sea más gracioso si llevas un gorro gracioso.

Sulley miró a Mike.

—Gracias, mamá —dijo Mike—. Es una buena sugerencia, pero..., escucha: ¿no está sonando el teléfono?

Poco después, Sulley y Mike la llamaron para que acudiese a la Planta de Risas.

—Ejem, mamá, verás, ¿sabes algo sobre esto? —preguntó nerviosamente Mike, señalando las tarjetas llave que ahora estaban ordenadas por colores, haciendo que fuese imposible saber a qué puerta correspondía cada una.

—¡Claro! —contestó la Sra. W., orgullosa—. Tengo muy buen ojo para la organización, ¿verdad?

Sulley se dio la vuelta para decir a Mike:

—¡Haz algo!

Antes de que terminara la jornada, Mike se dirigió a la mesa de recepción. Nunca había despedido a su madre antes. ¡No iba a ser fácil!

—Mamá, sabes que te quiero. Y eres una secretaria excelente, pero...

Entonces, entró Celia por la puerta.

—¡Cariñito! —exclamó Mike.

—¡Ojito mío! —contestó Celia.

—¿Qué haces aquí? —preguntó Mike—. Se supone que deberías estar en la cama en tu casa.

—No podía soportar estar lejos de ti ni un día más —confesó Celia.

La Sra. Wazowski sonrió.

—Es irresistible, ¿verdad? Lo ha heredado de mi familia. ¡Bueno, creo que mi trabajo aquí ha terminado! —dijo mientras recogía sus cosas.

De repente, la Sra. W. se paró.

—Oh, Mike, ¿qué me ibas a decir?

—Nada, mamá —respondió él, y le dio un beso.

El rey del rodeo

Jessie montó sobre Perdigón, sujetando las riendas con una mano y ondeando el sombrero con la otra.

—¡Yipiiiiii! —exclamó, riendo mientras Perdigón saltaba.

—¿Qué hacéis? —preguntó Dolly.

—Es un rodeo —explicó Woody—. Jessie tiene que montar sobre Perdigón todo el tiempo que pueda mientras él intenta tirarla.

Dolly abrió los ojos como platos.

—¡Parece muy divertido! —dijo—. ¿Puedo probar?

El Sr. Patata y el Sr. Púas corrieron a su lado. Ellos también querían unirse al rodeo.

—No es tan fácil como parece —les advirtió Woody.

—Lo sabemos todo sobre los rodeos, sheriff —dijo el Sr. Patata.

—Yo hago esa parte a la perfección —insistió el Sr. Púas.

El Sr. Patata lanzó un dedo acusador hacia Woody.

—¡A lo mejor tienes miedo de que lo hagamos mejor que tú!

Woody se encogió de hombros. ¡Ellos se lo habían buscado!

Momentos después, Dolly salió disparada de la grupa de Perdigón y se estrelló contra la pared. El Sr. Púas se fue cojeando y bastante mareado, mientras que el Sr. Patata empezó a buscar su nariz y su oreja que habían desaparecido. Woody tenía

razón, ¡el rodeo no era tan fácil como parecía!

—No todo el mundo vale para ser vaquero —dijo Jessie, ayudando a Dolly.

Parecía que el rodeo se había terminado por aquel día, hasta que se oyó una voz tras el sheriff.

—¿Me dejáis intentarlo?

Woody se giró y vio a Slinky mirándolo.

—¡Los perros salchicha no pueden montar en caballos salvajes! —dijo Woody, pero Slinky negó con la cabeza.

—No era eso lo que quería decir —explicó el can—. ¡Quiero ocupar el puesto de Perdigón!

Woody no lo tenía claro. ¡Nunca antes había intentado un rodeo sobre un perro! Aun así, se subió al muelle de Slinky y se agarró.

—Súbete, Jessie —dijo Slinky—. ¡Hay sitio para los dos!

Jessie se montó detrás de Woody.

—¿Listos? —preguntó Slinky, mientras el dúo asentía—. ¡Allá vamos!

¡Boing! Slinky se sacudió, estirando el muelle. Woody y Jessie gritaron espantados mientras salían disparados por los aires a toda velocidad.

Los vaqueros se estrellaron contra el suelo mientras los demás juguetes se reían.

—¿Veis? ¿Quién es ahora el rey del rodeo? —dijo Slinky, sonriendo orgulloso.

Jessie se quitó el sombrero y se lo dio al perro. Ella y Woody se rieron. Cuando se trataba de ser una estrella del rodeo, ¡nadie podía competir con su amigo perruno!

Disney
EL EMPERADOR
Y SUS
LOCURAS

Poción confusión

La consejera real del Emperador Kuzco, Yzma, estaba en su laboratorio secreto, preparando pociones. Había invitado a su entusiasta, pero con pocas luces, mano derecha, Kronk, para que la ayudara con su trabajo.

—Kronk, necesito patas de araña, un ojo de tritón y jugo de saúco... ¡Y rápido! —ordenó Yzma.

—Patas, ojo, jugo... —repitió Kronk—. Vale —dijo, y corrió por el laboratorio hasta el estante que almacenaba los ingredientes para pociones. Allí había cientos de tarros de cristal, algunos contenían líquidos y polvos de colores, y otros, partes de lagartos e insectos.

—Veamos —se dijo Kronk a sí mismo mientras observaba los tarros—. Patas, ojo, jugo. Patas, ojo, jugo —dijo, hasta que encontró la sección de «patas»—. ¡Patas de tritón! —exclamó Kronk, confundiendo las órdenes de Yzma.

Después encontró la sección de «ojos».

—¡Ojos de araña! ¡Los tengo! —exclamó, agarrando el tarro.

Corrió con los tarros a reunirse con Yzma.

—¡Kronk! —gritó Yzma—. ¡Dije patas de araña y un ojo de tritón! ¡No patas de tritón y ojos de araña! ¿Y dónde está el jugo de saúco?

Kronk corrió de nuevo al estante.

—Patas de araña... Ojo de tritón... Patas de araña... Ojo de tritón —iba repitiendo.

Esta vez consiguió recordarlo todo y cogió los tarros adecuados del estante. Pero ¿cuál era el tercer ingrediente?

—¡Jugo! —exclamó Kronk—. Jugo de bayas. —Encontró un pequeño frasco de jugo de arándanos y lo llevó todo a Yzma.

—¡Jugo de arándanos no! —gritó Yzma—. ¡SAÚCO!

—Cierto —dijo Kronk.

Corrió de vuelta al laboratorio y encontró rápidamente la zona de «jugos».

—Arándano... mora... —leyó en la etiqueta que había en cada frasco.

—¡SAÚCOOO! —gritó Yzma desde lejos—. ¡Tráelo ya! ¡Pásalo!

Kronk, por fin, encontró el tarro adecuado. Yzma se estiró para cogerlo.

Pero Kronk no se lo dio. En su lugar, dejó suavemente el tarro en el suelo.

Entonces levantó su pie derecho y lo pisó con fuerza, resquebrajando el frasco y salpicando jugo por todas partes.

—¡KRONK! —gritó Yzma, alterada—. ¿Se puede saber qué haces?

Kronk estaba confundido.

—Sólo he hecho lo que me dijiste —explicó—. Cogí el jugo de saúco. Y lo pisé.

Yzma lanzó un gritó espeluznante de frustración; antes de desmayarse en el suelo del laboratorio, pudo balbucear:

—Dije «pásalo», no «písalo»...

Ojos de serpiente

—Me desssmayo —siseó Kaa, la pitón, reptando por las copas de los árboles de la selva—. Necesssito un aperitivo...

De repente, Kaa vio una pequeña figura tumbada en el suelo. Era Mowgli. Kaa se arrastró hacia él.

—¿Tienesss... sssueño...? —siseó Kaa—. Parecesss cansssado, mírame a losss ojosss.

Mowgli intentó no mirar a los ojos a la serpiente, pero no era fácil.

—Dormir... —siseó Kaa—. Dormir... Dormir... Dormir...

En dos segundos Mowgli ¡estaba hipnotizado!

Afortunadamente, los amigos de Mowgli llegaron en ese instante.

—¡Mirad! —chilló Bagheera, la pantera—. Kaa está detrás de Mowgli otra vez.

—Ve allí y haz algo —dijo Baloo a Bagheera.

—La última vez que interferí con Kaa, me hipnotizó a mí —dijo Bagheera—. Haz algo tú.

A Kaa se le hacía la boca agua mientras enrollaba su cuerpo alrededor de Mowgli. Entonces la pitón abrió su gran boca sobre la cabeza del pequeño y... ¡Eh! ¡Alguien había metido un palo en sus fauces, abriéndolas de golpe!

—Hola, Kaa —saludó Baloo, apoyando su zarpa gigante en el árbol.

Las poderosas y afiladas mandíbulas de la pitón partieron el palo como si estuviera hecho de hojas secas.

—No deberíasss entrometerte entre una ssserpiente y sssu comida —siseó.

—¡Vaya! ¡Lo siento! —dijo Baloo—. Sólo estaba admirando tu gran talento.

—¿Talento? —preguntó Kaa—. ¿Yo?

—¡Claro! —dijo Baloo—. Estoy muy impresionado por cómo has hipnotizado a Mowgli. Apuesto a que podrías hipnotizar casi a cualquiera en la selva.

—¿Qué quieresss decir con «cassssssi»? —dijo Kaa.

Baloo se rascó distraídamente la piel.

—Bueno, verás —dijo—. Apuesto a que no puedes hipnotizar... a un pez. —Baloo señaló la charca.

—Sssólo obssserva —dijo Kaa a Baloo mientras reptaba hacia la charca.

Asomando la cabeza sobre el agua, siseó:

—Sssólo mírame a losss ojosss. Tienesss sssueeño... sssueeño... sssueeño...

De repente, paró de sisear. Y de moverse. Solamente se quedó mirando al agua.

Bagheera se acercó a Baloo y le susurró:

—¿Qué problema tiene?

Baloo se rio.

—Kaa estaba tan convencida de demostrar que me equivocaba, que no se dio cuenta de que el agua estaba reflejando su imagen. ¡Esa serpiente loca se ha hipnotizado a sí misma!

—¡Qué inteligente, Baloo! —rio Bagheera.

Donald aprende a volar

—Daisy, tengo una sorpresa para ti —dijo Donald una mañana de primavera—. He estado tomando clases de vuelo.

—Eso sí es una sorpresa —respondió Daisy.

Donald llevó a Daisy a un aeropuerto cercano. En la pista había un antiguo avión con asientos descubiertos. Entonces subieron juntos al avión y Donald arrancó el motor.

—¡Arriba, a volar! —exclamó cuando despegaron.

—¿Puedes hacer alguna acrobacia? —gritó Daisy.

—¡Claro que sí! —contestó Donald muy seguro.

Pilotó el avión realizando piruetas.

—¡Eres muy buen piloto, Donald! —exclamó Daisy, dando palmas con las manos.

Donald, que se sentía orgulloso de sí mismo, preguntó a Daisy qué lugar quería visitar.

Daisy se quedó pensando.

—¡Vayamos a París! —propuso.

Donald estaba tan ansioso por impresionar a Daisy que no se lo pensó dos veces.

—¡París, allá vamos! —exclamó.

Pero, al poco tiempo, el motor empezó a fallar y a soltar petardazos. ¡El avión empezó a caer en picado hacia el agua!

—¿Hay algún problema? —preguntó Daisy.

Donald sabía que se estaban quedando sin combustible. Pero no quería que Daisy lo supiera para no preocuparla.

—Va todo bien —dijo Donald, nervioso.

Justo entonces vio algo flotando debajo de ellos. Parecía una pista de aterrizaje. Pero ¿qué hacía una pista de aterrizaje en el océano?

Mientras caían hacia el agua, Donald se dio cuenta de que debía aterrizar su avión en la pista flotante.

Pero, justo antes de aterrizar, Donald vio que no se trataba de una pista de aterrizaje, ¡era la cubierta superior de un trasatlántico!

—¡Un pato! —gritó un pasajero y una docena de personas se dispersaron.

Donald sobrevoló por encima de sus cabezas y aterrizó en la cubierta.

—¡Eh, de verdad es un pato! —exclamó uno de los pasajeros.

Una voz salió de los altavoces del barco:

—Buenas noches, damas y caballeros. ¡La cena está servida!

Donald ayudó a Daisy a bajar del avión. Pensaba que estaría decepcionada.

—¡Cena en un crucero! —exclamó—. Donald, estás lleno de sorpresas, ¿no es así?

—Sí, así es —respondió Donald con un gran suspiro de alivio—. ¡Y creo que este trasatlántico va rumbo a Francia!

—Oh, Donald, eres el mejor —dijo Daisy.

«No, no lo soy —pensó Donald mientras Daisy lo abrazaba—. ¡Lo que en realidad soy es un pato con suerte!»

Pinocho

¡Mira bien, Pepito!

—¡Cielos! —Pepito Grillo se rascó la cabeza con sus antenas y soltó un gran bostezo. Antes de meterse en su pequeña cama de caja de cerillas, miró otra vez al chico de madera que estaba profundamente dormido.

Pepito no podía creer lo que veían sus ojos, ni la suerte que tenía. Había sido una noche maravillosa. No todos los grillos podían ver cumplido un deseo gracias al Hada Azul, y él había visto cobrar vida a una marioneta. ¡No todos los grillos eran elegidos para ser la conciencia de alguien!

Pepito saltó fuera de la cama. Era absurdo intentar dormir. Ya se sentía como si estuviera soñando. Ser una conciencia era un arduo trabajo, pero él era el bicho adecuado para ello.

—Correcto e incorrecto. —Pepito se miró una mano y luego otra—. Seguro que sé la diferencia. Lo que tengo que hacer es decírselo a Pinocho.

Pepito Grillo pasó las manos por la nueva chaqueta colgada junto a su cama. Cogió el sombrero y le dio la vuelta. No pudo resistir más. Se puso el abrigo, la camisa, el sombrero y los zapatos nuevos. Después se acercó a la pecera de Cleo para ver su reflejo.

—Sí que estás elegante —dijo a su reflejo—. Lo bastante elegante para ayudar a ese chico de madera. Excepto por esa mancha.

Pepito se inclinó para inspeccionar un punto oscuro en su zapato. Echó el aliento y frotó con su manga. Enseguida el zapato brillaba como si fuera nuevo. ¡Parecía valer un millón de euros!

De pronto Gepetto soltó un fuerte ronquido. Pepito se sobresaltó y miró hacia arriba. El cielo empezaba a despejarse.

—¿Cómo puedes estar mirando eso? —Pepito sabía que debía volver a la cama.

¡Una conciencia necesita estar alerta! Se quitó rápidamente su nueva ropa, la colgó y volvió a la cama.

—Mañana será un gran día —bostezó—. Un día grande.

Instantes después, el pequeño grillo estaba soñando.

Pepito se despertó con el sonido de cientos de relojes de cuco. Se sentó y se frotó los ojos. Apenas podía recordar dónde estaba. Entonces se acordó de todo lo sucedido la noche anterior. ¡Vaya, tenía trabajo que hacer!

—¡Despierta, Pinocho! —gritó.

Pero Pinocho se había ido. ¡Gepetto y Fígaro tampoco estaban! Cleo nadaba nerviosa en su pecera y señalaba la puerta.

Pepito se vistió rápidamente.

—Pinocho no puede empezar el colegio sin mí. ¡No necesitas ser una conciencia para saber que eso está mal! —exclamó Pepito, saliendo por la puerta como un rayo.

Un día de descanso

En la guardería Sunnyside, Woody y los demás juguetes estaban exhaustos. Les encantaba que jugaran con ellos, pero con tantos niños para complacer, eso era mucho trabajo.

—Estoy hecho polvo —sus-piró Woody, dejándose caer en el suelo después de otro largo día de diversión.

—Lo mismo digo —comentó Slinky, tumbándose a su lado—. Podríamos descansar un poco.

Pulpi, la pulpo, les dijo que, tiempo atrás, los juguetes de la guardería solían tener mucho tiempo para descansar.

—El secreto de la paz y la tranquilidad está en ese viejo álbum —dijo, señalando un libro de fotos.

Woody y Slinky corrieron a coger el libro de la estantería, llenos de energías renovadas ante la idea de poder descansar un poco. Pasaron las páginas, desvelando fotografías en blanco y negro de niños sonriendo mientras hacían rosquillas caseras y sombreros de origami.

—En aquel entonces no había tantos juguetes, así que los niños jugaban con agua y harina y con los periódicos —explicó Pulpi.

Woody pasó la página. Una niña parecía muy feliz después de hacerse un collar con macarrones.

—Parece divertido —dijo Slinky.

Eso dio una gran idea a Woody. Él y el perro se subieron a un camión de juguete y corrieron hacia el almacén de la guardería, donde se guardaba la comida y los aperitivos de los niños. Había latas y bolsas acumuladas hasta el techo.

—Aquí está todo lo que necesitamos —dijo Woody, sonriendo.

Tras subirse a una escalera, el vaquero empujó al suelo un paquete de harina.

—¡Cuidado! —gritó Slinky, que logró apartarse justo cuando la pesada bolsa caía en la parte trasera del camión, formando una nube de polvo blanco.

A continuación fue el turno de Slinky. Se estiró hacia arriba todo lo que pudo.

—¡Pasta voladora! —exclamó, tirando una caja de macarrones de la estantería.

Después de recoger lo que necesitaban, Woody lo colocó con cuidado en la mesa, junto al álbum de fotos. Una vez estuvo todo hecho, ¡sólo había que esperar a ver si el plan funcionaba!

A la mañana siguiente, maestros y niños llenaron el edificio. Woody y los demás juguetes contuvieron la respiración mientras la maestra pasaba las páginas del álbum de fotos, para luego mirar la harina, la pasta y los periódicos. En su cara apareció una gran sonrisa.

—Niños, hoy vamos a jugar a algo nuevo —dijo.

Woody estuvo a punto de gritar para celebrarlo. Los niños se iban a divertir mucho, ¡y eso significaba que él y sus amigos por fin iban a tener ese merecido día de descanso!

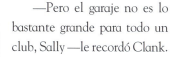

La hospitalidad de los campeones

—Tengo que encontrar una solución —dijo Sally mientras corría por la calle principal de Radiador Springs, sintiéndose algo triste.

—¡Eh, Sally! —la llamó una voz desde atrás.

Sally se giró, sorprendida.

—¡Hola, Clink y Clank!

—Hemos venido a pasar unos días en la ciudad —dijo Clink—. ¿No sabrás dónde podríamos…?

—¡Oh, no! —exclamó Sally—. ¿También buscáis un sitio donde quedaros?

Clink y Clank intercambiaron miradas de confusión.

—Pues sí —dijo Clank.

Sally refunfuñó.

—Lo siento, chicos. No quería parecer grosera —se disculpó—. Es que desde que los viajeros han descubierto la ciudad, ¡es difícil encontrar sitio para todos!

Clink y Clank se sintieron mal por la pobre Sally, que parecía muy preocupada.

—Doc me ha pedido que me ocupe de todo —añadió Sally con un profundo suspiro—. Pero no hay plazas libres en toda la ciudad.

—¡Sally! —gritó Flo, corriendo por la calle y jadeando—. ¡Por fin te encuentro! ¡Viene un club entero de fans de las carreras! ¡El presidente ha llamado para hacer una reserva!

Clink y Clank miraron a Flo y a la cada vez más desesperada Sally.

—Haré lo que pueda —suspiró ésta.

—No te preocupes por nosotros —dijo Clank—. Nos quedaremos en el garaje del equipo Rust-Eze.

Entonces, a Sally se le encendió la bombilla.

—Chicos, ¿habéis traído vuestro equipamiento de carreras?

—Nos lo traerán pronto —le dijo Clink.

—Pero el garaje no es lo bastante grande para todo un club, Sally —le recordó Clank.

—No estoy pensando en el garaje móvil —murmuró Sally, pensativa.

Cuando los miembros del club llegaron a la ciudad como una manada salvaje y emocionada, ella salió a recibirlos con una gran sonrisa.

—¡Sean todos bienvenidos! —dijo.

—¿Señorita Sally? —preguntó un coche colorido—. ¡Somos del club de fans de Rayo McQueen!

Sally los acompañó, orgullosa de su idea.

—Aquí lo tienen, amigos. ¡Un sitio especial sólo para ustedes!

El club de fans lanzó una ovación al ver una enorme tienda levantada a la perfección.

—¡Un auténtico *paddock*! —se maravillaron al unísono.

—Pasen —dijo Sally—. Está todo listo.

En las paredes había colgados pósters y adornos, pero eso no era lo mejor…

—¡Tiene todas las comodidades! —anunció Sally.

—¡Y una nevera! —dijo un coche rojo, muy contento.

—Cortesía de nuestro patrocinador —sonrió Sally.

Al abrir la nevera, todos lo celebraron.

—¡Está llena de Rust-Eze!

Patch y la pantera

Una noche, quince cachorritos de dálmata estaban sentados delante de un televisor en blanco y negro. Estaban viendo como Relámpago, el héroe perruno, reptaba por una oscura y profunda selva.

De repente, Relámpago levantó las orejas y los cachorros contuvieron el aliento. Dos ojos amarillos lo miraban desde detrás de un arbusto. ¡Era una pantera!

—Relámpago, ¡detrás! —ladró Penny a la pantalla.

—¿Cómo escapará nuestro héroe de la hambrienta pantera? —preguntó la voz del narrador—. No se pierdan el próximo episodio.

—¡Jooo! —gruñeron los cachorros, decepcionados porque su programa favorito se había terminado.

—Seguro que Relámpago hace pedazos a esa pantera —dijo Patch.

—A mí me daría miedo luchar con una pantera —dijo su hermano Lucky.

—¡A mí no! —gritó Patch.

—Está bien, niños. Hora de dormir —dijo Pongo, apagando la televisión con el hocico.

Pongo observó como los cachorros subían por la escalera y se acostaban en sus cestitas.

—Buenas noches, hijos —dijo Pongo.

—Buenas noches, papá —respondieron los perritos.

Pongo apagó la luz y, un momento después, el sonido de unos ronquiditos llenó la habitación. Los pequeños se habían dormido enseguida.

Todos menos uno. Patch seguía muy despierto. Seguía pensando en Relámpago y la pantera.

—Ojalá viniera una pantera por aquí. —Patch hablaba para sí mismo—. Le enseñaría un par de cosas.

Justo entonces, una tabla del suelo crujió. Patch levantó las orejas y salió de su cesta para investigar.

La madera volvió a crujir. «¿Y si es una pantera? —pensó Patch, y le dio un escalofrío—. Bueno, a mí no me asustan las panteras», recordó.

De repente, Patch vio una sombra que pasaba por debajo de la puerta. La sombra tenía una larga cola, igual que las panteras. Justo entonces, dos ojos amarillos aparecieron en la oscuridad.

—¡Aaah! —gritó Patch.

Intentó correr, pero se tropezó con la alfombra. En un instante tuvo a la pantera encima de él. Patch podía notar su aliento. Cerró los ojos y...

—Patch, ¿qué haces fuera de la cama? —preguntó la pantera.

Patch abrió los ojos. ¡Era Pongo!

—Yo... estaba ahuyentando a las panteras —explicó Patch.

Pongo sonrió.

—¿Por qué no duermes un poco? —sugirió—. Yo vigilaré a las panteras un rato.

—Vale, papá —dijo Patch en un bostezo.

Pongo llevó a su cesta al pequeño, que enseguida se durmió.

Disney · PIXAR

WALL·E

El lugar perfecto

WALL·E tenía una sorpresa preparada para EVA. La iba a llevar a un lugar especial al que nunca había ido, un antiguo parque de atracciones que había descubierto cuando estaba solo en la Tierra.

Juntos, bajaron por una montaña de chatarra y empezaron a explorar el parque. Muchas de las atracciones y juegos seguían intactos, y no tardaron en pasárselo en grande usando cañas de pescar para coger unos pequeños pececillos de plástico de un estanque simulado.

Más tarde, WALL·E encontró algunos globos y una bombona de helio. Después de hinchar los globos, empezó a flotar más y más, hasta que se quedó volando junto a EVA.

Había muchas cosas que ver y hacer en el parque, pero había un sitio en particular que WALL·E quería enseñarle a su amiga: el Túnel del Amor.

Pero parecía que EVA no tenía ningún interés en seguirlo hasta el túnel. En vez de eso, usó su rayo láser para destruir una fila de dianas de un tenderete. Se giró orgullosa para recibir los halagos, pero WALL·E se estaba escondiendo nervioso, temeroso de que uno de los disparos le diera a él por error.

El pequeño robot se alteró más todavía cuando EVA lo arrastró a la maltrecha montaña rusa del parque. El cochecito subía y subía hasta que WALL·E sintió que podía ver todo el mundo, y entonces…

—¡Uaaaaah! —WALL·E gritó mientras el coche caía por la fuerte pendiente y luego giraba y giraba por el resto de las vías.

Con las orugas todavía temblando, WALL·E bajó de la montaña rusa hasta tierra firme. Pero no tuvo tiempo de recuperarse, ya que EVA lo arrastró hasta un tiovivo.

El suave giro de la atracción era mucho más relajante que la montaña rusa y WALL·E pudo disfrutar un poco. Sin embargo, a EVA le parecía aburrido; iba demasiado lento.

Cogiendo uno de los postes, empezó a empujar. El tiovivo fue girando a toda velocidad, cada vez más rápido, hasta que… ¡fiuuu! WALL·E salió volando y aterrizó hecho papilla.

El pobre se esforzó por ponerse en pie de nuevo. Volvió a colocarse uno de los brazos en su sitio y también una de las cejas, que tenía torcida. Antes tenía muchas ganas de ir al parque de atracciones, pero ahora no estaba siendo tan divertido como esperaba.

Justo entonces EVA le dio una palmadita en el hombro. WALL·E se giró lentamente, esperando que volviera a arrastrarlo a otra atracción frenética. Pero en vez de eso, le cogió de la mano y el pequeño robot se mostró encantado al ver que iban al Túnel del Amor.

A WALL·E le gustaba el parque de atracciones, pero EVA le gustaba muchísimo más.

El botón desaparecido

Bonnie se había ido a la guardería, dejando que los juguetes se divirtieran por su cuenta.

—Buenos días, Woody —dijo Dolly, bajando de su sitio en la cama.

Woody señaló su vestido.

—¡Oye, te falta un botón! —dijo.

Dolly miró hacia abajo.

—¡Oh, no! Tienes razón. ¿Dónde estará? ¡Mi vestido no es lo mismo sin él! —comentó, preocupada.

Woody posó una mano sobre su hombro.

—Yo te ayudaré a encontrarlo —dijo.

Eso animó a Dolly. Sabía que si Woody se ocupaba, el botón no seguiría perdido mucho tiempo.

—Bien, empecemos a buscar —dijo sonriendo, y entonces le cogió de la mano y lo sacó de la habitación.

Bajaron por la escalera y llegaron al jardín.

—Ayer Bonnie me sacó para jugar al aire libre —explicó Dolly—. Mi botón podría estar por aquí. Tienes que encontrarlo.

Woody miró hacia la jungla de césped y suspiró.

—¿Yo? Me lo imaginaba…

El sheriff se peleó con la hierba para atravesarla. No había ningún botón a la vista, ¡pero sí una abeja furiosa que lo persiguió por todo el jardín!

El pobre Woody logró escapar del insecto, no sin antes tropezar y caer en un buen charco de barro.

—¿Lo has encontrado? —preguntó Dolly cuando volvió.

—No —resopló el vaquero—. Aunque me vendría bien un buen baño ahora mismo.

Dolly abrió los ojos de par en par.

—¡Buena idea! Vamos al baño.

A Woody le pareció extraño que Dolly pareciera tan emocionada de pronto.

Ya en el baño, la muñeca señaló hacia un cesto lleno de cepillos, peines y otros utensilios para el pelo.

—Ayer jugamos con eso —dijo Dolly—. Mira ahí.

Woody gruñó.

—Ojalá aprendiera a tener cerrada mi gran bocaza.

En el cesto, Woody se vio atacado por los peines, pellizcado por las pinzas y atrapado en una redecilla. Pero no había rastro del botón.

—¡Espera, ya me acuerdo! —dijo Dolly—. El botón está en la habitación de Bonnie.

Woody se liberó de la redecilla para el pelo. Tenía una peineta roja enganchada en el pelo.

—¿Qué? —dijo molesto.

En efecto, encontraron el botón en la almohada de Bonnie.

—Se me cayó y Bonnie lo dejó aquí para que no se perdiera —recordó Dolly.

La muñeca sonrió.

—Pero bueno, ha sido divertido salir a buscar el botón, ¿verdad, Woody?

Éste miró la peineta que llevaba en el pelo y suspiró. Dolly era una buena amiga, pero ¡a veces su idea de divertirse se diferenciaba mucho de la suya!

DUMBO

El mejor regalo del mundo

Aparte de la madre de Dumbo, la señora Jumbo, el resto de los elefantes del circo hacían que el elefantito se sintiera como un don nadie. Se reían de sus enormes orejas y le decían que nunca llegaría a nada.

Pero el ratón Timoteo era diferente. Desde el día en que se conocieron, Timoteo lo había animado. Dumbo estaba muy feliz de tener un amigo así, por lo que quería hacer algo bonito por él.

Una tarde, decidió hacerle un regalo. A la hora de la cena, Dumbo apartó una bala de heno. Luego arrastró el heno detrás de la carpa y buscó a Timoteo. Dumbo lo encontró recostado en la jaula del león y dejó caer el heno.

—¡Hola, Dumbo! —dijo Timoteo—. ¿Qué haces con el heno?

Con la trompa, Dumbo empujó la bala para acercarla más a su amigo.

—¿Es para mí? —dijo el ratón—. ¡Vaya, gracias! Y... ¿qué hago con todo eso?

El corazón de Dumbo se encogió al darse cuenta de que los ratones no comen heno. Y él quería, sin falta, darle a Timoteo algo que le gustara de verdad.

Al día siguiente, se encontró un camino de flores que crecía justo fuera de la tienda de los elefantes. Reunió un gran ramo y lo llevó detrás de la carpa.

—Vaya, Dumbo —dijo Timoteo—, no tenías por qué hacerlo.

El pequeño Timoteo cogió el ramo de la trompa extendida de Dumbo y, de inmediato, cayó al suelo, esparciendo las flores por todas partes.

—Ay, no, mira lo que he hecho —dijo el ratoncito.

Pero a Dumbo le parecía que quien debía sentirse mal era él: no pensó que un ramo sería demasiado pesado para su amigo.

Un día más tarde, dentro de la gran carpa, Dumbo vio, atados a un asiento, un montón de globos que se había dejado uno de los niños. «¡Globos!», pensó Dumbo. Aquello no era demasiado pesado para Timoteo, flotaba en el aire sin ninguna ayuda. Así pues, Dumbo los cogió y se los llevó a Timoteo. Pero, cuando el ratón agarró una de las cuerdas, los globos llenos de helio lo levantaron del suelo. El elefante lo sujetó enseguida con su trompa por la cintura y lo dejó con suavidad de nuevo en el suelo.

Entonces, con la decepción dibujada en el rostro, Dumbo recuperó los globos, preguntándose si conseguiría encontrar algún día un buen regalo para Timoteo.

—Dumbo —dijo su amigo—, quería darte las gracias por darme el mejor regalo de todos.

El elefante abrió los ojos de par en par, sorprendido. ¿A qué se refería? Todos los regalos habían resultado inadecuados.

—Eres mi mejor amigo —dijo Timoteo—, y ése es el mejor regalo del mundo.

Basil se ocupa de todo

Era el cumpleaños de Olivia Flaversham, y estaba celebrando la ocasión con su padre. De pronto, alguien llamó a la puerta. Era tarde, y el señor Flaversham se sintió inquieto. Dijo a Olivia que se escondiera en un armario. Olivia miró por una rendija y vio un temible murciélago. Al momento, oyó un gran alboroto y salió de su escondite. Pero ¡su padre había sido secuestrado!

Olivia sabía que Basil, el ratón superdetective, era el único capaz de salvar a su padre, así que cruzó la ciudad de Londres para encontrarlo.

Mientras tanto, el doctor David Q. Dawson acababa de llegar a la ciudad. Oyó a alguien llorando.

—¿Estás bien, cielo? —preguntó el doctor.

Olivia le explicó que estaba buscando a Basil.

—Ven conmigo —dijo Dawson—. Lo encontraremos juntos.

Los dos ratones encontraron pronto a Basil y le explicaron la situación. Él sabía que el murciélago, llamado Fidget, era un empleado de su gran archienemigo, ¡el profesor Rátigan!

Entonces, Olivia gritó. ¡Fidget había aparecido en la ventana! Basil, Olivia y Dawson corrieron al exterior y lo siguieron hasta una juguetería. Basil se dio cuenta de que a muchos de los juguetes les faltaban algunas partes mecánicas. Olivia se acercó a una hermosa cuna para muñecas. Curiosa, miró dentro. Pero de pronto, ¡Fidget saltó de allí y la metió en un saco para llevársela! ¡Ahora Basil tendría que salvar a Olivia y a su padre!

Dawson le enseñó a Basil un trozo de papel que Fidget se había dejado. El detective descubrió que provenía de la ribera del río. Fueron allí y encontraron al murciélago, y lo siguieron hasta la guarida secreta de Rátigan.

Pero ¡era una emboscada! Rátigan ató a Basil y a Dawson a una trampa para ratones y se fue. Estaba convencido de que sus enemigos no podrían escapar.

A Basil se le ocurrió una idea brillante que podría salvarlos. Calculó el momento exacto y detuvo la trampa justo antes de que los aplastara. ¡Habían logrado escapar!

Basil y Dawson encontraron a Olivia y corrieron hacia el Palacio de Buckingham. Allí descubrieron lo que Rátigan tramaba: había obligado al padre de Olivia a construir una réplica robótica de la reina Ratonia y luego tenía intención de sustituir a la verdadera por esta copia.

Una gran multitud se encontraba escuchando al robot reina. ¡Estaba anunciando que el profesor Rátigan era su nuevo consorte real! La muchedumbre se quedó horrorizada.

Fuera de la vista de los demás, Basil y Dawson consiguieron tomar el control de la falsa reina. ¡Habían truncado los planes de Rátigan!

Basil salió afuera y gritó:

—¡Arresten a ese villano!

Rátigan había sido derrotado. Y lo mejor de todo: Olivia y su padre se habían reunido al fin.

Una aventura en la arena

Los niños de la guardería Sunnyside se habían ido ya a casa y los juguetes estaban a punto de descansar un poco. De pronto, Jessie se dio cuenta de algo horrible.

—¡Perdigón se ha quedado solo en el patio! —anunció.

Buzz hizo algunos estiramientos.

—No te preocupes. ¡Buzz Lightyear lo salvará!

Pulpi se ofreció voluntaria para ayudarlo. Llevaba en la guardería más tiempo que la mayoría de los juguetes y conocía el centro como la palma de su tentáculo.

Guiando a Jessie y a Buzz por los polvorientos conductos de ventilación, Pulpi abrió una rejilla que conducía afuera. Buzz y Jessie se cayeron del borde, enredándose en los largos brazos de goma de la pulpo por el camino.

—¿Es que no había otra ruta más sencilla? —preguntó Jessie.

—¿O una sin tentáculos? —gruñó Buzz.

Los juguetes buscaron por el patio, pero no había ni rastro de Perdigón. Entonces, desde el arenero, Jessie oyó el sonido de sus pequeñas herraduras.

—Debe de estar dentro —dijo—, ¡vamos!

Los amigos corrieron hacia el arenero. Efectivamente, Perdigón se encontraba corriendo en su interior. Estaba intentando salir, pero los bordes del foso estaban demasiado altos.

—No puede salir —entendió Jessie.

—¡No te preocupes, tengo un plan! —dijo Buzz, que entonces señaló a la vaquera—. Haremos una cadena.

Pulpi intentó interrumpirlos, pero Jessie y Buzz ya se habían puesto en acción. Cogiendo una de las manos de Jessie, Buzz bajó a su amiga por el foso. Ella se estiró, intentando alcanzar al caballo.

—Sólo un poco más…

—¡No puedo aguantar! —gritó Buzz.

Sus dedos se resbalaron y Jessie cayó al arenero junto a Perdigón.

Pulpi intentó sugerir algo, pero Buzz estaba demasiado pensativo.

—Necesitamos un nuevo plan supergaláctico —dijo Buzz.

Entonces chasqueó los dedos.

—¡Eso es! Cogeré una cuerda, bajaré por el arenero y… ¿Estás apuntándolo todo, Pulpi?

Buzz miró a la pulpo justo a tiempo para ver como alargaba dos tentáculos para coger a Jessie y a Perdigón y los subía con facilidad.

—Menos mal que he venido —dijo Pulpi.

Jessie se rio y Perdigón resopló aliviado.

Al momento, los juguetes ya estaban fuera del arenero. Pulpi usó sus largos tentáculos para quitarles la arena de encima.

—¡Buen trabajo, Pulpi! —dijo Jessie.

Buzz estaba de acuerdo. Tuvo que admitir que Pulpi era quien lo había solucionado todo. Quizá los tentáculos no estuvieran tan mal, después de todo.

Cómo hacer una hoguera

Carl y Russell se encontraban avanzando por las profundidades de la jungla de Tepui, tirando de la casa de Carl tras ellos. Muchos de los globos ya se habían desinflado, y el edificio apenas flotaba sobre los árboles.

El sol estaba cayendo y pronto se haría de noche. Carl sugirió que se detuvieran y prepararan una hoguera, con lo que Russell empezó a saltar de emoción.

—¡Yo! ¡Por favor, señor Fredricksen, déjeme hacerlo! ¡Tengo la insignia de hogueras! —exclamó.

—¿Seguro que sabes lo que haces, Russell? —preguntó Carl.

El niño insistió en que sabía exactamente lo que se hacía, y después de echar un rápido vistazo a su manual, se puso manos a la obra.

Russell iba explicando cada paso mientras trabajaba. Primero había que limpiar la zona donde iban a hacer la hoguera, con cuidado de apartar cualquier elemento que pudiera causar problemas.

A continuación, tenía que formar un anillo de piedras para evitar que el fuego se extendiera. Explicó con mucho detalle los mejores tipos de roca para usar, y luego se pasó un buen rato buscando por la selva para encontrar algunas que sirvieran.

Cuando el anillo ya estuvo hecho, era el momento de reunir los materiales para el fuego. Carl bostezó mientras observaba a Russell recogiendo ramas del suelo de la selva.

—¿Sabía que sirven tres tipos distintos de materiales, señor Fredricksen? —preguntó Russell.

Carl se sentó sobre una roca y escuchó como el niño presentaba una detallada explicación sobre los diferentes tipos y tamaños de madera que se necesitan para hacer una buena hoguera.

Para empezar el fuego hacen falta trozos pequeños de yesca, luego algunos palos grandes para mantener vivo el fuego, y finalmente otros más grandes para hacer que éste crezca.

Russell reunió un buen montón de madera, pero cuando fue a recoger un último palo y se dio cuenta de que en realidad era una serpiente, dejó caer los que llevaba y tuvo que volver a empezar.

Una vez reunió de nuevo suficiente madera, se esforzó mucho en formar una buena pila. Dejarlos tirados en el centro del anillo no le parecía correcto y le costó mucho hacer un montón tal y como él quería.

Pero entonces llegó el momento de encender el fuego. Orgulloso, levantó su kit para encender fuegos. Estaba a punto de crear la primera chispa cuando Carl se levantó.

—Bien hecho, Russell. Y ahora, vámonos —dijo Carl, señalando al cielo.

El joven había tardado tanto en preparar la hoguera que el sol ya había salido.

Russell agachó los hombros con tristeza mientras se guardaba el kit de fuegos en el bolsillo.

—Siempre me pasa lo mismo —refunfuñó.

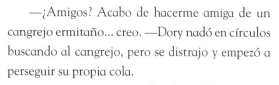

Buscando a... ¿quién?

—El arrecife de coral se va a caer, a caer, a caer.

Nemo estaba en casa, cepillándose contra la anémona, cuando aquella horrible canción le hizo estremecerse. Se adentró en la anémona, en vano: seguía oyéndola.

—Bella dama...

Algo le resultaba familiar... Nemo sacó con sigilo la cabeza por los tentáculos dorados para ver quién estaba armando ese horrible jaleo.

—¡Dory! —Nemo debería haberlo imaginado. ¿Cómo iba a olvidar esa voz? Nadó tan rápido como pudo hacia el pez cirujano azul—. ¡Dory! ¿Dónde has estado? —Parecía que había pasado la vida de una ballena desde que Nemo había visto por última vez al pez que ayudó a su padre a rescatarlo de la pecera del dentista. ¡Qué ganas tenía de darle un abrazo!

Cuando Nemo se acercó, Dory dejó de cantar, y eso estaba bien. Pero cuando ella lo miró tenía cara de póquer... y eso no pintaba tan bien.

—¿Has dicho algo, chico? —preguntó ella.

—Dory, soy yo, Nemo —respondió él.

—¿Quién? —dijo, mirando inexpresivamente a Nemo—. Lo siento, chico, no te conozco. Sólo nadaba por aquí, en mi mundo, cantando... Eh, ¿por qué estaba cantando? ¿Soy famosa? Tal vez por eso me conoces.

—¡Dory! Somos amigos, ¿recuerdas? —Nemo había echado mucho de menos a Dory. No podía creer que no se acordara de él.

—¿Amigos? Acabo de hacerme amiga de un cangrejo ermitaño... creo. —Dory nadó en círculos buscando al cangrejo, pero se distrajo y empezó a perseguir su propia cola.

—Por favor, Dory, intenta hacer memoria —insistió Nemo—. Ayudaste a mi padre a encontrarme y a salvarme. Conoces a mi padre. Un gran tipo naranja. Con tres rayas blancas. Se parece bastante a mí.

—¿Mi padre? ¿Se parece a ti? Lo siento, chico, pero no te pareces en nada a mi padre. —Dory miró a Nemo como si estuviera loco y empezó a alejarse nadando.

Nemo nadó tras ella.

—Piénsalo un poco —suplicó. Tenía que recordar algo—. ¡Soy Nemo!

Dory no se dio la vuelta, pero aminoró la marcha. Realizó un gran círculo y volvió hacia atrás. Miró a Nemo de lado, y empezó a reírse tanto que le salían burbujas por la nariz.

—Te lo has creído, ¿eh? —Dory dio un gran abrazo a Nemo y le sonrió con picardía—. Sólo era una broma. ¡Sabes que nunca podría olvidarte!

Nemo se rio y nadó en círculos alrededor de su amiga.

—¡Menuda broma, Dory! —exclamó.

Dory respondió con otra gran sonrisa.

—¿Quién es Dory?

Nemo sonrió. Esta Dory...

El regalo de Simba

Simba vagueaba por la jungla, más feliz de lo que había sido en años. Después de la terrible estampida en la Roca del Rey, no pensó que pudiera volver a ser feliz. Pero sus nuevos amigos, Timón y Pumba, lo habían ayudado a sentirse mejor.

—Tengo que agradecérselo de algún modo —se dijo Simba mientras observaba a sus amigos en el río—. ¡Con algo muy especial!

Decidió hacerles un regalo. Vio un gran trozo de corteza en el suelo y se le ocurrió una idea.

—¡Tachán! —exclamó poco después, mostrando el regalo a sus amigos.

Pumba pestañeó.

—Gracias —dijo—, pero ¿qué es esto?

—Un rascador —dijo Simba, y estiró las garras.

Había usado enredaderas para atar la corteza a un tronco grueso, a la altura de los hombros.

—¡Vaya! —dijo Timón—. Bien pensado, Simba. Pero es un poco alto para mí. —Se estiró lo más alto que pudo pero, aun así, no conseguía alcanzarlo.

Pumba asintió.

—Y los facóqueros no nos afilamos… las pezuñas —dijo, levantando una pata.

—Ah. —Simba no había caído en aquello.

—Gracias de todas formas, chico —dijo Pumba.

Simba decidió volverlo a intentar construyéndoles una bonita y mullida cama. Cavó un pequeño agujero en el suelo y lo llenó de cosas blanditas como plumas, arena y pelo.

—¡Tachán! —gritó mostrándoselo a sus amigos. Timón suspiró.

—¿Qué pretendes? ¿Matarnos? Aquí hay animales salvajes, ¿recuerdas? Si dormimos en el suelo, seremos el tentempié de medianoche de alguien.

Simba suspiró cuando se volvieron a marchar. ¿Por qué no se le ocurría nada que les gustara?

—A mí me habría encantado el rascador —murmuró—. Y la cama también.

De repente, se sentó y se dio cuenta de lo que acababa de decir. Había pensado en cosas que le gustaban a él, pero los regalos no eran para él.

—Tengo que pensar como ellos —susurró.

Poco a poco, una sonrisa se extendió por su cara. Al cabo de un rato, volvió a llamarlos.

—Tengo algo para vosotros —dijo, señalando un montón de hojas de palmera—. Creo que os va a gustar mucho, ¡tachán!

Apartó las hojas y, debajo, había un grupo de retorcidas, asquerosas, trepadoras y reptadoras criaturas: bichos, larvas y gusanos de todas las formas, tamaños, y sabores.

Timón y Pumba los miraron con asombro.

—¡Simba! —lloriqueó Timón—. ¡Eres un caballero! ¡Es lo que siempre hemos deseado!

—Sí, gracias —murmuró Pumba con la boca llena de larvas—. ¡Eres un verdadero amigo!

Simba sonrió.

—No —dijo—, gracias a ti. A los dos. *¡Hakuna matata!*

Vestido para causar sensación.

Era domingo, y Ken se había pasado la mayor parte del fin de semana preparándose para una fiesta que iba a celebrar. ¡Había colgado los adornos y la guardería estaba increíble!

—Muy bonito, Ken —dijo Jessie mientras ella y Woody admiraban el lugar.

—Por favor, guárdate los cumplidos para esta noche —dijo el muñeco.

Les entregó dos tarjetas con forma de corazón.

—Aquí están vuestras invitaciones mágicas.

Woody leyó la suya.

—¿Qué significa «vestidos para causar sensación»? —Ken miró a Jessie y a Woody de arriba abajo.

—Significa que no podéis venir a la fiesta con vuestros viejos vestidos de vaquero —dijo.

Girándose hacia los alienígenas, añadió:

—Y esos trajes espaciales están muy pasados de moda.

Buzz sacó pecho.

—Por supuesto, mi uniforme de guardián espacial está bien para tu fiesta, ¿verdad?

Ken levantó sus perfectas cejas.

—No pega con el tema de la fiesta, Buzz. Tienes que ir elegante, distinguido y chic —dijo Ken—. En resumen, ¡tenéis que vestiros como yo!

Mientras Ken se marchaba para seguir con los preparativos, los demás juguetes discutieron el problema que tenían entre manos. Ninguno de ellos tenía otra ropa que ponerse.

Por suerte, Woody tuvo una idea. Sabía dónde podría conseguir un montón de trajes distintos.

—¡Encontraremos todo lo que necesitamos aquí, en la casa de ensueño de Ken! —dijo.

A Jessie se le iluminaron los ojos mientras observaba las filas y filas de ropa que había allí.

—¡Vaya, mirad cuánta ropa! —dijo, impresionada.

Buzz eligió una camisa. Estaba llena de flores rosa. La volvió a dejar rápidamente donde estaba.

—¿Seguro que Ken no se enfadará?

Woody sacó una gorra.

—Bueno, él es quien nos ha pedido que nos cambiemos.

Buzz sonrió.

—¡Entonces se va a llevar una buena sorpresa!

Esa noche, mientras recibía a los invitados, Ken no se creía lo que veía. Jessie, Buzz, Woody y los alienígenas llevaban una ropa muy familiar.

—¡Eh! ¡Eso que lleváis son mis preciados accesorios de ropa! —se quejó.

—¡Exacto! —respondió Jessie, dando una vuelta para enseñar su nuevo sombrero y el poncho rosa que había convertido en falda.

Buzz se estiró las solapas de su chaqueta.

—¡Nos dijiste que fuéramos vestidos como tú!

Woody se apretó su colorida corbata.

—Y eso es justo lo que hemos hecho.

Ken no pudo replicarles. Los juguetes iban vestidos para causar sensación, pero viendo cómo estropeaban sus preciados trajes, decidió que para la próxima fiesta los invitados podrían llevar lo que quisieran.

Los ARISTOGATOS

Gatos callejeros

—¡Oh, mamá! —dijo Marie, soñadora—. ¡París es muy bonito por la mañana! Por favor, ¿podemos ir a explorar un poco?

Los gatitos y su madre habían pasado la noche anterior en el piso de soltero del Sr. O'Malley y ahora iban caminando por las calles de París de regreso a la casa de Madame.

—Está bien —respondió su madre—, unos minutos. Madame debe de echarnos en falta. ¡Aseguraos de permanecer juntos!

Pasaron por delante de la puerta de entrada a una sala de jazz, donde la fiesta de la noche anterior parecía estar aún en pleno apogeo.

—¡Oh, sí! —exclamó Toulouse mientras bailaba en la puerta a ritmo de swing.

—Vamos, Toulouse —dijo Berlioz enfadado—. ¡Tengo hambre!

Cerca de allí, un vendedor de pescado estaba colocando la mercancía en el escaparate de su tienda. Los tres gatitos apoyaron las patas en el escaparate, relamiéndose al ver los peces relucientes. El pescadero sonrió a través del cristal y luego salió de su tienda para lanzar una sardina a cada uno.

—¡Aquí tenéis, gatitos bonitos! —dijo.

¡Sardinas! Los tres maullaron agradecidos y engulleron el sabroso manjar.

—¡Las calles de París son el lugar más maravilloso de la Tierra! —exclamó Berlioz mientras seguían caminando—. ¡No quiero volver a casa de Madame!

—¡Berlioz! ¡No digas eso! —exclamó Marie—. Ya sabes cuánto nos necesita Madame...

—De repente se calló.

Sus hermanos la siguieron con la mirada, mientras se dirigía al escaparate de una tienda de mascotas.

—¡Oh, caramba! ¡Mirad eso! —exclamó embelesada.

En el escaparate de la tienda había varios collares para gatos, de diferentes tonos y del cuero más fino.

—¡Debo decir que las calles de París son un lugar maravilloso! —exclamó Marie, encantada.

Justo en ese momento se oyó un fuerte ladrido. Poco después, apareció por la esquina un enorme perro corriendo. Por un instante, los gatitos se quedaron paralizados de miedo. Entonces los tres dieron media vuelta y corrieron por la calle en dirección a su madre y al Sr. O'Malley, con el perro pisándoles los talones.

—París es una hermosa ciudad —dijo Berlioz, jadeando, mientras corría por un callejón.

Escondiéndose detrás de unos cubos de basura, los gatitos fueron capaces de esquivar al perro.

—Sí —respondió Marie—. Pero no estoy segura de lo que siento por los parisinos, ¡en particular por los de la especie canina!

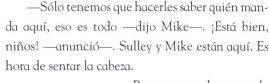

MONSTRUOS, S.A.

Guardería de monstruos

Mike siempre llegaba a Monstruos S. A. a las ocho y media, guardaba su caja del almuerzo en su taquilla y acudía de inmediato a su puesto en la Planta de Risas. Pero una mañana, al salir del vestuario, se encontró con Celia.

—Tenemos un gran problema, Mike —dijo ella—. El profesor de la guardería está enfermo, necesitamos un sustituto. Y en vista de que ya has llegado a tu cuota de risas del mes, pensé que tal vez...

—¡Guardería! —gritó Mike—. Espera un...

Justo en ese momento, intervino Sulley.

—Encantado de hacerlo, Celia —interrumpió él—. Guardería, allá vamos.

—¿Estás loco? —refunfuñó Mike.

—¿Cuál es el problema? —preguntó Sulley, encogiéndose de hombros—. Nos encargamos de Boo, ¿qué son unos pocos niños más? Comeremos bocadillos, veremos vídeos, jugaremos al escondite... ¡Es como unas vacaciones pagadas!

Pero en el momento en que abrieron la puerta de la guardería, ambos supieron que Sulley estaba equivocado...

¡Había niños monstruos por todas partes! Colgándose del techo. Subiéndose por las paredes. Rebotando de esquina a esquina. Mike y Sulley se quedaron con la boca abierta. ¿Qué iban a hacer?

Sulley respiró hondo.

—Sólo tenemos que hacerles saber quién manda aquí, eso es todo —dijo Mike—. ¡Está bien, niños! —anunció—. Sulley y Mike están aquí. Es hora de sentar la cabeza.

Pero en vez de sentar la cabeza, los pequeños monstruos se abalanzaron hacia Sulley y Mike gritando:

—¡Montar a caballo! ¡Sí! ¡Jugar a la pelota!

—Creo que ya saben quién manda aquí —dijo Mike mientras un enorme niño monstruo con seis manos lo levantaba y lo lanzaba por los aires—. ¡Socooorrooo!

Sulley interceptó rápidamente a Mike y lo puso de nuevo en el suelo.

—Tenemos que llamar su atención —susurró Sulley con calma—. Veamos... ¿un vídeo? —Pero el televisor estaba demasiado cubierto de babas y marcas de dedos para que alguien pudiera verlo.

¿Una merienda? No. Ya se habían zampado todas las galletas que había.

¿Un cuento? Un niño con cuatro ojos parecía feliz arrancando las páginas de los libros.

—¿Y una canción? —dijo finalmente Mike.

—¡Magnífica idea! —exclamó Sulley.

Cantaron *La enorme araña gigante* y *Las ruedas del autobús del monstruo*. En poco tiempo, incluso Mike se estaba divirtiendo.

—¿Qué te dije, Sulley? Te dije que sería como unas vacaciones pagadas, ¡y lo es! No entiendo por qué eras tan reacio —bromeó Mike.

DISNEY
HÉRCULES

Lleva a un amigo

Hércules estaba entrenando para ser un héroe y eso requería mucho trabajo. Un día, Fil, su entrenador, preparó un recorrido de práctica para Hércules y le ató las manos detrás de la espalda. ¡Hércules debía hacer el recorrido sin usarlas!

Fil había puesto un muñeco al final del recorrido. Dijo que era una práctica de dama en apuros y se suponía que Hércules tenía que rescatarla. Así que Hércules corrió hacia la primera sección del recorrido, una cueva oscura. Se lanzó a la oscuridad y cayó de cabeza en el agua estancada.

—¡Puaj! —exclamó Hércules, escupiendo el agua pútrida y poniendo cara de asco.

Mientras avanzaba en la oscuridad tanteando el terreno con los pies, notó algo resbaladizo deslizándose alrededor de sus tobillos. ¡Serpientes!

Hércules sacudió varias serpientes de agua de sus sandalias. Se apresuró hacia el otro extremo de la cueva y salió a la luz del día. Jadeando, se tumbó en la hierba para descansar.

—¡Descansarás más tarde! —gritó Fil.

Hércules se volvió lentamente. La muñeca tenía que estar por algún lado. Hércules oyó más pasos de pezuñas y se dio la vuelta. ¡Un gigantesco buey iba a arremeter contra él!

Hércules dio un salto y esquivó al buey, pero otro le pisaba los pies. Al ver a la damisela al final, Hércules saltó por encima del segundo buey. La muñeca estaba diez metros más arriba, en el borde de un acantilado.

Por lo menos Fil le había dejado una cuerda. De hecho, parecía como si hubiera dejado dos. Agarrando la primera cuerda con las mandíbulas, avanzó poco a poco hacia arriba. ¡Estaba a mitad de camino cuando Fil prendió el extremo de la segunda cuerda, empapada de aceite! El fuego subió a toda prisa por la cuerda hacia una pila de madera seca debajo de la damisela. Hércules se lanzó hacia arriba, alcanzó a la damisela y salió rodando de la pila de madera, que estaba quemándose. Respirando con dificultad, el héroe se relajó al fin.

—Y otra cosa... —resonó la ronca voz de Fil desde la base del acantilado.

Hércules contuvo la respiración, pero no porque estuviera esperando las siguientes palabras de Fil. Estaba aguantando la respiración porque había visto un escorpión junto a su pie. ¡El bicho estaba listo para picar!

Crunch. El caballo alado de Hércules, Pegaso, aplastó a la criatura con su pezuña.

Hércules sonrió a Pegaso según llegaban a sus oídos los últimos consejos de Fil. Era el mejor de todos, sin duda alguna:

—¡Lleva siempre a un amigo!

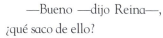

Aullando a la luna

Reina había tenido un día muy malo. Primero, tuvo una discusión con dos gatas desagradables y, luego, le habían puesto un bozal; pero, gracias a Golfo, el día mejoró.

—Es increíble cómo un día puede empezar tan mal y acabar de maravilla —dijo Reina a Golfo mientras trotaban por el parque bajo la luz de la luna—. Gracias por ayudarme a deshacerme de ese horrible bozal, y por la cena en el restaurante de Tony.

—No es nada, ¡no hablemos más de ello! —dijo Golfo—. ¿Quieres divertirte de verdad?

—No lo sé —dijo Reina con cautela.

Al mismo tiempo que sentía un gran afecto por Golfo, sabía que eran perros muy diferentes. Golfo estaba acostumbrado a vivir en la calle, así que su idea de «divertido» podía ser muy distinta de la de ella.

—No te preocupes —se rio Golfo—, es algo que creo que te gustará.

—¿Qué es? —preguntó Reina.

—Bueno, como entrante, tienes que mirar hacia arriba.

Reina hizo lo que le dijo. El cielo estaba lleno de estrellas, y se veía una luna grande y brillante.

—¿Qué tengo que ver? —preguntó.

—¡La luna, por supuesto! —gritó Golfo—. ¿Nunca has aullado a la luna?

A Reina le hizo gracia la simple idea.

—¿Qué ocurre? —preguntó él.

—Soy una perrita práctica —explicó Reina—, ladro con delicadeza cuando la situación lo exige, pero no veo ninguna razón para aullarle a la luna.

—¿Por qué no? —preguntó Golfo.

—Bueno —dijo Reina—, ¿qué saco de ello?

—¿Sabes qué, Reina? —dijo Golfo—. Una cosa no tiene que ser útil para ser divertida. Te gusta perseguir pelotas, ¿verdad?

—Verdad —dijo Reina.

—Pues, ahí está —dijo Golfo—. A veces es bueno perseguir una pelota y, otras, dejarte llevar y aullarle a la luna sin más, sin motivo alguno.

Reina lo pensó un momento.

—Está bien —dijo—, ¿qué tengo que hacer?

—Primero, siéntate muy recta. Ahora, mira a la luna, coge aire y deja que todos los problemas del día desaparezcan en un aullido.

Él le hizo una demostración.

—¡Auu, auu, auuuuu!

Reina se unió a Golfo y aulló lo más fuerte que pudo.

—¡Tienes razón! —gritó—, ¡esto sienta muy bien!

—¡Pégate a mí, muñeca! —dijo Golfo—. Yo sé disfrutar de la vida.

Reina supuso que Golfo sabía disfrutar de la vida, pero había una razón aún mejor para pegarse a él: se había convertido en el mejor amigo que jamás había tenido.

Peter Pan
Los Niños Perdidos se pierden

Los Niños Perdidos andaban en fila india por el bosque de Nunca Jamás, de camino a casa tras una tarde en busca de aventuras, cuando Zorrillo, que iba en cabeza, paró de repente en la orilla de la Laguna de las Sirenas.

Los otros (Conejo, los Gemelos, Osezno y Mofeta) pararon en seco detrás de él.

—Esperad un segundo —dijo Zorrillo—, ya hemos pasado por este sitio. ¿Qué hacemos aquí otra vez?

Tras un arbusto, Campanilla se reía al observar a los Niños Perdidos mirando a su alrededor confundidos.

El hada los había visto mientras marchaban y no pudo evitar gastarles una broma. Así que voló sobre ellos y usó su magia para encantar algunos puntos de referencia que había de camino a casa. Había hecho que la Roca Calva pareciese la Roca Puntiaguda, haciendo que los Niños Perdidos giraran a la derecha donde tendrían que haber girado a la izquierda. También había conseguido la ayuda de los gorriones para que cambiaran su ubicación normal, la Arboleda de los Gorriones, y se posaran en otros árboles, consiguiendo que los Niños Perdidos giraran de nuevo a la derecha antes de tiempo. Para rematar, había encantado el Olmo Imponente para que pareciera el Sauce Llorón, y los Niños Perdidos hicieron otro giro erróneo, pensando que estaban cerca de casa.

Y, ahora, ahí estaban, andando por la orilla de la Laguna de las Sirenas, cuando Zorrillo recordó haber pasado por allí un rato antes.

—¡Creo que estamos andando en círculos! —anunció Zorrillo—. Niños Perdidos, creo que nos hemos... ¡perdido!

Campanilla oyó aquello e intentó con todas sus fuerzas aguantarse la risa, pero, sin poder contenerse, su risita acabó convirtiéndose en una gran risotada.

—¡Eh! —dijo Osezno—. ¿Habéis oído eso?

Osezno corrió a toda velocidad hacia un arbusto que crecía a un lado del camino y apartó unas hojas. Allí estaba Campanilla, rodando, cogiéndose el estómago y sacudiéndose de risa.

—¡Campanilla! —gritó Mofeta.

No les costó mucho entender que el hada se estaba riendo de ellos y que era ella la que había causado aquella confusión.

Sin dejar de reír, Campanilla revoloteó y restauró la ruta: a la izquierda en el Sauce Llorón, a la derecha justo después de la Arboleda de los Gorriones, a la derecha otra vez en la Roca Puntiaguda y todo recto hacia el Arroyo Chispeante, que te llevaba hasta las Cataratas de la Luna y a la entrada de la Hondonada de las Hadas.

Pero... ¡un momento! Después de girar a la derecha en la Roca Puntiaguda, Campanilla no vio ninguna señal que les llevara hacia el Arroyo Chispeante. ¿Dónde estaba? Se había perdido.

¿Sabéis cómo?

Misión de rescate

Arriba, en su habitación, Bonnie jugaba con los juguetes. Estaban realizando una aventura en el espacio exterior, y Bonnie reía mientras hacía volar a Buzz.

Cuando la llamaron para bajar, dejó a Buzz en el alféizar de la ventana, al lado de Woody. ¡Una ventana abierta! Una ráfaga de viento empujó al hombre del espacio hacia atrás, haciéndolo caer, como era previsible.

Mientras los demás juguetes se acercaban, Woody se asomó y miró abajo.

—No os preocupéis, se está agarrando —dijo Woody.

Extendió una mano a su amigo, que se había aferrado a una plancha de madera.

—Ya casi… ¡lo tengo! —dijo el vaquero, pero entonces ¡fue él quien perdió el agarre y cayó también por la ventana!

Buzz y Woody se cogieron de la mano y cayeron hacia el duro camino de piedra que había abajo.

—¡Hay una serpiente en mi bota! —dijo la voz pregrabada del vaquero cuando la cuerda de su espalda se enganchó en un clavo que sobresalía de la pared, deteniendo su caída.

—¡Subidnos! —gritó Woody, mientras él y Buzz pataleaban sin efecto, colgados en el aire.

Pero antes de que los demás pudieran organizar una misión de rescate, oyeron a Bonnie que volvía.

Los juguetes se pusieron a cubierto mientras la niña entraba corriendo en la habitación. Cuando vio que Woody y Buzz habían desaparecido, se dio cuenta de lo que debía de haber pasado. Bajó volando la escalera, llamó a su madre y ambas salieron de casa.

—¿Seguro que se han caído por la ventana? —preguntó la madre de Bonnie, buscando entre las flores.

—Sí, los había dejado en la ventana. El viento debe de haberlos tirado —insistió Bonnie—. ¡Espero que no se hayan roto!

La madre se levantó y miró alrededor.

—¿Dónde están? No los veo.

Desde arriba, Woody empezó a preocuparse. Buzz funcionaba con pilas y eso lo convertía en un juguete pesado, por lo que no podría aguantar sujetándolo mucho tiempo.

—Aquí arriba nunca nos encontrará —gruñó.

—Tenemos que llamar su atención —dijo Buzz.

—Pero ¿cómo? —preguntó Woody—. No podemos decir «¡Eh, estamos aquí!».

Buzz negó con la cabeza.

—No, pero hay algo más que sí que podemos decir.

Se llevó una mano a la boca como si fuera un megáfono, cogió aire y gritó:

—¡Hay una serpiente en mi bota!

¡Aquello funcionó de maravilla! Buzz sonó casi igual que Woody, y Bonnie y su madre miraron hacia arriba. Bonnie se alegró al ver que sus juguetes estaban a salvo.

Mientras la madre iba a buscar una escalera, Woody guiñó un ojo a su amigo.

—Buen trabajo, compañero —le susurró—. ¡Me ha encantado esa imitación!

EL LIBRO DE LA SELVA

El arma secreta de Baloo

Una tarde, Mowgli y su amigo Baloo estaban dando un paseo por la selva. De repente, Mowgli se detuvo.

—¿Has oído eso? —preguntó.

—¿El qué, chico? —preguntó Baloo.

—Parecían unas ramas rompiéndose —dijo Mowgli—, ¡creo que nos sigue alguien!

—Eso era el estómago de tu viejo Papá Oso rugiendo —dijo Baloo—, es hora de comer algo.

—Y yo sé dónde conseguirlo —anunció Mowgli.

Trepó por un árbol, cogió unos plátanos y se los lanzó al oso.

—¡Ése es mi chico! —gritó Baloo orgulloso.

Pero, mientras bajaba, Mowgli vio un destello negro y naranja.

—¡Es Shere Khan! —alertó a Baloo en voz baja—. ¡Tenemos que salir de aquí!

El tigre iba tras Mowgli desde que el chico puso un pie en la selva.

Los amigos no sabían qué camino tomar. Ahora que Shere Khan conocía su olor, sería casi imposible que lo perdiera. Entonces, ambos oyeron un ritmo de tambor por el camino.

—Ay, no —dijo Mowgli—, el rey Louie y su panda de monos locos. ¡Lo que nos faltaba!

Los ojos de Baloo se iluminaron de repente.

—¡Exacto! ¡Justo lo que nos faltaba, pequeño!

Con los plátanos aún en la mano, Baloo y Mowgli corrieron hacia el ritmo que marcaba el rey Louie. Cuando llegaron, el oso se disfrazó de mono. Los primates estaban demasiado ocupados bailando y cantando y no se dieron cuenta del disfraz. Entonces, Baloo encontró rápidamente un enorme barril vacío y lo llenó de plátanos.

—¡Mirad! —gritó Baloo, señalando el barril—. ¡Comida!

Los monos corrieron y saltaron sobre el barril. Comieron con ansias, tirando las pieles cada vez que se acababan un plátano.

Baloo le hizo una señal a Mowgli, que salió de su escondite.

—¡Ven a cogerme, Shere Khan! —dijo el cachorro humano.

En pocos segundos, el tigre apareció con un brillo feroz en sus ojos.

—Hola, Rayas —lo saludó Baloo con alegría.

Entonces el oso cogió el barril, lo lanzó y envió al rey Louie y a su tropa volando hacia Shere Khan. Los monos aterrizaron sobre el tigre y le saltaron arriba y abajo sobre el lomo y le estiraron de la cola y de las orejas.

Mowgli y Baloo vieron como Shere Khan volvía corriendo al interior de la selva, intentando librarse de los infernales pasajeros.

—Como siempre digo —declaró Baloo sonriendo a Mowgli—, ¡no hay nada más divertido que un barril de monos!

Mate, el *monster truck*

Un día, en el exterior del Café V8 de Flo, Rayo McQueen señaló un *monster truck* que pasaba por la calle.

—Yo antes competía contra camiones más grandes que ése —dijo Mate.

Empezó a contar a Rayo sus peripecias de cuando era un luchador llamado El Torturador. Su primer combate fue en una pista llena de fans que animaban. Mate llevaba una máscara azul y roja.

Una furgoneta de helados con ruedas gigantes entró en el ring. El Torturador no sabía cómo luchar contra semejante monstruo, así que se puso una gorra, esperando engañar a su rival.

—¿Me da un cucurucho de dos bolas, señor? —dijo.

—¿Eh? Ah, claro —dijo El Aullador.

Mientras la furgoneta preparaba el helado, El Torturador lo agarró del parachoques con su gancho y lo levantó hasta darle la vuelta.

El árbitro anunció que había ganado.

Después de su primera victoria, El Torturador no dejó de ganar y pronto terminó compitiendo en el Campeonato Mundial. Tenía mucha confianza hasta que vio… ¡al Monstruo del Doctor Frankencamión! Sólo una de sus ruedas ya era más grande que él. Tenía una pala gigante en un lado y una garra en el otro. La bola de demolición que llevaba a la espalda podía aplastar un camión de un solo golpe.

En ese momento, Rayo interrumpió la historia.

—¡Vaya! —exclamó—. ¿Y qué hiciste?

Mate miró a su amigo.

—¿Es que no te acuerdas? Si éramos un equipo.

Mate continuó su relato, excepto que esta vez, Rayo también estaba en el ring.

—¡Te toca, compañero! —dijo Mate, tocando a su amigo con la rueda.

El monstruoso rival cargó contra el coche de carreras, ignorando a la grúa.

Rayo vio que su oponente iba directo hacia él. Entonces corrió por la pista para evitar la bola de demolición. Cuando El Torturador oyó la llamada de socorro de Rayo, se escondió debajo del ring. Por suerte, tenía un plan.

Mientras la bola de demolición estaba en el suelo, El Torturador la cogió rápidamente con su gancho. Entonces corrió hacia un lado del ring y luego al contrario. Lanzándole un guiño a sus fans, tiró de la bola. El ring entero se dio la vuelta, ¡atrapando al Monstruo!

El árbitro anunció el resultado.

—¡Los ganadores son El Torturador y…! —se giró hacia Rayo—. ¿Cómo te llamabas?

—Rayo McQueen —respondió éste.

El árbitro frunció el ceño.

—¡Y Malo Martirio! —anunció.

El Jorobado de Notre Dame

Caras graciosas

Hugo, Víctor y Laverne eran gárgolas de la gran Catedral de Notre Dame. La mayor parte del tiempo eran piedras, pero cobraban vida en presencia de Quasimodo, el campanero de Notre Dame. Aunque todos eran buenos amigos, Hugo y Víctor siempre estaban discutiendo.

—¡Eso es ridículo! —dijo Hugo a Víctor.

—No, ¡tú eres ridículo! —respondió Víctor.

Víctor había sugerido que Quasimodo pidiese tiempo libre al Ministro de Justicia, Frollo. Hugo había señalado que Frollo era capaz de convertirse en gitano antes que dar vacaciones a Quasimodo. Y empezó la discusión.

—Bueno, has empezado tú —dijo Hugo.

—¿He empezado yo? —preguntó Víctor.

—¡Así es, cara de piedra! —gritó Hugo.

—¿A quién estás llamando cara de piedra? ¡Cabeza de bloque! —farfulló Víctor.

De repente, un silbido los interrumpió.

—¿Me prestáis atención, por favor? —dijo Laverne—. Me gustaría proponer una forma de arreglar esta disputa como caballeros.

—¿El qué? —preguntó Quasi.

—Un concurso de caras —dijo Laverne—. Tendréis turnos para poneros caras el uno al otro, ¡y el primero que haga reír al otro, gana!

—¡Yo voy primero! —exclamó Hugo, sacando la lengua a Víctor.

—Es un juego de niños —dijo desdeñosamente Víctor y miró bizqueando a Hugo.

—¡Ja! —contestó Hugo—. ¡Supera esto!

Hugo se puso bizco, abrió los orificios nasales y bajó el labio inferior con una mueca, dejando al descubierto una fila desordenada de dientes.

Víctor mantuvo la compostura, pero Quasimodo se rio a carcajadas.

—¡Shh! —dijo Laverne—. ¡Viene Frollo!

—¿Frollo? —Hugo y Víctor se volvieron rápidamente de piedra.

En ese momento, entró Frollo en la estancia del campanario.

—¿Qué está pasando aquí arriba? —preguntó a Quasimodo.

—Nada, señor —respondió Quasimodo, intentando no reírse.

Le costaba mucho esfuerzo mantener la compostura porque, detrás de Frollo, Víctor y Hugo seguían poniendo caras entre ellos, intentando cada uno hacer reír al otro.

—Hum —murmuró Frollo, sospechando.

Mientras se volvía para irse, Víctor y Hugo pararon de ponerse caras y comenzaron a hacer muecas a espaldas de Frollo. Cuando lo perdieron de vista, los cuatro amigos se desternillaron de risa.

—¿Sabéis qué? —dijo Quasimodo—. ¡Esto es mejor que ir de vacaciones!

Bambi

¡Vete, lluvia!

¡Buuum! El estruendo de un trueno asustó a Bambi y a sus amigos.

—¡Odio las tormentas! —gritó Tambor, que parecía un poco asustado.

—¡A mí tampoco me gustan! —exclamó Flor.

—¡Bambi! —gritó su madre al ver que el cielo se nublaba cada vez más y la lluvia empezaba a caer. Bambi siguió a su madre para alejarse del prado y adentrarse en el bosque. Desde su cálido y seco matorral, Bambi observó como llovía.

—Odio las tormentas —le dijo a su madre, repitiendo las palabras de Tambor—. Desearía que las tormentas se fueran y no volvieran nunca más.

—Vaya —dijo su madre—. ¿Quieres decir que no quieres beber nunca más el agua fresca del arroyo?

—No, eso no... —respondió Bambi.

—Entonces, ¿quieres que los árboles pasen sed, sus hojas se marchiten y sus ramas se sequen? —preguntó su madre.

—¡No! ¡Claro que no! —exclamó Bambi—. Los árboles nos dan sombra y sus ramas son perfectas para los nidos de los pájaros.

—Entonces, ¿quieres que la sabrosa hierba se ponga marrón? —preguntó su madre.

—No —dijo Bambi—. Nosotros comemos hierba. ¡Pasaríamos hambre si eso ocurriera!

—Bien, entonces, hijo mío, creo que no deberías desear que las tormentas se fueran para siempre. Sus gotas llenan los lagos y riegan los árboles y la hierba.

—Pero dan mucho miedo —dijo Bambi.

Justo entonces, la lluvia empezó a amainar y los amigos de Bambi corretearon hasta el matorral en el que estaba.

—¡Mirad el estanque! —exclamó Flor.

El cervatillo asomó la cabeza entre las ramas del matorral. El estanque estaba lleno de actividad. Las ranas saltaban y jugaban, y una familia de patos sacudía sus plumas y caminaba hacia el agua.

—¡Vaya! —dijo Tambor—. Ese viejo sapo se va a llevar una sorpresa.

Bambi observó al sapo sobre el nenúfar que iba a la deriva, acercándose cada vez más a la fila de patos.

El último patito no estaba prestando atención y... ¡Croac! Una repentina colisión derribó al sapo del nenúfar y el pato se sorprendió tanto que, del susto, dio una voltereta debajo del agua.

Bambi, Tambor y Flor se rieron.

—Creo que ya me gustan un poco más las tormentas —confesó Bambi a su madre.

—¿No te gustaban las tormentas? —preguntó Tambor—. ¡Qué tontería! ¿Por qué dirías algo así?

Disney·PIXAR
MONSTRUOS, S.A.

Una fiesta de pijamas espeluznante

Era una mañana tranquila en Monstruos S. A. Sulley había llegado temprano para adelantar el papeleo cuando recibió una llamada desde el despacho.

—Fiesta de pijamas anual en la casa de Shannon Brown. Waxford está enfermo. Necesitamos un sustituto.

—Yo me ocupo —respondió Sulley.

Sabía que habría un montón de niños en la fiesta y quería asegurarse de que había un monstruo allí para soltar bromas y recoger risas. ¿Y quién mejor para el trabajo que su amigo de un ojo Mike?

Mike estaba en las taquillas preparándose para trabajar cuando entró Sulley y le explicó la situación.

—Coser y cantar —dijo Mike, mientras aparecía una puerta en su puesto en la Planta de las Risas. Cuando Mike entró a través del armario de la habitación de Shannon Brown, no había nadie.

—Eh… ¿hola?

Mike llamó a los niños. Justo cuando ya se marchaba, oyó el sonido de risas.

Entonces, un trueno resonó en el cielo. Mike corrió a la puerta del armario para volver a la fábrica. Tiró del pomo, ¡pero sólo le llevó al interior y no a la Sala de las Risas de Monstruos S. A.!

Pronto se dio cuenta de que el rayo debía de haber alterado la puerta, rompiendo el enlace. Respiró hondo y se dirigió al pasillo.

Mientras tanto, en Monstruos S. A., Sulley se encontraba trabajando. El gerente de la planta llegó corriendo.

—¡Sulley! —gritó—. Mike no ha vuelto de la fiesta de pijamas. ¡Nunca había tardado tanto!

Cuando el monstruo peludo comprobó la puerta, vio que se había roto y trajo a alguien para arreglarla. Después de unas horas, ya funcionaba de nuevo. Ahora conducía a otra habitación diferente de la casa de Shannon.

En la casa, Mike había oído risitas en el salón. Cuando fue a la habitación y pasó adentro, sólo había silencio. Lentamente, se adentró en la oscura y tranquila estancia. De pronto, ¡se encendió una luz! Mike saltó sobresaltado. ¡Shannon Brown y todas sus amigas empezaron a reír a carcajadas! Pensaron que Mike estaba muy gracioso colándose con sigilo en el salón. Éste empezó a gritar aterrorizado.

En ese momento, la puerta del armario se abrió y Sulley irrumpió en la sala. Se sorprendió tanto de ver a Mike gritando que lo único que pudo hacer fue gritar también. Los dos huyeron, espantados. Shannon y sus amigas se rieron todavía más.

—Parece que aquí ya hemos terminado —le dijo Sulley a Mike.

—No he sentido miedo ni por un momento —dijo Mike.

—Yo tampoco, colega —respondió Sulley, con los dedos cruzados detrás de la espalda—. Yo tampoco.

El invento volador de Flik

Flik sabía que Hopper y su banda de saltamontes vendrían a robar la comida de las pacíficas hormigas de Isla Hormiga. Así que fue a la gran ciudad a buscar bichos guerreros que los ayudasen a luchar contra los saltamontes.

De camino, vio una libélula brillante volando.

—¡Guau, ojalá yo pudiera volar así! —exclamó.

Flik tuvo una idea.

—He construido una cosechadora que funciona bastante bien. Me pregunto si podría inventar una máquina voladora.

Se puso manos a la obra. Unió un palo y hojas. Con el sombrerillo de una seta hizo el asiento y con una pluma larga y roja creó la cola. Cuando tuvo todas las piezas, Flik empezó a unirlas. Después de un gran trabajo, dio un paso atrás y contempló su invento.

—Sí, parece que podrá volar —dijo Flik, satisfecho—. Tiene alas que aletean y una cola.

La estructura del invento volador de Flik estaba formada por ramitas y las alas estaban hechas de hojas. Toda la máquina estaba atada con robustos sarmientos.

—Hagamos una prueba —decidió Flik.

Escaló al asiento de sombrerillo de seta, apoyó los pies en los pequeños pedales y empezó a bombear. Las alas comenzaron a aletear cada vez más rápido. El invento volador de Flik empezó a rodar, ¡y luego despegó!

—¡Funciona! —exclamó Flik—. ¡Vuelo!

Con el aire soplando entre sus antenas, Flik vio el mundo bajo sus pies. Divisó ranas, tortugas y otras criaturas que comían hormigas.

—Volar es mucho más seguro que caminar —dijo.

Pero habló demasiado pronto, ya que por encima de él una madre pájaro estaba enseñando a volar a sus tres polluelos. Al ver el artefacto de extraño aspecto pensó una sola cosa: ¡cena!

¡Flik miró hacia arriba y vio a la madre pájaro y a sus crías precipitándose en picado hacia él!

—¡Fin del vuelo de prueba! —exclamó Flik.

Pedaleando más rápido, dirigió su invento volador a través de las ramas de un árbol. La madre pájaro y dos de sus crías se estamparon contra las ramas. Pero el tercer polluelo voló entre las hojas y alcanzó a Flik.

Picoteando, el pajarito arrancó un ala del aparato de Flik. La máquina dio vueltas fuera de control y acabó estrellándose contra el suelo.

Por suerte para Flik, también había inventado un paracaídas de tela de araña, así que hizo un suave aterrizaje en medio de una margarita.

—Otro invento fallido —dijo Flik, lanzando un suspiro—. ¡Puede que algún día tenga la oportunidad de hacer una máquina voladora que de verdad funcione!

No sospechaba Flik que le faltaba poco para conseguirlo.

¡El látigo!

Mickey se despertó y miró por la ventana. ¡Había nevado esa noche!

—¡Es un día estupendo para patinar sobre hielo! —exclamó—. Invitaré a todos mis amigos a que vengan.

De camino, Mickey recogió a Goofy, Donald, Juanito, Jorgito, Jaimito y Minnie. Cuando llegaron al estanque, todos se ataron sus patines y se dirigieron al hielo. Era un hielo liso como un cristal.

Los amigos comenzaron a patinar.

—¡Eh, tengo una idea! —gritó Mickey—. ¡Juguemos al látigo!

Nadie sabía cómo se jugaba, así que Mickey explicó el juego.

—Yo empezaré yendo el primero —dijo—. Juntaremos las manos para hacer una fila. Después daremos vueltas en círculos grandes. ¡Una vez que estemos en marcha, el patinador del final de la fila se suelta!

—¡Eso suena divertido! —dijo Goofy.

—¡Nos gusta! —chillaron los sobrinos.

Todos juntaron las manos y comenzaron a patinar en círculo. Dieron vueltas, vueltas y más vueltas. Donald estaba al final de la fila.

—¡Donald, suéltate! —gritó Mickey.

Donald se soltó y salió despedido.

Los demás dieron vueltas, vueltas y más vueltas, cada vez más rápido.

—¡Ahora te toca a ti, Daisy! —gritó Mickey.

Daisy se soltó y se alejó patinando sobre el hielo. Después Juanito, luego Jorgito y finalmente Jaimito. Goofy los siguió.

Ahora sólo quedaban Mickey y Minnie. Patinaron dando vueltas, hasta que Mickey gritó:

—¡Suéltate, Minnie!

Minnie se soltó y salió muy rápido con un chillido. Ahora él solo había comenzado a girar sobre sí mismo. Cuando paró, su cabeza tardó en dejar de dar vueltas.

—¡Ha sido muy divertido! —dijo—. ¿Queréis repetir? ¡Eh! ¿Dónde están todos?

Mickey miró a su alrededor. ¿Adónde se habían ido los demás? Y entonces los vio.

Siete pares de patines de hielo al final de siete pares de piernas asomaban pataleando entre siete montones de nieve diferentes.

—Oh, oh —balbuceó Mickey.

Se acercó a la orilla del estanque y, uno a uno, sacó a todos sus amigos de la nieve.

—Caramba, lo siento —dijo Mickey.

Goofy sacudió la cabeza y la nieve cayó por todas partes.

—¡Ha sido divertido! —dijo alegremente—. Pero estoy seguro de que podría tomarme una taza caliente de...

—¡Bien! —se oyó un grito jovial.

Era la Abuela Pato al borde del estanque. ¡Llevaba un termo con chocolate caliente!

Disney·PIXAR
MONSTRUOS, S.A.

Espectador exigente

En el cartel de la puerta ponía: ENTRAR BAJO SU RESPONSABILIDAD. Pero Mike no estaba asustado. Pasando el micrófono de una mano a otra Mike atravesó la puerta del armario para enfrentarse a su público.

—¡Hola! ¿Cómo estás? —Mike saludó al niño.

El niño no contestó.

—¿Has oído hablar del monstruo que triunfó en el mundo del espectáculo? Realmente, le costó trabajo llegar a la cima. —Mike hizo una pausa para reír, pero el niño se quedó en silencio—. ¡La cuesta era muy empinada! —añadió Mike.

Aun así, no consiguió nada.

Mike vio que era un espectador exigente. Contó sus mejores chistes. Hizo payasadas en la habitación, subió y bajó del taburete, se colgó de las cortinas... Pero el niño ni se inmutó.

Mike se preparaba para contar un chiste sobre el monstruo marino de siete patas, cuando oyó golpecitos en la puerta del armario.

—Sabes que realmente deberías mirar ahí dentro —dijo Mike, señalando el armario—. Podría haber esqueletos. —El niño no parpadeó.

Mike dejó la puerta entreabierta.

—Estoy trabajando aquí —susurró.

Sulley asomó la cabeza por la puerta.

—Mike, no insistas. Llevas veinte minutos aquí y no vas a conseguir nada. Hay un montón de niños más para hacerlos reír esta noche. Puedes volver aquí más tarde.

—De ninguna manera —dijo Mike—. Él me quiere. Cuando se ría se va a reír a lo grande. Puedo sentirlo.

Un oso de peluche voló por los aires y golpeó a Mike en el ojo.

—¿Ves? Está tirándome regalos.

—Corta el rollo, Mikey. Déjalo ya. —Sulley puso su gran pata peluda en la cabeza de Mike y le instó a cruzar de nuevo la puerta.

—Te lo estoy diciendo, casi lo tengo. —Mike hablaba con los dientes apretados y apenas se inmutó cuando el niño que no se divertía le lanzó una cáscara de plátano.

—Te digo que... lo... dejes. —Sulley tiró con más fuerza de Mike.

Mike agarró el marco de la puerta y se preparó. De repente, Sulley se soltó y Mike voló hacia atrás, patinó con la cáscara de plátano y se cayó al suelo.

—¿Por qué? Debería... —Mike se incorporó, dispuesto a arremeter contra Sulley, pero fue interrumpido por el sonido de unas risas. De hecho, el niño se reía con tantas ganas que las lágrimas le corrían por la cara. Mike y Sulley chocaron palmas.

—Ya sabes, ¡algunos niños sólo se ríen cuando tropiezo! —dijo, guiñando el ojo.

Juegos viejos y nuevos

Era un frío día lluvioso y Bonnie había salido fuera de fin de semana con sus padres. Dolly y el Sr. Púas estaban sentados junto a la ventana, aburridos.

—Juguemos a las damas o al bingo —sugirió Woody—. ¡Soy el campeón!

Trixie, la triceratops, se rio.

—Venga ya, Woody. Esos juegos tan viejos no son divertidos —dijo—. ¡En el ordenador hay un montón de juegos modernos que son geniales!

—¡Sí! —animó Dolly—. ¡Veamos quién es el más rápido con el *joystick*!

Resignado, Woody acompañó a los demás hasta el ordenaor.

—Ahora sólo tenemos que decidir a qué jugar —dijo Trixie—. ¡Yo voto por las dinocarreras!

Dolly negó con la cabeza.

—¡No, vestir a las muñecas es mucho mejor!

—Pero ¿qué estáis diciendo? —dijo el Sr. Púas—. Las danzas tirolesas son mucho mejor.

Entonces le tocó a Woody dar su opinión.

—¡Ni hablar! Vamos a jugar a los duelos de vaqueros —dijo, dándole al monitor.

—Eh, no toques la pantalla. Vas a dejar huellas —exclamó Trixie.

Los cuatro empezaron a hablar a la vez para discutir a qué deberían jugar. Ni siquiera cuando Trixie sugirió que podrían jugar a los cuatro juegos pudieron decidir con cuál empezar.

La discusión fue subiendo de nivel hasta que, de pronto, la pantalla del ordenador se apagó. ¡La tormenta había provocado un apagón!

—El ordenador no funciona sin electricidad —gimoteó Trixie.

Dolly y el Sr. Púas suspiraron. Parecía que al final iban a pasar una tarde aburrida.

Pero Woody tenía otra idea. Después de llevar a sus amigos de vuelta a la habitación, les explicó las reglas del bingo y preparó el juego.

Pronto, todos los juguetes de la casa estaban reunidos con su propia tarjeta. Gritaron y rieron mientras Woody leía los números, y se apresuraban a ser los primeros en tacharlos de su lista.

—Bueno, tengo que admitir que ha sido divertido —confesó Trixie.

—Los juegos antiguos no están tan mal —dijo Woody, riendo—. Y, al contrario que los videojuegos, ¡son a prueba de apagones!

Trixie y Woody miraron al otro lado de la mesa, donde Dolly estaba regañando a Buzz por hacer trampas. Buzz insistía en que no había hecho nada, y al poco sus voces empezaron a sonar más y más fuertes.

—Aunque parece que las discusiones tampoco se ven afectadas por los apagones —rio Trixie.

Woody se echó a reír también.

—¡Sí! ¡Ya lo veo!

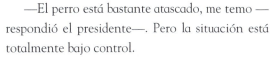

Disney
LOS **Rescatadores**

El primer rescate de Miss Bianca

El cuartel general de la Sociedad de Rescate de Ratones estaba en plena actividad. Ratones de todo el mundo se habían congregado para una reunión de emergencia.

—¡Atención, delegados! —chilló el presidente—. He convocado esta reunión porque un canino necesita nuestra ayuda con urgencia. ¡Traed al perrito angustiado!

Dos ratones irrumpieron en la habitación, dirigiéndose hacia un perrito alargado, de pequeñas patas. Su cabeza estaba atascada en una lata de comida.

—¡*Mamma mía!* —exclamó un ratón de Italia.

—¡Auuuuu! —aulló el perro.

Un ratón de Yemen propuso liberarlo de la lata tirando de ella. Cuatro ratones musculosos se pusieron manos a la obra, tirando con todas sus fuerzas. Pero la lata estaba bien encajada.

Al final, los ratones decidieron que la lata debía retirarse con aparatos mecánicos. El delegado de Zambia sugirió utilizar un abrelatas.

De pronto, se abrió la puerta de la sala. Ahí estaba una pequeña y atractiva ratona. Llevaba un vistoso abrigo y olía a perfume caro.

—Oh, perdonad —se disculpó—. Creo que me he equivocado de lugar. ¿Sabéis dónde están los Almacenes Mickey's? Caramba —dijo, al ver al delegado con el abrelatas—, ¿qué le estáis haciendo a ese pobre perro?

—El perro está bastante atascado, me temo —respondió el presidente—. Pero la situación está totalmente bajo control.

La glamurosa ratona se remangó el abrigo y se dirigió hacia el perro.

Pateó la superficie de la lata tres veces. Entonces dio un suave giro hacia la izquierda. ¡Y sacó la lata!

—¡Hurra! —exclamaron felices todos los ratones.

La ratona sonrió.

—Así es como abro los tarros de pepinillos en casa —explicó—. Bueno, más vale que siga mi camino.

—Eh, presidente —exclamó una voz desde la esquina de la sala.

Era el delegado de Zambia.

—¿Sí? —dijo el presidente.

—Me gustaría nominar a Miss… Ejem… Miss… —titubeó el delegado, mirando a la atractiva ratona.

—Miss Bianca —dijo ella.

—Me gustaría nominar a Miss Bianca para convertirse en miembro de la Sociedad de Rescate de Ratones —concluyó.

El presidente se volvió hacia el resto de delegados ratones.

—Los que estén a favor que digan «¡sí!».

—¡Sí! —gritaron todos los ratones.

—¡Guau! —ladró el perro, feliz.

—Bueno —sonrió Miss Bianca—, supongo que Mickey's puede esperar hasta otro día.

EL **LIBRO** DE
LA **SELVA**

Un cuento de oso

Para Mowgli, Bagheera y Baloo era hora de irse a dormir.

—Buenas noches, cachorro humano —ronroneó Bagheera.

—No tengo sueño —protestó Mowgli—. Necesito un cuento para dormir.

—¿Un cuento para dormir? —dijo Bagheera—. ¿A estas horas?

Mowgli se giró hacia el oso.

—Por favor, Baloo.

—Un cuento para dormir, veamos... —dijo Baloo—. ¿Cómo empiezan esas cosas?

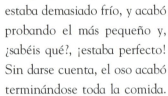

—Érase una vez... —dijo Bagheera.

—Ah, eso. Érase una vez... en una casa no muy lejos de esta selva, vivía un clan de hombres —empezó Baloo.

—¿Hombres de verdad? —preguntó Mowgli.

—Sí —dijo Baloo—. Un padre y una madre, y un pequeño cachorro como tú. Bien, pues este clan cocinaba su comida, ¿sabéis?, y un día hicieron un guiso muy sabroso, pero el problema era que cuando se sentaron a comer estaba muy caliente. Así que la madre tuvo una idea. Se fueron a dar un paseo por la selva y así cuando volvieran su guiso estaría frío y rico. Pero ¿sabéis qué pasó entonces?

—No —dijo Mowgli.

—Pues que apenas había pasado un minuto desde que la familia se había ido, cuando un viejo oso se acercó y entró en la casa de los hombres.

—¿Ah, sí? —dijo Mowgli emocionado.

—Bueno, no podemos culparle. Aquel guiso olía demasiado bien. Empezó a probarlo, comenzando por el bol más grande, pero estaba demasiado caliente, así que pasó al mediano, pero estaba demasiado frío, y acabó probando el más pequeño y, ¿sabéis qué?, ¡estaba perfecto! Sin darse cuenta, el oso acabó terminándose toda la comida.

—Y ¿qué pasó? —preguntó Mowgli.

—Pues que, después de eso, empezó a sentirse un poco cansado. Muy cansado. Y, en aquella casa, pequeño, había justo tres cosas que parecían muy blandas y cómodas... Creo que los hombres los llaman «camas». En cualquier caso, aquel oso tenía que probarlas. Naturalmente, se tumbó en la más grande primero, pero estaba muy dura. Así que probó la mediana, pero era demasiado blanda, y decidió probar la pequeña y, en fin, sólo te diré que aquella cosa era tan cómoda que se quedó dormido al momento. Y podría haber dormido hasta la próxima luna... si aquella familia no hubiese vuelto y...

—Y ¿qué? —preguntó Mowgli sin aliento.

—Y le hubieran dado un susto de muerte. El oso tuvo que correr de vuelta a la selva, aunque ahora tenía el estómago lleno.

Mowgli sonrió e intentó disimular un gran bostezo.

—¿Es una historia real, Baloo?

El oso sonrió.

—¿Alguna vez te había contado un cuento tan largo, chico?

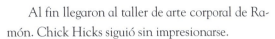

Un juicio precipitado

Chick corrió a toda prisa por la pista abierta.
—¡Sólo hay un ganador en la carrera de mañana! —gritó—. ¡Chick Hicks!

Su motor rugió mientras iniciaba la última vuelta, pero entonces empezó a fallar. Las ruedas le chirriaron y, cuando pudo darse cuenta, ya se había estrellado de morros contra un montón de neumáticos.

—¡Oh, no! ¡He estropeado la pegatina de mi patrocinador! —se lamentó, decepcionado.

Chick Hicks se acercó a su mánager, que no parecía muy impresionado por los daños.

—La nueva pegatina tardará un par de días en llegar —le dijo.

Chick Hicks gruñó; estaba destrozado.

—¡Eh, Chick! ¿Cómo va eso? —le preguntó Rayo McQueen, que no pudo evitar oír la conversación.

—Largo de aquí —respondió furioso—. Hoy no estoy de humor.

—Aguanta, hombre —le tranquilizó Rayo—. ¡En Radiador Springs encontraremos la solución!

En la ciudad, los ciudadanos seguían con su vida como de costumbre. En el exterior de la famosa tienda de neumáticos, Luigi y Guido estaban ordenando sus preciadas ruedas.

—¿Qué están haciendo esos cacharros? ¡Menudo horror! —dijo Chick Hicks y se carcajeó con malicia.

—Chick —le dijo Rayo—, ¿no te parece que estás juzgando de manera precipitada?

Chick Hicks le ignoró.

Al fin llegaron al taller de arte corporal de Ramón. Chick Hicks siguió sin impresionarse.

—¡Éste es mi amigo Chick! Se le ha estropeado la pegatina —explicó Rayo—. ¿Puedes ayudarlo?

Ramón observó la pintura de Chick Hicks.

—¡Por supuesto! No tardaremos mucho.

En un visto y no visto, Ramón había terminado.

—¡Ya estás, amigo! ¿Te gusta la nueva pegatina?

Rayo estaba maravillado con el vibrante logo de Dinoco, pero Chick apenas lo miró por encima.

—No está mal —dijo—. Me largo. ¡Hasta luego, par de chatarras!

Se marchó corriendo, dejando a los demás con la boca abierta. Pero según corría, notó que los neumáticos le resbalaban por los charcos de la carretera.

—¡Otra vez no! —gritó.

¡Pam!

Los demás oyeron el estruendo y se acercaron rápidamente para encontrar a Chick Hicks hecho un desastre, lleno de arañazos, abolladuras y echando humo.

—¡Me parece que va a pasar un tiempo hasta que vuelvas a las carreras! —se rio Guido.

—¡Desde luego! Aquí hace falta una larga lista de reparaciones… —añadió Ramón.

—¡Y también de disculpas! —bromeó Rayo.

Chick asintió avergonzado. Tenían razón. ¡Y sería mejor que empezara a disculparse de inmediato!

Una gran sorpresa

Los juguetes estaban celebrando una reunión de emergencia en la habitación de Bonnie.

—Pony y Perdigón llevan desaparecidos desde ayer —anunció Woody—. Y los Srs. Patata no están desde esta mañana. Tenemos que encontrarlos antes de que Bonnie vuelva a casa.

Los demás estuvieron de acuerdo. Se dividieron en tres grupos y partieron para explorar la casa. Cada grupo tenía un *walkie-talkie* para poder comunicarse con los demás mientras buscaban a sus amigos desaparecidos.

En el recibidor, Woody, Buzz y Jessie no encontraron ni rastro de los juguetes.

El equipo dos (compuesto por Rex, Hamm y Trixie) tampoco tuvo nada de que informar desde la cocina, aunque vieron que estaba pasando algo en la habitación de al lado.

—Aquí el equipo tres —susurró Dolly al *walkie-talkie*—. Algo se está moviendo en el salón. Vamos a investigar.

Desde el recibidor, Buzz se dio un susto al darse cuenta de que Dolly ya no decía nada. Se oía ruido en el aparato, como si alguien estuviera luchando.

—Equipo tres, ¿qué está pasando ahí? —gritó Buzz—. ¿Dolly?

De pronto, la voz de Rex sonó por el *walkie-talkie*.

—Es la madre de Bonnie —susurró—. ¡Ha venido para llevarnos!

Antes de que Buzz pudiera responder, la voz de Rex se convirtió en más ruido en la radio.

—¿Rex? —dijo Buzz, girando la ruedecilla.

No sirvió de nada. Los demás equipos no respondían.

—¿Por qué nos estará secuestrando? —se preguntó Woody.

—Quizá quiera tirarnos —dijo Jessie.

La puerta del recibidor se abrió y la madre de Bonnie pasó adentro.

Los juguetes, aterrorizados, se dejaron caer al suelo y se quedaron muy quietos mientras la madre los recogía y los metía en una bolsa oscura.

Cuando volvieron a ver la luz, Woody reconoció una cara conocida.

—¡Perdigón! Me alegro de verte, amigo —dijo, estudiando el nuevo entorno—. Aunque no sepa dónde estamos.

Los demás juguetes se reunieron.

—¿De verdad van a tirarnos? —se preguntó Jessie.

Justo entonces, escucharon que Bonnie se acercaba. Parte de la bolsa se rasgó, dejando entrar la luz.

—¡Sorpresa, cariño! —dijo la madre.

Bonnie miró los juguetes y saltó de alegría.

—¡Vaya, un castillo hinchable! —exclamó, admirando el nuevo e increíble regalo—. ¡Y está lleno de mis juguetes favoritos!

La madre de Bonnie no tenía intención de tirarlos, sino que los estaba reuniendo para darle una sorpresa. ¡Poco sabía ella que también les había dado una gran sorpresa a los juguetes!

Pinocho

Comida para peces

Fígaro, el gato, estaba asustado y hambriento, pero sabía que no habría nada de cena. ¡Fígaro, Gepetto y Cleo, el pececillo dorado, acababan de ser tragados por una ballena!

—No te preocupes, Fígaro —dijo Gepetto al ver la expresión inquieta del gato—. Saldremos de aquí de alguna manera, y cuando lo hagamos, seguiremos buscando a Pinocho. No nos detendremos hasta que lo encontremos.

¡Ese Pinocho! Después de todo lo que Gepetto y el Hada Azul habían hecho por él, se había marchado de casa sin importarle el resto del mundo. ¡Y habían acabado dentro de una ballena! ¿Ahora qué iba a ser de ellos?

Fígaro decidió que si alguna vez encontraban a Pinocho, iba a utilizar las dos piernas del chico de madera a modo de palos para arañar. Eso le enseñaría la lección.

Mientras tanto, Gepetto se estaba asomando a un charco de agua en el fondo del estómago de la ballena. Fígaro observaba con curiosidad.

—Veamos —murmuró Gepetto, agachándose y hurgando en el agua—. Tiene que haber algo aquí... ¡Ajá! —exclamó alegremente agarrando una pequeña y esponjosa mata de algas.

Fígaro pestañeó. ¿Algas?

Gepetto se volvió a agachar.

—¡Ajá! —exclamó una vez más.

El gatito empezó a ronronear, imaginando que Gepetto había cogido un maravilloso bocado. Pero cuando se fijó en lo que Gepetto sostenía en la mano, lo único que vio Fígaro fueron... más algas.

«Las algas son comida para peces», pensó Fígaro con gesto enfadado.

Gepetto dividió cuidadosamente la mata de algas en tres porciones. Dejó una porción en la pecera de Cleo, otra porción delante de Fígaro y se quedó la tercera porción para él.

—¡A comer! —gritó Gepetto, sonriendo.

Fígaro olfateó sus algas. Las movió un poco con la pata. Pero, sencillamente, no podía comer algas. Con un coletazo, Fígaro se dio media vuelta.

Gepetto miró al pequeño gato con un poco de pena. Fígaro suspiró. No podía evitar sentirse un desagradecido.

A regañadientes, Fígaro se acercó a su cena y mordisqueó las algas. Estaban frías. Estaban viscosas. Pero sabían como... ¡el pescado!

Fígaro engulló el resto de su comida. Con la tripa llena, el gato se sentía mejor. Decidió que si encontraban a Pinocho, sólo utilizaría una de las piernas del niño marioneta para afilarse las garras.

Probablemente.

Mate volador no identificado

Cuando paseaban por Radiador Springs, un tapacubos pasó volando sobre Mate y Rayo.

—¡Mira, un ovni! —gritó Mate—. Estoy seguro, porque una vez ya vi uno.

Mate empezó a contarle a su amigo una historia sobre la vez en que vio una nave espacial. Estaba parado en un paso a nivel en el desierto cuando, de pronto, vio un ovni flotando justo a su lado.

—Hola —le dijo—. Me llamo Mate.

—Yo soy Mato —respondió el ovni.

Sonaba casi igual que su nombre, pensó la grúa.

—¿Quieres que te lleve ante mi litro?

—Tu líder —corrigió el ovni.

Mate llevó al platillo hasta el lugar en donde guardaba sus latas de aceite.

—Éstos son todos mis litros —dijo.

El ovni pareció emocionado. Mate cogió una lata y se bebió el aceite con una pajita. Cuando levantó la vista, el ovni estaba bebiendo de un gran tonel. Más tarde, Mate le enseñó la ciudad a su amigo. Hicieron todas las cosas favoritas de Mate, incluido levantar tractores. Y luego ¡su nuevo amigo le enseñó a volar!

—¡Tú y yo vamos a ser grandes amigos! —exclamó Mate.

De pronto, un gran imán cayó del cielo. ¡Ching! Atrajo al ovni y lo llevó hacia arriba. Tres helicópteros militares sobrevolaban la zona.

—¡Mato, te salvaré! —gritó Mate.

Siguió con sigilo a los helicópteros a través del desierto hasta una base militar y se coló dentro. Varios vehículos militares y científicos examinaban al ovni.

—¡*Dadgum!* —gritó el platillo.

—¡Creo que intenta comunicarse! —dijo uno de los científicos—. ¿Dónde está el doctor Abschleppwagen?

Mate se disfrazó rápidamente de científico.

—¡Aquí estoy! —anunció.

—¿Qué significa «dadgum»? —preguntó otro de los científicos.

—Significa… —empezó Mate.

Entonces bajó una palanca y desactivó el imán. Mate y Mato escaparon de allí a toda velocidad. Todos los de la base militar los persiguieron.

Rayo interrumpió la historia.

—¿De verdad esperas que me crea eso?

—Deberías —dijo Mate—. ¡Tú también estabas allí!

Entonces siguió con la historia, pero esta vez Mate describió cómo Rayo corría también por el desierto. De pronto apareció una enorme nave nodriza. Se llevó a Mate, a Mato y a Rayo con un haz de luz. Luego, la nave salió al espacio y, después de un viaje rápido, dejó a Mate y a Rayo en tierra.

—¡Gracias! —le dijo Mate cuando estuvieron a salvo.

Echaría de menos a su nuevo amigo Mato, pero al menos se alegraba de que el pequeño ovni estuviera a salvo.

Disney
Tod y Toby

Una fiesta para tres

La Viuda Tweed tarareaba alegre mientras decoraba la casa de campo. Tod, el pequeño zorro al que había adoptado hacía poco, le observaba emocionado. ¡Aquél era su primer cumpleaños en su nueva casa!

—Dime, Tod —dijo la viuda—. ¿A quién invitamos a tu fiesta?

Tod saltó al alféizar y miró hacia la granja de Amos Slade. La viuda sabía lo que eso significaba: Tod quería que su amigo Toby, el perro de caza, se uniera a la celebración.

—Sé que Toby es tu amigo —dijo—, pero, ¿y si Amos lo ve aquí? ¡A saber qué haría ese vejestorio!

Tod saltó sobre el regazo de la mujer y la miró con ojos de tristeza.

—Venga, Tod, deja de mirarme así. ¡Está bien! Puedes traer a Toby, pero sólo por esta vez.

—Se supone que no debo dejar el campo —le explicó Toby cuando Tod lo invitó—. Tendré problemas con mi amo.

—No te preocupes —dijo Tod—. Lo tengo todo pensado.

Levantó una de las grandes orejotas del perro y le susurró su plan.

Al rato, el zorrito apareció en el gallinero de Amos Slade. Corrió entre los pájaros, provocando que huyeran despavoridos cloqueando y moviendo las alas. Ésa era la señal para que Toby ladrara lo más alto posible.

Slade salió de la caseta justo a tiempo para ver a Toby persiguiendo a Tod hacia el bosque.

—¡Sígueme! —gritó Tod.

Condujo a su amigo por una serie de troncos huecos y luego por una larga madriguera. Cuando los dos amigos salieron a la superficie, estaban justo detrás de la casa de Tod. La Viuda Tweed los estaba esperando.

—¡Rápido! —dijo, haciéndolos pasar.

Mientras Slade buscaba a Tod y a Toby por el bosque, empezaba la fiesta en casa de la viuda. Los tres jugaron al escondite, a poner la cola al burro y a soltar la pinza en un tarro. Tod ganó todos los juegos. Finalmente, llegó la hora de cortar el pastel. Después de que todo el mundo repitiera, la viuda vio que Slade salía del bosque. Sacó a Toby por la puerta trasera, donde se quedó ladrando ferozmente.

—¡Bien hecho, Toby! —dijo Slade—. ¿Has perseguido a ese maldito zorro por todo el bosque?

Toby miró a su dueño y movió la cola.

—Toby —dijo Slade—. ¿Qué tienes en la cara?

El perro giró la cabeza y rápidamente se lamió la tarta que le quedaba en la cara.

—Hmmm —dijo Slade—. Debo de haberlo imaginado. Bueno, vamos a casa.

Dentro de la caseta, Tod sonrió. Había sido un cumpleaños estupendo, ¡y compartirlo con su mejor amigo había sido la guinda del pastel!

Una sonrisa para Risitas

Risitas, el payaso, miraba con melancolía por la ventana de la habitación de Bonnie.

«Pobre Risitas, siempre parece muy triste», pensó Jessie.

La expresión del payaso le dio una idea.

—Vamos a intentar que se ría —dijo, reuniendo a sus amigos—. ¡El primero que lo consiga será coronado como «Juguete más Divertido»!

Después de un tiempo para prepararse, los juguetes empezaron con sus actuaciones. El primero fue Pony, el unicornio.

—¡Mira! —dijo, levantándose con una sola pata mientas mantenía en equilibrio una pelota con su cuerno.

—¡Soy un unicornio malabarista!

Risitas refunfuñó.

—Pues vale —le dijo.

Pony volvió con los demás, decepcionado.

—Pensaba que siendo un payaso apreciaría un buen número de circo —dijo.

Jessie se montó sobre la grupa de Perdigón.

—¡A lo mejor prefiere un rodeo! —sugirió.

Zarandeó su lazo mientras Perdigón saltaba y brincaba por la habitación. Fue un gran espectáculo, pero Risitas no parecía impresionado.

A continuación llegó el turno del Sr. y la Sra. Patata. Apenas se los reconocía en cuanto salieron de debajo de la cama: tenían los brazos donde debían ir los ojos, las bocas donde las orejas y las narices en lo alto de la cabeza.

—¡Uy, creo que nos hemos liado un poco! —se rio el Sr. Patata.

Eran dignos de ver, pero no lo suficientemente divertidos como para animar a Risitas.

Jessie reunió a sus amigos junto al castillo de cartas que Bonnie había preparado por la mañana, para no estar a la vista del payaso.

—Qué difícil es hacerle reír —comentó.

De pronto, hubo un sonoro «¡Boing!» y algo pasó sobre sus cabezas.

—¡Todos a cubierto! —gritó Jessie, mientras tres pequeñas bolas verdes rebotaban contra el castillo de naipes, desmoronándolo.

—¡Cuidado! —rieron las bolas.

Las cartas cayeron de golpe sobre Jessie y los demás, tumbándolos en el suelo.

—¿Qué ha sido eso? —preguntó Pony.

—Quizá un terremoto —respondió la Sra. Patata, con cara de preocupación.

Pero el Sr. Patata sabía bien lo que había ocurrido. El alboroto lo habían causado las guisantes de juguete, a las que les encantaba ir rebotando por la habitación. El Sr. Patata estuvo a punto de regañarlas cuando, de pronto, oyó un sonido que nunca antes había oído: ¡Risitas estaba riendo!

—Sois muy divertidas, guisantes —comentó.

Jessie se puso contenta. Ya habían encontrado a los juguetes más divertidos, pero ordenar aquel desastre que habían hecho antes de que Bonnie volviera a casa ¡no iba a ser cosa de risa!

Lucky ríe el último

Se estaba haciendo tarde en casa de Pongo y Perdita, pero sus queridos cachorritos aún no se habían dormido. Y no es que no quisieran irse a dormir; de hecho, la mayoría quería. El problema era que uno de ellos no les dejaba: ¡Lucky!

—Y ¿os acordáis, al principio, cuando Relámpago saltó por el acantilado? ¡Fiuuu! Como un cohete. ¡Directo al otro lado! —dijo Lucky.

—Sí, Lucky, nos acordamos —dijo su hermana Penny con un gruñido—. ¿Cómo nos íbamos a olvidar? ¡Nos lo has recordado 101 veces!

—¡Sí, fue increíble! Y luego, cuando...

—¡Lucky! —gritó Rolly—. ¡Todos hemos visto el mismo capítulo de esta noche de *Relámpago*! No tienes que contárnoslo.

—Sí, lo sé, pero sólo quería contaros la parte en la que Relámpago encuentra a la niña y corre para contárselo al sheriff.

—¡Lucky, es tarde! ¡Queremos irnos a dormir! —ladró Patch.

Lucky apoyó la cabeza sobre las patas.

—Vale —dijo—, ya me callo.

Todos los cachorros cerraron los ojos.

—¡Ah! Y ¿qué os pareció cuando el sheriff le dijo a Relámpago que escalara el acantilado y él llega a la cima y coge esa cuerda con los dientes y tira de la niña hacia arriba...?

—¡Lucky! —gritó Pepper—. Nos da igual Relámpago. ¡Queremos dormir!

—Está bien —suspiró Lucky, tumbándose una vez más—. ¡Esperad un segundo! —Se sentó—. ¿Os da igual Relámpago? ¿Cómo os puede dar igual que cargue con una niña por el puente roto y a través de los rápidos?

—Queremos decir —dijo Freckles— ¡que queremos que te calles para poder dormir!

—¿Queréis decir —dijo Lucky— que no queréis que os cuente la última parte, cuando Relámpago corre de vuelta a la montaña y entra en la cueva y allí se encuentra esa cosa tan maravillosa?

—¡Sí! —dijeron los hermanos y las hermanas de Lucky al unísono.

—¿Por qué no lo habéis dicho antes? —dijo Lucky—. Buenas noches.

Y con eso, Lucky cerró los ojos y, durante un minuto, todos disfrutaron del silencio. Entonces Penny se sentó.

—Eh, espera un momento —dijo—. ¿Qué es lo que se encuentra?

—Sí —dijo Patch—. Me he perdido esa parte.

—Yo también —dijo Rolly—. ¿Qué es lo que se encuentra exactamente, Lucky? Cuéntanoslo.

Pero no hubo respuesta. Lucky se había dormido y ahora el resto de los dálmatas estaban despiertos.

DISNEP·PIXAR
MONSTRUOS, S.A.

Hora de dormir para Billy

Mike, el monstruo de un solo ojo, y su amigo Sulley estaban entusiasmados esa noche. Esperaban al sobrino de Mike, Billy.

—Todo va a ir bien, hermanita —dijo Mike—. Sulley y yo cuidaremos del pequeño. Tú no te preocupes de nada.

Los padres de Billy le dieron un beso de despedida y subieron al coche. Los tres monstruos entraron en casa y comieron pizza y palomitas mientras veían películas. Después, escucharon música, cantaron y bailaron. ¡Billy y Mike incluso hicieron un concurso de videojuegos! Pronto llegó la hora de acostarse.

—Es hora de cerrar los ojos, amiguete —dijo Mike, bostezando.

Pero llevar a Billy a la cama no iba a ser tarea fácil. Hubo un detalle muy importante que la madre de Billy olvidó decir: ¡Billy tenía miedo a la oscuridad!

—¡Aaaaaaahhhhh!! —gritó Billy.

—¿Q-qué pasa? —exclamó Mike, mientras Sulley y él entraban corriendo en la habitación.

—Hay u-un niño escondido en el a-armario... —balbuceó Billy—. ¡Quiere co-cogerme!

Mike y Sulley buscaron al niño humano. Revisaron toda la habitación de arriba abajo, una vez con las luces encendidas y dos veces con las luces apagadas.

—No hay ningún niño —dijo Mike.

—Todo despejado —informó Sulley.

—Ya puedes dormir —dijo Mike.

Pero Billy seguía estando asustado. Mike y Sulley se dieron cuenta enseguida de que tenían que pensar en otro plan.

¿Cómo podían demostrar a Billy que los niños no daban miedo?

—¡Lo tengo! —exclamó Mike—. ¡Vamos a mostrarle el álbum de recuerdos!

—¡Eres un genio, Mike! —repuso Sulley.

Los tres monstruos miraron el álbum de recuerdos. Estaba lleno de fotografías de monstruos con niños, recortes de periódicos de ellos juntos y noticias de risa.

—Mira, Billy —indicó Mike—. Los niños humanos no son peligrosos; les encanta divertirse, como a ti.

—¡Y ellos nos ayudan! —añadió Sulley—. ¡Sus risas hacen funcionar nuestra ciudad!

—Verás, Billy, a veces los niños humanos se asustan de nosotros —dijo Mike—. Pero cuando ven que somos divertidos y amistosos, se dan cuenta de que no hay razón para tener miedo de los monstruos.

Billy pronto se quedó dormido, mientras Mike y Sulley observaban desde la puerta.

—Genial. Otro trabajo bien hecho, Mike —dijo Sulley y se fueron a descansar.

Un sueño hecho realidad

Dusty estaba soñando despierto. Se imaginó pintado con los colores de los Corsarios del Aire y listo para salir de patrulla con los mejores jets, Echo y Bravo.

—Volamos mucho más rápido que tú —le advirtió Echo—. Tenemos que cubrir una zona enorme.

Dusty suspiró resignado.

—Esperaba seros de ayuda —dijo.

Bravo sonrió.

—Bueno, si ya estás decidido… Al fin y al cabo, ¡eres un Corsario del Aire honorario!

Celebrándolo con alegría, Dusty despegó junto a los jets. Rugieron en el aire delante de él, dejando una estela por donde pasaban.

Girando su hélice a toda velocidad, se apresuró a seguirlos.

—Ya os tengo —dijo jadeando después de alcanzarlos sobre el océano.

—En realidad, hemos frenado un poco para esperarte —dijo Bravo.

Los jets explicaron que normalmente vuelan mucho más alto para evitar la resistencia del aire, pero que eso era demasiado peligroso para Dusty.

—¿Significa eso que no puedo hacer nada para ayudaros? —preguntó la avioneta.

Echo puso los ojos en blanco.

—Eres un campeón de carreras, ¡no un jet de la Marina!

Dusty se quedó chafado. Sabía que Echo tenía razón, sólo era un fumigador de éxito. ¿Cómo podía competir con los mejores jets de la Marina?

De pronto, en la radio sonó una llamada de socorro.

—Torre de control a Echo y Bravo. Tenemos un SOS. Un avión comercial ha realizado un amerizaje de emergencia. Debería estar al oeste de vuestra posición actual.

Los motores de los jets empezaron a rugir y salieron disparados cruzando el mar a velocidades de vértigo. ¡El único problema era que volaban en dirección contraria!

—¿Pero adónde vais? —gritó Dusty.

Los jets explicaron que debido a su velocidad, necesitaban mucho espacio para poder girar. Antes de dirigirse al oeste, tenían que volar al sur el tiempo suficiente para poder cambiar de dirección y buscar el avión caído.

Pero Dusty no tenía ese problema. Fue hacia el oeste de inmediato y descendió sobre el agua. Casi al momento, observó algo grande que flotaba en medio del mar.

—¡Lo he encontrado! —dijo, acercándose.

El avión se estaba hundiendo rápidamente, así que Dusty llamó a la base y les informó de su ubicación.

Al poco tiempo, un helicóptero de rescate llegó e inició el proceso para salvar al avión. En ese momento, llegaron Echo y Bravo con la lengua fuera.

—Buen trabajo, Dusty —dijeron—. Nos has ganado.

Dusty sonrió. Parecía que, después de todo, no hacía falta ser superrápido para resultar útil.

Disney
DUMBO

Un trabajo para Dumbo

Había sido un día duro para el pequeño Dumbo. Ya era bastante malo que todos excepto su madre se rieran de sus orejas, pero además a ella la habían encerrado en una jaula. Dumbo ni siquiera podía estar con la única persona que lo quería y lo trataba con decencia.

Lo que aún empeoraba las cosas era que Dumbo no tenía nada que hacer. Parecía que era la única criatura del circo que no tenía trabajo. Todos tenían un propósito excepto él. Lo único que podía hacer era estar triste y ser objeto de burlas.

El elefantito suspiró y fue a dar un paseo por las tiendas del circo. Pronto se encontró entre los puestos de comida. Allí también todos tenían trabajo. Algunos exprimían limones para hacer limonada, otros hacían palomitas o tostaban cacahuetes. El aire estaba lleno de olores maravillosos.

Por fin, Dumbo se encontró con un carrito de algodón de azúcar. Aquella nube rosa era muy tentadora y Dumbo quería probarla, pero había tantos clientes que no podía acercarse.

De repente, el pequeño elefante oyó un zumbido muy fuerte y todos los clientes levantaron las manos y echaron a correr.

El olor del azúcar había atraído a un montón de moscas.

—¡Fuera! —gritó el hombre del algodón de azúcar—. Marchaos antes de que espantéis a toda la clientela.

Dumbo estiró la trompa para oler el delicioso algodón de azúcar.

—No, Dumbo —gritó el hombre—. Ya tengo bastante con las moscas, no quiero tener que espantar elefantes también.

El pobre elefantito se sobresaltó y, al respirar, succionó algodón de azúcar por la nariz.

¡Achís! Cuando estornudó, las orejas de Dumbo se batieron y pasó algo maravilloso.

—¡Extraordinario! —dijo el hombre del algodón de azúcar—. Todas las moscas se han ido. Han creído que tus orejas eran matamoscas gigantes.

El hombre dio una palmadita a Dumbo en la cabeza.

—¿Quieres un empleo?

Dumbo asintió con entusiasmo y ondeó las orejas. Enseguida, el carrito del algodón de azúcar fue el más popular del circo y el que menos moscas tenía. Pero lo mejor de todo era que ahora Dumbo tenía algo que hacer para no pensar en sus problemas. Aún estaba triste, pero las cosas ya no parecían tan malas. Y, ¿quién sabe?, quizá pronto podría volver con su madre.

—Me pregunto qué otras cosas maravillosas pueden hacer esas orejas —dijo el hombre del algodón de azúcar, dedicándole al pequeño una sonrisa amistosa—. Seguro que te llevarán muy lejos.

¡Escóndete, tío!

—¡Vamos, Chiqui! —gritó Nemo alegremente—. ¡Una carrera hasta el arrecife de coral! Nemo salió batiendo sus aletas desiguales tan fuerte como pudo. Su pequeña amiga, la tortuga de mar, se rio y nadó tras él.

Chiqui había ido a visitar a Nemo a su casa en el arrecife de coral.

—¡Por aquí, amigo! —gritó Chiqui, deslizándose por el agua—. ¡Estoy cogiendo una corriente superguay por aquí!

Nemo dudó un segundo al ver a su amigo lanzarse a través de unos corales punzantes. ¡Chiqui era muy valiente! Incluso después de todo lo que le había pasado a Nemo (ser capturado por un buceador y escapar de una pecera para volver a casa) éste aún tenía miedo algunas veces.

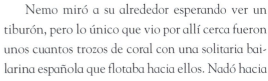

Cogió aire y se lanzó a la corriente, batiendo las aletas, mientras el agua se lo llevaba. Al final, llegó al otro lado de la corriente y terminó en aguas calmadas, junto a Chiqui.

Se rio.

—¡Oye, qué divertido! —gritó—. ¡Hagámoslo otra vez! ¿Chiqui? Chiqui, ¿qué te pasa?

La tortuga de mar miraba hacia la distancia con los ojos muy abiertos.

—¡Escóndete, tío! —gritó Chiqui.

Antes de que Nemo pudiera responder, Chiqui metió la cabeza y las patas en su caparazón y cayó al fondo del mar con un ¡pop!

El pequeño pez payaso empezó a temblar. ¿Qué había asustado tanto a Chiqui?

Nemo miró a su alrededor esperando ver un tiburón, pero lo único que vio por allí cerca fueron unos cuantos trozos de coral con una solitaria bailarina española que flotaba hacia ellos. Nadó hacia el fondo y dio unos golpecitos en el caparazón de su amigo.

—¡Ey! —dijo—. ¿Qué ocurre? No hay nada.

—¡Uf! —Chiqui asomó la cabeza por el caparazón, miró alrededor y entonces se escondió de nuevo. Cuando habló, el caparazón le hizo eco—. ¡Aún está ahí!

Nemo parpadeó y miró de nuevo. Y, de nuevo, lo único que veía era el coral y la bailarina española.

—Espera un momento —dijo, pues de repente lo entendió—. ¿Nunca habías visto una bailarina española?

—¿Una bailarina... qué? —preguntó Chiqui.

Nemo volvió a golpear el caparazón de su amigo.

—Es una especie de babosa marina —explicó—. No te preocupes, son buenas; no debes tener miedo. Te lo prometo.

Al final, Chiqui volvió a sacar la cabeza y sonrió a Nemo, avergonzado.

—Perdona, amigo —dijo—. Nunca había visto ninguna y me ha asustado.

—No pasa nada. —Nemo le devolvió la sonrisa. Él, mejor que nadie, sabía que las cosas nuevas podían dar miedo y ahora sabía que no era el único al que le pasaba—. Venga, vamos a jugar —dijo.

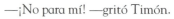

EL
REY LEÓN

El mejor pescador

Simba y sus amigos, Timón y Pumba, estaban hambrientos. Caminaron por el bosque hasta que llegaron a un viejo árbol podrido. Timón golpeó el tronco.

—¿A qué suena, Timón? —preguntó Pumba.

—¡A nuestro desayuno! —respondió Timón.

Tiró de la corteza y cientos de larvas salieron. Timón le pasó una a Simba.

—No, gracias —suspiró Simba—. Estoy cansado de comer larvas.

—Bueno, las hormigas también son sabrosas —dijo Timón—. Las hay de dos sabores: rojo y negro.

Simba negó con la cabeza.

—¿Sólo coméis bichos?

—¡Y pescado! —dijo Pumba.

—¡Me encanta el pescado! —exclamó Simba.

—¿Por qué no lo has dicho? —dijo Timón—. Hay un estanque al final de este camino.

Los tres amigos se fueron en esa dirección.

—Y ahora, ¿qué? —preguntó Simba cuando llegaron al estanque.

—¡Ése es el problema! —dijo Timón—. No es que seamos los mejores pescadores del mundo.

—¡Yo os enseñaré! —dijo Simba.

El león trepó a un árbol y reptó por una rama que llegaba hasta el agua. Entonces sacó un pez del estanque.

—¿Lo véis? —dijo Simba saltando al suelo con agilidad—. No hay problema, pescar es fácil.

—¡No para mí! —gritó Timón.

El suricato se colgó de la rama, pero sus brazos no eran lo bastante largos como para alcanzar los peces. Simba se rio.

—Mejor deja que lo intente Pumba.

—¡Qué gracioso! —gritó Timón—. Pumba ni siquiera puede subirse al árbol.

—¿Te apuestas algo? —preguntó Pumba.

—Quédate ahí —le advirtió Timón—. No creo que esa rama sea lo suficientemente fuerte para aguantar el peso de los dos.

De un salto, Pumba aterrizó en la rama cerca de Timón y uno de los extremos empezó a doblarse.

—¡Ostras! —gritó Timón mientras saltaba a otro árbol.

¡Crac! La rama se rompió por debajo de Pumba. Con un grito, aterrizó en el estanque y la salpicadura de agua fue enorme.

Simba, sentado en la orilla, quedó empapado. Timón maldecía desde donde estaba. El agua del estanque les había llovido encima a los tres.

Simba abrió los ojos y empezó a reírse. Timón también.

Pumba estaba sentado en una piscina de barro donde antes estaba el estanque. Había salpicado tantísima agua que docenas de peces se retorcían en el suelo, esperando a ser engullidos.

—¡Vaya! —gritó Timón—. ¡Creo que Pumba es el mejor pescador de todos!

El escuadrón de rescate de Mate

Rojo, el camión de bomberos, estaba regando algunas flores frente a la estación donde trabajaba.

—Antes yo era camión de bomberos —le dijo Mate de pronto.

Entonces empezó a contarle la historia de Mate, el miembro del escuadrón de rescate.

Mate se encontraba en la estación de bomberos cuando llegó una llamada.

—Hay un incendio en el 120 de la calle Michael Way.

Mate reconoció la dirección.

—¡Ésa es la vieja fábrica de gasolina y cerillas! —exclamó.

Salió corriendo de la estación y cruzó todas las calles hasta llegar allí. Momentos después, se encontraba ya frente al edificio en llamas. Apuntó con la manguera y empezó a apagar el fuego. Combatió las llamas con valentía, ignorando el peligro.

—Mate —dijo Rayo, interrumpiendo la historia—. No me puedo creer que fueras camión de bomberos.

—¿Es que no te acuerdas? —respondió Mate—. ¡Tú también estabas allí!

Entonces retomó la historia. El fuego se había extendido por toda la fábrica, pero Mate aún intentaba combatirlo. De pronto, una voz asustada empezó a gritar.

—¡Socooorrooo! ¡Ayuda, por favor!

¡Rayo estaba atrapado en la planta superior del edificio en llamas!

El camión de rescate empezó a subir su escalera hacia donde se encontraba el deportivo y pronto la dejó justo debajo de Rayo. ¿Quedaría tiempo suficiente para rescatarlo y dejarlo en tierra antes de que explotara la fábrica? La muchedumbre se quedó expectante, esperando con el motor en un puño.

¡Catapúm!

¡La fábrica sufrió una tremenda explosión! Por suerte, Rayo ya estaba fuera. Mate usó su escalera para dejarlo con una ambulancia. Por último, se giró hacia la multitud y sonrió.

Cuando Rayo llegó al hospital, lo entraron corriendo en la sala de operaciones. Todo el equipo de enfermeras estaba allí. Rayo miró alrededor. ¿Dónde estaba el médico? Entonces oyó la voz de una enfermera por megafonía.

—Hoy opera el doctor Mate.

Rayo parpadeó estupefacto. ¿Había oído bien? Segundos más tarde, el doctor entró en la sala. Rayo no podía creerse lo que veía. ¡Era el propio Mate!

—¿Ahora también eres médico?

—Exacto, amigo —respondió el doctor Mate.

Rayo contempló todos los diplomas que tenía colgados en la pared.

—¡Vamos allá! —dijo el doctor, acercando el brazo de un aparato mecánico escalofriante.

Justo entonces, Mate terminó la historia.

—¿Y qué ocurrió luego? —preguntó Rayo.

—Que te salvé la vida —dijo Mate.

—¿Quéééééééé? —Rayo estaba convencido de que se acordaría de algo así.

Supervivencia a toda costa

Era el primer día de verano, Dot y el resto de la Tropa de Frambuesas se preparaban para una gran aventura. Iban a hacer la Primera Expedición Salvaje Anual de las Frambuesas. Su viaje las llevaría al matorral de altas hierbas al lado de la colonia de hormigas. Estaba a unos metros de casa pero, para una hormiga, parecía un camino muy largo.

Mientras el grupo se preparaba para salir, llegaron algunos niños hormiga para burlarse de ellas.

—¿Vais de expedición sin víveres? —preguntó Jordy.

—Para tu información —dijo Dot en un tono de superioridad—, el objetivo principal es sobrevivir utilizando nuestra inteligencia. Cualquier cosa que necesitemos, la conseguiremos cuando lleguemos.

Las Frambuesas caminaron unos metros desde la colonia de hormigas, entonces Dot consultó su manual de supervivencia y dijo:

—Vale, lo primero que debemos hacer es construir un refugio para protegernos del sol.

—¡Ya sé! —exclamó Daisy—. Podríamos hacer una cabaña. Sólo tenemos que pegar palos entre sí con barro para hacer las paredes y después poner hojas sobre ellas para formar el tejado.

El resto de las Frambuesas decidieron que era una gran idea. Con mucho trabajo en equipo y mucha determinación completaron un refugio cómodo para cobijar a la tropa.

—Ahora —dijo Dot, consultando el manual otra vez—, hay que proteger nuestro campamento.

Así que las hormigas cavaron una estrecha zanja delante de la cabaña.

Después reunieron varias semillas y fueron a la cabaña para comer. Un poco más tarde, oyeron un grito. Cuando fueron a investigar, descubrieron a Reed, Grub y Jordy en lo más profundo de la zanja.

Estaba claro para las Frambuesas que los chicos no andaban metidos en nada bueno.

—Chicas... —dijo Dot, señalando a los chicos—, observad a uno de los enemigos naturales más comunes de las Frambuesas, aunque ciertamente no es uno de los más inteligentes.

Cuando llegó la hora de recoger y volver a casa, los chicos seguían atrapados en la zanja.

—Pronunciad las palabras mágicas y saldréis de ahí —propuso Dot.

—¡Vale, vale! —respondieron juntos Reed, Crub y Jordy—. Lo sentimos.

—¿Y que más? —preguntó Dot.

—Las Frambuesas mandan —admitieron los chicos finalmente.

Dot bajó una escalera hecha con palos.

—¡Por supuesto que sí! —exclamó ella—. Porque si podemos sobrevivir a vosotros, ¡podemos sobrevivir a cualquier cosa!

Simplemente tentacular

Twitch saltó, lanzando los brazos hacia arriba. Un niño de la guardería había dejado su bastón en un taburete y no podía alcanzarlo por muy alto que saltara.

Chunk, su amigo rocoso, se acercó para echarle una mano.

—No hace falta que saltes. Si construimos una escalera con los bloques, ¡podremos subir hasta ahí! —le dijo.

Los amigos intentaron coger el cesto de bloques de construcción de la estantería pero, por mucho que tiraban, no conseguían moverlo.

—¡Pesa demasiado! —se quejó Chunk.

—Oye, Pulpi —llamó Twitch—. ¿Nos echas un tentáculo?

La pulpo de juguete decidió ayudarlos.

—¡Claro!

Con sus largos brazos envolvió a los juguetes, que estaban cogiendo el cesto, y tiró de ellos. El cesto bajó con facilidad.

—¡Gracias! ¡Eres muy fuerte! —la felicitó Chunk.

Pulpi sonrió con tristeza y salió de la sala.

—¿Qué le pasa? —se preguntó Chunk—. Le he hecho un cumplido, pero no parecía feliz.

Mientras construían la escalera para recuperar el bastón, Twitch recordó a su amigo que Pulpi era una chica y que a veces le gustaba que la trataran como tal.

—Pero no es culpa mía —dijo Chunk—. ¡Es que no parece muy femenina!

¡Eso dio una idea a Twitch! Chunk tenía razón, Pulpi necesitaba un poco de ayuda con su aspecto y conocía a la persona perfecta para pedirle consejo.

—¡Barbie! —gritó—. ¿Te importa si me llevo algunas cosas?

Barbie pareció sorprendida, pero estaba encantada de ayudar a un amigo.

—¡Adelante! ¿Qué necesitas?

Después de coger prestadas algunas cosas, Twitch buscó a Pulpi y se puso manos a la obra. Al momento, ya había terminado. Se apartó un poco para admirar su trabajo y luego llamó a los demás.

—¡Eh, chicos! ¡Venid aquí!

Los demás juguetes acudieron enseguida.

—¿Qué ocurre? —preguntó Chunk, listo para cambiar a su cara de enfadado su hacía falta.

Twitch se echó a reír.

—¡No pasa nada! —aclaró—. ¡Sólo quería presentaros a Pulpi y su nuevo *look*!

Todos se quedaron pasmados al verla entrar. Llevaba un vestido diferente en cada par de tentáculos, y en la cabeza lucía un precioso sombrero decorado con flores de colores.

Pulpi sonrió feliz mientras daba algunas vueltas para que la vieran sus amigos, que aplaudieron y celebraron su nuevo aspecto.

—Estoy elegante, ¿verdad?

Todos sus amigos estuvieron de acuerdo. Barbie siempre estaba estupenda con sus vestidos, ¡pero solo Pulpi podía llevar cuatro de ellos al mismo tiempo!

Disney · PIXAR

LOS INCREÍBLES

Un desastre con diamantes

Míster Increíble, en su identidad secreta como Bob Parr, se encontraba en el museo, donde se estaba celebrando una nueva exposición de diamantes. El propietario del museo, el señor Bradbury, no se alegraba mucho de verlo allí.

—Sólo he de comprobar el sistema para saber si cumple con los estándares del seguro antes de actualizar la póliza para que cubra los diamantes —explicó Bob.

El señor Bradbury refunfuñó y empezó a mostrarle el avanzado sistema de seguridad del museo. Señaló las cámaras ocultas que controlaban todos los movimientos de los visitantes. Le mostró los futuristas cañones láser, diseñados para acabar con cualquiera que fuera una amenaza.

Por último, le enseñó la parte más importante del sistema: una cuadrilla de guardas robot que insistía en que eran indestructibles.

Bob no estaba demasiado impresionado. Durante sus días como superhéroe, había visto (y destruido) sistemas de seguridad mucho más impresionantes que aquél mientras atacaba el cuartel general de diversos supervillanos. Aun así, parecía que iba a servir para mantener a salvo los diamantes.

Los dos salieron para cumplimentar el seguro, pero se sorprendieron cuando la alarma del museo empezó a sonar.

—¡Alguien intenta robar los diamantes! —gritó un joven guardia que corría nervioso por el edificio.

El instinto heroico de Bob lo lanzó a la acción.

—¡Les ayudaré! —dijo, preparándose para volver al museo.

El señor Bradbury lo detuvo.

—No se preocupe, mi sistema detendrá al ladrón. Es increíble —dijo.

Se sentó en un banco y empezó a relatar de nuevo lo impresionante que era su seguridad. Estaba a punto de repasar la parte sobre los láseres que siguen el movimiento cuando un guarda los interrumpió.

—¡Los láseres han fallado y los robots están descontrolados! —gritó el guardia.

El señor Bradbury se quedó pasmado cuando hubo una explosión en el edificio. Se levantó, presa del pánico. Si robaban los diamantes, ¡estaría arruinado!

De pronto, un ladrón enmascarado atravesó la entrada de museo llevando una bolsa sobre el hombro. El ladrón era grande y fuerte. Apartó al señor Bradbury con facilidad y corrió hacia la calle.

Al oír el grito del propietario del museo, Bob se giró. El ladrón fue directo hacia él y se estrelló contra su pecho.

Por un momento, el malhechor perdió el equilibrio por el impacto e intentó mantenerse en pie, pero luego cayó al suelo, inconsciente.

El señor Bradbury suspiró con alivio y le agradeció a Bob su ayuda.

—¡Ha sido increíble! —le dijo.

Bob se encogió de hombros.

—Sólo he venido para ayudar —respondió—. ¡Seguro a seguro!

El fabuloso Doc

Un día tranquilo en Radiador Springs, Doc reunió a sus dos amigos Sally y Rayo McQueen para que lo ayudaran a limpiar su garaje. Estaba hecho un desastre e iban a necesitar todas sus ruedas para ordenarlo.

—¡Mira cuánto polvo hay aquí! Ya es hora de que alguien limpie esto un poco —dijo Sally.

—Oye, ¿qué es esto? —preguntó Rayo.

—Sólo un viejo artículo de periódico —dijo Doc.

Rayo leyó el texto con atención. No se podía creer lo que veían sus ojos.

—¿Es cierto esto de que antes hacías lucha libre?

—No —respondió Doc—. Pero usé movimientos de lucha para ayudar a alguien hace mucho tiempo…

—¿Nos cuentas la historia? —preguntó Sally.

—Fue durante una gran carrera —empezó—. Estaba en la última vuelta con el fabuloso Gus O'Line. Íbamos muy igualados. Pero, de pronto, el locutor dijo que Gus tenía problemas.

—¡Eso me suena bastante! —se rio Rayo, quien ya había vivido algunas situaciones complicadas en la pista.

—Por supuesto, gané yo, pero no tenía ni idea de lo que había pasado —continuó Doc—. Me encontré a Gus con una rueda pinchada, el eje dislocado y convencido de que sus días como corredor habían tocado a su fin.

—¿Y fue así? —preguntó Sally, muy intrigada.

—Bueno, le dije que podría arreglarlo con un truquito de lucha que aprendí cuando era joven. Le expliqué que le iba a doler un poco y empezó a temblar y a decirme que no lo hiciera… pero le di con la rueda y lo arreglé al momento.

—Uf, qué dolor —dijo Rayo, que ya había sufrido algunas heridas en el pasado.

—Sí, pero funcionó. Los cámaras no dejaron de hacernos fotos, y Gus se sentía como nuevo. No sabía cómo darme las gracias —sonrió Doc—. Me sugirió que dejara las carreras y empezara a trabajar como médico… ¡o como luchador! ¡Las dos parecían ideas muy locas!

—Pero así has terminado, siendo un doctor para los amigos —dijo Sally sonriendo.

Rayo había oído muchas cosas sobre los días de Doc como corredor, pero muy poco sobre su entrenamiento médico.

—Al final te graduaste en Medicina, ¿no? —se preguntó.

Doc ignoró la pregunta refunfuñando.

—Parece que tienes el eje dislocado, Lightyear —dijo, girándose hacia Sally—. ¿Me ayudas a ponérselo en su sitio? ¡Va a ser bastante doloroso!

Rayo se quedó blanco en cuanto Doc se le acercó.

—¡Estoy bien! —dijo—. ¡Aunque seguro que eres un profesional en esto!

Rayo tenía clara una cosa: no iba a volver a preguntarle por su experiencia médica.

Disney
La **Dama** y el
VAGABUNDO

En la casita para perros

—Buenos días, Golfo —dijo Reina bostezando y estirándose. Rodó por encima de su cojín de seda—. ¿A que has dormido estupendamente?

Pero el sueño de Golfo había sido de todo menos estupendo. De hecho, no había dormido mucho. Aquella noche había sido la primera que se quedaba a dormir en casa de Reina, o en cualquier casa.

—¿Cómo lo consigues? —se quejó—. La cama es demasiado blanda, me siento como si me hundiera en una piscina de plumas. Y, entre los ronquidos de Jaime y el llanto del bebé, casi no podía oír a los grillos cantar.

—Ay, querido —dijo Reina, que se sentía triste por su compañero—. ¡Ya lo tengo! —exclamó—. Jaime y Linda te quieren mucho, estoy segura de que te dejarán dormir arriba, en su cama, esta noche. No hay nada en el mundo mejor que eso.

Pero Golfo negó con la cabeza.

—Me temo que necesito estar fuera —explicó—. Sé que tú te has criado así, pero es más divertido dormir bajo las estrellas y la luna. No hay nada a lo que aullar en esta habitación.

—Puedes ver la luna por la ventana —le dijo Reina.

Pero Golfo volvió a menear la cabeza.

—No es lo mismo —continuó—, también podemos dormir en la casita para perros del jardín.

¿Qué te parece si dormimos ahí fuera esta noche? Será como nuestra luna de miel.

—Pues... —Reina miró los ojos cansados de Golfo—. Está bien.

Y, así, aquella noche, tan pronto como se puso el sol y la luna empezó a alzarse en el cielo, Reina y Golfo salieron al jardín.

Feliz, Golfo dio tres vueltas y se tumbó.

—Me encanta sentir la tierra fresca en el ombligo —dijo con una sonrisa de ensueño, mientras Reina, con cuidado, miraba en la oscuridad y entraba en la caseta húmeda. Las estrellas ni siquiera habían salido y ya echaba de menos las comodidades de la habitación de Jaime y Linda.

Golfo vio como Reina se acurrucaba en el suelo de la caseta. Entonces se levantó, salió y luego volvió a entrar. No costaba mucho entender lo que le ocurría: Reina no podía relajarse en el frío y duro suelo.

—No te preocupes —dijo Golfo—, tengo una idea.

Dicho esto, corrió dentro de la casa y, segundos después, reapareció con el cojín de Reina entre los dientes. Con cuidado, barrió la caseta con la cola y dejó el cojín justo como a Reina le gustaba.

Reina sonrió y se tumbó y, aquella noche, ambos tuvieron los sueños más dulces que ninguno de los dos hubiera tenido nunca.

Disney
Peter Pan
El barco cocodrilo

—Mi barco, ¡mi precioso barco! —gimió el Capitán Garfio.

No había sido un buen día para el pirata. Peter Pan y los niños Darling le habían robado el barco y ahora estaba con Smee y los otros piratas encallado en una isla, con un bote de remos mordisqueado por el cocodrilo.

—Es una bonita isla, Capitán —dijo Smee, intentando animarlo—. Podría tomarse unas vacaciones. Mire esos círculos oscuros bajo sus ojos.

El Capitán Garfio se giró hacia Smee hecho una furia.

—¡Los piratas no se cogen vacaciones! —explotó Garfio—. ¡Los piratas se vengan! Que es precisamente lo que vamos a hacer, tan pronto como tengamos un barco nuevo para navegar.

Smee miró a su alrededor.

—¿Dónde vamos a encontrar un barco por aquí, señor? —preguntó.

—No vamos a encontrar ninguno. ¡Tú y el resto de esta panda de sarnosos vais a construir uno! Y no uno pequeño, sino uno grande y amenazador, hecho para un magnífico pirata como yo.

Durante semanas, los piratas talaron árboles y los cortaron en tablones para el barco. Tallaron miles de estacas para usarlas como clavos y machacaron muchísimas bayas para usarlas como pintura.

—¡Sois unos lentos! —se quejaba Garfio sentado en la sombra, sorbiendo zumo de una piña.

Finalmente, un exhausto Smee fue a buscar al capitán en cuanto éste despertó de su siesta.

—¡Ya está, Capitán!

Incluso Garfio tuvo que admitir que la nave era gloriosa. Tenía forma de cocodrilo gigante y la pintura era verde como un reptil.

—Nadie se atreverá a acercarse a este barco. Ni siquiera ese cocodrilo molesto. No querrá enfrentarse a nada tan terrorífico —le aseguró Smee.

El Capitán Garfio estaba encantado.

—¡Zarparemos mañana! —se jactó.

Aquella noche, Smee no pudo resistirse a darle el último toque a la nave y pintó una hilera de pestañas en los párpados del cocodrilo.

Por la mañana, Garfio y la tripulación subieron a bordo y zarparon. El cocodrilo pronto apareció.

—¡Smee! —chilló el Capitán aterrorizado—. ¡Creía que habías dicho que no se acercaría!

—Pero mire lo calmado que está —dijo Smee, confuso—. Incluso sonríe.

Smee se asomó por la borda.

—Puede que sean las pestañas que pinté. Quizá piensa que el barco es su madre.

Garfio golpeó con la espada al pirata gordito.

—¿Has hecho que mi barco parezca una mamá cocodrilo? ¡Esta nave debía ser terrorífica!

—Las madres pueden ser terroríficas, señor —dijo Smee—. Tendría que haber visto a la mía cuando le dije que iba a hacerme pirata.

Una imaginación desbordante

Baymax, Hiro y los demás héroes se había puesto su traje para buscar indicios de problemas por Isla Akuma. No parecía que hubiera mucha cosa, así que Fred empezó a narrar lo que estaban haciendo para volver la búsqueda más emocionante.

—Los valientes Ángeles de Fred entran en la misteriosa fortaleza enemiga —dijo con voz teatral.

GoGo puso los ojos en blanco.

—Sólo es un pasillo, Fred.

Fred se rio y comentó que un verdadero genio de la tecnología sabría que nada es lo que parece, y que el peligro puede acechar en cada esquina.

De pronto, dio un respingo.

—¿Habéis oído eso? ¡Hemos activado una alarma silenciosa! —susurró.

GoGo intentó preguntar cómo es que podía oírla si era silenciosa, pero antes de que pudiera terminar la frase, cayeron por un agujero.

—¡Se ha activado una trampa y los Ángeles de Fred caen al vacío! —exclamó Fred mientras los demás gritaban a su alrededor.

Aterrizaron en un complejo subterráneo con tecnología avanzada, y no tardaron en darse cuenta de que estaban atrapados en algo peligroso.

—¡Oh, no! —dijo Fred—. ¡Nuestros héroes se encuentran atrapados en una bobina de plasma!

Una figura encapuchada se acercó desde las sombras. Su cara de rata asomaba con malicia.

—¡Y no hay nada que podáis hacer para escaparos! —se burló la figura encapuchada.

Wasabi destrozó la trampa con facilidad.

—¡Gracias a Wasabi y a sus mortíferas cuchillas, los Ángeles de Fred se liberan y están listos para la acción! —narró Fred—. GoGo ataca primero y su valiente líder, Fred, la ayuda.

Fred describió la batalla que tenía ante los ojos.

—Nada puede detener al doctor Rata —advirtió el villano, usando una ráfaga de energía para repelerlos a todos.

Fred apretó los dientes.

—Baymax se prepara para contraatacar con la ayuda de su invencible líder —gritó.

GoGo le dio una palmadita en el hombro. Él parpadeó. El complejo subterráneo desapareció y en su lugar aparecieron unas alcantarillas. Miró alrededor. La trama sólo eran un montón de telarañas y el malvado doctor Rata un simple roedor que pasaba por allí. La imaginación de Fred se había desbordado de nuevo.

—Si no hubieras tropezado con tu cola, no nos habríamos caído por esta rampa —dijo GoGo—. La realidad no es como en tus cómics.

Fred sonrió de oreja a oreja. GoGo tenía razón: ser un superhéroe de verdad no era como en los cómics. ¡Era mucho mejor!

—Escapando a duras penas del malvado doctor Rata, los Ángeles de Fred no saben qué les espera al girar la próxima esquina… —dijo.

Entonces, subió por la rampa en busca de su próxima aventura.

Disney
Aladdín

Día de mercado

Últimamente, el pequeño mono Abú no parecía él mismo. Estaba sentado en la ventana mirando hacia el pueblo con nostalgia.

—Sí —dijo Aladdín—. Un paseo por el mercado es justo lo que necesitamos. ¡Vamos ahora mismo!

Pasaron una tarde maravillosa visitando a unos viejos amigos. Abú jugó con Salim, la cabra; bromeó con Kahlil, el buey, y tomó el pelo al camello Gamal. Aladdín y él se pararon en todos los puestos para saludar a los vendedores. Aladdín vio lo feliz que estaba Abú entre el bullicio del mercado.

—Ya sabes, Abú —dijo Aladdín esa noche—, cuando quieras puedes invitar al palacio a tus amigos del mercado.

El mono empezó a dar saltos de alegría.

Al día siguiente, Abú desapareció a primera hora de la mañana. Cuando regresó, Salim y Kahlil estaban con él.

—Bienvenidos —saludó Yasmín—. Por favor, sentíos como en casa.

Pero no hacía falta que se lo dijera, porque la cabra ya estaba comiendo las cortinas y el buey paseaba por el jardín rumiando las flores.

—Podemos comprar cortinas o plantar flores. Lo importante es que Abú esté feliz —dijo Aladdín a Yasmín, que accedió de mala gana.

Al día siguiente, llegaron Gamal y otros muchos camellos. A Yasmín no le gustó que escupieran en su alfombra nueva, pero Aladdín recordó que era por la felicidad de Abú.

El día después, el vendedor de fruta entró en el palacio con su carro. Otro vendedor llegó con un montón de pescado. Luego llegaron la mujer que vendía dátiles y el hombre que vendía cerámica.

—Es estupendo que Abú tenga tantos amigos —comentó Aladdín sonriendo.

—Sí —afirmó Yasmín—. Pero, ¿has notado que sólo vemos venir a sus amigos y nunca los vemos marcharse del palacio?

—Ahora que lo mencionas, sí lo he notado —respondió Aladdín—. Vamos a ver qué está pasando.

La pareja siguió a Abú mientras llevaba a sus invitados al jardín. Lo que vieron los dejó realmente sorprendidos. ¡Estaba el mercado entero! Aladdín se echó a reír.

—¡Supongo que la próxima vez que Abú se sienta nostálgico no tendrá que ir más lejos que al patio trasero!

Yasmín suspiró.

—Aladdín, esta gente no puede quedarse aquí.

Pero al ver la mirada triste de Aladdín añadió:

—Tal vez podrían volver el mes que viene.

Y así comenzó una nueva tradición, el «Día de mercado en palacio», que tuvo lugar una vez al mes. ¡Y eso hizo muy feliz a Abú!

El Aullido Nocturno

Rolly, Patch, Lucky y el resto de los cachorros estaban viendo el final de *La hora de aventuras de Relámpago*. Cuando empezaron los títulos de crédito, Pongo apagó la televisión.

—¡Venga, papá! —se quejó Patch.

—Os hemos dejado estar levantados hasta el final del episodio —dijo Pongo.

Lucky se sentó mirando hacia la pantalla de la televisión en negro, esperando que se encendiera sola por arte de magia.

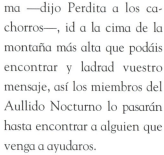

Perdita lamió su cara animándolo.

—Sentaos, niños. Vuestro padre y yo tenemos que hablar con vosotros.

—Oh, oh... —dijo Penny, preocupada.

—Nada de eso —le aseguró Pongo—. Creemos que es hora de contaros la leyenda del Aullido Nocturno.

—¡Suena bien! —dijo Pepper con alegría.

—¿Qué es el Aullido Nocturno? —preguntó Freckles.

—Cuenta la leyenda —empezó Perdita—, que los perros tienen una forma especial de enviarse mensajes entre ellos. Va desde la parte más lejana de la ciudad hasta el campo.

—¡Vaya! —sopló Penny—. Y ¿para qué sirve eso?

—A veces —empezó Pongo—, hay que enviar información de un lugar a otro rápidamente, y no hay tiempo para ir a ese otro lugar en persona.

—¡Yo no necesito ese Aullido Nocturno! —dijo Patch—. Sé cuidarme solo.

—¡Eso es poco probable! —respondió Lucky muy bajito.

—¿Y tú qué sabrás? —ladró Patch.

—Si alguna vez os metéis en algún problema —dijo Perdita a los cachorros—, id a la cima de la montaña más alta que podáis encontrar y ladrad vuestro mensaje, así los miembros del Aullido Nocturno lo pasarán hasta encontrar a alguien que venga a ayudaros.

—A mí todo eso me parecen tonterías —dijo Patch a sus padres.

—¡Patch! —regañó Pongo al cachorro—. Eso no está bien.

Justo entonces, Lucky empezó a aullar a pleno pulmón en la sala de estar.

—¿Qué te pasa? —preguntó Perdita.

—Estoy probando a ver si funciona —dijo Lucky—. Para que nos rescaten de Patch.

—Lucky —le regañó Perdita—, pide perdón a tu hermano.

—No pasa nada —dijo Patch—. No necesito sus disculpas. Tenía razón de todas formas. Todo ese aullido y ni una palabra del Aullido Nocturno.

En ese momento, sonó el timbre. Todos los cachorros aguantaron la respiración y se giraron a mirar a Patch.

Perdita y Pongo sonrieron, sabiendo que, en realidad, era Roger que volvía de la tienda con leche para el desayuno del día siguiente.

Disney · PIXAR
TOY STORY 3

El cerdo hada

Jam estaba teniendo un mal día. Bonnie había decidido que sería el cerdo hada, el dulce y amable compañero de Pony, el unicornio.

En cuanto Bonnie se marchó, Jam empezó a quejarse.

—No puedo ser un cerdo hada —gruñó—. ¡Soy el malvado doctor Chuletón!

Jam suspiró, pero Pony fue a susurrarle algo.

—Sin embargo, ahora puedes convertirte en miembro del Club Secreto de los Unicornios.

—¡Basta de cuentos de hadas, Pony! —le gritó Jam, pero su amigo siguió hablando.

—El CSU es sólo para agentes unicornio secretos y hay que pasar por tres peligrosas pruebas para convertirse en uno.

¿Peligrosas pruebas? Jam no se lo creía, así que se sorprendió mucho cuando Pony lo llevó al tejado de la casa de Bonnie.

—Pensaba que las pruebas serían de dar abrazos o algo así —dijo.

—Te equivocas —respondió Pony, y luego empujó a Jam por el borde.

Con un grito nervioso, el cerdo cayó al vacío. Las tiras de goma que llevaba en las patas actuaron como una cuerda de *puenting* y le hicieron volver arriba. Rebotó unas cuantas veces hasta que Pony lo bajó a tierra firme.

Jam había completado la primera prueba, pero aún le quedaba un largo camino.

—Ahora viene la prueba de obstáculos —anunció el unicornio.

Aquélla fue incluso más complicada que el *puenting*. Primero tuvo que esquivar una lluvia de bellotas y, luego, cruzar un laberinto de plantas y árboles.

—¡Socorro! —gritó al atascarse en un pasadizo estrecho—. ¡Me siento como una salchicha!

Jam logró llegar al fin hasta la meta del recorrido, agotado y jadeando. No tenía ni idea de que convertirse en miembro de un club de unicornios fuera a ser tan complicado.

—Y aún no has visto la tercera prueba —dijo Pony—. ¡El rizo de la lavadora!

Jam chapoteó, aterrorizado, mientras giraba dentro de la máquina, revolviéndose mientras rodaba, rodaba y rodaba.

—¡Aguanta, Jam! —dijo Pony—. ¡Después de un rato es sólo como un tiovivo!

Esa noche, una vez completadas todas las pruebas, el unicornio le concedió a Jam su medalla.

—Te nombro oficialmente agente secreto unicornio —dijo—. Pero no puedes decírselo a nadie. Para los demás juguetes, ¡siempre serás el malvado doctor Chuletón!

Jam asintió y sonrió feliz.

—Casi me olvido de enseñarte nuestro saludo secreto —dijo Pony.

Pasó las patas delanteras por los hombros de Jam.

—¡El abrazo de una hora!

—Lo sabía —suspiró Jam, exasperado.

Hizo como si odiara el saludo especial pero, en el fondo, lo disfrutó muchísimo.

Falta de personal

Dottie se encontraba correteando con expresión dubitativa. Cuando Dusty y Chug se acercaron, le preguntaron qué le ocurría.

—Una vieja amiga va a pasar por Hélices Junction —dijo.

Les explicó que hacía diez años que no la veía.

—Tengo mucho que contarle, pero no puedo dejar el taller solo.

Dusty y Chug se intercambiaron las miradas.

—¿Por qué no te tomas el día libre? —sonrió Chug.

Dottie no lo tenía claro.

—¿Y quién se va a ocupar del taller?

Chug le dijo que él y Dusty podían vigilarlo, y le prometieron que se las apañarían bien sin ella.

Encantada de oír aquello, Dottie les dio las gracias y se fue para reunirse con su amiga. Dusty y Chug esperaron en el taller, disfrutando de la sensación de ser mecánicos.

Al rato, llegó su primer paciente. Leadbottom tenía una grieta en el fuselaje y estaba buscando a Dottie para que se lo arreglara. Se sorprendió al encontrarse con Dusty y con Chug.

—¿Desde cuándo sois mecánicos? —preguntó—. ¿Sabéis cómo arreglar una grieta en el fuselaje?

—¡No hay problema! Estarás arreglado en un periquete —dijo Dusty, confiado.

Se volvió hacia Chug y le preguntó:

—¿Y ahora qué?

Chug tenía una idea. Harían un parche para la grieta de Leadbottom usando un viejo trapo que habían encontrado en unas cajas.

Leadbottom se durmió mientras Chug y Dusty trabajaban. Cuando se despertó, la reparación ya estaba lista.

—¡Qué rápidos! Dottie estaría orgullosa de vosotros —dijo—. Quizá debería tomarse algunos días libres más.

Leadbottom salió del taller y empezó a girar su hélice. Estaba a punto de despegar cuando vio el parche que tenía a un lado. Era de color rosa brillante, ¡y tenía un colorido patrón de flores!

El parche parecía ridículo, y por la forma en que ondeaba por el viento, tenía claro que no aguantaría mucho.

—¡Chuuuuug! —gritó—. ¡Dustyyyyy!

Por suerte, Dottie volvió un poco más tarde, contenta de haber pasado tiempo con su amiga. Se dispuso a realizar el trabajo de reparación como era debido. Al terminar, Leadbottom dejó escapar un suspiro de alivio.

—Gracias, Dottie. Sin ti, ¡estaríamos perdidos!

Dottie sonrió.

—¡No es problema, Leadbottom!

Aunque se habían divertido estando al mando del taller, Dusty y Chug estaban de acuerdo. Se lo habían pasado bien con las reparaciones, pero estaba claro que Dottie seguía siendo la mejor mecánica de Hélices Junction.

Fillmore a la fuga

Fillmore estaba charlando tranquilamente con su vecino Sargento cuando Mate llegó junto a Rayo.

—¡Eh, Fillmore! —gritó Mate—. ¡Hay alguien que te está buscando!

Fillmore se extrañó.

—¿Quién me busca? ¿Y para qué?

—¡Yo qué sé! —admitió Mate—. ¡Sólo ha dicho que era algo sobre tu combustible orgánico!

—Debe de ser el tipo de la semana pasada —comentó Sargento—. Esa cosa se le debe de haber indigestado.

Fillmore los miró con preocupación.

—¡Entonces no estará nada contento! Será mejor que desaparezca…

—¡Vamos! ¡Escaparemos por los campos! —dijo Rayo.

—Adelante —añadió Mate—, ¡tengo una idea!

Mientras corrían, a Fillmore le pareció ver el coche que lo buscaba y empezó a asustarse.

—¡Nos ha visto! ¿Qué hacemos?

—¡Calma! —le dijo Rayo.

Los dos amigos llegaron al final de un campo lleno de tractores que se encontraban recogiendo la cosecha.

—Haz sonar el claxon —dijo Rayo.

—¡Pero Frank se enfadará! —se quejó Fillmore.

—¡Eso es lo que quiero! —respondió Rayo, guiñando el ojo.

Al oír el fuerte sonido de bocina, la cosechadora Frank empezó a hacer rugir su motor y fue hacia ellos.

Fillmore y Rayo salieron a toda prisa.

Ya en la ciudad, Fillmore estaba hecho un manojo de nervios.

—¿Qué hacemos ahora? —preguntó.

—¡Sally nos ayudará! —lo tranquilizó Rayo.

Pero en cuanto le explicaron el problema, Sally confesó que tampoco sabía qué hacer.

—Lo mejor es que le preguntéis a Doc —dijo.

Fueron en busca de la sabiduría de Doc, pero por el camino, Fillmore localizó a su cliente insatisfecho paseando por la calle. ¡Parecía que buscaba guerra! Rápidamente, se escondió detrás de una estatua.

—Hola —saludó el vehículo con dibujos en los laterales—, estoy buscando a…

¡Crac! Un trozo de la estatua se cayó y todos se giraron en dirección a Fillmore.

—¡Por fin te encuentro! —dijo el perseguidor—. ¡Enhorabuena, Fillmore! ¡Tu combustible biológico es una maravilla! Me gustaría comprar un gran suministro para mi gasolinera.

Fillmore se quedó de piedra. Justo llegó Mate.

—¡Fillmore, he escondido todo el combustible!

Fillmore se sonrojó y se acercó a él.

—Creo que ha habido un malentendido, Mate. ¡Necesito que me lo devuelvas!

—Pues… tenemos un problema. Me he olvidado de dónde lo he dejado —confesó Mate.

Fillmore suspiró.

—Vamos, te ayudaré a buscarlo —dijo, y juntos partieron para encontrar el combustible perdido.

Bambi

Más dulce que un trébol

—Hola, Bambi —dijo una voz suave. Bambi levantó la cabeza de la hierba que estaba comiendo y su amigo Flor dejó de buscar bayas. Allí estaba la cervatilla que Bambi había conocido aquella primavera.

—Hola, Faline —dijo Bambi—. ¡Me alegro de verte!

—Yo también me alegro de verte —dijo Faline con vergüenza.

—¡Faline! —dijo un ciervo desde la pradera—, ¡ven a jugar conmigo!

Bambi entrecerró los ojos. No le gustaba la idea de que Faline se fuera a jugar con otro. Faline pestañeó confundida.

—¿Quieres que me vaya? —le preguntó a Bambi.

—No, no te vayas —dijo Bambi.

Pero ¿qué podía decirle para que se quedara? De repente, se le ocurrió una idea.

—Quiero enseñarte algo especial —le dijo.

—¿Algo especial? —preguntó Faline.

—Sé dónde encontrar los tréboles más dulces que jamás hayas probado —presumió Bambi. Tambor le había enseñado exactamente dónde encontrarlos.

—¿Dónde? —preguntó Faline.

—Tú sígueme —dijo Bambi.

Guio a Faline por el prado hasta el riachuelo. Entonces, siguió el arroyo hasta una colina empinada cubierta de hierba.

Al final, llegaron a una gran catarata.

—Los tréboles dulces están justo ahí, bajo aquel sauce llorón —dijo Bambi.

Bambi no podía esperar a compartirlos con Faline. Pero, cuando llegaron al árbol, no quedaba ni un solo brote de trébol.

—¡Este Tambor! —se quejó Bambi.

—¿Qué ocurre? —preguntó Faline.

Bambi sacudió la cabeza. Se sentía muy tonto. Había llevado a Faline hasta allí y ahora no tenía nada especial que compartir con ella. Pero, justo entonces, Bambi alzó la cabeza.

—Mira —susurró—, allí arriba, en el cielo.

Faline miró hacia arriba y sonrió.

Unas bandas brillantes de colores habían formado un arco por encima de la catarata.

—Es muy bonito —susurró Faline—. Nunca había visto nada así.

—Ni yo —dijo Bambi—. Pero recuerdo haber oído a mi madre hablar de esto. Creo que lo llaman arco... arcoíris.

—¡Es maravilloso! —dijo Faline.

—Me alegro de que te guste —dijo Bambi, un poco aliviado—. Y siento haberte traído hasta aquí y que no haya tréboles.

—Oh, Bambi —dijo Faline—. He venido porque quería estar contigo y, además, un arcoíris es una sorpresa mucho mejor que cualquier trébol.

El mejor piloto

Después de salvar a Kevin del malvado Charles Muntz, Russell, Carl y los perros volaron a casa en la nave de Muntz. Carl iba al timón, agarrándolo con confianza mientras la nave surcaba los cielos.

—¡Está seguro de que sabe lo que hace, señor Fredricksen? —preguntó Russell.

Era la cuarta vez que le hacía la pregunta, y Carl se estaba impacientando.

—¡Sí, sí! ¿Por qué no dejas de preguntarme?

Russell señaló por la ventana que tenían cerca.

—Es que nunca había estado tan cerca de una ola.

Carl miró hacia delante y dio un respingo. ¡Estaban sobre el océano y una ola enorme se dirigía hacia ellos!

Girando el timón, Carl logró esquivar el tsunami por los pelos… pero casi se la pegan contra un avión que pasaba. Habían evitado el accidente, pero Carl decidió que quizá Russell lo haría mejor al mando.

—No se preocupe, le llevaré a casa en un momento —dijo Russell, colocándose unas gafas de aviador.

Sin embargo, cuando la nave aterrizó, estaba claro que no estaban en casa. Carl observó la ventisca que había fuera y se dio cuenta de que se encontraban en el Polo Sur.

—¿Cómo de largo crees que será ese momento? —preguntó.

—Eh, todos los exploradores pueden cometer algún error —protestó Russell.

¡Pero resultó que los exploradores pueden cometer también montones de errores!

Después del Polo Sur pasaron por Australia, donde Dug persiguió a los canguros.

Luego pararon en la India y fueron a tomarse unas fotos en el Taj Mahal. Russell prometió que la siguiente parada sería en casa, pero la aeronave terminó aterrizando al lado de la Gran Muralla China, que estaba justo al otro extremo del lugar al que querían ir.

Cuando terminaron en París, Russell decidió que ya era suficiente.

—No puedes parar —dijo Carl—. ¿Quién nos llevará a casa?

—¡Yo puedo, amo! —dijo Dug.

Carl y Russell se quedaron mirándolo.

—¡Soy un gran rastreador!

Los dos se encogieron de hombros. ¿Qué podían perder? Dug se puso las gafas de aviador y cogió el timón con sus patas. Lo hizo girar rápidamente y la nave se quedó de lado. De pronto, Carl y Russel se preguntaron si no habrían cometido un grave error.

Pero no tardaron en asombrarse por lo que veían sus ojos. Tenían la ciudad justo debajo. ¡Estaban en casa!

Carl pensó que quizá Dug fuera mejor de lo que parecía.

—Por supuesto —dijo el perro, mientras se rascaba la oreja con la pata trasera y babeaba sobre el timón—. ¡Aunque siempre puedo equivocarme!

Disney·PIXAR
MONSTRUOS, S.A.

Mike y los perros

Era un día normal en la nueva Monstruos S. A. Mike Wazowski era uno de los mejores recolectores de risas. Contaba chistes graciosos y hacía reír a los niños, pero últimamente tenía problemas en el trabajo.

—¡Este niño tiene un perro! —gruñó Mike mientras leía el papeleo de su siguiente encargo.

A Mike le aterrorizaban los perros, pero nadie lo sabía. Le daba demasiada vergüenza contarlo. En ese momento llegó Sulley.

—¿A qué esperas, colega? —preguntó su amigo.

Mike no pudo pensar una excusa, así que entró de mala gana en el cuarto del niño. Vio al perro y saltó sobre una banqueta, pero era un perro juguetón. El perro corrió hacia la banqueta y se sentó frente a Mike. ¡Éste se puso tan nervioso que fue incapaz de acordarse de sus chistes!

El niño no se rio y Mike se sintió decepcionado. Sencillamente, no se podía relajar cuando había perros cerca.

Al día siguiente le asignaron el mismo cuarto, porque no había recolectado suficientes risas. Sulley se había dado cuenta de que Mike no quería ir, así que se escondió detrás de él para averiguar por qué.

Una vez dentro, Mike intentó contar un chiste, pero estaba tan nervioso que se quedó nuevamente paralizado.

Observando desde fuera, ¡Sulley descubrió que a su amigo le daban miedo los perros! El día después de trabajar, se lo preguntó a Mike.

—Me siento como un hueso de juguete cuando estoy cerca de ellos, ¡como si pudieran morderme! —gritó Mike.

—No te preocupes, colega —dijo Sulley y le enseñó todo sobre los perros.

Leyeron y vieron vídeos juntos sobre perros amigables y buenos compañeros.

—Que los perros babeen, tengan grandes dientes y hagan ruidos no significa que asusten —dijo Sulley.

Al día siguiente Mike y Sulley fueron a una habitación en la que había un perro. Mike recordó lo que le había enseñado Sulley: mantenerse tranquilo y dejar que el perro lo oliese. Respiró hondo. El perro se abalanzó sobre Mike y lo olfateó, y él se intentó relajar. El perro era simpático y Mike empezó a sentirse muy cómodo. Pronto estaba contando un chiste tras otro, ¡a cuál más divertido!

Gracias a la ayuda de Sulley, Mike se convirtió de nuevo en el mejor recolector de risas, e incluso llegaron a gustarle los perros. Le parecían animalitos graciosos y cariñosos.

—Tal vez tenga un perro para que me haga compañía —declaró Mike.

—Bueno, tal vez deberías empezar con un hámster —dijo Sulley riendo.

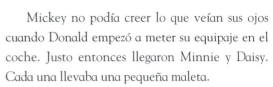

Deshacer la maleta

Una mañana, el Pato Donald oyó que alguien llamaba a la puerta. Cuando la abrió, encontró a su amigo Mickey Mouse.

—¡Hoy es el día! —exclamó Mickey.

—¿Qué día es hoy? —preguntó Donald bostezando.

—¿No te acuerdas? Hoy nos llevas de vacaciones a la playa a Minnie, a Daisy y a mí durante una semana —dijo Mickey—. ¿Has preparado ya tu maleta?

—¡Pensaba que nos íbamos la semana que viene! —respondió Donald.

—Pues nos vamos hoy —dijo Mickey—. En una hora Minnie y Daisy estarán aquí.

—¡Oh, no! —exclamó Donald.

—Tranquilo —dijo Mickey—. Tenemos tiempo para prepararnos. Empieza a hacer la maleta.

Mientras Mickey se relajaba en una hamaca en el porche, Donald volvió dentro.

—¿Qué debería meter? —se preguntó mientras corría por la casa—. Necesitaré mis juguetes, por supuesto, por si me aburro. —Donald fue al cuarto de juegos y metió sus juguetes en cajas.

—¿Qué más debería meter? —volvió a preguntarse Donald—. ¡Ropa! —Corrió a su dormitorio y sacó todas las maletas que tenía. Después vació todos los cajones y llenó las maletas.

Finalmente, Donald se tranquilizó.

—Esto debería de ser todo —comentó con un suspiro de alivio.

Mickey no podía creer lo que veían sus ojos cuando Donald empezó a meter su equipaje en el coche. Justo entonces llegaron Minnie y Daisy. Cada una llevaba una pequeña maleta.

Echaron una ojeada al coche de Donald y se quedaron boquiabiertas. Había cajas y cestas en los asientos delanteros y traseros. Daisy abrió el maletero, ¡estaba lleno de maletas de Donald!

—¡No queda sitio para nuestras maletas! —protestó.

—¡Olvídate de las maletas! —gritó Minnie—. ¡No hay sitio para nosotras!

Mickey pasó el brazo por encima de los hombros de Donald.

—Está bien, Donald —dijo—. No es fácil hacer la maleta para las vacaciones. Tienes que dejar algunas cosas, incluso algunas de tus cosas favoritas. Pero todas estarán aquí cuando regresemos. ¡Te lo garantizo!

—Y además —añadió Daisy—. ¿No quieres dejar espacio en tu coche para traer algún recuerdo, como camisetas, conchas y caramelos de agua salada?

La cara de Donald se iluminó.

—¡Camisetas, conchas y caramelos de agua salada! —gritó, emocionado—. ¡Oh, claro que sí!

—Bien —dijo Mickey y señaló el abarrotado coche de Donald—. ¡Ahora ayudemos todos a Donald a deshacer la maleta para estas vacaciones! ¡Vamos a pasarlo estupendamente!

La pantera negra de Venus

Buzz corrió a ponerse a salvo.

—¡Corred, los dinoalienígenas nos han encontrado! —gritó.

Él y algunos de los demás juguetes eran los héroes de la última aventura de Bonnie. Los dinosaurios Rex y Trixie eran los villanos.

La pequeña no tardó en volver a casa para comer, dejando los juguetes en la hierba.

Rex estaba enfadado, se estaba divirtiendo mucho siendo un dinoalienígena.

—No te preocupes, Rex —lo calmó Buzz—. Bonnie volverá enseguida.

Woody tragó saliva, nervioso.

—Chicos, ¿no notáis como si alguien nos observara?

Lentamente, los juguetes se dieron la vuelta para ver a un temible gato negro que los observaba mientras se relamía, hambriento.

Gritando despavoridos, los juguetes salieron corriendo en todas direcciones mientras el gato iba hacia ellos.

—¡Jessie, éntralos en casa! —gritó Buzz, señalando a Dolly, Trixie y a algunos de los demás juguetes—. ¡Nosotros llamaremos la atención del gato!

Buzz, Woody y el Sr. Púas pasaron cerca del gato, gritando y moviendo los brazos. Mientras éste los perseguía, Jessie puso a salvo a los demás.

—¡Rápido, subíos al árbol! —ordenó Buzz.

Trabajando juntos, los tres amigos treparon frenéticamente hasta una rama baja.

Ya habían escapado del peligro… ¡o eso pensaban! El gato sacó las uñas y empezó a subir por el árbol para cazarlos.

De repente, el Sr. Púas se resbaló de la rama.

—¡Socorro! —gritó, cayendo y aterrizando en la hierba.

El gato volvió al suelo y empezó a acercarse, como un tigre que acecha a su presa.

El Sr. Púas tragó saliva.

—No me comas, por favor…

El erizo de juguete cerró los ojos. Notó el aliento del gato en la cara. En cualquier momento iba a…

¡Slurp!

El gato le lamió la mejilla amistosamente. El Sr. Púas abrió los ojos y se rio con alivio.

—Chicos, creo que ya podéis bajar —dijo.

Los juguetes no tardaron en darse cuenta de que el gato sólo quería jugar. Llamaron a Jessie y a los demás e hicieron turnos para rascarle la panza al minino.

Woody le sonrió a Buzz.

—¿Estás pensando lo mismo que yo?

Buzz asintió.

—¡Eso creo!

Los juguetes volvieron a retomar la aventura, pero esta vez, cuando los dinoalienígenas atacaron, se llevaron una gran sorpresa.

—Hemos traído a nuestra nueva amiga, ¡la pantera negra de Venus! —dijo el Sr. Púas.

Los dinoalienígenas echaron un vistazo a la enorme bestia y huyeron a toda prisa. El gato maulló feliz. ¡Ser un juguete era muy divertido!

El día libre de Nemo

A Nemo le gustaban muchas cosas, pero había una en concreto que no le gustaba nada: las normas. Pensaba que su padre, Marlin, tenía demasiadas: «No juegues fuera del barrio. No te comas un aperitivo después de la escuela. Haz los deberes lo antes posible. Vete a dormir a una hora razonable…».

—¡Ojalá pudiera tener un día sin reglas! —dijo Nemo una mañana.

—Las normas están ahí por tu bien, Nemo —le respondió su padre—. Algún día me lo agradecerás.

Justo entonces llegó Dory, y Marlin tuvo una idea.

—Hoy te cuidará Dory.

Cuando Nemo se lo contó a su amigo Sheldon, se emocionó mucho.

—¡Eso significa que no hay reglas!

—Oye, Dory, mis amigos y yo vamos al arrecife de coral para jugar al escondite. ¿Puede venir Nemo? —preguntó Sheldon.

—¡Parece divertido! —dijo Dory con alegría.

Nemo se lo estaba pasando en grande hasta que intentó esconderse en la gruta de una morena malhumorada.

—Las morenas no son tan amigables como esperaba —dijo Dory, llevándose a Nemo.

Luego fue el momento de comerse la merienda.

—¿Qué tal unas pizzas de plancton? —sugirió Dory.

—¡Genial! —exclamaron Nemo y Sheldon.

Después de unos minutos, Dory se sobresaltó.

—¡Pero si aún no habéis merendado! ¿Qué tal unos sándwiches de algas? —Y un poco después, dijo—: ¿Alguien quiere unas galletitas de algas? ¿Batidos de anémona?

Después de tanto comer, a Nemo y Sheldon les dolía la tripa. Nemo pensó que era hora de hacer los deberes.

—Vaya, me acabo de acordar —dijo Dory—. Creo que es hora de…

—¡De chutar la ostra! —dijo Sheldon.

—¡Sí, creo que era eso! —respondió Dory, confundida.

Al rato, insistió de nuevo.

—Creo que es hora de…

—¡Jugar a pillar con Bruce! —sugirió Nemo.

—En realidad, estoy segura de que es hora de…

Nemo y Sheldon se miraron el uno al otro. Ya se habían quedado sin ideas.

—¡Jugar a lanzar el disco nadador! —dijo Dory.

Unas horas después, Nemo ya estaba listo para volver a casa, pero Dory seguía divirtiéndose.

—Creo que deberíamos volver ya a casa —le dijo.

Al llegar, Nemo estaba muerto de sueño.

—Supongo que es hora de irse a la cama —dijo bostezando—. ¡Buenas noches!

—¿No podemos jugar cinco minutos más? —preguntó Dory—. ¡Por favor!

—No, es una de las normas, y a veces hay que hacerles caso —dijo Nemo.

Marlin sonrió.

—Has sonado igual que yo.

—¡Papá! Cómo me alegro de que estés en casa —dijo Nemo, y entonces hizo una pausa—. Puede que las reglas no sean tan malas, después de todo…

Disney · PIXAR

MONSTRUOS UNIVERSITY

La fiesta del miedo

Randy había encontrado una invitación medio rasgada para una fiesta que otros estudiantes habían organizado y estaba intentando convencer a Mike para que fuera con él.

—No nos han invitado —dijo Mike—. Además, tengo que estudiar.

—Pero tenemos la mitad de la invitación y sabemos cómo hay que ir vestidos —insistió Randy, señalando el lugar donde indicaba que había que llevar pelaje rojo.

—Lo único que no sabemos es dónde se celebra.

Randy le recordó que habría estudiantes mayores en la fiesta que seguro que conocían algunos secretos para asustar.

Eso era todo lo que necesitaba oír Mike para convencerse. Si había la más mínima opción de aprender nuevas técnicas para asustar, entonces valía la pena pasarse por allí.

Cuando Randy le vistió con pelaje rojo, Mike se sintió como una alfombra con patas. Aun así, Randy comprendió que el pelaje era la pista para encontrar el camino hacia la fiesta. Sólo tenían que buscar a otro monstruo que fuese vestido igual y seguirlo.

Pronto vieron a un monstruo peludo rojo que se dirigía a una de las casas de la fraternidad. ¡Tenía que ser allí! Lo siguieron con sigilo y corrieron hacia la puerta antes de que se cerrara.

Pero en vez de encontrar la fiesta más exclusiva del año, lo que vieron fue un grupo de apoyo para estudiantes que sentían nostalgia de su casa. Antes de que supieran lo que estaba pasando, el gran líder del grupo, con forma de babosa les dio un gran abrazo que los cubrió de babas de arriba abajo.

Después de escapar del grupo, localizaron a otro monstruo de rojo justo cuando pasaba por la puerta de otro edificio. Randy pudo ver que en el interior se había reunido mucha gente. Tenía que ser allí.

O no.

En cuanto entraron, Mike y Randy recibieron la cálida bienvenida del curso de cocina reciclada. Les echaron encima todo un cubo de basura maloliente.

—Elegid los ingredientes que queráis —los animó el profesor.

Mike y Randy se ahogaron con la peste de la basura que les estaba lloviendo encima, pero entonces vieron algo entre los desechos: ¡otra invitación! ¡Y ésta sí que marcaba el lugar!

Los dos monstruos corrieron a la fiesta y abrieron la puerta… sólo para descubrir que ya había terminado. Habían llegado demasiado tarde. Se habían perdido el evento más exclusivo del año.

Randy parecía que se lo había tomado muy mal. Cayó de rodillas al suelo.

—Randy, ¿estás bien? —le preguntó Mike.

—No me lo puedo creer —dijo Randy.

Entonces levantó otra invitación rasgada que había encontrado en el suelo. Aquélla era para otra fiesta aún más exclusiva que se iba a celebrar la semana siguiente.

Mientras su amigo intentaba convencerlo para ir, Mike puso el ojo en blanco. Se giró y se fue de allí. Después de aquella noche, decidió que sus días de fiesta habían terminado para siempre.

Sargento, el experto estratega

La primavera había llegado a Radiador Springs. Las macetas de Rojo se llenaron de flores preciosas, pero Doc no parecía nada animado en comparación con los demás ciudadanos.

—¿Te pasa algo, Doc? —preguntó Sargento.

Doc miró meditabundo hacia las manchas de alquitrán en el suelo.

—Tenía intención de celebrar el Festival de Primavera en la ciudad, pero Bessie se ha averiado y mis planes se han ido al garete. Ya no hay tiempo de prepararlo todo.

Doc se acercó a su amigo.

—Te pongo al volante, Sargento.

Sargento aceptó el reto de encontrar una nueva ubicación para el Festival de Primavera.

—Yo me encargo de todo, señor. ¡Reuniré un equipo ahora mismo!

No muy lejos de allí, Sargento encontró a Mate.

—¡Recluta Mate! —exclamó, y luego le explicó el problema.

—Conozco el lugar ideal —comentó Mate.

Llevó a Sargento a las afueras, hasta un claro rodeado de cactus.

—¿Qué tal?

—Excelente trabajo. El Festival de Primavera de este año será un gran pícnic —dijo Sargento—. Pero estas flores de cactus necesitan agua o no florecerán a tiempo. ¡Aquí hacen falta refuerzos!

Sargento y Mate fueron a buscar a Rojo, a quien le encantaba cuidar de las plantas. Pero justo cuando éste se preparaba para regarlas, el cielo rugió con fuerza.

—¡Qué típico! —dijo Mate—. En cuanto salgo del autolavado, se pone a llover.

—No te preocupes, aún hay esperanza —prometió Sargento en cuanto aparecieron sus amigos, ansiosos por ayudar y celebrar juntos el festival.

—Necesitaremos algunas cosas que tengo en casa —dijo Sargento—. Sólo un campeón de verdad puede traerlas a tiempo.

Rayo McQueen apareció revolucionando su motor. Siempre estaba dispuesto a ayudar a un amigo. ¡Sobre todo si eso implicaba correr a todo gas!

—Has elegido al coche adecuado, amigo —dijo Rayo.

Escuchó con atención las instrucciones de Sargento.

—¡Estaré aquí enseguida! —prometió.

La tormenta siguió amenazando y los coches empezaron a ponerse nerviosos mientras observaban las negras nubes.

—¡Ya llega la lluvia! —gruñó Doc.

—¡Tranquilos, que nadie se vaya a ninguna parte! ¡Rayo volverá pronto! —dijo Sargento.

Y, en efecto, ¡no tardó nada! Juntos, los coches levantaron una de las grandes tiendas verdes de Sargento.

Todos rieron mientras se reunían bajo la seguridad y la protección de la tienda, justo cuando empezaba a diluviar con el acompañamiento de los truenos.

Por suerte para ellos, ¡Sargento era un experto estratega!

Objetos perdidos

Reina estiró las patas y rodó un poco. ¡Qué bien se estaba en la butaca de la ventana! Los rayos del sol brillaban a través del cristal y rebotaban en la placa en forma de diamante que llevaba su nombre. Reina suspiró contenta. Esa placa era su posesión más preciada. Después de sus dueños, claro.

Jaime y Linda eran muy buenos con ella. Justo la noche anterior les habían dado a ella y a Golfo unos huesos de primera calidad, tantos que no pudieron comérselos todos.

«¡Los huesos!» Reina se había olvidado de ellos. Bajó de la butaca de un salto y se apresuró hacia la cocina. Por suerte seguían ahí, junto a su cuenco de comida.

Reina comenzó a llevar los huesos al jardín. Después de tres viajes, al final los tuvo todos apilados sobre la hierba. Entonces se puso manos a la obra.

Cavar, cavar y cavar. Cada vez que hacía un hoyo, la tierra quedaba amontonada detrás de ella. Con cuidado, empujó con el hocico el último hueso dentro del agujero y lo tapó. Dio unos cuantos saltitos encima y se dejó caer en el suelo, exhausta. ¡Qué duro era enterrar huesos!

Reina se puso panza arriba para que le diera el sol. El jardín era el sitio ideal para echarse una siesta a media tarde. Estaba a punto de quedarse frita cuando, de repente, empezó a picarle el cuello.

Se sentó para rascarse y entonces sintió que le faltaba algo.

Se palpó con cuidado el cuello y... ¡notó que su collar no estaba! Reina fue presa del pánico y buscó por todo el jardín. No lo encontró por ninguna parte.

«¡Debo de haberlo enterrado con algún hueso!», pensó la perrita con gran sobresalto. Observó todos los hoyos que acababa de cavar. Tardaría toda una noche en desenterrar los huesos... pero ¡tenía que encontrar su collar!

«Golfo me ayudará», pensó. Corrió al interior de la casa a buscarlo. Estaba jugando con los cachorros, pero, en cuanto oyó lo sucedido, salió enseguida al jardín. Juntos se dedicaron de inmediato a deshacer el duro trabajo de Reina.

—¡Veo algo que brilla! —exclamó Golfo.

Reina acudió a su lado al instante, pero no era su collar. Sólo era un tapón viejo. La perrita bajó la cabeza, triste.

Los dos perritos retomaron la excavación. Cuando ya estaba anocheciendo, Golfo vislumbró una cinta azul y gruesa con una placa dorada. ¡Era el collar de Reina!

La perrita soltó un feliz ladrido. Entonces, entró con el collar en casa y se sentó junto a los pies de Jaime.

—¿Se te ha caído, Reina? —preguntó mientras volvía a atarle el collar—. ¡Suerte que no lo has enterrado sin querer con los huesos!

Pinocho

Una gran idea

Un día, Gepetto dijo a Pinocho:

—Me voy a entregar estas marionetas. Estaré fuera unas horas. ¡No te metas en líos!

Pero Gepetto no llevaba ni quince minutos fuera y Pinocho ya estaba aburrido.

—No tengo nada que hacer —dijo.

—Podrías limpiar la tienda —propuso Pepito Grillo.

—No es divertido. Haré un dibujo —repuso Pinocho.

—¿Y dónde conseguirás las pinturas? —dijo Pepito.

—En el taller —respondió Pinocho.

—Ya sabes que no debes acercarte al taller de Gepetto —advirtió Pepito.

Pero su advertencia llegó demasiado tarde. Pinocho había derramado pintura roja por todo el taller. Agarró un trapo e intentó limpiar el desastre, pero la pintura no dejaba de extenderse. ¡Hizo el desaguisado aún mayor!

Pinocho miró a su alrededor desesperadamente. Cuando vio al gatito de Gepetto, Fígaro, durmiendo al lado de la chimenea, se le ocurrió una idea.

—Diré que lo hizo Fígaro —dijo Pinocho.

Pepito Grillo sacudió la cabeza.

—Eso estaría mal —explicó.

—¿Qué puedo hacer? —preguntó Pinocho—. ¡El taller está hecho un desastre y mi padre se pondrá furioso!

—¿Por qué no lo pintas? —sugirió Pepito.

—¡Ésa es una idea realmente buena! —exclamó Pinocho emocionado.

Así que se puso manos a la obra. Primero pintó el taller de rojo claro y después pintó los cajones de verde y amarillo.

Fígaro despertó y comenzó a merodear, manchándose de pintura los bigotes. Pronto, el trabajo estaba terminado.

—Ha quedado precioso —aplaudió Pepito Grillo.

—Sí, así es —coincidió Pinocho.

Sin embargo, no se sentía orgulloso en absoluto.

—¡Es una obra de arte! —dijo Geppetto cuando llegó a casa—. Es tan colorido que alegra toda la tienda.

Entonces, Gepetto vio la pintura en los bigotes del gato.

—¿Fígaro ha vuelto a tirar la pintura?

—No —dijo Pinocho—. Yo derramé la pintura y no pude limpiarla, así que pinté todo el taller. Lo siento.

Gepetto permaneció en silencio un momento y después dijo:

—Estoy orgulloso de ti, Pinocho.

—¿Porque he pintado el taller? —preguntó Pinocho sin entender.

—No —respondió Gepetto—, porque has dicho la verdad. Eso requiere valor. A partir de ahora, todos los días, cuando vea mi precioso taller, ¡recordaré que hiciste lo que debías!

La aventura inglesa de Dusty

Dusty Crophopper se encontraba en Inglaterra con motivo de la fiesta de jubilación de su amigo Bulldog. ¡No entendía cómo podía querer retirarse un avión tan legendario!

—Estoy orgulloso de mi carrera como corredor —dijo Bulldog, suspirando—, pero me hago viejo. No tengo los aparatos modernos de los aviones de ahora.

Pero Dusty sabía que su amigo podía ganar a casi cualquiera.

—Está bien, pero primero, vamos a hacer un poco de turismo —dijo con una sonrisa.

—¡Buena idea! —contestó Bulldog.

Sobrevolaron los campos hasta el castillo de Wingsor y luego hacia el Palacio de Hidroavión Court.

Bulldog lo llevó entonces a Aviónhenge. Los dos se turnaron midiendo los tiempos del otro mientras volaban en zigzag entre las antiguas piedras. Dusty se maravilló al ver como su amigo siempre conseguía mejorar el tiempo que él había conseguido.

—Un avión anticuado como tú no querrá hacer una última carrera, ¿verdad? —preguntó Dusty.

—¡Cuenta conmigo! —dijo Bulldog—. ¡El primero que aterrice en Hatfield gana!

Dusty y Bulldog despegaron, volando lo más rápido que les permitían sus motores. Cada avión que dejaban atrás se quedaba impresionado por la velocidad de los dos competidores. Dusty empezó en cabeza, pero luego Bulldog consiguió pasarlo. Para cuando llegaron a la costa, el sol ya se estaba poniendo y los dos estaban a la par.

Pero una vez llegó la noche, también lo hizo una densa niebla. En un momento, la niebla se volvió tan espesa que Dusty no pudo ver nada sin sus instrumentos de navegación. De hecho, ¡no tenía ni idea de dónde se encontraba!

—Eh… ¿Bulldog? —llamó, nervioso.

Entonces oyó el grito de su amigo.

—¡Espabila, chaval! ¡Rápido!

Dusty reaccionó rápido a las órdenes de Bulldog y ¡vio que había estado a punto de estrellarse contra un acantilado!

Se alegró mucho de aterrizar al fin en Hatfield después de Bulldog.

—¿Cómo sabías que estaba tan cerca del acantilado?

—Conozco esta zona como la palma de mi ala —respondió Bulldog—. Sólo he usado mis instintos.

—¿De qué valen los instintos? —se burló Dusty—. Sí, puedes cruzar laberintos y volar a través de la niebla como un profesional, pero si no tienes esos aparatos modernos ya no vales para nada, ¿verdad?

Bulldog se rio.

—Quizá deba replantearme lo del retiro.

Todos los amigos de Bulldog acudieron a su fiesta esa noche. ¡Y todos se alegraron mucho al descubrir que la celebración por su retiro se había convertido en una celebración por su regreso!

El avión veterano hizo un brindis.

—¡Por todas las carreras que he hecho y por todas las que están por llegar!

Uno de más

Bonnie estaba celebrando su fiesta de cumpleaños, y sus amigas se lo estaban pasando en grande jugando con los juguetes en el jardín. Sólo había una cosa mejor que jugar: ¡la tarta de cumpleaños!

Cuando Bonnie y las demás entraron para comérsela, los juguetes empezaron a charlar animados sobre la fiesta.

Había decenas de globos de colores brillantes atados con hilos por todo el jardín. El Sr. Patata cogió varios con cada mano.

—Me encantan los globos —dijo—. Son tan ligeros…

—¡Cuidado! —se sobresaltó la Sra. Patata al ver que su marido se elevaba y empezaba a subir hacia el cielo.

—¡Tenemos que hacer algo! —exclamó Woody.

Buzz actuó deprisa. Agarrando algunos globos más, soltó los hilos y se elevó también en el aire.

—¡Ya voy, amigo! —dijo.

El Sr. Patata tragó saliva, nervioso.

—Estupendo, ¿y ahora qué?

—¡Ya verás! —dijo Buzz.

Esperó hasta que sus globos estuvieran al nivel del Sr. Patata y entonces saltó.

Por un momento, parecía que Buzz iba a caer, pero se agarró al Sr. Patata y ambos se tambalearon sin control por la corriente de viento.

—Juntos pesamos más —explicó Buzz—. Ahora podremos volver al suelo suavemente.

¿Seguro? ¡Más bien no! Juntos, los dos pesaban demasiado. Se precipitaron hacia el jardín debido a que los globos no hacían mucho para suavizar la caída.

—¡Buzz, aquí! —gritó Woody, señalando un gran cubo de agua que Bonnie y sus amigas estaban usando para sus juegos.

—¡Entendido, sheriff! —dijo Buzz.

Sabía bien qué hacer. Abrió las alas, cortando los hilos de los globos que agarraba su amigo.

—Pero ¿qué haces? ¡Si no sabes volar! —dijo asustado el Sr. Patata.

—Puede que no hasta el infinito y más allá —admitió Buzz, dirigiéndose al cubo—. ¡Pero sí lo justo para darnos una buena zambullida!

Con un gran salpicón, Buzz y su compañero cayeron en el cubo, ¡y justo a tiempo! Bonnie y sus amigas salieron corriendo, masticando aún sus trozos de pastel.

—¡Los globos! —dijo Bonnie apenada, mientras los veía alejarse en el cielo.

—No te preocupes, ¡tenemos muchos más! —dijo su madre.

Con sigilo, Buzz y el Sr. Patata salieron del cubo y volvieron a la hierba.

—Lo más importante es que todos los juguetes están aquí —dijo Buzz.

El Sr. Patata sonrió.

—¡Y con los pies en suelo firme!

Un día de verano

Era un día caluroso de verano, y Mickey Mouse y sus amigos se estaban relajando en el salón de Mickey. Los amigos estaban decidiendo cómo pasar el día cuando… ¡pum! ¡Se rompió el aire acondicionado!

—Quizá fuera corra un poco el aire —dijo Minnie, pero no fue así.

—¿Qué hacemos ahora? —preguntó Daisy.

Minnie miró alrededor.

—Hmm. Podríamos hacer unos abanicos. O sentarnos a la sombra de un árbol… —sugirió Minnie.

—¡Vaya, esos aspersores parecen muy fresquitos! —dijo Goofy, señalando el jardín.

Donald asintió.

—¡Pero no sale suficiente agua para mantenernos frescos! —dijo.

Mientras Mickey observaba a sus amigos mirando los aspersores, se le ocurrió una idea.

—¡Vayamos al lago! ¡Allí siempre corre la brisa y nos divertiremos mucho!

—¡Qué buena idea! —dijo Minnie.

Los amigos corrieron a casa para coger lo necesario y no tardaron en marchar hacia el lago. ¡Estaban muy emocionados por pasar el día allí!

—¿Qué hacemos primero? —preguntó Minnie al llegar.

Antes de que los demás se pararan, Donald corrió hacia una pequeña barca. Decidió que quería pescar.

El pato estaba a punto de saltar sobre la embarcación cuando Mickey lo llamó de pronto.

—¡Espera, Donald! —dijo—. No creo que quepamos todos en la barca. Hagamos primero algo juntos.

—Pero es que el agua parece muy fresquita —respondió Donald.

—¿Y por qué no nadamos un poco? —dijo Minnie—. Eso podemos hacerlo todos juntos.

Donald tenía muchas ganas de pescar, pero al final accedió. Al fin y al cabo, habían ido al lago para estar juntos.

—¡Aaaah! —gimió Donald al meterse en el agua—. Tenías razón, Mickey, ¡ha sido una idea estupenda!

Mickey sonrió. Se alegraba de que él y sus amigos hubieran encontrado una forma de refrescarse.

—¡Podría quedarme en el agua todo el día! —dijo Daisy. Y eso es lo que hicieron.

En cuanto empezó a hacerse de noche y a hacer más fresco, Mickey y sus amigos salieron del agua. El ratón tenía una última sorpresa para ellos: ¡malvaviscos!

—Vaya, Mickey, ¡tú sí que sabes cómo planear el día perfecto! —dijo Minnie mientras colocaba uno de los malvaviscos en la hoguera.

Finalmente, llegó el momento de volver a casa. Mickey y los demás lo guardaron todo en sus mochilas y subieron al coche.

—¡Ha sido muy divertido! —dijo Donald mientras conducía hacia casa—. ¡Hagámoslo otra vez mañana!

La Tropa de Frambuesas voladora

Todos en la colonia de hormigas estaban de buen humor. Los saltamontes habían sido expulsados de una vez por todas y no había resultado herida ninguna de las hormigas. Pero el pájaro falso de Flik se había llevado una buena y la Tropa de Frambuesas estaba dispuesta a repararlo.

—Es complicado arreglar ese pájaro —dijo el Señor Terrón, el profesor de Dot—, pero sé que la Tropa de Frambuesas puede hacerlo.

La Tropa de Frambuesas miró al pájaro falso. ¡Era un completo desastre!

—Volveré dentro de un rato para ver qué tal vais —anunció el Señor Terrón antes de irse.

—¿Cómo podemos arreglar esto? —preguntó una de las Frambuesas.

La Tropa de Frambuesas se puso a trabajar con mucho ánimo. Después de varias horas, el pájaro estaba arreglado.

—¡Vamos a sentarnos dentro! —dijo Dot.

Pero, en cuanto la Tropa de Frambuesas se arrastró dentro del pájaro, el viento empezó a soplar. De repente, la brisa empujó las alas... ¡y el pájaro despegó!

Estaba en manos de Dot salvar el día. De un brinco se metió en el asiento del piloto y tomó el control. La Tropa de Frambuesas voló alrededor de Isla Hormiga varias veces. No tenían miedo.

—¡Mirad! —gritó Rose—. ¡Los pájaros de verdad están atacando a las hormigas obreras! Dot giró los mandos. El pájaro falso bajó del cielo y espantó a los pájaros.

—¡Huurraa! —exclamó la Tropa de Frambuesas.

—¡Esperad! —avisó Dot—. ¡Este artilugio está fuera de control!

El pájaro chocó contra el suelo y derrapó.

—¡Todas fuera! —ordenó Dot alarmada.

Una por una, las Frambuesas salieron del aparato

—¡Se ha estrellado otra vez! —dijo Rose—. ¡Y ahí viene el Señor Terrón! ¡Se va a enfadar mucho!

Pero el Señor Terrón estaba sonriendo.

—¡Sois unas heroínas! —dijo—. Habéis salvado a las hormigas obreras.

—Pero el pájaro se ha estrellado —dijo Rose.

—Y podéis arreglarlo otra vez —contestó él.

—Sí —dijo Dot—, y cuando esté arreglado iremos a volar de nuevo.

—¡Hurra! —gritó la Tropa de Frambuesas.

—Aquí tienes una insignia bien merecida, en honor a tu primer vuelo —dijo el Señor Terrón.

Dot estaba desconcertada.

—Ya había hecho mi primer vuelo —dijo, moviendo sus pequeñas alas.

—Ésta es una insignia especial —contestó el Señor Terrón—. Es por hacer tu primer vuelo sin usar tus alas, ¡pero sí tu cabeza!

Doble sorpresa

Mayday, el camión de bomberos, estaba practicando con la manguera de incendios fuera del hangar principal. Dottie estaba impresionada: podía alcanzar las latas de una valla desde muy lejos con una sola ráfaga.

—A ti no te iría mal un poco de entrenamiento, también —le dijo Dottie a Dusty.

A la avioneta le pareció que un poco de entrenamiento en caso de incendio y rescate era una gran idea, así que Sparky y Chug empezaron a planear una forma para prepararse.

—Colocaremos un objetivo y tendrás que apagarlo, ¡igual que en una emergencia de verdad! —explicaron.

—¡Genial! ¿Qué clase de objetivo? —preguntó Dusty.

—Es una sorpresa. Tendrás que descubrirlo —dijo Sparky.

Dusty despegó y recordó el entrenamiento que había hecho con Mayday en el Pico Pistón. Sabía que cuando se trataba de apagar incendios, las avionetas tenían dos opciones: cubrir la base con algo que impida el avance del fuego o cargar agua de un río cercano.

Virando a la izquierda, Dusty voló bajo sobre el río que pasaba por Hélices Junction. Su tren de aterrizaje estaba complementado por dos grandes tanques, que se llenaron rápidamente mientras sobrevolaba la superficie del agua.

De vuelta al hangar, Chug empezaba a preocuparse. ¡Sparky estaba cargando con lo que parecía una gran caja llena de explosivos!

—Espero que no vayas a provocar un incendio de verdad —se sobresaltó Chug.

Sparky prometió que no iba a hacer nada tan peligroso, y le explicó que la caja contenía unas bengalas inofensivas que Skipper tenía de sus días en la Marina.

—¿Y cómo funcionan? —se preguntó Chug.

Bajando la caja, Sparky tomó una de las bengalas.

—Es fácil, sólo hay que romperlas así —dijo, haciendo una demostración.

La bengala hizo un destello y provocó una espesa columna de humo.

Chug se sorprendió tanto que rodó hacia atrás, atropellando la caja que contenía las demás bengalas. Éstas se rompieron y provocaron una gruesa nube negra de humo que empezó a llenar el aire. Dusty localizó el rastro y volvió a la base.

—¡Objetivo localizado! —gritó con emoción.

Al pasar sobre el humo, Dusty abrió los tanques. El agua cayó sobre el origen del humo como si fuera una tormenta. Al pasar de largo, habría jurado ver un par de siluetas escondidas por la humareda…

Ya en tierra, Dusty sonrió con orgullo.

—¡No esperaba que hicierais el falso incendio justo enfrente del hangar! —dijo—. Me ha sorprendido.

Sparky y Chug activaron los limpiaparabrisas, esperando apartar toda la lluvia que les había caído encima.

—Ya, ¡a nosotros también! —dijeron.

Un cachorrito con suerte

—¿Adónde vamos? —preguntó Penny. —¿Por qué tenemos que subir al coche? ¡Nos perderemos *Relámpago*! —lloriqueó Pepper. A los cachorros no les gustaba perderse la serie de su héroe canino. Gruñeron mostrando su descontento.

—Esto será aún más divertido —dijo Perdita con ternura, persuadiéndolos para que subieran al vehículo—. Os lo prometo.

Roger y Anita se sentaron delante y pronto salieron de la ciudad. Al cabo de poco, recorrían con tranquilidad una carretera rural. A los cachorros les llegaban todo tipo de aromas: de flores, de heno... Y entonces sus hocicos detectaron algo dulce: ¡melocotones!

—¡Ya hemos llegado! —Anita abrió la puerta del coche.

—¿Adónde? —preguntó Freckles a Lucky.

—¡Parece un huerto de árboles frutales! —chilló Lucky, a quien le encantaba la fruta.

Roger se desperezó.

—Venga, perritos, a correr y a jugar —dijo—. Os llamaremos a la hora del pícnic.

—No comáis demasiados melocotones —ladró Pongo, pero los pequeños ya habían salido en tropel.

Durante toda la mañana, los cachorros corretearon y jugaron por la hierba verde, hasta que Pongo y Perdita los llamaron.

—¡A comer! —ladró Pongo.

—Yo no tengo hambre —dijo Rolly, rodando sobre la hierba.

—Espero que no te hayas empachado —dijo Perdita.

Los perros adultos llevaron a sus pequeños colina arriba, donde Roger y Anita ultimaban el pícnic.

Perdita examinó al grupo.

—Un momento —le dijo a Pongo—. ¿Dónde está Lucky?

La jauría blanca y negra se detuvo. Pongo los contó a todos y, definitivamente, ¡Lucky no estaba!

Perdita suspiró y empezó a gimotear.

—Tranquila, mamá —dijo Pepper con dulzura—. Tengo una idea. —Se dio la vuelta y se dirigió a sus hermanos y hermanas—. ¡Escuchadme todos! ¡Vamos a jugar a *Relámpago*! ¡Tenemos que encontrar a Lucky!

Todos los cachorros soltaron un grito de emoción y comenzaron a buscar el rastro de Lucky, tropezándose unos con otros. Enseguida estuvieron todos olfateando el suelo.

Penny olisqueó alrededor de un árbol y detrás de una alta mata de hierba y ¡encontró su olor!

—¡Está aquí! —ladró Penny.

Los demás se reunieron alrededor del perrito, que dormía sobre la hierba.

Las orejas le cubrían los ojos, pero las manchas en forma de herradura de la espalda y los huesos de melocotón junto al hocico lo delataban.

—Lucky tiene suerte de que lo hayamos encontrado —dijo Perdita, suspirando aliviada.

—Y ¡tendrá aún más suerte si no se despierta con dolor de barriga! —bromeó Pepper.

El Matedor

Mate y Rayo habían salido a dar una vuelta. Mate se paró a mirar unos toritos elevadores que estaban pastando en la hierba.

—Yo era un famoso torero en España —comentó—. Me llamaban «El Matedor».

El Matedor se encontraba en el centro de una plaza a rebosar. Con una señal de su cabeza, indicó que estaba listo. Se abrió una puerta en el lateral del ruedo y un torito furioso salió al exterior. El Matedor levantó su gancho. El torito vio la capa roja y cargó contra ella. El Matedor no se movió ni un pelo.

Una y otra vez, el torito cargó contra él. Pero El Matedor siempre lo esquivaba en el último segundo… hasta que, finalmente, consiguió sorprenderlo. ¡Arremetió desde atrás y lo empujó por toda la plaza hasta dejarlo tirado! El público observó en silencio. Entonces, el gancho de la grúa asomó de entre un montón de tierra. En su extremo estaba la cama de El Matedor. ¡La batalla seguía adelante!

El Matedor se sacudió el polvo y volvió a encararse con valentía contra el torito. Apretando los ojos, se miraron el uno al otro. De pronto, su rival dio un golpe contra el suelo. Las dos puertas de la plaza se abrieron de par en par y de ellas salieron dos toritos más. ¡Ahora eran tres contra uno!

Los toritos cargaron contra él.

Durante un rato, El Matedor los toreó como un campeón, pero entonces los tres toritos lo rodearon y empezaron a acercarse. No había escapatoria. Ninguna, excepto…

El Matedor esperó hasta el último momento. Entonces, cogiendo impulso, dio un gran salto que lo sacó de la trayectoria de los toritos, que chocaron unos contra otros, quedándose inconscientes.

—¡Olé! —exclamó El Matedor, aterrizando sobre los maltrechos toritos.

Pero la celebración duró bien poco. Al momento, entraron aún más toritos en la plaza. Resultaba que los anteriores eran sus amigos.

—Y ahí estaba yo, rodeado —le contaba Mate a Rayo—. Había toritos por todas partes.

—¿Y qué hiciste? —preguntó Rayo.

—¿No te acuerdas? ¡Tú también estabas allí! —dijo Mate.

En la plaza, Rayo dio un respingo. Su carrocería era roja, ¡igual que la capa de El Matedor! Los toritos hicieron rugir sus motores e iniciaron la carga.

Rayo volvió a interrumpir la historia.

—Mate, eso no ha ocurrido —dijo.

—Bueno, eso cuéntaselo a estos toritos —respondió Mate, señalando detrás de Rayo. ¡Los toritos que estaban pastando les habían rodeado!

DUMBO

Teléfono loco

—¿Te has enterado, querida? —dijo una de las elefantas del circo a otra.

—¿De qué?

La primera miró de reojo a su alrededor para asegurarse de que nadie podía oírla.

—Pues, conoces a Dumbo, el hijo de la señora Jumbo, ¿verdad? —le susurró al oído.

—Por supuesto —respondió la segunda elefanta—. El pequeño de las orejas enormes. El que se convirtió en un… payaso —dijo con una mueca de disgusto.

—Exacto —dijo la primera elefanta—. ¡Un pajarito me ha dicho que la primera función fue todo un éxito! A todos les gustó el número del «edificio en llamas». Dumbo saltó de una plataforma de veinte metros de altura, y ¡piensan ponerla más alta la próxima vez!

—¡Madre mía! —exclamó la segunda elefanta.

—Pero ¡no se lo cuentes a nadie!

No obstante, en cuanto la primera elefanta se dio la vuelta, la segunda se dirigió a otra de sus amigas.

—¡Querida, no vas a creer lo que acabo de oír!

—¿Qué ocurre? —preguntó la tercera elefanta.

La segunda elefanta bajó la voz y susurró:

—¡No te lo vas a creer! —empezó—. ¡Dumbo se negó a saltar de una plataforma y veinte payasos tuvieron que empujarlo!

—¡¿Qué me dices?! —exclamó la tercera elefanta, ahogando un grito—. ¡Menudo escándalo!

—Pero ¡que no se te escape!

—¡Claro que no!

Al cabo de nada, la tercera se lo susurró a otra amiga, a quien le asombró sobremanera lo que oía.

—… entonces, Dumbo prendió fuego a la plataforma, y veinte payasos tuvieron que apagar las llamas —le confió la tercera.

La cuarta elefanta se lo contó a una quinta, y la quinta a una sexta. Pronto, todo el circo estaba al día de lo ocurrido en la primera función de Dumbo actuando como payaso.

Un pajarito que volaba sobre la gran carpa vio a dos elefantas charlando y descendió para ver qué ocurría.

—Buenos días, señoras —dijo posado sobre la trompa de una de ellas—. ¿Qué se cuece esta noche por el circo?

—Se trata de Dumbo —dijo una, alterada—. Al parecer se cayó de una plataforma en el último número y aplastó a veinte payasos. ¡Ahora planean prenderle fuego en la siguiente función!

El pajarito no se esperó a oír cómo seguía la conversación.

—¡Debo decírselo a todo el mundo! —pio, y alzó el vuelo de nuevo—. Cuando lo cuente, ¡la gente no se lo va a creer!

Felices sueños, Nemo

Bien entrada la noche, en el fondo del mar, el pequeño Nemo seguía despierto.

—Nemo —dijo Marlin, asomando la cabeza por la anémona—, ¿todavía no te has dormido?

—No puedo. Necesito que me leas otro cuento —contestó Nemo.

—No más cuentos, ya te he contado cinco.

—Y ¿algo para picar? —insistió Nemo.

Marlin puso los ojos en blanco, cansado de la insistencia de su hijo.

—No, Nemo. Hace cinco minutos que has picoteado plancton. Ahora, pececito payaso, ¡lo que tienes que hacer es dormir!

—Vale, papá —dijo Nemo, y cerró los ojos, como le pedía su padre. Pero, unos segundos después, los volvió a abrir de par en par.

—¡Papá! —gritó Nemo—. ¡Papááá!

—¡Nemo! ¡Empiezo a perder la paciencia! —gruñó Marlin.

—Es que, papá, he... he... he oído un ruido.

—¿Qué tipo de ruido? —preguntó Marlin.

—Eh... un... un ruido que daba miedo —respondió el pequeño.

—Mmm... —Nemo sabía que a su padre no le parecería una razón para estar despierto. Aun así, Marlin se detuvo a escuchar... y a escuchar... y a escuchar.

—No oigo nada, Nemo —repuso al cabo de un rato.

Así pues, Nemo se esforzó en cerrar los ojos y ponerse cómodo. Se giró hacia un lado... hacia el otro... Pero nada daba resultado.

—¡Papáááááááá!

—Hijo, por última vez: es hora de irse a dormir —dijo Marlin. Si vuelves a llamarme, espero que sea por una buena razón o... o... o ya verás. ¡Buenas noches!

Nemo sabía que su padre se había enfadado con él un poquitín de nada sin importancia ni relevancia. Pero también sabía que cuando no puedes dormir, no puedes dormir. Da igual cuántos peces luna, peces ángel o estrellas de mar cuentes; da igual cómo de fuerte cierres los ojos; no importa cuánto se enfade tu padre: no te dormirás hasta que estés completa, total e innegablemente preparado. Y él no lo estaba. Pero ¿por qué no?

De pronto, Nemo se incorporó de golpe.

—¡Papá! ¡Papá! ¡Papiiii!

—Muy bien, Nemo, ¡se acabó! —dijo Marlin.

—Pero, papá, hay una última cosa que necesito muy mucho. Luego te prometo que me dormiré.

Dicho esto, se lanzó a las aletas de Marlin para darle un enorme abrazo de buenas noches.

—Te quiero, papá. Hasta mañana.

El pequeño rayo

Una tarde, la lluvia caía con fuerza sobre la guardería Sunnyside. Chunk, Twitch y Pulpi estaban a salvo en el interior, jugando animados a un juego de mesa.

—Es una pena que Sparky no haya venido —dijo Chunk.

Habían invitado a su amigo robot, pero estaba ocupado jugando con otros juguetes en la Sala de las Mariposas.

En cuanto terminó la partida, los amigos bostezaron y se estiraron, cansados.

—Es tarde —dijo Twitch—. Vámonos a dormir.

Pulpi estuvo de acuerdo. Tenían que estar bien despiertos para poder jugar al día siguiente. Nada más guardar el juego en su caja, las luces parpadearon y se apagaron, dejando el centro en completa oscuridad.

—¡Oh, no! ¡Un apagón! —dijo Twitch—. ¿Cómo vamos a encontrar el camino de vuelta hasta la Sala de las Mariposas?

Chunk dio unos pasos al frente.

—¡No os preocupéis! Conozco el camino como la palma de mi mano —dijo.

Pero entonces caminó directo hacia la pata de una mesa y ¡se dio en toda la cabezota!

—Menos mal que tienes una cabeza muy dura —se rio Pulpi.

En el exterior hubo un gran destello, seguido de un potente trueno. Las alas de Twitch temblaron de terror. Le daban miedo los relámpagos y los truenos.

—¡Si entra un rayo aquí dentro, nos convertirá en charcos de plástico! —dijo.

Chunk negó con la cabeza.

—Calma, eso es imposible. Sunnyside es un sitio seguro. ¡No puede entrar ningún rayo!

Twitch, nervioso, tragó saliva.

—A lo mejor entra un poquito —susurró—. ¡Como ese de ahí!

Pulpi y Chunk dieron un respingo. Al otro lado de la sala, vieron los destellos de un pequeño rayo.

—¡Vamos a escondernos! —dijo Chunk, y todos se pusieron a cubierto detrás de unos bloques de construcción.

Se asomaron y observaron los destellos.

—Pues sí que es un rayo —susurró Chunk.

—Y viene hacia nosotros —dijo Twitch.

Pero según se acercaba, se dio cuenta de que no era un rayo en absoluto. Era Sparky, el juguete robot con luces.

—¡Hola, amigos! —dijo—. He pensado que igual estabais perdidos y he venido a rescataros. ¡He traído una antorcha!

Chunk cogió la antorcha y activó el interruptor, iluminando el camino.

—¿Por qué no la has encendido desde un principio? —se preguntó Twitch.

Los ojos de Sparky brillaron de felicidad.

—¡Un robot con iluminación propia no necesita antorchas! —dijo, y los cuatro amigos empezaron a reír.

Quizá tener un pequeño rayo cerca no estaba tan mal, después de todo.

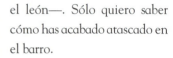

¡Hipopótamo a la fuga!

Una mañana, Simba, Timón y Pumba estaban desayunando.

—¡Mmm! ¡Qué bichos más crujientes! —dijo Pumba.

—Prueba los grandes y rojos —dijo Timón—, tienen un montón de patas. ¡Vienen con palillos incorporados!

De pronto, todos oyeron unos gritos que procedían de la selva.

—Parece que alguien está en apuros —dijo Simba.

—El llanto viene de allí —dijo Pumba, y los guio hasta un charco de barro lleno de gruesas lianas. En medio del barrizal había un bebé de hipopótamo. Se había enredado en las lianas y el barro le cubría medio cuerpo.

—¡Socorro! —gritaba el hipopótamo, intentando liberarse. Pero, cuanto más se movía, más se enredaba y más se hundía en el lodo.

Cuando el pequeño vio a Simba, el terror se apoderó de él.

—¡No! ¡Un león! ¡Me va a comer! —chilló.

—Cálmate. Estos dos me han enseñado a vivir a base de insectos —lo tranquilizó Simba.

Timón se colgó de una liana y se columpió hasta la cría. Comenzó a sacar al hipopótamo del barro.

Mientras tanto, Simba saltó a la espalda del mamífero acuático y empezó a cortar las gruesas plantas con los dientes.

¡Aquello aterrorizó aún más al hipopótamo!

—¡Sí que quieres comerme! —gritó.

Al fin, Simba y Timón consiguieron liberar al pequeño. Libre por fin, se puso a gritar.

—¡Por... por favor! ¡No... no... no me comas!

—No te voy a comer, te lo prometo —dijo el león—. Sólo quiero saber cómo has acabado atascado en el barro.

—Me enojé con mi hermano pequeño. Le mordí la cola y le hice llorar. Tenía miedo de que mis padres se enfadaran, así que me escapé de casa —explicó la cría.

—Seguro que están enfadados, porque has desaparecido, y estarán preocupados por ti.

—No creo que les importe —dijo el hipopótamo.

—Venga, vamos —dijo Simba, y lo llevó hasta la orilla del río. Cuando llegaron allí, oyeron que unos hipopótamos gritaban:

—¡Oyo!... ¡Oyo!... ¡Oyo!

—¡Eh! —dijo el hipopótamo—. ¡Yo me llamo Oyo! ¡Me están llamando! ¡Me echan en falta!

—Por supuesto. Si te vas, seguro que alguien te echa de menos. Cuando formas parte de una familia, no importa lo que hagas, siempre serás miembro de ella.

—¿Y tu familia, Simba? —preguntó Timón mientras veían como el pequeño hipopótamo se reunía con los suyos—. ¿No crees que te estarán echando de menos?

—Hasta ahora pensaba que no —respondió Simba, pensativo—, pero quizá me equivoque...

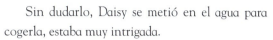

Aventura en la isla

Mickey, Minnie, Donald y Daisy iban de camino a la playa a pasar las vacaciones. Cuando llegaron se pusieron el traje de baño y corrieron a la orilla.

—¡Me voy a tumbar justo aquí! —exclamó Minnie mientras extendía su toalla.

—Y yo —afirmó Daisy, abriendo su sombrilla.

—Esas olas son perfectas para surfear —dijo Donald.

—Vosotros haced lo que queráis, chicos —dijo Minnie.

—Nosotras estamos bien aquí —añadió Daisy.

Mickey y Donald practicaron surf y nadaron hasta que se puso el sol.

Al día siguiente, también fueron a la playa. Mickey y Donald vieron un barco en alquiler.

—¡Vamos a pescar! —exclamó Donald.

Pero Daisy y Minnie discreparon.

—Preferimos relajarnos al sol —dijeron.

Y Mickey y Donald fueron a pescar solos.

El tercer día, los chicos querían ir a nadar.

—No gracias —dijo Minnie—. Prefiero estar tranquila bajo el sol.

—Yo también —afirmó Daisy—. Nos vamos a la cala a relajarnos.

Así que los chicos se fueron a nadar y Daisy y Minnie se dirigieron a la cala.

Mientras caminaban bajo las palmeras, Daisy divisó una botella flotando en el agua. En su interior había un mapa enrollado.

Sin dudarlo, Daisy se metió en el agua para cogerla, estaba muy intrigada.

—¡Es un mapa del tesoro! —exclamó.

—¡El tesoro está en una isla! —chilló Minnie, señalando una gran X en el mapa.

Minnie y Daisy decidieron seguir el mapa. Subieron una colina y bajaron otra. Después cruzaron un riachuelo y llegaron a un muelle con un barco amarrado.

—Ésa es la isla —aseguró Daisy señalando con una pata el mar.

Subieron al barco de un salto y comenzaron a remar.

Remaron y remaron hasta que alcanzaron la isla. Con tanto esfuerzo, Minnie y Daisy estaban cansadas y hambrientas.

—¡Mira! —gritó Minnie—. ¡Veo un fuego!

—¡Piratas! —exclamó Daisy.

Pero no eran piratas. Eran Donald y Mickey, esperando a que llegaran Daisy y Minnie. El fuego de una hoguera crepitaba y los peces chisporroteaban en la parrilla.

—¡Parece que las chicas han encontrado nuestro mapa! —exclamó Donald.

—¿Vuestro mapa? —se asombró Minnie.

—¡Era la única manera de que vivierais una aventura con nosotros! —contestó Mickey.

—Ahora venid, sentaos junto al fuego —dijo Donald—. ¡La cena está servida!

Daisy y Minnie rieron, ¡era un buen plan!

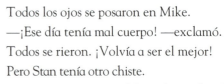

MONSTRUOS, S.A.

La última risa

—¡Listo para las risas? —preguntó Sulley a Mike una mañana en la Sala de las Risas.

Mike sonrió.

—¡Ya lo creo!

Justo entonces, se oyó una explosión de risas, que cogieron a Mike desprevenido. Un grupo de empleados se encontraba rodeando a otro monstruo.

—¿Quién es el humorista? —preguntó Mike.

—Stan, nuestro nuevo fichaje —respondió Sulley—. Os presentaré.

—¡Buenos días! —dijo Stan al ver a Sulley.

—Oye, quiero presentarte a alguien —dijo éste, girándose hacia Mike.

—Mike Wazowski, éste es Stanley Stanford. Mike es nuestro mejor recolector de risas.

Mike y Stan se dieron un apretón de manos.

—¿De qué os reíais antes? —preguntó Mike.

—Sólo les estaba contando la vez en que me encontré con el Abominable Hombre de las Nieves y con su madre. Le dije «Eh, señor Abominable, ¿de dónde es su madre?». Y me respondió «De la ciudad Nívea». Y yo le digo, «Bueno, pues si no tienes "nidea" ya le pregunto a ella».

Todos empezaron a reír otra vez. Todos excepto Mike, que no podía evitar sentir cierta envidia. ¡Tenía la impresión de que su puesto como mejor recolector de risas estaba en peligro!

—Muy buena, Stan —dijo Mike cuando las risas se calmaron—. ¿Pero te sabes ese del esqueleto que decidió no ir a la fiesta?

Todos los ojos se posaron en Mike.

—¡Ese día tenía mal cuerpo! —exclamó.

Todos se rieron. ¡Volvía a ser el mejor! Pero Stan tenía otro chiste.

—Muy divertido, Mike —dijo—. ¿Has oído el del elefante que no podía parar de beber? Aunque le quitaran la botella, ¡siempre estaba trompa!

De nuevo, todos se reían con Stan. Mike sabía que aquélla era una guerra de chistes. Según fueron contándolos uno tras otro, los empleados empezaron a reunirse alrededor de los dos humoristas.

El duelo continuó hasta que, en un momento de pánico, ¡Mike se quedó en blanco! Empezó a saltar, esperando que su cerebro rebotara y se le ocurriera algo. Pero en uno de sus saltos, aterrizó sobre una plataforma transportadora con ruedas.

—¡Uaaaah! —gritó mientras la plataforma se alejaba, haciéndole atravesar toda la sala.

Todos los empleados observaron la escena mientras Mike se desplazaba sin control por la Sala de las Risas. ¡Todos se tiraron al suelo tronchándose! Cuando Mike se estrelló contra un montón de cajas, el duelo terminó y Mike se convirtió en ganador.

—Eres un tipo muy divertido, Mike Wazowski —admitió Stan.

Mike sonrió. Stan no era tan malo, después de todo.

«Y con dos monstruos desternillantes en el equipo, ¡seguro que podremos reunir un montón de energía!», pensó.

Disney · PIXAR

WALL·E

Mala perdedora

Un día de verano, apenas unas semanas después de que el crucero espacial *Axioma* aterrizara en la Tierra, WALL·E estaba enseñándole a EVA una de las cosas extrañas que tenía en su colección de trastos.

WALL·E se había pasado años aumentando la colección, reuniendo toda clase de cosas extrañas que había encontrado entre la basura y que le fascinaban. Estaba muy orgulloso de ella.

Lo que le quería enseñar a EVA era un pequeño rectángulo de plástico con botones.

Cuando EVA pulsó los botones se encendió una pequeña pantalla cuadrada que había en el centro y se oyó una voz.

—¡Bienvenido! ¿Quieres empezar una nueva partida?

WALL·E se sorprendió. La cosa nunca había hecho eso antes. Intentó echar un vistazo, pero EVA se giró. La cosa era una consola portátil y en la pantalla había un pequeño robot que se parecía un poco a ella.

—¡Jugar! —dijo, mientras pulsaba el botón para iniciar la partida.

Inmediatamente, la pantalla se llenó de filas de villanos con mala cara. Los dedos de EVA se movieron con rapidez para pulsar los botones, haciendo que su personaje abriera fuego. Los disparos láser llenaron la pantalla, y mientras la casa de WALL·E se llenaba de «bips» y de «blops», intentó mirar de nuevo.

—¡WALL·EEEE! —dijo, levantando sus ruedas para ver mejor, pero EVA no quería rendirse todavía. Cuando a su personaje se le acabaron las vidas, volvió a pulsar el botón de inicio y siguió jugando.

Sus dedos de metal se movieron frenéticamente, haciendo que el personaje disparara cada vez más rápido. Sin embargo, no sirvió de nada. Una escurridiza ráfaga de plasma logró atravesar sus defensas, acabando con ella.

—¡Has perdido! —anunció el juego.

WALL·E esperaba que eso significara que había llegado su turno, pero EVA estaba decidida a terminar el juego.

—¡Jugar! —gritó, empezando de nuevo.

Cada vez que perdía, WALL·E esperaba que lo dejara jugar a él, pero ella siempre se negaba a entregarle la consola. Gruñó, enfurecida, mientras reiniciaba el juego por decimoquinta vez. Ahora sí que iba a ganar, lo presentía.

—Has perdido —dijo el juego, mientras su personaje era derrotado de nuevo—. ¡Fin del juego, perdedor!

Aquello le sentó fatal. De pronto, se le ocurrió una forma de ganar seguro.

Apuntó con su cañón y abrió fuego, convirtiendo la consola en un amasijo de plástico derretido.

Sintiéndose ganadora, EVA le pasó por fin el juego a WALL·E para que pudiera probarlo.

Éste suspiró mientras miraba el plástico ennegrecido. Ahora ya no le parecía tan divertido.

La copa de la victoria

En el Café V8 de Flo, el negocio iba como la seda. Los turistas de todas partes se peleaban por conseguir un asiento y todos querían la misma deliciosa comanda.

—¡Queremos la especialidad de la casa! —pidió un animado cliente.

—Lo siento, me temo que no nos queda —dijo Flo—. Pero ¿qué les parece un buen batido de aceite? Les encantará —sugirió.

En la cocina, Flo suspiraba por la presión. Ramón no pudo evitar oírla mientras pasaba cerca. Odiaba verla tan agobiada.

—¿Qué te ocurre, Flo? —preguntó—. ¡Tienes el local lleno de turistas sedientos!

—Pero todos piden el especial de la casa —se quejó.

—¿Y qué? —dijo Ramón, confuso.

—¡Pues que no tenemos ni uno! —respondió.

Sheriff, que se había colado para tomar un trago de su bebida aceitosa favorita, oyó la conversación de Flo y Ramón.

—¿Y cuál es el problema? ¡Sólo tienes que elegir un producto del menú!

—¡Sí! ¡Como el helado de anticongelante o el café capoccino! —dijo Ramón.

—Quiero algo más original —admitió Flo—. Con un buen nombre.

—Entonces haz lo que hacemos nosotros cuando necesitamos consejo —dijo Ramón.

Flo sabía a qué se refería. Se fue, dejando a sus amigos al mando en la cafetería, y encontró a Doc en su taller.

—¿Tienes un momento? —le preguntó.

—¡Pues claro, Flo! Pasa —la invitó Doc.

—Tengo un problema —explicó ella—. Es que… ¡Ah!

Flo se paró en seco. Un pensamiento la había dejado sin palabras.

—¡Cómo no lo he pensado antes! —dijo.

—¿Eh? ¿De qué estás hablando? —preguntó Doc.

—¡Muchas gracias! —gritó ella mientras se iba—. ¡Has sido de mucha ayuda!

—Pero si no he dicho nada… —murmuró Doc.

—¡Me has dado la idea perfecta! ¡Ven luego al V8 y lo verás! —gritó Flo.

Más tarde, la cola en el café ya era de cinco coches y todos cuchicheaban expectantes. En la entrada habían colgado un gran cartel para que lo viera todo el mundo.

Doc sonrió con ilusión.

—Tenías razón, esto se venderá solo.

El cartel mostraba un trofeo lleno de zumo burbujeante: la nueva Copa Pistón.

—Siempre has dicho que tus trofeos sólo eran copas vacías —dijo Flo, sonrojada.

Doc estaba de acuerdo. ¡Flo había encontrado la mejor forma de llenar sus trofeos y de recordar a los clientes sus antiguos triunfos!

El día libre de Remy

El restaurante había cerrado y Remy estaba encantado de tener toda la cocina para él solo. Como todos se habían ido, podía experimentar con nuevas recetas.

Estaba a punto de empezar cuando su hermano, Emile, apareció de repente. Le dijo a Remy que quería ayudarlo a cocinar.

—Cocinar no es sencillo, Emile. ¿Estás seguro? —le preguntó, pero su hermano estaba decidido.

Remy le explicó que era importante no estar sucio cuando cocinaran, así que se lavaron las patas con agua y jabón. Luego, Remy eligió una receta. A Emile le gustaba el pastel de crema especial de Gusteau, con lo que se pusieron patas a la obra.

—Primero rompemos cuatro huevos —dijo Remy, leyendo la receta.

Detrás de él, Emile rompía los huevos y vertía el contenido sobre la encimera.

—¡Pero en un cuenco! —lo regañó Remy.

Sólo necesitaban las yemas, así que mientras el ratón intentaba coger una con un trozo de cáscara, su hermano cogió una de las masas amarillas y la llevó hasta el cuenco.

Finalmente, lograron reunir las cuatro yemas en el cuenco. Remy echó harina y azúcar y luego añadió un poco de levadura.

—Eso hará que el pastel se haga grande y esponjoso —explicó, mientras Emile se relamía con cara de hambriento.

Éste empezó a ayudar a mezclar los ingredientes, pisándolos. Pero según se formaba la masa, acabó hundiéndose en ella. Por suerte, Remy lo cogió de una pata y pudo sacarlo.

Remy fue a coger la batidora eléctrica para hacer la crema. Le dijo a su hermano que no tocara nada, pero éste no pudo evitar pensar en la levadura. Si sólo un poquito servía para hacer el pastel más grande, ¡con todo el paquete se haría gigante!

Cuando Remy volvió, puso la mezcla en el horno mientras dejaba que Emile batiera la crema. La batidora no paraba de agitarse y el cuenco terminó cruzando la mesa, arrastrando a Emile y lanzando la crema en todas direcciones.

—¡Qué divertido! —exclamó.

Tras salvarlo de nuevo, Remy y su hermano se sentaron en el suelo para esperar a que el pastel terminara de hornearse. Le preguntó qué le había parecido lo de cocinar y Emile se quedó mirando su pegajoso pelaje. Se suponía que tenía que estar limpio para cocinar, pero jamás había estado tan sucio.

De pronto, el horno empezó a hacer ruido. La puerta se abrió de golpe mientras una enorme masa escapaba del interior. Remy y Emile corrieron mientras la masa los perseguía por la cocina. Cocinar no sólo era más complicado de lo que pensaba, ¡también era más peligroso!

La sorpresa de cumpleaños para Bonnie

La madre de Bonnie se estaba esforzando mucho en preparar la comida para la fiesta de cumpleaños de su hija. Mientras ella y Bonnie salían para comprar las últimas cosas, los juguetes admiraron el delicioso festín.

—Va a ser una fiesta increíble —comentó Woody.

Rex y Trixie, los dinosaurios, se acercaron a mirar.

—¡Yo quiero ver el pastel! —dijo Rex.

Trixie también quería verlo, y empezaron a escalar la mesa.

—No creo que sea buena idea, chicos —comenzó a decir Woody, pero ya era demasiado tarde.

Rex y Trixie habían llegado hasta arriba y estaban corriendo hacia la caja que contenía el pastel de cumpleaños.

—¡No puedo esperar a verlo! —dijo Rex.

El vaquero estaba intranquilo, ya que Rex tenía el mal hábito de ser un poco patoso.

—Será mejor que vayamos con ellos —dijo, y tanto él como Dolly se apresuraron a subir.

—Ten cuidado, Rex —le advirtió, escalando la mesa, en la que había la caja del pastel.

Rex asintió.

—No te preocupes, seré supercuidadoso —dijo, mientras levantaba lentamente la tapa de la caja.

¡El pastel era precioso! Tenía una cobertura rosa y blanca, con fideos de colores y el nombre de Bonnie escrito con chocolate. Seguro que a Bonnie le iba a encantar.

—¡Déjame verlo, déjame verlo! —pidió Trixie, apartando a Rex.

Éste empezó a agitar los brazos mientras perdía el equilibrio y… ¡Chof! Aterrizó de bruces contra el pastel.

Rex sacó la cabeza de la cobertura dulce y soltó un grito ahogado.

—Y ahora ¡¿qué hacemos?!

Los juguetes no podían permitir que el cumpleaños de Bonnie se fuera al garete, así que se pusieron a trabajar rápidamente. Trixie buscó en Internet consejos para decorar tartas, pero todos eran demasiado complicados como para intentarlo siquiera.

Woody tuvo una idea.

—¿Y si usamos gominolas y caramelos? —sugirió.

A Bonnie le encantaban las gominolas, por lo que todos aceptaron enseguida. El único problema era que la cobertura estaba hecha un desastre. No existían caramelos suficientes para arreglar aquello.

Rex empezó a moldearla con la cola.

—A lo mejor puedo hacer algo.

El dinosaurio usó su larga cola para alisar la cobertura rosa y los juguetes empezaron a decorarla. Terminaron justo cuando Bonnie y su madre volvían de la compra.

Bonnie se puso muy contenta al ver el pastel.

—¡Vaya, es el mejor pastel del mundo! —dijo.

Su madre asintió.

—Sí, es incluso mejor de lo que recordaba —dijo.

En el suelo, Dolly susurró a Rex:

—¡Bien hecho! ¡Al final todo ha salido bien gracias a ti y a tu cola de dinosaurio!

Un cuento de Golfo

Era una noche calurosa; la primera estrella estaba a punto de brillar, y los cachorritos de Reina y Golfo hacía un buen rato que debían estar durmiendo.

—Sólo un cuento más, papá —suplicó Golfillo.

Golfo y Reina pusieron los ojos en blanco.

—Está bien... pero sólo uno —accedió Golfo.

Los pequeños se acurrucaron felices en el cojín. Golfo se tumbó a su lado.

—¿Os he contado alguna vez cómo robé mi primera salchicha, niños? —preguntó.

—¡¡Golfo!! —le advir-

tió Reina desde su asiento, al otro lado del salón—. No me parece en absoluto una historia apropiada para cachorros.

—¡Va, explícanoslo, papá! —insistió Golfillo.

—Bueno, quizá «robar» no sea la palabra exacta —dijo Golfo para tranquilizar a su esposa—. Además, ¡tiene una buena moraleja!

Así pues, comenzó a narrar:

—Todo esto ocurrió cuando yo no era más que un cachorrito y ya vivía por mi cuenta en la gran ciudad. Espero, niños, que sepáis la suerte que tenéis de vivir en esta bonita casa, con Júnior, Jaime y Linda. Vuestro viejo padre, en cambio, no lo tuvo tan fácil. Tenía muchos amigos y me divertía mucho, pero lo cierto es que pasaba hambre, un poquito, casi todos los días. Bien, un día tenía muchísima hambre y mi olfato detectaba todo tipo de aromas deliciosos.

Si alguien cocinaba beicon a un kilómetro de distancia, era capaz de decir cuántas tiras. Así que podéis imaginaros el gran interés que despertó en mí cierto olor procedente de la carnicería. Seguí mi buen olfato, que nunca falla, y, en efecto, allí había una montaña de salchichas recién hechas. Increíble, ¿eh?

—¡Entonces las cogiste de un salto y te las zampaste! ¿A que sí? —interrumpió Golfillo.

—¡Ése es mi chico! —rio Golfo—. Pero no, no fue así. Recordad que yo era un simple muchacho, no llegaba tan alto. No podía dejar de pensar en cómo conseguir una de esas salchichas... cuando me crucé con una mujer con un carrito de bebé que salía de allí. Al principio me invadió la ira porque ¡era la competencia! Entonces, me di cuenta de que el carrito estaba lleno de migajas. «¡Eh! Ésta podría ser mi oportunidad», pensé para mí mismo. Era evidente que el niño no era muy hábil. Como ya esperaba, cuando la mujer le dio al pequeño un trozo de salchicha, se le cayó y... ¡acabó dentro de mi boca! ¡Era deliciosa!

—¿Lo ves, Reina? —añadió Golfo con una sonrisa—. ¡Nada de robar!

—Y ¿cuál se supone que es la lección de esta historia? —preguntó ella.

Golfo rio y dijo:

—¡Que todo llega para quien sabe esperar, por supuesto!

EL JOROBADO DE NOTRE DAME

La risa es la mejor medicina

—Espero que Quasi esté bien ahí! —dijo Laverne, preocupada.

Víctor y Hugo, las otras dos gárgolas del campanario, asintieron. Su amigo Quasimodo acababa de dejar Notre Dame para buscar la Corte de los Milagros con el joven soldado Febo. Seguro que era una misión peligrosa.

—Debemos mantenernos fuertes y tener esperanza —dijo Víctor solemnemente.

Hugo sonrió y dijo:

—¿Y cómo podríamos no estar fuertes? Estamos hechos de piedra.

—¡Muy bueno, sí! —rio Laverne—. Roca dura.

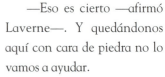

—Sabes que no me refería a eso —dijo Víctor, haciendo una mueca a Hugo—. Y vosotros dos, ¿no os dais cuenta de la seriedad de esta situación? Nuestro querido amigo está ahí fuera, enfrentándose a peligros subterráneos...

—Vaya forma de ser optimista, Víctor —dijo Laverne—. ¡Ya has sepultado al pobre Quasi!

—¡Jo, jo! —rio Hugo—. Si estuviéramos vivos, ¡me estaría muriendo de risa ahora mismo!

Mientras los dos se retorcían por el suelo de la torre riéndose a carcajadas, Víctor los miraba severamente.

—Ya veo —dijo, muy serio—. Así que vosotros dos preferís reíros y contar chistes malos antes que uniros a mí en mi preocupación por el pobre y joven Quasimodo.

Laverne se levantó y se sacudió el polvo.

—¿Por qué tiene que ser o una cosa o la otra, Víctor? —preguntó—. Que nos estemos riendo no significa que no estemos preocupados también.

—¡Pero podría estar en peligro! —exclamó Víctor.

—Eso es cierto —afirmó Laverne—. Y quedándonos aquí con cara de piedra no lo vamos a ayudar.

Hugo asintió y dijo:

—Si nos pasamos todo el tiempo pensando en lo terrible que es todo, nos volveremos locos.

Sin querer, golpeó el nido de un pájaro que estaba en uno de los aleros. El pájaro graznó y se elevó volando. Laverne se agachó para esquivarlo, pero entonces tropezó y cayó, aterrizando en el suelo. El pájaro se elevó más, aún graznando, y voló directamente hacia Hugo.

Hugo se inclinó hacia atrás y aterrizó sobre la mano de Laverne. Ella chilló y sacó su mano de debajo de él. Hugo perdió el equilibrio y aterrizó justo encima de Laverne.

Víctor miró a sus amigos, que estaban intentando desenredarse.

Entonces empezó a reírse. Sus carcajadas cada vez eran más fuertes, hasta que al final apenas podía hablar.

—¡Sabéis? —dijo finalmente—. Puede que tengáis razón. ¡Ya me siento mucho mejor!

Las demás gárgolas no sabían si reír o llorar.

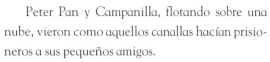

Para quitarse el sombrero

Peter Pan y Campanilla habían salido de aventura y los Niños Perdidos estaban aburridos.

—Nunca Jamás es un rollo si no está Peter Pan —se quejó Zorrillo.

—¡Juguemos a piratas! —saltó Conejo—. Eso siempre es divertido.

—No puedo, he perdido la pluma de mi sombrero —dijo Zorrillo.

—Podemos encontrarte otra —sugirió Mofeta.

—Una pluma extraordinaria, como la del Capitán Garfio —coincidió Osezno.

—¡Eso es! —gritó Zorrillo—. ¡Robaré la pluma del Capitán Garfio!

Al cabo de poco, los Niños Perdidos abordaban con sigilo el barco pirata. Por suerte para ellos, la tripulación estaba durmiendo la siesta.

Vieron el sombrero del Capitán Garfio colgado de un gancho en el mástil.

—Ahí está —susurró Mofeta—. ¡Cógelo!

—¿Me... me... me toca a... a mí? —tartamudeó el niño zorro.

Smee, el primer oficial de Garfio, se despertó de un sobresalto. Pensaba que alguien lo había llamado.

—¡Smee, a sus órdenes! Pero ¿quién me llama? Abrió los ojos y vio a los Niños Perdidos.

—¡Niños a la vista! —gritó, y despertó al resto. En un instante, los Niños Perdidos fueron capturados y el Capitán salió de su camarote hecho una furia.

—¡Amarradlos al mástil! —ordenó—. Atraparemos a Peter Pan cuando venga a rescatarlos.

Peter Pan y Campanilla, flotando sobre una nube, vieron como aquellos canallas hacían prisioneros a sus pequeños amigos.

Bajaron volando hasta la Bahía del Pirata y se posaron sobre el mástil del navío. Entonces, Peter colocó las manos alrededor de sus labios y emitió un sonido de lo más peculiar:

—¡Tic, toc, tic, toc!

Sobre la cubierta, el Capitán Garfio se asustó mucho.

—¡Es el cocodrilo! ¡El que se comió mi reloj y mi mano! ¡Ha vuelto para devorarme!

—Tic, toc, tic, toc... —siguió Peter.

—¡A los cañones! ¡Disparad a ese cocodrilo! —gritó Garfio.

Los Niños Perdidos pasaron a un segundo plano. Mientras los piratas corrían en círculos, Campanilla comenzó a sacudir las alas y el polvo de hada cayó sobre los niños. Al momento estuvieron todos flotando, libres de sus ataduras y hacia las nubes. De camino, Zorrillo agarró la pluma del sombrero de Garfio y se la colocó en el suyo.

Peter Pan, Campanilla y los demás se reunieron en una nube.

—¡Gracias por salvarnos! —gritó Mofeta.

—¡Me habéis ayudado a asustar al viejo Garfio! ¡Me quito el sombrero ante vosotros! —exclamó Peter Pan.

—¡Pues cuidado con tu pluma! —dijo Zorrillo, enseñando la que acababa de robarle al capitán de los piratas.

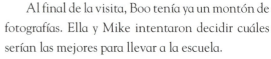

DISNEY·PIXAR
MONSTRUOS, S.A.

Boo vuelve a la escuela

Mike estaba sentado en la habitación de Boo, contando chistes y haciendo el tonto. Estaba recogiendo risas para proporcionar energía a Monstrópolis.

Boo se alegraba de ver a Mike, pero no se estaba riendo tanto como de costumbre.

—¿Te ocurre algo, Boo? —le preguntó Mike.

—¡Empieza cole! —dijo Boo—. ¡Fotos no!

Por suerte, el monstruo entendió enseguida lo que quería decir. Las clases iban a empezar de nuevo y quería contarles a sus compañeros lo que había hecho durante las vacaciones, pero necesitaba fotografías.

—¿Por qué no te vienes a Monstruos S. A. conmigo? —le dijo Mike—. Le daremos una sorpresa a Sulley.

—¡Bien! —Boo saltó, emocionada.

Boo y Mike fueron a Monstruos S. A. a través del armario. Mike encontró una vieja cámara en el almacén y empezó a tomar fotos de Boo.

Luego, Mike acompañó a la niña hasta la Sala de las Risas.

—Sulleeeeeeeey —dijo llamando a su peludo y azul amigo—. Tengo una sorpresa para tiiiiii.

—¡Gatito! —exclamó Boo.

Sulley se alegró mucho de ver a Boo y le dio un gran abrazo.

Los tres pasaron la noche corriendo de un lugar a otro, por todo Monstruos S. A. y toda Monstrópolis, tomando fotos de cada sitio.

Al final de la visita, Boo tenía ya un montón de fotografías. Ella y Mike intentaron decidir cuáles serían las mejores para llevar a la escuela.

Sulley levantó las cejas con sorpresa.

—¿Escuela? ¿Qué «escuela»?

Mike le explicó que Boo necesitaba buenas fotos para enseñarlas en clase.

A Sulley no le gustó cómo sonaba aquello.

—¡Eso está prohibido! —gritó.

—Jolín, Sulley, yo sólo intentaba ayudar —dijo Mike.

Sulley se tranquilizó.

—Lo sé, Mike, pero mi trabajo consiste en proteger Monstruos S. A. Tenemos que mantener el mundo de los monstruos en secreto para los humanos.

—¿Y cómo se lo decimos a Boo? —dijo Mike.

Sulley miró a Boo, que ya parecía triste.

Al grandullón no le gustaba verla decepcionada.

—Porfa, gatito.

—Está bien —le dijo Sulley—. Te dejaré llevar una foto, pero la elijo yo.

Mike y Boo lo celebraron.

Al día siguiente, en la escuela, Boo contó a sus compañeros las aventuras que había vivido.

Ellos no la creyeron, ni tampoco su maestra, así que sacó la foto…

La maestra dio un respingo.

—¡Eso parece un bigfoot! —exclamó.

Boo se rio.

—¡Bigfoot no! ¡Es gatito!

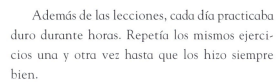

Recuerdos del entrenamiento

Dusty estaba contando a Sparky y a Chug su entrenamiento de incendios y rescate en Pico Pistón.

Les explicó que, al llegar, el parque nacional parecía un sitio tranquilo, pero todo cambió cuando el equipo de incendios se puso en acción para apagar uno en el bosque.

Dusty pudo verlos trabajar de cerca. Demasiado cerca, de hecho: ¡casi lo ciegan con el retardante de fuego!

Le quitaron el polvo rojizo con un buen manguerazo a presión, pero todavía se ponía a temblar cuando recordaba lo fría que estaba el agua.

Desde entonces, las cosas sólo fueron a peor. Le quitaron el tren de aterrizaje y se lo cambiaron por dos grandes tanques que se podían llenar con agua.

Le costó bastante acostumbrarse, y en su primer intento recogiendo agua de un río casi se cae por una catarata. Por suerte, el helicóptero Blade lo salvó por los pelos.

—Todas las noches terminaba agotado —recordó Dusty—. ¡Pero al día siguiente siempre estaba listo para todo!

Les habló a Chug y a Sparky sobre las clases de extinción de incendios a las que asistía todos los días, donde aprendió muchas formas distintas de ser útil en caso de emergencia.

Tenía que prestar mucha atención a lo que le enseñaban porque de eso podían depender vidas.

Además de las lecciones, cada día practicaba duro durante horas. Repetía los mismos ejercicios una y otra vez hasta que los hizo siempre bien.

No fue fácil: al intentar apagar los fuegos de práctica, a veces soltaba el agua demasiado tarde y fallaba estrepitosamente, o la soltaba demasiado pronto y se terminaba estrellando contra ellos.

Durante un tiempo, pensó que nunca conseguiría ser una avioneta de rescate, hasta que un día consiguió acertar de lleno en uno de los fuegos.

Por desgracia, se trataba de una hoguera, y Blade, el helicóptero, se rio de él.

—¡Felicidades, acabas de salvar a una familia de sus tranquilas vacaciones!

Aun así, Dusty siguió aprendiendo y entrenando hasta que estuvo listo para la acción.

¡Y fue justo a tiempo! No tardaron en llamarlo para una misión y, gracias a sus nuevas habilidades y a su ingenio, pudo salvar un montón de vehículos de un incendio forestal. ¡Al fin había conseguido convertirse en una verdadera avioneta de rescate!

Al terminar la historia, Chug le aplaudió.

—Ahora los habitantes de Hélices Junction se pueden sentir tranquilos —dijo.

Sparky se rio.

—Al menos, ¡mientras no hagan hogueras!

Disney · PIXAR
LOS INCREÍBLES

Barbacoa vecinal

Una calurosa tarde de verano, Helen Parr estaba en la cocina glaseando una tarta. Ya era casi la hora de ir a la barbacoa.

—Eh, mamá —dijo el hijo de Helen, Dash, entrando en la habitación a toda velocidad—. ¿Por qué tenemos que ir a una aburrida barbacoa de vecinos?

—Tenemos suerte de haber sido invitados —dijo Helen—. Estamos haciendo lo posible para integrarnos. Y recuerda: no utilices tus superpoderes fuera de casa.

Poco después, la familia Parr caminaba por la calle hacia su primera fiesta del vecindario. Helen colocó su tarta en la mesa de los postres. Su marido, Bob, se dirigió a la parrilla para ayudar. Su hija, Violeta, buscó a alguien con quien hablar y Dash vio a unos niños terminando una carrera de sacos. No podía unirse a ellos, porque podría revelar su supervelocidad.

—¿No te atreves a jugar? —lo retó un chico.

Dash frunció el ceño. Cuando el chico pasó cerca, tropezó misteriosamente y cayó al suelo. Dash rio entre dientes y se limpió la zapatilla. Después de todo, su supervelocidad había servido de ayuda.

Mientras tanto, por el rabillo del ojo, Helen vio a Jack-Jack encima de un muro de ladrillo. ¡Estaba a punto de caer! En un momento, Helen estiró el brazo hasta el otro lado del jardín y lo cogió. Suspiró con alivio y acarició a Jack-Jack. Otra madre se frotó los ojos y murmuró algo sobre no haber dormido suficiente la noche anterior.

—Glup —murmuró Helen aliviada.

Un rato después, Helen observó a los vecinos disfrutando de su tarta. Miró a su alrededor y vio a Dash que contaba una historia. Violeta estaba tomando un helado con una chica de su edad.

—Parece que realmente encajamos aquí —murmuró Helen.

Pero justo en ese momento oyó una conversación entre dos vecinos.

—Hay algo raro en esos Parr —comentó uno de ellos.

¿Los había descubierto alguien? ¿Estaban a punto de ser revelados sus superpoderes?

—Puede que eso sea verdad —añadió alguien más—. ¡Pero esa tal Helen prepara una tarta exquisita! —Todo el mundo asintió y la conversación terminó.

Los Parr sonrieron disimuladamente. ¡Su tapadera seguía en pie después de todo! A lo mejor eran un poco raros comparados con las demás familias, pero estaban haciendo lo que podían para parecer como los demás.

Bob y Helen recogieron a sus hijos y se dirigieron a casa, contentos por cómo se había desenvuelto la tarde. Cuando estaban llegando a casa, Helen dio un gran beso a Bob, y los niños hicieron lo que pudieron por ignorarlo.

Mate-ria oscura

Mate y Rayo McQueen estaban mirando la gran luna llena que había en el cielo.

—¿Sabes? Yo he estado ahí —dijo Mate.

—¡Pfff! ¡Claro que no! —respondió Rayo.

Pero Mate insistió. Empezó a contar la historia de cuando había ido a la luna. Describió la vez que pasó cerca de la NASCA, la Nueva Administración Secreta de Cohetes Automovilísticos. Dentro de las instalaciones, un monitor mostraba la superficie de la Luna y en pantalla se podía ver un *buggy* llamado Impala-13 que se había quedado atascado en la cuneta de un cráter.

—¡Necesita una grúa! —dijo uno de los agentes de la NASCA.

Cuando Roger, el transbordador espacial, vio que Mate pasaba por allí, le pidió ayuda.

El día del despegue, Mate avanzó hacia la lanzadera. Llevaba un traje espacial y unos propulsores. Se metió en el transbordador y se abrochó el cinturón.

En la base de la lanzadera, el humo empezó a salir de los cohetes. Luego salió fuego, y todavía más humo. Finalmente, llegó el despegue. ¡El transbordador salió disparado hacia el cielo!

—¡Allá vamos! —anunció el puesto de control.

Mientras Roger llegaba al espacio, gritó animado.

—¡Yuuuujuuuu!

Dentro del transbordador, Mate miró por la ventana.

—Hasta luego, Tierra.

Pronto, los cohetes de Roger los llevaron hacia las profundidades del espacio. ¡Ya casi estaban en la luna!

—¡Empieza la Operación Grúa Mate! —dijo control por la radio.

Era el momento de que Mate alunizara. Salió flotando del transbordador.

—Buena suerte —le dijo Roger—. Nos vemos en la Tierra.

El transbordador inició el camino de vuelta a casa. Ahora la misión de rescate dependía de Mate. Usando sus propulsores, condujo hasta la superficie de la luna. Allí fue rebotando hasta el Impala-13.

—Conecta tu aparato de rescate al componente estructural frontal del ensamblaje linear del eje —le explicó Impala-13.

—Eh… ¿Qué tal si te cojo con el gancho y ya está? —respondió Mate, confundido.

Lo enganchó, activó sus propulsores y ¡liberó al *buggy*!

—¡Misión cumplida! —dijo Impala-13—. Ahora, llévanos a casa.

Mate activó los propulsores y se dirigió hacia la Tierra con el *buggy* enganchado atrás.

Así terminaba la historia.

—Venga ya, eso no ha pasado —dijo Rayo.

De pronto, Roger el transbordador se paró junto a ellos.

—Cree lo que quieras —dijo Mate, y subió por una rampa hacia el interior del transbordador.

Comedia espacial

Una noche, mientras Bonnie estaba dormida, Jessie y algunos amigos empezaron a rodar una película.

Jessie quería crear una emocionante aventura espacial para Buzz, y Ken y Chunk habían venido desde la guardería Sunnyside para ayudarla.

Ken y Chunk manejaban la cámara mientras el Sr. Púas dirigía la acción. Jessie y los extraterrestres eran los protagonistas del filme, mientras que Rex se había vestido como un temible monstruo alienígena al que debían derrotar.

Se habían preparado para realizar la mayor aventura espacial jamás vista… pero las cosas no fueron como tenían planeadas.

—¡La agente espacial Jessie está en peligro! —anunció Jessie, mientras Ken la filmaba con la cámara—. Necesitamos la ayuda de nuestro héroe…

—¡El gaaaancho! —dijeron a coro los extraterrestres.

—¡Corten! —gritó el Sr. Púas—. ¿Quién es «el gancho»? ¡Ni siquiera está en el guion! Tenéis que decir «Buzz Lightyear».

Los extraterrestres sonrieron.

—¡El gaaaancho!

Jessie suspiró con exasperación.

—Pasemos a la siguiente escena —sugirió.

Ken se asomó emocionado por detrás de la cámara.

—¿Has dicho «siguiente escena»? ¡Corten! ¡Cambio de vestuario!

—¿Ya? —se quejó la vaquera—. Si acabamos de empezar el rodaje.

Ken le explicó que un profesional nunca lleva el mismo vestido en dos escenas distintas. Él y Chunk habían traído una caja de disfraces de la guardería. Allí había montones de trajes, ¡y sólo eran para las primeras tres escenas!

—¿Tenemos que llevar todo esto? —preguntó Jessie—. ¡Así no terminaremos nunca!

Justo entonces, Rex apareció preguntando si ya le tocaba salir. Su cola chocó contra parte del decorado, que se estrelló contra el Sr. Púas.

Mientras Jessie sacaba al erizo de debajo de los escombros, los extraterrestres corrieron hacia la cámara sosteniendo un cartel que decía «FIN».

—¡El gaaaancho! —dijeron otra vez, riéndose ante la cámara.

Jessie se llevó las manos a la cabeza. ¡La película era un horror!

Al día siguiente, decidió echarle valor y enseñársela a Buzz igualmente.

—Lo siento mucho —dijo al terminar la proyección—. Quería hacer una aventura espacial, y al final…

—¡Es la mejor comedia que he visto nunca! —se rio Buzz, y le dio un beso en la mejilla—. ¡Muchas gracias, Jessie! ¡Me ha encantado!

A Buzz le gustó mucho el regalo, y Jessie se sonrojó. En silencio, dio las gracias a sus amigos… ¡por ser un desastre!

Disney · PIXAR
BUSCANDO A
NEMO

Natación segura

En las profundidades del mar, Marlin, el pez payaso, salió de casa listo para un día de aventuras con su hijo Nemo.

—Me alegra ver que te has levantado temprano —dijo al encontrar a Nemo fuera.

—¡Llevo esperando esto toda la semana! —dijo el pequeño, emocionado—. ¡Vamos!

—¡Nemo, espera! —exclamó Marlin cuando su hijo empezó a nadar.

Cogió a Nemo por la aleta pequeña.

—Pero ¿qué haces? No puedes nadar por el mar al tuntún. ¡Es peligroso!

—Venga, papá —dijo Nemo sin inmutarse—. Ya me he perdido antes en el mar y he vuelto.

—Sólo porque te hayan atrapado en un acuario no quiere decir que sepas cómo sobrevivir en el océano —le advirtió su padre—. Aún podemos divertirnos. Diversión segura… ¡Nemo!

Se le salieron los ojos de las órbitas al darse cuenta de que su hijo se había vuelto a ir sin él.

Nemo nadó hacia arriba, hasta un par de piernas naranja que pataleaban en el agua. ¡Eran patas de pelícano! Marlín corrió tras él y lo cogió para alejarlo del peligro justo cuando el pelícano agachó la cabeza para tragárselo entero.

—Sólo porque hayas conocido a un pelícano majo y hayas viajado en su boca no quiere decir que los demás no intenten comerte —lo regañó Marlin.

—¡Qué pasada! —dijo Nemo, maravillado.

—¡No es cosa de risa! —dijo Marlin, que estaba perdiendo la paciencia.

Nemo debía tener más cuidado en el mar. Todo podía ser una amenaza…

—¡Papá, mira esto!

Nemo había vuelto a alejarse en el breve instante en que Marlin miró hacia arriba para ver si los pelícanos se habían ido.

—Es increíble —comentó Nemo, frotando una aleta contra la brillante superficie de cristal de una botella que había caído del mundo humano.

—Aléjate de eso, ¡podría ser peligroso! —lo regañó Marlin de nuevo mientras se acercaba corriendo.

Observó el cristal y se quedó de piedra. Nadando veloz hacia ellos, vio reflejada una…

—¡Barracuda! ¡No hay escapatoria!

Estrujándose el cerebro, Nemo entró por la estrecha abertura de la botella.

—¡Sígueme! —gritó.

—¡Pero estaremos atrapados! —dijo Marlin, asustado.

—Lo sé —dijo Nemo.

La barracuda nadó directo hacia la botella y se golpeó la cara contra el cristal al intentar comerse los pequeños peces del interior. Dolorida, se alejó bastante mareada y con un diente roto.

—¡Bien hecho! —Marlin le chocó la aleta.

Nemo esperaba que su padre hubiera aprendido la lección: ¡a veces estar atrapado en un acuario tiene sus ventajas!

Bambi

Buenos modales

Bambi y su madre daban un paseo veraniego. Como siempre, pararon en la madriguera en la que vivía Tambor.

—¿Cómo estás hoy, Tambor? —preguntó la madre de Bambi.

—Estaría mejor si mi madre no me acabara de dar un baño —respondió él.

—¡Tambor, cuida esos modales! —dijo su madre.

—Lo siento —se disculpó Tambor y miró a la cierva—. Estoy bien —contestó.

Las madres de Bambi y Tambor les dieron permiso para ir a jugar y ellos se dirigieron al bosque.

—¿A qué quieres jugar? —preguntó el cervatillo a su amigo.

—¿Qué tal al escondite? —propuso Tambor—. Yo me esconderé primero, ¿vale?

Bambi se dio la vuelta, cerró los ojos y empezó a contar.

—Uno... Dos... Tres... Cuatro... Cinco...

—¡Socorro! ¡Bambi! —gritó Tambor.

Bambi se volvió y vio a Tambor saltando hacia él con cara de pánico. Un momento después, una madre osa salió de una cueva cercana con tres oseznos detrás de ella.

Aunque estaba aterrorizado, Tambor pudo hacer un comentario inoportuno:

—¡Es la criatura más fea que he visto jamás!

—¿Perdón? —dijo la madre osa—. Primero, vienes a mi casa y molestas a mis hijos mientras están durmiendo. ¿Y todavía tienes el valor de insultarme? ¡Creo que me debes una disculpa!

—¡Hazlo! —susurró Bambi—. Discúlpate.

—S-s-siento mucho que seas fea —tartamudeó Tambor.

—¡Tambor! —gritó Bambi—. Eso no tiene gracia.

—No pretendía ser gracioso —respondió Tambor.

—¡Inténtalo otra vez!

—Señora... —volvió a comenzar Tambor—, siento, eh..., haber molestado a sus pequeños... Y, eh, eres como deben de ser las madres osas... Grande. Y bonita. Sí, desde luego eres bonita.

Antes de dejar que se marcharan, la madre osa les explicó pacientemente:

—Como siempre les digo a mis hijos: los buenos modales son importantes. Hoy, jovencitos, ¡os han salvado la vida!

Bambi y Tambor corrieron a casa lo más rápido que pudieron.

Cuando Tambor llegó a su madriguera, su madre le dijo:

—Justo a tiempo para una rica cena de verduras. —Tambor iba a comentar lo poco que le gustaban las verduras, pero cambió de idea—. Gracias, mamá. Eso suena genial —dijo.

La madre de Tambor sonrió.

—¡Qué buenos modales! ¡Supongo que has acabado haciéndome caso, Tambor, después de todo! —exclamó ella muy contenta.

Disney
Tod y **Toby**

La persecución

—¡Yuju! —gritó Tod mientras daba volteretas hacia el agua.

Se zambulló en ella con un gran chapoteo. Un segundo después, su amigo Toby cayó justo a su lado.

—Desde luego, es un día estupendo —dijo Toby.

—Ya lo creo —dijo Tod.

Los dos amigos nadaron hasta la orilla y subieron a tierra firme. Al sentarse al cálido sol, una gran mariposa azul se posó sobre la cola del perro.

—Parece que has hecho una nueva amiga —dijo Tod.

Pero la mariposa se asustó por una fuerte voz.

—¡Toby! —gritó la voz.

Era Amos, el amo de Toby. Amos solía estar de mal humor y ahora sonaba enfadado.

—¿Dónde estás, maldito chucho? —gritó.

Tod salió con cuidado del agua. Sabía que Amos andaba cerca y que su otro perro, Jefe, estaba con él.

Toby se acercó a Tod.

—Será mejor que me vaya —dijo—. Amos parece muy enfadado.

—¿Por qué no vuelves a tu barril para que te encuentre allí al volver? —sugirió Tod—. No puede enfadarse si ya estás en casa cuando te encuentre.

Toby se rascó detrás de la oreja.

—Pero me voy a cruzar con él, y va con Jefe. Seguro que me oye o me huele.

Tod sonrió.

—Tú déjame a mí.

Le guiñó un ojo a su amigo y corrió hacia la colina, pasando cerca de Amos y de Jefe.

—¡Ahí está ese condenado zorro! —gritó Amos mientras Jefe corría a por Tod, ladrando como un loco. Amos lo persiguió corriendo todo lo rápido que le permitían sus largas y viejas piernas.

Tod corrió como un rayo esquivando los árboles y saltando las ramas. Más de una vez Jefe estuvo a punto de darle caza; notaba su aliento en la cola. Pero Tod era listo. Llevó al perro hasta un saliente rocoso y se metió en una pequeña cueva. Jefe metió la nariz por la abertura, gruñendo, pero era demasiado grande para caber.

—¡No importa, Jefe! —dijo Amos cuando llegó al fin—. Ya lo cogeremos la próxima vez.

Jefe lanzó un último gruñido a la cueva, pero Tod ya había escapado por el otro lado y se dirigía a casa.

Agotados, Amos y Jefe volvieron a la suya. Cuando llegaron, Tod ya se encontraba descansando frente a la chimenea de la Viuda Tweed, y Toby estaba sentado en su barril. A su lado, tenía el cuenco vacío.

—Ahí estás —refunfuñó Amos, sacudiendo la cabeza—. Y supongo que habrás estado ahí todo el tiempo. Podrías habernos ayudado a capturar a ese zorro, ¡es como si estuvieras evitando ir a cazarlo!

¡Volcando tractores!

Mate y Rayo McQueen iban circulando por las calles de Radiador Springs muriéndose de risa. No conseguían recordar la última vez que habían reído tanto.

—¿Has visto cómo brincaban esos tractores? —se mofó Mate con lágrimas en los ojos.

El cuerpo de Rayo se sacudió cuando soltó una risita.

—El claxon de Sargento ha funcionado muy bien.

—¡Repitámoslo esta noche! —sugirió Mate.

—¡Sí, por supuesto! —gritó Rayo McQueen—. Te veo después del entrenamiento.

Mientras daban la vuelta para marcharse, se oyó una voz a sus espaldas.

—Decidme, ¿qué es lo que os hace tanta gracia?

Ambos se volvieron y se encontraron con El Rey, que se acercaba a ellos con una sonrisa burlona.

—He venido de visita —dijo El Rey—, pero siento curiosidad. ¿Qué es lo que os divierte tanto?

—¡Los tractores! —rio Mate—. Se pasan el día pastando en los campos, así que de vez en cuando nos acercamos y los despertamos un poquito.

El Rey pensó en ello durante un instante.

—Nunca he hecho nada parecido.

—¿Por qué no vienes con nosotros esta noche? Haremos una expedición especial sólo para ti.

—¡Trato hecho! —exclamó El Rey.

Aquella misma noche, en un campo tranquilo, los coches mantuvieron sus faros brillantes sobre los tractores dormilones y perezosos.

—¿Y ahora qué? —susurró El Rey.

—¡Tuercas! Es algo muy sencillo —explicó Mate—. Nos acercamos en silencio a esos tractores que duermen..., esperamos a que llegue el momento justo... y aceleramos el motor tanto como podamos para despertarlos de su sueño.

El Rey asintió y emprendieron la marcha con cautela.

—¿Preparados? —preguntó Mate en voz baja.

El ruido de sus bocinas y motores le dio a los tractores el susto de sus vidas, y todos y cada uno de ellos rodaron sobre sus espaldas sobresaltados.

Rayo McQueen se reía a carcajadas mientras a sus amigos les flaqueaban las ruedas por la risa.

De repente, se encendió una luz detrás de ellos. Al amparo de la noche, un motor rugió y retumbó con mucha más profundidad, fuerza y violencia.

—¿Qué cuernos es eso? —chilló El Rey.

—¡Es Frank! —gritó Rayo McQueen. Frank era la bestia cosechadora de aquel campo, provista de las herramientas necesarias para machacar y aplastar cualquier cosa que se interpusiera en su camino—. ¡Esta vez hemos ido demasiado lejos!

—¿Y qué hacemos? —preguntó El Rey.

Mate ya iba muy por delante de ellos, pues había salido pitando hacia la linde del campo.

—¡Huir! —dijo por encima de los gruñidos de Frank.

Cruzaron el campo disparados. El furioso sonido de la venganza de Frank apagó sus risas y los tractores volvieron a pastar, felices de nuevo.

Disney·PIXAR

MONSTRUOS, S.A.

Risas monstruosas

Sulley estaba preocupado. Como nuevo director de Monstruos, S.A., debía asegurarse de que los niveles de energía se mantenían altos, pero, al parecer, ningún monstruo conseguía reunir las risas suficientes.

—Mikey, tenemos un problema de energía —dijo Sulley a su amigo—. Ha pasado un año desde que cambiamos la energía de los sustos por la de las risas, y los monstruos han dejado de ser divertidos. Todos sus números son anticuados y aburridos.

Mike pensó en ello durante un rato.

—¡Ya lo tengo! —exclamó mientras chasqueaba los dedos—. Escribiré unos cuantos chistes nuevos para todos los monstruos.

Mike se pasó las noches siguientes escribiendo chistes e inventando actuaciones. Realizó un espectáculo para los otros monstruos...

—En los tiempos en los que yo daba miedo, le di un significado totalmente distinto a la palabra «paticojo». Pero, en serio, ¿os podéis creer que los niños tuvieran miedo de mí? Mi ojo sólo ocupa la mitad de mi cuerpo. Eso no da miedo, ¡solamente es una monstruosidad!

Concluyó la actuación imitando una bola de bolos a la perfección.

Una vez acabó su número, Mike repartió guiones cómicos entre todos los monstruos y les dijo que contaran los chistes justo como él lo había hecho. ¡Los niños se partirían de risa en un pispás!

Sin embargo, aquello no funcionó. Un monstruo llamado Pauley intentó contarle a una niña pequeña uno de los chistes de Mike.

—¿Por qué el monstruo uniojo tuvo que cerrar su escuela? —preguntó—. ¡Porque sólo tenía un pupilo!

La niña le lanzó una mirada vacía a Pauley y a sus dieciséis ojos.

—¡Son horribles! —dijo Mike—. Tengo que reunirlos para practicar un poco. Si aprenden a contar chistes como yo, nuestros niveles de energía estarán por las nubes.

—Pero Mike, ése es precisamente el problema —explicó Sulley—. Los otros monstruos no pueden contar los chistes igual que tú, porque no son como tú.

Al día siguiente, los monstruos se sentían desanimados. Entonces, de repente, un monstruo altísimo llamado Lanky se resbaló con la piel de un plátano y, cuando cayó al suelo, sus brazos y sus piernas se enredaron entre sí. Lanky empezó a reír, ¡al igual que el resto de los monstruos!

Mike reflexionó durante un instante.

—¡Eso es! —gritó—. En lugar de copiarme, simplemente debéis ser vosotros mismos. ¡Ser divertido se basa en eso!

Unos días más tarde, la Sala de Risas zumbaba de actividad. Tras las puertas de los armarios, los niños se carcajeaban sin parar.

—Buen trabajo, Mikey —comentó Sulley—. ¡Los niveles de energía vuelven a subir!

Saltando entre el humo

Todos los aviones habían acabado de fumigar los campos aquel día, y algunos de ellos se habían reunido en el hangar para charlar.

—¡Oye, Dusty! —llamó Leadbottom—. Cuéntale a Alice lo de los aviones y los bomberos paracaidistas en Pico Pistón. —Alice, una joven carretilla, se acercó para escucharlo.

—En realidad, no hay mucho que contar —dijo Dusty—. Cuando recibimos una llamada, el equipo de Ataque Aéreo de Pico Pistón se dirige hacia el fuego y lo apaga.

Leadbottom sonrió de un modo alentador.

—¿No te olvidas de algo? También te he preguntado por el equipo terrestre...

—Los bomberos paracaidistas son especiales —explicó Dusty. Le contó a Alice que el equipo de bomberos rodante siempre estaba riendo y gastando bromas, pero, cuando había una emergencia, se volvían tremendamente serios.

Aunque todos ellos eran vehículos terrestres, los bomberos paracaidistas iniciaban muchos de sus cometidos en el aire. Saltaban desde los aviones de transporte mientras éstos sobrevolaban el fuego y se lanzaban a la acción con sus paracaídas. Dinamita, la líder, daba las órdenes y su equipo se ponía ruedas a la obra para adentrarse en el peligro.

Cada miembro del equipo tenía su propio conjunto de habilidades especiales.

El rastrillo de Piñón podía abrir caminos entre la maleza. Las tenazas de Blackout eran perfectas para cortar los árboles, si bien en ocasiones cortaba otras cosas por error.

La escandalosa Avalancha y el segundo al mando, Drip, completaban el equipo y, así, estaban preparados para cualquier emergencia que surgiera.

Su trabajo consistía en detener la propagación del fuego cortando, talando y segando las plantas y los árboles circundantes. De este modo, el fuego no tenía adónde ir y era mucho más fácil para los aviones y los helicópteros apagar las llamas.

—Es un trabajo arriesgado —comentó Dusty—. Una vez, los bomberos paracaidistas se quedaron atrapados entre el fuego sin forma alguna de escapar.

El valiente equipo terrestre pareció estar en graves apuros, pero, por suerte, según explicó Dusty, él sobrevoló la zona en aquel mismo instante y pudo despejar el camino utilizando polvo retardante. La certera puntería de Dusty salvó a sus amigos, pero aquello sólo era el deber de un bombero.

—¡Menuda precisión! —exclamó Leadbottom impresionado—. Dusty aprendió eso de mí en los tiempos que era fumigador.

Alice soltó una risita.

—Sí, claro, Leadbottom.

Dusty y los otros aviones se unieron a la conversación.

—¡Pero ni se te ocurra extinguir ningún fuego con Vitaminimucho! —le advirtieron, y todos ellos, incluido Leadbottom, se echaron a reír.

Disney HÉRCULES

Vacaciones no muy relajantes

Es indudable: ¡Hércules necesitaba urgentemente unas vacaciones!

—Pero, ¿qué pasa con tu entrenamiento? —preguntó Fil—. ¡No puedes parar! ¡Si alguna vez vas a ser un dios, tienes que entrenar como tal!

—Si no me tomo un descanso —dijo Hércules—, nunca seré un dios, porque estaré agotado. Lo siento, Fil, tengo que irme.

Guardó sus pesas y jabalinas, suspendió el anuncio de su bebida deportiva y se reunió finalmente con Pegaso.

—Nos vamos a las islas griegas, amigo mío —dijo al caballo alado—. Castillos de arena, playa, sombrilla, zumos... ¡allá vamos!

Y antes de que puedas decir «Monte Vesubio» allí estaban, en el mejor *resort* del mundo antiguo, tomando el sol y sin hacer absolutamente nada de nada.

—Un héroe podría acostumbrarse a esto —sugirió Hércules mientras flotaba en el agua, bebiendo un batido y ajustándose las gafas de sol.

De repente, un grito resonó desde la playa:

—¡Tiburón! ¡Tiburón!

—¿Un tiburón? —se extrañó Hércules—. ¿En el mar Egeo?

Sin embargo, efectivamente era verdad. ¡Una enorme aleta dorsal gris nadaba a gran velocidad hacia la orilla llena de gente!

—¡Socorro! —gritaron los bañistas.

—¡Auxilio! —gritó Hércules..., hasta que se dio cuenta de que sólo él podía salvarlos.

Nadó hasta el tiburón, lo agarró por la cola y lo lanzó hacia el cielo, de camino hasta el Atlántico.

—Menos mal —dijo Hércules mientras las personas lo aplaudían y vitoreaban.

Pero ni cinco minutos más tarde se oyó otro grito de espanto, esta vez desde las colinas.

—¡Volcán! ¡Volcán!

Desde el centro de la montaña de la isla empezó a salir un humo negro y un río de lava incandescente.

—¡Socorro! —gritó la gente.

Hércules corrió por la isla hasta que encontró el canto rodado más grande. Después regresó a la cima de la montaña y, con un gran impulso, lo inclinó sobre el borde y tapó la boca del volcán. Encajaba perfectamente. El volcán cesó la erupción enseguida.

—¡Hurra! —exclamó la gente.

Antes de que pudieran producirse más desastres naturales, Hércules decidió que era hora de hacer las maletas y regresar a casa.

—¿Tan pronto de vuelta, Hércules? —preguntó Fil, gratamente sorprendido.

Hércules se encogió de hombros.

—¡Digamos que para un héroe el trabajo a veces es más fácil que las vacaciones!

Un papel importante

En el estadio, Rayo McQueen estaba calentando motores para participar en una carrera con la ayuda de Fillmore. A veces, la mejor manera de prepararse para la pista era recordarse a sí mismo que podía hacerlo.

—¡Velocidad! ¡Soy pura velocidad! —se repitió Rayo McQueen con determinación.

—Sin duda —dijo Fillmore entusiasmado—. Mantén la calma y haz lo que tú sabes hacer.

Fillmore llevaba puesto uno de sus inventos: un sombrero con dos latas de su afamada gasolina orgánica ajustadas a los costados. Con una pajita a cada lado, podía sorber su bebida con comodidad.

Más tarde, aquel mismo día, mientras Rayo McQueen se estaba preparando en la línea de salida, Fillmore vagaba sin rumbo fijo por la zona de estacionamiento, disfrutando del sol y de su sombrero con gasolina orgánica.

—¡Ja! ¡Fíjate en ése! —se oyó una risotada cruel.

—¡Mira ese payaso! —soltó otra voz.

Fillmore se giró y vio a dos carretillas elevadoras. Una de ellas se deslizó hasta ponerse a su lado y, con un violento golpe de su horquilla, le quitó el sombrero directamente de la cabeza.

—¡Ja! ¡Matón ataca de nuevo! —se rio a carcajada limpia.

—¡Oye, ten cuidado! —exclamó Fillmore—. ¡Me has arañado!

Los dos montacargas hicieron caso omiso de él y comenzaron a lanzarse el sombrero de un lado a otro.

Fillmore se mareó al observar cómo arrojaban su sombrero con mezquindad... cuando de pronto salió de la nada Rayo McQueen, zumbando por los aires, y atrapó el sombrero al vuelo.

Rayo McQueen devolvió el sombrero a su amigo.

—Muchas gracias, colega —dijo Fillmore agradecido.

—Será mejor que no os acerquéis a mis amigos —les advirtió Rayo McQueen. Pero, justo cuando esas palabras abandonaron sus labios, Matón perforó el depósito de gasolina de Rayo con uno de sus largos brazos y derramó el líquido sobre el asfalto, creando así un charco negro.

—¡Intenta correr sin combustible, campeón! —dijo con desprecio Matón. Su hermano se rio a su lado mientras los dos se marchaban.

—Ahora no tengo combustible para acabar la carrera —dijo Rayo McQueen, preocupado.

—Puede que tenga la solución —manifestó Fillmore.

Luego, en la pista, Rayo McQueen se colocó en primera posición a gran velocidad, pero esta vez su aspecto parecía ser un poco diferente al habitual. Sobre su cabeza llevaba el sombrero traga-gasolina que había inventado Fillmore y, a medida que corría por la pista, iba engullendo el combustible suficiente para que el motor siguiera corriendo.

—Qué gran idea, Fillmore —lo elogió Rayo McQueen en la meta, con su trofeo nuevo.

Fillmore y Rayo McQueen siempre cuidaban el uno del otro.

Pinocho

En un enredo

Una noche, cuando Pinocho dormía, lo despertó un fuerte ruido. Se levantó de un salto y bajó hasta el taller de Gepetto.

—¿Hay alguien ahí? —preguntó con nerviosismo Pinocho.

—¡Miau! —respondió el gatito de Gepetto, Fígaro.

—¡Te oigo, pero no te veo! —exclamó Pinocho.

De repente, los títeres que había sobre la mesa de trabajo de Gepetto comenzaron a moverse.

—¡Ay! —gritó Pinocho, sobresaltado.

Miró arriba y vio a Fígaro enredado en las cuerdas de los títeres.

Pinocho empezó a reír.

—¡Es muy divertido! —exclamó.

—¡Miau! —maulló Fígaro.

El gatito luchó para liberarse, pero lo único que consiguió fue enredarse más en las cuerdas. Pinocho rio todavía más fuerte. Pepito Grillo entró por la chimenea y se frotó los ojos.

—¿Qué está pasando? —preguntó.

Pinocho señaló al pequeño gatito.

—Tal vez deberías ayudar al pobre Fígaro en vez de reírte de él —aconsejó Pepito Grillo.

—Tal vez debería dejarlo allí —replicó Pinocho—. Entonces Gepetto se daría cuenta de lo travieso que ha sido.

—¡Miau! —se lamentó el pobre Fígaro.

—Eso no está bien —comentó Pepito Grillo—. ¿Cómo te sentirías si estuvieras enredado?

—Supongo que no me gustaría mucho —suspiró Pinocho.

Estaba a punto de liberar al gatito, cuando de repente exclamó:

—¡Eh, Pepito, mira eso!

Las cuerdas estaban enrolladas en las patas de Fígaro y, cuando sus patas se movían, ¡los títeres empezaron a bailar!

—¡Eso es un muy buen truco! —exclamó Pinocho—. ¡Fíjate, Fígaro puede trabajar con los títeres!

El gatito movió las patas un poco más y todas las marionetas bailaron.

—Tengo una idea —dijo Pepito Grillo.

A la mañana siguiente, cuando Gepetto despertó, se llevó una sorpresa.

—¡Mira, papá! —exclamó Pinocho—. ¡Fígaro puede hacer que los títeres bailen!

Pinocho guiñó un ojo a Fígaro y el pequeño gato saltó de nuevo sobre las cuerdas de la marioneta, que se movía alegremente.

—¡Asombroso! —aplaudió Gepetto al ver el espectáculo—. ¡Podemos montar un teatro de títeres para todos los niños de la ciudad!

Pinocho estaba encantado de ver a Gepetto tan feliz. ¡Todos reían contentos!

—¿Cuándo descubriste el talento de Fígaro? —preguntó Gepetto.

—Anoche —dijo Pinocho—, cuando lo encontré en tu taller..., eh..., pasando el rato.

Hora del champú

Los juguetes se estaban divirtiendo mientras jugaban en la habitación de Bonnie cuando... ¡Ay, no! Un vaso de zumo de naranja se derramó sobre el Sr. Púas, el erizo.

—¡Miradme! ¡Estoy empapado! —refunfuñó.

Buzz cogió una toalla.

—No te preocupes. Te secaré en un minuto —le prometió.

Una vez Buzz terminó de secarlo, ¡el Sr. Púas tenía un aspecto mucho peor! El zumo de naranja había dejado su pelo muy pegajoso.

—Necesitas un poco de champú para lavarlo —dijo Pony, el unicornio.

El Sr. Púas levantó una ceja.

—¿Champú? —exclamó. Nunca antes había utilizado champú, pero antes de saber siquiera lo que estaba ocurriendo, los otros juguetes lo arrastraron hasta el cuarto de baño y lo lanzaron dentro del lavabo.

—Ya viene el champú —anunció Buzz, y derramó aquel mejunje verde de dulce aroma sobre la cabeza del erizo.

—Y aquí está el agua —añadió Dolly, que abrió el grifo.

El lavabo empezó a llenarse enseguida de agua y burbujas y, al momento, el Sr. Púas comenzó a tener problemas para mantenerse a flote.

—¡Ayuda! —balbuceó.

Buzz se preparó para saltar y salvar a su amigo, pero Dolly tuvo una idea mejor. Tras pensarlo con rapidez, tiró del tapón y dejó así que la espuma jabonosa se fuera por el desagüe. El Sr. Púas estaba a salvo, pero estaba cubierto de burbujas blancas espumosas de la cabeza a los pies.

—¡Tengo un superplan! —anunció Buzz. Puso en marcha la ducha y le lanzó al Sr. Púas un chorro de agua fría como el hielo. La fuerza del agua casi consigue derribarlo.

—¡Es demasiado potente! —farfulló.

—Aguarda, ya casi está —le prometió Buzz mientras acababa de aclarar el poco jabón que quedaba.

Una vez limpio, Dolly utilizó el secador de pelo para dejarlo seco en un santiamén. El Sr. Púas suspiró cuando el aire caliente le golpeó la cara y movió su cabello de un lado para otro.

Al fin habían acabado. El Sr. Púas se miró en el espejo y lanzó un grito ahogado. ¡Parecía una enorme bola de pelo esponjoso! A pesar de ello, por lo menos ya estaba limpio, y no iban a volver a lavarlo en una larga temporada.

¡O eso es lo que él pensaba!

Aquella noche, cuando llamaron a Bonnie para que se diera un baño, cogió al Sr. Púas y lo asió con fuerza bajo el brazo.

—¡Vamos a fingir que soy peluquera! —dijo ella mientras se lo llevaba al cuarto de baño.

Buzz y el resto de juguetes rieron en silencio. ¡Algo les decía que el Sr. Púas iba a tener otra sesión de champú muy, pero que muy pronto!

Campistas felices

Era un día caluroso y soleado en Isla Hormiga, ¡el día ideal para que la princesa Dot y sus compañeras Frambuesas fueran de acampada! Flik se ofreció para ser su líder.

—¡En fila, ya! ¡Marchen! —gritó Flik—. Seguidme, Tropa de Frambuesas. ¡Cuidado con esas ramitas!

—¡Esto va a ser muy divertido, Flik! —dijo Dot, marchando detrás de él—. ¡Montemos nuestras tiendas! ¡Hagamos una fogata! ¡Contemos historias de fantasmas toda la noche!

—Primero tenemos que llegar al lugar de acampada —recordó Flik—. ¡El lugar de acampada ideal para el campamento ideal!

—¿Dónde está eso? —preguntó Dot.

—No estoy muy seguro —dijo Flik—, ¡pero no te preocupes! Lo reconoceré cuando lo vea.

Pronto salieron de excursión, hasta que llegaron a un sitio cubierto de musgo al lado de un tranquilo riachuelo.

—¿Es éste? —preguntó Daisy, emocionada.

Flik negó con la cabeza.

—No —sentenció—. Está a la intemperie.

—Empezamos a cansarnos —dijo Dot.

—Bah... ¡Barbillas arriba, Frambuesas! —animó Flik—. Encontraremos el sitio de acampada ideal. ¿Estará en la orilla de ese riachuelo?

Flik montó a las Frambuesas sobre una gran hoja. Juntos remaron sin descanso para llegar a la otra orilla del riachuelo, pero ése tampoco era el lugar ideal para Flik.

—No os preocupéis —dijo Flik—. ¿Veis esa colina de allí? Apuesto a que el sitio de acampada ideal está al otro lado.

La Tropa de Frambuesas fue hasta lo alto de la colina cubierta de hierba y bajaron por el otro lado.

—¡Lo logramos! —exclamaron las Frambuesas.

—No tan rápido —dijo Flik frunciendo el ceño—. El suelo está demasiado húmedo. Tendremos que seguir buscando.

—¡Pero Flik! No podemos más —se quejó Dot—. ¡Estamos agotadas!

—¡Tonterías! —repuso Flik agarrando su mochila—. ¡Sois Frambuesas! ¡Vamos!

Y así, con las Frambuesas arrastrando sus pobres pies cansados, Flik siguió caminando. Miró detrás de una gran roca, pero había demasiado polvo. Miró al lado de un tronco hueco, pero había una colonia de escarabajos...

Cuando las Frambuesas ya pensaban que no podían dar un paso más, Flik se quedó inmóvil.

—¡El sitio de acampada ideal! ¡Lo hemos encontrado! ¡Vamos a montar esas tiendas, Frambuesas, y a encender una fogata!

Pero en vez de aplausos, Flik sólo oyó silencio. Se dio la vuelta y vio que las pobres Frambuesas, todavía con sus mochilas, se habían dormido de agotamiento.

Una tierra perdida en el tiempo

Carl y Russell no llevaban mucho tiempo en Sudamérica y ya estaban dirigiéndose hacia las Cataratas Paraíso, mientras tiraban a sus espaldas de la casa de Carl. Tenían un largo viaje por delante, y Russell anunció que, para pasar el rato, le contaría al Sr. Fredricksen todo lo que sabía sobre los tepuys, la clase de meseta montañosa sobre la que habían aterrizado.

—Este viaje va a ser más largo de lo que esperaba —musitó Carl.

Russell comenzó contándole los cambios climáticos bruscos que eran habituales en aquella zona.

A medida que hablaba, el cielo se abrió y una fuerte lluvia empezó a caer sobre ellos. Carl y Russell se cobijaron bajo la casa con la esperanza de que la tormenta se dispersara pronto, pero, de repente, Russell recordó una cosa.

—Eh... se me olvidó decirle —dijo el niño al mismo tiempo que un torrente de agua fluía entre sus piernas— que incluso puede haber riadas.

¡La advertencia llegó demasiado tarde! Una fuerte oleada de agua se abalanzó sobre Carl y Russell y los arrastró hacia una pendiente escarpada. Aquélla era otra cosa que Russell sabía sobre los tepuys: ¡que eran muy altos!

Sin parar de gritar, Carl y Russell cayeron por el borde de la montaña, agitando los brazos en un intento por detener la caída.

Entonces, las cuerdas que les unían a la casa se tensaron y bajaron con suavidad sobre el bosque tropical que había debajo. Estaban a salvo... ¡pero no por mucho tiempo!

A medida que Russell señalaba los diferentes tipos de plantas, algo mucho más peligroso emergió de la jungla. Un jaguar se acercó lentamente hacia ellos. Carl se echó hacia atrás, pero Russell nunca había estado tan emocionado. Además de aquel gran felino, también había una espantosa anaconda que se deslizaba en su dirección. ¡Antes sólo la había visto en libros!

—Retiro todo lo que he dicho —anunció Carl—. Quiero saber más cosas. Como, por ejemplo, ¡la forma de salir de este embrollo!

La mente de Russell se aceleró. Pensó en trepar hasta la casa, pero no había tiempo para eso. Los dos animales se estaban preparando para atacar. De repente, supo qué debía hacer: ¡la llamada del explorador de la naturaleza!

Echando la cabeza hacia atrás, Russell gritó:

—¡Cra, cra! ¡Groar!

Sobresaltados, el jaguar y la serpiente dieron la vuelta y se adentraron en la jungla rápidamente. Carl lanzó un suspiro de alivio.

—¡Asustarlos ha sido una gran idea!

Russell le explicó que, en realidad, había intentado hablar con los animales, que no pretendía asustarlos, y Carl se rio. Puede que la llamada del explorador de la naturaleza no hubiera funcionado tal y como Russell esperaba, pero se alegraba de que hubiese funcionado de todos modos.

Peter Pan
Tigrilla

Era una noche calurosa de verano en Nunca Jamás; tan calurosa que, de hecho, los pobres Niños Perdidos no podían dormir. Por ello, los niños y Peter Pan decidieron que, en vez de intentar quedarse en su escondite del Árbol del Ahorcado, acamparían al aire libre.

Seguro que en el bosque se estaría fresco, pensaron, seguro que la brisa correría entre los árboles. Pero no imaginaban lo misterioso (y terrorífico) que podía ser un bosque después de que cayera el sol.

—Qué oscuro está esto —dijo Osezno.

—Y qué silencio tan inquietante —añadió Mofeta.

—¿Nos cuentas un cuento, Peter? —preguntó Zorrillo, que temblaba bajo su traje de zorro, a pesar del calor.

—De acuerdo —accedió Peter—. ¡A ver si así os calmáis! Os contaré la historia de la primera vez que acampé en la naturaleza, la misma vez que conocí a Tigrilla... Había encendido una hoguera, una bien grande porque era otoño y por las noches refrescaba. Justo cuando apoyé la cabeza en un trozo de musgo suave y cómodo, oí un crujido en las sombras.

—¿Eran los indios? —exclamaron los Niños Perdidos.

Peter sacudió la cabeza.

—No, no eran los indios. Al principio pensé lo mismo, pero se trataba de algo peor. ¡Era

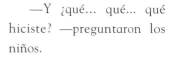

un oso! Saltó de entre los árboles, gruñendo y dando zarpazos al aire como el Capitán Garfio intentando espantar moscas. ¡Nunca he visto una bestia tan feroz como ésa!

—Y ¿qué... qué... qué hiciste? —preguntaron los niños.

—Le dije que se fuera a tomar viento, claro, ¡que se largara! Pero, al parecer, no hablaba mi idioma, porque siguió amenazándome. No os voy a mentir: empecé a ponerme muy nervioso. Y, entonces, apareció Tigrilla, silenciosa como un ratoncito. Sin decir ni «hola, ¿qué tal?», cogió un palo de mi hoguera y lo blandió contra el oso. ¡El animal dio media vuelta al momento y huyó gimiendo! Creo que esa noche Tigrilla me salvó la vida —dijo Peter—. Y no sería la última vez. Fin.

—Eh..., Peter —dijo Osezno, escudriñando la oscuridad—, ¿sabes qué le pasó a ese oso?

Peter pensó unos segundos.

—No —dijo, y se encogió de hombros—. Probablemente seguirá ahí fuera, deambulando, imagino. —Dio un gran y travieso bostezo—. Ahora dejad de berrear, cerrad los ojos y ¡a dormir!

Heavy Metal Mate

Todo el mundo se había reunido en el Café V8 de Flo para cantar en el karaoke. Rayo McQueen le lanzó una mirada a Mate.

—¿Por qué no subes tú a cantar? —le preguntó.

—No quiero hacerles sombra —respondió Mate—. Yo fui una estrella del rock.

—¿Qué? —Rayo no podía creer lo que acababa de oír.

—Empecé en una banda de garaje...

Mate comenzó a describir cómo su grupo de rock, Mate y los Tapacubos, ensayaban en un garaje. En poco tiempo consiguieron un bolo en el restaurante de carretera Top Down. Cuando la banda terminó de tocar, todos los camiones aplaudieron.

—¡Qué caña, chicos! —exclamó una camarera de nombre Mia—. ¿Habéis sacado ya un disco?

El guitarrista sacudió la cabeza, pero Mate sonrió. Se le acababa de ocurrir una idea.

Poco después Mate y los Tapacubos fueron a un estudio de grabación. Mate se puso a cantar con tanta fuerza que todos los que se encontraban en el estudio podían oírle. Las puertas empezaron a abrirse y los coches se asomaron para fisgonear.

—¿Qué es ese ruido? —preguntó alguien. Un agente de música llamado Dex conocía la respuesta.

—¡Creo que son ángeles lanzándome dinero! —Le gustó aquella canción.

Dex entró rodando en la cabina de grabación de Mate.

—Chicos, sois muy buenos —les dijo. Entonces se percató del nombre del grupo, que estaba escrito en la batería—. Lo único que necesitáis es un nombre nuevo.

—¿Un nombre nuevo? —repitió Mate. Intentó pensar en uno, pero no se le ocurrió nada.

En aquel instante entró un coche de reparto en el estudio.

—¿Dónde quieres que deje este metal tan *heavy*, Mate? —preguntó.

—¡Eso es! —dijo Mate.

Heavy Metal Mate fue un éxito de la noche a la mañana. Llenaron los estadios y tuvieron miles de seguidores. Las entradas de sus conciertos se agotaban en minutos. Sus increíbles actuaciones hicieron correr la voz con gran rapidez. Un globo gigante con la forma de un Mate alado se elevaba detrás del escenario y flotaba por encima del público.

En Radiador Springs, Rayo interrumpió la historia.

—¿Tú eras Heavy Metal Mate?

—No —contestó la grúa—. ¡Nosotros éramos Heavy Metal Mate! —Y continuó su historia. Sin embargo, esta vez Rayo también formaba parte del grupo.

Mate explicó que él estaba subido al escenario y, entonces, una plataforma empezó a elevarse. Sobre ella se encontraba Rayo, con gafas de sol.

—¿Estáis listos para el rock? —gritó Rayo y, de un salto, bajó para unirse a Mate.

En el Café V8 de Flo, Rayo lo interrumpió de nuevo.

—Lo siento —dijo entre risas—, no me lo creo.

—Allá tú —contestó Mate señalando al cielo. ¡El globo del concierto volaba sobre sus cabezas! ¿Había contado Mate la verdad?

Un regalo rodante

El restaurante de Gusteau acababa de cerrar aquella noche, y el personal de cocina estaba ocupado limpiándolo todo. Linguini se estaba preparando para fregar el suelo, pero su amiga Colette lo detuvo justo a tiempo.

—Espera a que todos se vayan —dijo señalando a los otros chefs—, o acabarán pisando el suelo mojado.

Colette tenía razón. Había librado a Linguini de tener que fregar el suelo dos veces. Linguini tenía mucha suerte de contar con su ayuda.

—Tengo que averiguar el modo de compensarle toda la ayuda que me ha prestado —comentó. En su escondrijo, Remy dobló las patas y se enfurruñó. ¿Y toda la ayuda que él le había prestado a Linguini?

Más tarde, de vuelta a casa, Linguini dio vueltas por el piso intentando pensar en el regalo perfecto para Colette. Se le ocurrió entregarle una caja de bombones o un ramo de flores, pero ambos eran regalos demasiado evidentes.

Remy, de pie sobre su sofá, intentó comunicarle mediante mímica algunas sugerencias para el regalo, pero Linguini no le estaba prestando ninguna atención.

—Ojalá alguien me diera algún buen consejo —exclamó Linguini, y Remy se limitó a suspirar de desesperación.

Al día siguiente, Linguini y Colette salieron para respirar un poco de aire fresco durante el descanso. Una joven pareja con patines pasó rápidamente por allí, riendo mientras se perseguían el uno al otro por aquella calle vacía de París.

Colette observó como se marchaban. Siempre había querido aprender a patinar, pero nunca lo había logrado. Los ojos de Linguini se iluminaron. Ya sabía el regalo perfecto para ella.

Unos días más tarde, Colette entró en el aparcamiento montada en su moto. Linguini se apartó de su camino de un salto, sobresaltado por lo rápido que había entrado.

—Bueno, ¿para qué querías que nos viéramos aquí? —preguntó Colette mientras se quitaba el casco.

Linguini levantó un par de patines y le dijo que iba a enseñarle a patinar para compensarla por toda la ayuda que le había brindado. Colette asumió que no sería capaz de aprender, pero Linguini la tranquilizó.

—¿No lo sabías? ¡Mis amigos me llaman el Maestro de los Patines! —comentó.

Colette se puso los patines y cayó al suelo de inmediato. Linguini la tomó de la mano y la estabilizó. Ambos sonrieron y empezaron la lección.

Unas pocas horas después, Colette corría y giraba con sus patines como si fuera una experta.

—Y todo gracias a mi maestro —afirmó.

—¿Tú crees? —preguntó Linguini.

—Por supuesto —se rio Colette—. ¿No lo sabías? ¡Le llaman el Maestro de los Patines!

Linguini se ruborizó, y comenzaron a perseguirse el uno al otro sobre sus patines hasta el anochecer.

Los ARISTOGATOS

El carruaje más acogedor

Un día, O'Malley llevó a Duquesa y a sus gatitos al vertedero para hacerle una visita a un viejo y querido amigo suyo, Scat Cat.

Scat Cat vivía en un carruaje estropeado que, en su momento, sin duda alguna había sido imponente. Pero hacía mucho tiempo que las ruedas se habían hecho pedazos, y los cojines estaban arañados.

Por si fuera poco, había un enorme agujero justo en el centro de aquel techo desgastado y andrajoso.

A pesar de ello, por lo que a Scat Cat se refería, su hogar era perfecto.

—Aquí me siento libre —les contó a los mininos—. Puedo entrar y salir a mi antojo. Y cuando me estiro sobre los cojines por la noche, miro hacia arriba y veo las estrellas, brillando y parpadeando para mí.

Los gatitos lo pasaron en grande jugando con Scat Cat en el vertedero, pero se alegraron de poder volver con los cojines mullidos, las mantas acogedoras y la leche caliente que les esperaba en la mansión de Madame Bonfamille.

No obstante, unos días después, apareció en el umbral de Madame nada más y nada menos que Scat Cat en persona.

—¡No os lo vais a creer! —exclamó—. He ido al centro de la ciudad para estirar las patas y cuando he vuelto... ¡puf! ¡El carruaje ya no estaba!

—Bueno, tendrás que quedarte con nosotros —comentó Duquesa—. Estoy segura de que Madame estará encantada de tenerte como invitado.

Sin embargo, tras pasar una sola noche allí, Scat Cat empezó a sentirse triste. En la mansión de Madame Bonfamille todo se llevaba a cabo según lo previsto. Scat Cat echaba de menos hacer lo que le apetecía.

—¿Sabéis lo que más echo de menos? —les contó Scat Cat a O'Malley y a los mininos—. Mi viejo carruaje. ¡Lo que daría por poder mirar al cielo y contar las estrellas parpadeantes!...

Los gatitos decidieron ayudar a Scat Cat. Hacía ya tiempo que Madame se quejaba de su viejo carruaje, así que Berlioz trepó dentro de él y empezó a arañar los cojines. Toulouse y Marie se unieron a él y, en poco tiempo, los cojines acabaron pareciéndose a los que tenía el viejo carruaje de Scat Cat.

Finalmente, Toulouse atravesó el techo del vehículo y creó un agujero gigantesco.

—¡Ay, señor! —exclamó una voz. Los gatitos se dieron la vuelta y vieron a Madame. Inspeccionó los daños... ¡y sonrió!

—¡Por fin tengo una excusa para comprar un carruaje nuevo! —confesó—. Llevemos éste al vertedero de inmediato.

—¡No me lo puedo creer! —gritó Scat Cat cuando los gatitos lo llevaron hasta su nuevo hogar, de vuelta al vertedero—. ¡Es perfecto! ¿Cómo os lo podría agradecer? —les preguntó.

—Ha sido un placer —dijo Berlioz, y sacó las uñas—. ¡No todos los días nos dan las gracias por destrozar algo a arañazos!

Simulacro de emergencia

Una mañana, dos vehículos llegaron rodando por la pista de aterrizaje. Dusty reconoció al más grande de ellos: Ryker, un inspector del Equipo de Seguridad de Transporte Aéreo. El camión más pequeño que iba a su lado era su ayudante, Kurtz, que estaba tomando notas de todo lo que decía el inspector.

Dusty comenzó a preocuparse, pues Ryker solamente aparecía si algo iba mal.

—Calma —dijo Mayday, el camión de bomberos—. Sólo ha venido a cronometrarte.

¡Eso no tranquilizó a Dusty en absoluto! Él creía que iba a inspeccionar el campo aéreo. ¡Ni se le pasó por la cabeza que lo fuera a inspeccionar a él!

—Tengo que verificar tu velocidad en situaciones de emergencia —dijo Ryker, y Kurtz hizo una señal sobre la pista. Pidió a Dusty que se imaginara que había un incendio en ese punto exacto, y por lo tanto debía apagarlo tan rápido como pudiese.

Aunque Dusty odiaba las pruebas, sabía que podía hacerlo. Tras alejarse a toda velocidad, recogió agua con sus flotadores y descargó la primera tanda sobre la cruz roja que Kurtz había dibujado.

—¡En el blanco!

—¡Bien hecho! —admitió Kurtz por la radio—. Has hecho un buen tiempo.

Dusty confiaba en que el examen hubiese acabado ya, pero Kurtz le comunicó que había tres objetivos más cerca del viejo silo. Ladeando su cuerpo abruptamente, Dusty se dio prisa en llegar a los próximos objetivos.

Aún le quedaba mucha agua y su puntería era tan precisa como siempre. Con tres chorros más consiguió extinguir los incendios imaginarios, así que se volvió a la pista de aterrizaje.

—¡Todavía no! —anunció Kurtz.

—Hay una tercera prueba —informó Ryker—. El último «incendio» está cerca del Monte Alerón.

Dusty soltó un grito ahogado. El Monte Alerón estaba muy lejos de allí. No había forma alguna de que pudiera llegar allí a tiempo. Estaba convencido de que iba a fallar la prueba, a no ser que... Quizá uno de sus viejos trucos de corredor podía funcionar.

Elevándose en el aire con brusquedad, Dusty atravesó las nubes. Una vez estuvo lo suficientemente alto, ladeó las alas para aprovechar las corrientes de aire y dejó que éstas lo empujaran hacia la montaña lejana.

—¡Objetivo alcanzado! —anunció mientras lanzaba la poca agua que le quedaba sobre el objetivo.

Cuando regresó a la base, Ryker y Kurtz lo miraron asombrados.

—Eso ha sido increíble. Nadie había superado esta prueba antes —confesó Ryker.

—Entonces ¿el aeropuerto podrá permanecer abierto? —preguntó Dusty, frenando con un chirrido.

Ryker se echó a reír.

—Creo que te equivocas. No somos parte del equipo de seguridad. Hoy no estamos de servicio.

—Hemos venido como jueces de la competición estatal de aviones cisterna monomotor —añadió Kurtz—, y has ganado: ¡eres nuestro nuevo campeón!

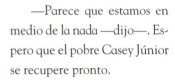

Préstanos tus orejas

—Podré subir, podré subir, podré subir —resoplaba Casey Júnior, el tren del circo, que avanzaba lentamente por una cuesta—, podré subir, podré su... ¡Achús! —estornudó.

El tren se paró en seco.

—No podré subir —admitió al fin. Los animales y los artistas del circo asomaron las cabezas, preguntándose qué ocurría.

—¿Y bien? —preguntó el director del circo.

—Casey Júnior se ha resfriado —contestó el maquinista—. Tendrá que reposar un poco antes de seguir.

El director del circo frunció el ceño.

—Pero tenemos que estar en la feria en unas horas. ¿Qué vamos a hacer? ¡El espectáculo debe continuar!

El conductor del tren se encogió de hombros y volvió a centrar su atención en los estornudos, la tos y los chisporroteos del pequeño motor.

El director del circo se bajó del tren y abrió las puertas de todos los vagones y de las jaulas.

—Todo el mundo abajo, aprovechad para estirar las piernas.

Los animales se pisaron unos a otros, apresurándose para salir a campo abierto. Después, los payasos, los acróbatas y los domadores fueron a dar un paseo. Algunos colocaron cajas sobre la hierba y jugaron a las cartas, otros ensayaron su número y otros tantos sacaron su almuerzo y se sentaron en el suelo a comer.

Dumbo, el elefante, y su madre, la señora Jumbo, bebieron un poco de agua del cubo que el director había preparado.

La señora Jumbo miró a su alrededor.

—Parece que estamos en medio de la nada —dijo—. Espero que el pobre Casey Júnior se recupere pronto.

—Ojalá —coincidió Timoteo, el ratón amigo de Dumbo.

Justo entonces se oyó un trueno y la lluvia comenzó a caer. Animales y artistas corrieron a refugiarse en los vagones. Dumbo se agarró a la cola de su madre para subir. Sin embargo, el viento cogió fuerza y una ráfaga atrapó las enormes orejas de Dumbo y lo lanzó volando hacia atrás.

—¡Ya lo tengo! —gritó el director del circo por encima de los aullidos del viento—. ¡Dumbo, ven conmigo!

Llevó al elefante a la cabeza del tren, se subió a la locomotora y, con un gesto, indicó al pequeño que hiciera lo mismo.

—¡Despliega tus grandes orejas! —dijo el director. Las orejas de Dumbo se abrieron de par en par, atrapando el viento como si fueran las velas de un barco, y el elefante comenzó a arrastrar el tren por las vías.

—¡El espectáculo continuará! —exclamó feliz el director del circo.

—Podré subir, podré subir, podré subir —entonó Casey Júnior, y añadió—: ¡Gracias a Dumbo!

Nemo se esfuerza al máximo

—¡Venga, papá! ¡Llegaremos tarde! —gritó Nemo.

Nemo y su padre, Marlin, corrían por los concurridos carriles de la colorida Gran Barrera de Coral.

—¿Seguro que quieres jugar al voleiperla? —preguntó Marlin, nervioso—. Tienes muchas otras opciones, como saltar a la esponja. O danza coralina.

—¿Danza coralina? —exclamó Nemo, horrorizado—. Ni hablar, ¡eso es para bebés! ¡Yo quiero jugar a voleiperla!

Cuando llegaron al estadio Erizo de Mar, el maestro Raya ofreció el discurso de inauguración.

—¡Quiero daros la bienvenida a todos! Antes de empezar, os pido una gran ovación para la señora Ana Carada, que ha donado la pelota para el partido de hoy.

—¡Que empiece el juego! —gritó el maestro Raya.

—Buena suerte, hijo —dijo Marlin—, recuerda lo que siempre te digo...

—Sí, ya lo sé —lo interrumpió Nemo, poniendo los ojos en blanco—. Cuando te esfuerzas al máximo, incluso cuando pierdes, ganas.

Los jugadores se colocaron a ambos lados de la red de abanico de mar. Los Piratas de Raya por un lado, y el equipo de Nemo, los Plánctones Luchadores, por el otro.

Marlin observaba nervioso. Estaba seguro de que Nemo no podría jugar tan bien como los otros peces por culpa de su pequeña aleta. No era el único que tenía dudas al respecto. Turbot Trucha se acercó a Nemo en la pista.

—El entrenador te deja jugar hoy, pero más te vale no fastidiar la buena racha de los Plánctones Luchadores —le espetó.

Pero Turbot no sabía que Nemo había estado horas lanzando guijarros en el acuario de un dentista.

—Mira y aprende —murmuró Nemo.

De pronto, la perla voló directa hacia Nemo. ¡Pam! Con su aleta buena, la izquierda, Nemo envió la esfera por encima de la red. La perla iba a tanta velocidad que el otro equipo no consiguió devolvérsela. ¡Nemo había marcado su primer tanto para los Plánctones Luchadores!

El pequeño pez payaso jugó como un profesional. Volvió a anotar un punto con su aleta buena y luego con la cola; y, para demostrar su valía a su padre y a Turbot Trucha, sumó el punto que les daría la victoria con la aleta pequeña.

—¡Así se hace, aleta corta! —gritó Turbot Trucha—. ¡Contigo en el equipo seguro que llegamos a la final de la Copa Crustampions!

—Nemo, ha sido muy emocionante —lo felicitó Marlin al acabar el partido.

—Gracias, papá. Me he esforzado al máximo, como me dijiste. Y ¡también hemos ganado de verdad!

EL REY LEÓN

Hip... hip... ¡hipo!

—Qué día tan precioso —dijo Pumba mientras iba con Simba y Timón por la selva.

—Precioso, sí —coincidió Timón.

—¡Hip! —dijo Simba.

—¿Qué ha sido eso? —gritó Timón.

—No te asustes, es que me ha dado... ¡hip! Me ha dado hipo —explicó Simba.

—Ah. Pues haz lo que te digo: no pienses en ello y al final se te irá —dijo Timón.

—¿Que no piense en ello? ¡Hip! Así no puedo rugir —dijo Simba. Y, para demostrárselo, el león abrió

sus fauces de par en par. Justo cuando estaba a punto de rugir, ¡le entró el hipo!—. ¿Lo veis? —dijo algo triste.

—¿Has probado a lamer corteza de árbol? —preguntó Pumba.

—¿Lamer corteza de árbol? —dijo Simba.

—A mí siempre me funciona —contestó Pumba.

—O puedes cerrar los ojos, taparte el hocico y saltar sobre una pata mientras dices tu nombre cinco veces... del revés.

Timón contempló a Simba saltar con una sola pata y tapándose el hocico con los ojos cerrados.

—Abmis, Abmis, Abmis... ¡Hip! ¡No funciona! —exclamó Simba.

—Quizá se le ha quedado algo atascado en la garganta —sugirió Timón.

—No tiene nada en la garganta —afirmó Pumba.

—¿Cómo lo sabes? —preguntó Timón.

—Se me dan bien estas cosas —respondió él.

Justo en ese momento, Simba interrumpió su discusión con un superhipo.

—¡HIP!

Y, sorprendentemente, de su boca salió disparada una mosca enorme, que se estampó contra un árbol y cayó al suelo.

La mosca, atontada, se levantó y se sacudió.

—¡Ya era hora! —le dijo a Simba.

El león estuvo a punto de contestar, pero dos voces lo interrumpieron al unísono...

—¡LA CENA!

La mosca chilló aterrorizada y se marchó por alas, mientras Timón y Pumba se lanzaban sobre el lugar en el que había estado segundos antes.

El kart de los dónuts

Durante las carreras, todo el mundo conducía a máxima velocidad por las pistas de *Sugar Rush*. Sin embargo, fuera de ellas, había un estricto límite de velocidad. Si alguien lo sobrepasaba, los polis dónut, Wynchel y Duncan, eran los responsables de detenerlo.

No obstante, por muy rápido que corrieran ellos, los coches siempre conseguían escapar. Sólo había un modo de solucionar este problema: Duncan y Wynchel debían aprender a conducir.

Vanellope, que ahora era la presidenta de *Sugar Rush*, accedió a enseñarles, pero primero necesitaban construir un kart. Tras guiarlos hasta la fábrica de karts, Vanellope los dejó a solas para que ellos mismos diseñaran su vehículo.

Al principio todo iba de maravilla pero, poco después, los polis empezaron a discutir y a pelear. No se ponían de acuerdo a la hora de elegir el modelo de la carrocería de su kart, así que se pasaron un buen rato discutiendo para ver quién de los dos tenía razón.

Cuando al fin escogieron la forma del vehículo, volvieron a discutir por la temperatura a la que debían cocerlo. Los dos polis casi llegan a las manos, pues uno decía que la temperatura era demasiado alta y el otro insistía en que era demasiado baja. Pelearon por los mandos de control, subiendo y bajando la temperatura una y otra vez mientras discutían.

Y la disputa no cesó. Discutieron por el tipo de glaseado que debían usar, y también por cuánto debían poner. Lucharon por la cantidad de azúcar y por el color de las virutas.

Quisiera lo que quisiera Duncan, a Wynchel parecía gustarle justo lo contrario. No obstante, al final, el kart estuvo listo. Le pidieron a la presidenta Vanellope que acudiera y le echara un vistazo. La niña se quedó con la boca abierta cuando vio el kart que los agentes habían construido.

—¡Es el kart más majara que he visto en mi vida! ¡Mola! —exclamó Vanellope levantando el dedo pulgar—. Pero no creo que pueda correr.

Wynchel se entristeció. Todo su duro trabajo no había servido para nada. Nunca serían capaces de perseguir a los conductores que sobrepasaran el límite de velocidad.

A pesar de ello, Vanellope examinó el kart y una amplia sonrisa se formó en su rostro. Se le ocurrió una idea.

Al día siguiente, Vanellope fue a visitar a los dónuts para ver si el plan había funcionado.

—Ahora que tenemos nuestro kart, nadie sobrepasa el límite —rio Wynchel, y señaló a dos conductores que se estaban acercando a la curva a gran velocidad.

Los conductores echaron un vistazo a aquel coche espantoso y lo confundieron con un monstruo, por lo que bajaron de velocidad inmediatamente hasta detenerse.

—¡Con sólo mirarlo pisan el freno! —soltó Wynchel con una carcajada.

Puede que no saliera tal y como lo habían planeado, pero no cabía duda de que aquel monstruoso kart nuevo cumplía su propósito.

Misión Horquilla

Bonnie estaba preparándose para salir, pero le faltaba algo.

—He perdido la horquilla que llevaba una flor —dijo mientras la buscaba dentro de la caja de accesorios.

Su madre utilizó una horquilla diferente para recoger el pelo de Bonnie.

—Ya la buscaremos luego. Ponte ésta de momento.

Bonnie salió cabizbaja de la habitación detrás de su madre.

—Ésa es mi horquilla favorita —suspiró.

Tan pronto como Bonnie y su madre salieron del dormitorio, los juguetes volvieron a la vida de un brinco.

—¿Lo habéis oído? —preguntó Woody. Aquello era una emergencia. Bonnie era su niña, y sabían que debían ayudarla.

Buscaron la horquilla por debajo de la cama, dentro de la caja de juguetes y por todo el suelo del cuarto, pero no tuvieron suerte.

—Pensad un poco —expresó Woody—. ¿Dónde la vimos por última vez?

—Justo aquí, en la estantería en la que estamos —respondió Buzz. Y divisó un estrecho hueco detrás de la estantería—. ¡Puede que la horquilla se haya caído por aquí! Será mejor que lo inspeccionemos.

El Sr. Patata se mofó.

—¿Y cómo piensas hacer eso? Ahí detrás está muy oscuro.

Woody sonrió.

—¡Tengo una idea!

Poco después, el vaquero bajó uno de los ojos del Sr. Patata por detrás de la estantería con un trozo de cuerda. Durante un rato el ojo dio vueltas en la oscuridad, pero entonces el Sr. Patata soltó un grito de alegría.

—¡Eh, chicos, la veo! ¡La horquilla está justo aquí!

Le dio una palmada en la espalda a Woody para felicitarlo por haberla encontrado. La cuerda se le resbaló de las manos y el ojo del Sr. Patata aterrizó en el suelo, justo al lado de la horquilla.

—¡Vaya, estupendo! —refunfuñó el Sr. Patata—. ¡Ahora tenemos que recuperar la horquilla y mi ojo!

Woody intentó abrirse paso por el estrecho hueco de detrás de la estantería.

—Tal vez pueda deslizarme por aquí...

Woody se coló por el hueco jadeando por el esfuerzo... pero ¡se quedó atascado! Buzz intentó sacarlo de allí, pero el vaquero no se podía mover, ¡y Bonnie estaba subiendo por la escalera! Los juguetes se dejaron caer sin fuerzas cuando la niña entró de sopetón en la habitación.

—¡Vamos a jugar! —gritó, y cogió a Woody del brazo. Tiró y tiró, pero seguía estando atascado—. ¡Mamá! —llamó—. No puedo sacar a Woody. ¡Está atrapado detrás de la estantería!

La madre de Bonnie movió el mueble y Woody consiguió liberarse. Al mismo tiempo, la pequeña encontró la horquilla que había perdido y el ojo del Sr. Patata.

No tenía ni idea de cómo había acabado todo allí, detrás del mueble, pero dio un abrazo extra a Woody por haberla ayudado a encontrar su horquilla favorita.

Disney
MICKEY
Y SUS AMIGOS

Sorpresa de cumpleaños

¡Hoy ha sido el cumpleaños de Mickey! Salió de la cama de un salto y vio a Pluto mirando por la ventana. Echó un vistazo afuera y vio a sus amigos caminando cerca de allí.

«Me pregunto qué estarán haciendo», pensó.

Donald iba cargado con vasos y platos. Daisy llevaba limonada. Goofy sostenía unos globos, y Minnie, una tarta.

—¡Irán a celebrar una fiesta de cumpleaños... para mí? —le dijo a su perro.

Mickey y Pluto se sentaron y esperaron a sus amigos. Cuando sonó el timbre, Mickey corrió hacia la puerta y la abrió de par en par, pero sólo estaba Donald... y parecía estar enojado.

—¿Qué ocurre? —le preguntó Mickey.

—Se ha roto mi hamaca preferida —le contó Donald—. ¿Podrías ayudarme a arreglarla?

—Claro, Donald —exclamó Mickey.

Así que Donald, Mickey y Pluto se marcharon. Mientras andaban, un pensamiento brotó en la mente de Mickey. «Tal vez no se le haya roto la hamaca. ¡A lo mejor Donald me está llevando a mi fiesta!»

Donald guio a Mickey hasta su jardín, y allí estaba la hamaca rota. Mickey miró a su alrededor, pero no había ni globos ni tarta, así que ayudó a Donald a arreglar la hamaca.

—Esto debería servir —comentó Mickey mientras acababa de atar la cuerda de la hamaca al tronco de un árbol.

—¡Gracias, Mickey! —le dijo Donald.

«Supongo que, al fin y al cabo, no hay ninguna fiesta», se lamentó Mickey. Justo entonces, oyó a Minnie y a Daisy llamándolo.

Las chicas condujeron a Mickey hasta su jardín y, al llegar, miró a su alrededor: el jardín estaba lleno de flores preciosas, pero no había ninguna fiesta. Mickey se sintió muy decepcionado.

De pronto, Goofy corrió hasta él.

—¡Mickey! —gritó—. ¡Tienes que ver esto!

«Goofy parece estar muy emocionado», pensó Mickey, e imaginó que él iba a llevarlo hasta su fiesta.

—Fíjate, Mickey —le indicó Goofy señalando una enorme roca. Mickey miró por todos lados, pero no había indicios de ninguna fiesta. Luego vio a dos caracoles echando una carrera sobre la roca. Mickey y Pluto observaron los caracoles durante un rato y, más tarde, volvieron a casa.

—Bueno, Pluto —suspiró Mickey—, supongo que no habrá fiesta, después de todo.

Mickey abrió la puerta de su casa y...

—¡Sorpresa!

Los amigos de Mickey se lanzaron sobre él. ¡Después de todo, sí que habían organizado una fiesta!

—No lo entiendo —confesó, casi sin palabras—. ¿Cómo habéis... en mi casa... sin que yo lo descubriera?

Minnie se rio.

—Hemos hecho turnos para distraerte —explicó.

Mickey sonrió. ¡Le encantaban las fiestas sorpresa!

La espada en la piedra

En lo más profundo del bosque, en alguna parte de Inglaterra, el mago Merlín estaba esperando a un visitante muy especial. Su nombre era Grillo, un jovencito listo, pero imprudente...

—¡Cuidado, Grillo! Estás trepando demasiado alto.

Y efectivamente... ¡crash! Grillo cayó y aterrizó sobre una silla frente a Merlín, justo a tiempo para la hora del té.

—Un gran destino te aguarda, hijo —le contó Merlín—. Pero primero debes aprender un par de cosas... No existe un gran destino sin un gran maestro, ¡y yo seré esa persona! Deja que prepare la maleta y ya podremos partir.

Primera lección: el mundo del agua. Merlín tocó la cabeza de Grillo con su varita... ¡y el chico se convirtió en un pez! Merlín se transformó también, y los dos nadaron juntos por las profundas aguas. Grillo agitó sus aletas e hizo burbujas.

Entonces, de pronto, vieron a un monstruoso pez que se dirigía directamente hacia ellos. Rápidamente, Merlín volvió a su forma humana y salvó a Grillo de las fauces de aquel lucio.

Segunda lección: explorar el bosque con el cuerpo de una ardilla. Grillo trabó amistad de inmediato con una encantadora ardilla que cayó prendada de él.

Sin embargo, cuando un lobo estuvo a punto de atacarlo, Grillo volvió a recuperar su cuerpo de niño.

—Lo siento, señorita. Soy un niño, no una ardilla —explicó Grillo a la desilusionada ardilla, y se dirigió a su maestro—: ¿Cuál es la tercera lección?

—¡Volar por el aire! —respondió Merlín, que se transformó en un pajarillo.

Acompañado por Arquímedes, un viejo búho gruñón, Grillo se lanzó y emprendió el vuelo. ¡Volar era muy divertido!

No obstante, en el aire también acecha el peligro. De pronto, apareció un águila que amenazó a los dos amigos.

Atacado por el pánico, Grillo se metió en una chimenea, pero cayó en las garras de Madam Mim, una bruja endemoniada que vivía en el bosque.

Por suerte, Merlín apareció en su cabaña y, para derrotar a la hechicera, ¡se convirtió en un microbio y le contagió el sarampión! ¡Bien hecho, Merlín!

Más tarde, Grillo se topó con una misteriosa espada clavada en un yunque. En la espada estaban grabadas estas palabras: «Quien sacara esta espada de la roca, será rey de toda Inglaterra».

Para sorpresa de todos, el chico consiguió sacarla de la roca sin esfuerzo alguno.

Grillo, o más bien Arturo, se convirtió en el rey de Inglaterra. ¡Larga vida al rey Arturo!

El plan de Patch

¡Guau! —exclamó Patch—. ¡Cuántos cachorros!

Sus hermanos y hermanas aún temblaban de miedo. Los acababan de secuestrar y, tras un viaje largo y lleno de baches en coche, se encontraban en una casa enorme en la que el viento no paraba de silbar. Pero Patch ya estaba intentando encontrar una salida para volver a casa. Observó el cuarto en el que estaban, grande y sucio.

—Oye, ¿dónde estamos? —preguntó al desconocido más cercano.

—Ah, debéis de ser nuevos. ¿De qué tienda de animales venís? —preguntó sonriendo el cachorro de manchas negras.

Patch frunció el ceño.

—No venimos de ninguna tienda. Nos robaron de casa.

Otros cachorros le oyeron y se acercaron.

—¿Os robaron? ¿En serio? —exclamaron.

El primero de todos se encogió de hombros.

—Bueno, comprados o robados, estamos todos atrapados aquí.

—Puede que vosotros lo estéis —dijo Patch con osadía—, pero nuestros padres y sus mascotas humanas vendrán pronto a rescatarnos, ¡ya lo veréis!

—Eso espero —dijo Pepper, la hermana de Patch—. ¿Por qué nos habrán secuestrado?...

Patch no lo sabía, pero estaba seguro de que sus padres los encontrarían. Mientras tanto, quería asegurarse de que sus hermanos se mantuvieran alejados de los cachorros de las tiendas de animales, para evitar posibles confusiones.

—No sabemos por qué somos tantos —le explicó el cachorro desconocido a Pepper—. Supongo que simplemente a Cruella le gustan los perritos.

Patch ahogó un grito.

—¡¿Cruella de Vil?!

Sus hermanos y hermanas sintieron un escalofrío. Sus padres les habían contado historias terribles sobre aquella mujer. ¿Sería todo cierto?

—Sí, ella nos compró —dijeron algunos a la vez, mientras otros asentían.

Aquello lo cambiaba todo.

—¡Tenemos que salir de aquí! —anunció Patch.

Rolly suspiró.

—Ya lo sabemos. Mamá y papá vendrán pronto. Espero que lo suficiente para llegar a la hora del desayuno...

—¡No lo entiendes! —Patch sacudió la cabeza—. Cruella nunca trae nada bueno, es lo que siempre dice papá. Tenemos que escapar deprisa, ¡todos! —Hizo un gesto hacia el grupo entero de cachorros, los comprados y los robados. No importaba de dónde procedieran, lo importante era que estaban juntos en aquel enredo—. Debemos trabajar en equipo.

El primer cachorrito con el que había hablado sonrió.

—¡Estoy contigo! Cuando nos deshagamos de ella, ¡las únicas manchas que verá serán las del suelo!

Disney · PIXAR
Cars

Heli-Mate

—¡La carretera estatal no está muy lejos, reclutas! —anunció Sargento. Planeaban ayudarlo a recoger un paquete de un camión que esperaba en una estación de servicio.

—¡Genial! —exclamó Mate con una sonrisa dentuda—. Estos desfiladeros me recuerdan a la vez que Rayo McQueen se perdió y yo lo rescaté.

Rayo McQueen le lanzó una mirada confusa.

—No recuerdo haberme perdido ni que me rescata...

—¡Le pasa a todo el mundo por estos lares! —lo interrumpió Mate—. Fue una importante operación de rescate. Yo estaba en el compartimento de carga del helicóptero de Dinoco, sin perder de vista el pueblo, cuando recibí una llamada del campamento base diciendo que Rayo McQueen se había perdido en los desfiladeros.

Sargento y Rayo McQueen se miraron con complicidad. Cuando Mate contaba lo que él creía que era un recuerdo, era mejor dejar que siguiera.

—Tú acababas de llegar a Radiador Springs y no conocías la zona —continuó Mate—. En alguna parte de estas tierras salvajes, estabas sediento y sobrecalentado, y sólo te quedaban unas pocas gotas de gasolina en el depósito.

Mate describió el momento en el que había localizado a Rayo McQueen en los desfiladeros: una raya roja que contrastaba con las rocas grises y la tierra marrón.

—Llamé a la base para contarles que te había encontrado. Parecías estar exhausto, pero yo tenía suministros de combustible a bordo que esperaban por ti.

—¿Y cómo aterrizó el helicóptero de Dinoco? Los desfiladeros son muy estrechos y las carreteras serían demasiado delgadas para que aterrizara sobre ellas un helicóptero —señaló Rayo McQueen.

Mate sonrió burlonamente.

—¡Sólo se podía hacer una cosa! —dijo—. Enganché la cuerda de mi remolque a la barandilla y me lancé con valor al vacío. Por un momento sentí como si estuviera descendiendo en caída libre por un infinito de color azul, hasta que me deslicé por las hendiduras rocosas y me detuve... ¡justo delante de tus propios ojos!

—¿Acaso servís para algo ese cable y tú? —le desafió Sargento.

Mate se giró hacia él.

—Para muchas cosas. ¿Quieres ver otro truco?

Agitó el cable en el aire dibujando círculos con él. ¡Fiu, fiu, fiu!... Y entonces... ¡boing! Mate salió disparado por los aires.

—¿Está volando? —exclamó Rayo McQueen.

—No... —respondió Mate. Estaba columpiándose de una rama que había crecido en la vertiente rocosa, con el cable enrollado firmemente en ella—. Pero desde aquí hay unas vistas espectaculares.

Sus amigos se partieron de risa. Seguro que Mate era el único miembro del equipo de helicópteros de rescate de Radiador Springs que no necesitaba un helicóptero.

![Disney La Dama y el VAGABUNDO]

Triste es de fiar

¡Golfo! —gritó Reina una mañana—. ¡No encuentro a uno de los cachorros!

—No te preocupes —dijo Golfo, bostezando—. Golfillo siempre se mete en líos.

—No es Golfillo, ¡es la pequeña Annette! Ella nunca se mete en líos. Golfo, ¿qué hacemos?

—Búscala por la casa, yo miraré fuera —respondió con preocupación. Registró el jardín de atrás y después el del vecino, y el del otro, y el del otro...

Desde el porche de un vecino, Triste, el sabueso, dijo:

—¡Hola! ¿Qué andáis buscando?

—¡A mi hija Annette! No sabemos dónde está —contestó Golfo.

Triste alzó sus largas y caídas orejas.

—¿Un cachorro desaparecido? Esto es serio. Lo sé bien, pues solía ayudar a mi abuelo a rastrear personas desaparecidas por los pantanos.

—Lo sé —dijo Golfo. Había oído las historias de Triste cientos de veces.

—¿Has encontrado su rastro? —preguntó Triste.

Golfo dijo que no con la cabeza.

—Bien, ¡déjamelo a mí! —Triste corrió a grandes zancadas hasta el jardín de Golfo. Puso la nariz contra el suelo. Snif, snif, snif...

—Golfo, ¿la has encontrado? —gritó Reina desde el portillo.

Él se acercó hasta ella.

—No, pero Triste se ha ofrecido... eh... a ayudar.

—Su olfato ya no es bueno —susurró Reina—.

Sé que rastreó el carro del lacero y que te salvó... pero no ha vuelto a olfatear nada desde entonces.

—Ya nos ayudó una vez. Creo que deberíamos confiar en él de nuevo —declaró Golfo.

En ese momento, Triste levantó el hocico y gritó:

—¡Mirad esto!

Había encontrado una pluma de un pajarito en el césped, bajo una ventana.

—Ésa es la ventana por la que suelen mirar los pequeños —dijo Reina.

—¡Aquí! ¡Hay algo de pelo de cachorro! —exclamó Triste—. ¡Y huellas! —Triste siguió el rastro de las huellas hasta detrás de una caseta.

Y ¡ahí estaba la pequeña desaparecida! La cachorrita estaba a punto de quedarse dormida, bajo un gran árbol.

—¡Annette! ¿Qué ha pasado? —exclamó Reina.

—Me desperté y vi un pajarito —explicó ella, bostezando—. No quería que Golfillo le ladrara y lo asustara como siempre. Así que no desperté a nadie y seguí al pájaro hasta el árbol. Y entonces me dio sueño.

Reina se acercó a Triste y le dio un beso.

—Gracias —le dijo al sabueso.

—Ah, pamplinas... —dijo Triste, sonrojado—. No ha sido nada.

El sabueso trotó de vuelta a casa y Golfo se giró hacia Reina.

—¿Lo ves? —dijo con una sonrisa—. ¡Te dije que Triste era de fiar!

Disney
AVIONES
EQUIPO DE RESCATE

Una huida ruidosa

Un gran incendio se propagaba con furia cerca de Pico Pistón, y el equipo de bomberos estaba preparándose para ponerle fin.

Blade le advirtió a Dinamita que su equipo tenía un papel muy importante que desempeñar. Una manada de ciervos había quedado atrapada entre dos fuegos, y corrían un gran peligro si se topaban con uno mientras huían del otro.

Una vez a bordo de Cabbie, Dinamita fue repartiendo órdenes entre el resto del equipo.

—Vosotros dos despejad el suelo a lo largo del camino del fuego número uno —les indicó a Piñón y Drip—. Blackout, tú corta los árboles que estén frente al fuego número dos.

Una vez dio las órdenes, los tres bomberos paracaidistas saltaron por la parte trasera del avión. Activaron sus paracaídas, descendieron entre el humo y se pusieron ruedas a la obra inmediatamente.

A bordo de Cabbie, Avalancha frunció el ceño.

—¿No vamos a saltar nosotros? —preguntó. Su voz resonante hizo sacudir las paredes metálicas del aparato.

—Todavía no, Avalancha —respondió Dinamita. Sabía que su salto debía realizarse en el momento preciso, sin errores—. Tenemos que esperar hasta sobrevolar la zona de detrás de la manada. Que es... ¡ahora!

Juntos, los dos valientes bomberos paracaidistas se lanzaron desde el avión al vacío. Bajaron en caída libre durante un rato hasta que los paracaídas se abrieron y flotaron para llevarlos a salvo hasta el suelo.

¡Aunque estar rodeados de llamas infernales no era exactamente estar a salvo!

La manada de ciervos estaba delante de ellos. Resoplaban con preocupación y parecían estar a punto de saltar entre las llamas en cualquier momento.

—Necesitamos un plan —dijo Dinamita.

Avalancha soltó un grito ahogado.

—¿Qué? ¿No tienes un plan? —exclamó—. Siempre dices que tenemos que movernos rápidamente una vez estemos en el suelo.

Dinamita sonrió.

—Funciona —afirmó, consciente de lo que decía—. Sigue hablando.

—¿Qué es lo que funciona? —inquirió Dinamita.

—¡Tu voz los está asustando! Están huyendo en la dirección contraria, hacia el río, sanos y salvos.

Con los ciervos a salvo, el resto del equipo apagó el fuego con gran rapidez. De vuelta a la base, Blade felicitó a Dinamita por haber hecho un buen trabajo.

—No podría haberlo hecho sin Avalancha —confesó—. Cada vez que abre la boca provoca un estruendo mayor que el de un avión a reacción.

—¡No es verdad! Soy tan silencioso como un ratón —declaró Avalancha y, mientras su voz hacía temblar el suelo, todos sus amigos se pusieron a reír.

DISNEY · PIXAR

WALL·E

Tan especial como el mar

Tras pasar cientos de años solitarios limpiando la tierra, WALL·E había encontrado al fin a una amiga especial con quien compartir su vida. WALL·E y EVA trabajaban juntos mientras los humanos y los robots de la *Axioma* restablecían la Tierra y su medio ambiente.

Un día, EVA decidió celebrar el duro trabajo de WALL·E entregándole un regalo que pudiese añadir a su colección de tesoros. EVA sabía que WALL·E amaba la Tierra, así que le dio una maqueta del planeta. WALL·E estaba encantado con aquel regalo tan tierno de EVA y lo sumó a su colección con gran alegría.

EVA se sintió un poco decepcionada: ¡no se había dado cuenta de que WALL·E ya tenía dos maquetas de la Tierra!

EVA examinó con atención aquellos dos modelos. Estaba decidida a darle a WALL·E un regalo muy, pero que muy especial. Mirando fijamente aquella maqueta azul claro se le ocurrió de repente lo que necesitaba hacer.

A la mañana siguiente, EVA había desaparecido misteriosamente. WALL·E se entristeció y esperó que su amiga no estuviese disgustada. WALL·E buscó a EVA por todos los rincones de la *Axioma*. Preguntó a todos los otros robots y a los humanos, pero ninguno había visto a su amiga. Se sentó en proa, deseando que su amiga volviera... cuando de repente ¡EVA pasó volando frente a él!

—¡EVA! —gritó WALL·E al ver pasar a su amiga.

¡Si EVA quería hacer una carrera, entonces WALL·E la seguiría! Corrió zumbando detrás de ella tan rápido como pudo. Poco después apareció justo detrás de EVA, que se rio al ver que WALL·E le pasaba por delante como una bala. WALL·E miró hacia atrás para ver a EVA a través de la nube de polvo que había tras él. Estaba disfrutando de la carrera, y se alegraba muchísimo de haber recuperado a su mejor amiga.

Sin embargo, WALL·E no estaba mirando por donde iba mientras corría, así que, de pronto, cayó por el borde de un precipicio y aterrizó sobre una gigantesca montaña de basura.

—¿EVA? —gritó WALL·E al levantar la cabeza.

—¡Detrás de ti! —rio EVA cuando le tapó los ojos con sus brazos.

EVA tenía una sorpresa preparada para WALL·E. Le destapó los ojos y WALL·E parpadeó. Lo único que podía ver frente a él era un clarísimo color azul. Por eso EVA había estado alejándose tanto, porque había encontrado el regalo más especial de todos: ¡el mar!

EVA agarró a WALL·E de las manos y lo llevó mar adentro. WALL·E y EVA rieron encantados mientras sobrevolaban el agua.

El mar parecía extenderse sin fin. Era grande y azul, justo como en las maquetas de WALL·E, pero era muchísimo más bonito de lo que él hubiera imaginado. WALL·E iba a atesorar aquel momento especial con su amiga para siempre.

Disney
MICKEY
Y SUS AMIGOS

La pareja ganadora

Max y su padre, Goofy, estaban sentados en la mesa desayunando. Max miraba las tiras cómicas mientras Goofy echaba un vistazo al resto del periódico.

—¡Escucha esto! —dijo Goofy—. El Canal 10 patrocina el concurso de Padre e Hijo del Año. El padre y el hijo que demuestren que han conseguido algo verdaderamente increíble juntos aparecerán en el canal nacional el Día del Padre para recoger el premio.

—Es una lástima que Bigfoot arruinara el vídeo que grabamos de él el verano pasado —comentó Max—. Descubrir su existencia y vivir para contarlo... ¡eso sí que fue increíble! —Max guardó silencio por un momento—. ¡Eh, ya lo tengo! ¿Por qué no volvemos y lo descubrimos de nuevo? Y esta vez nos aseguraremos de tener pruebas.

—Muy bien, Maxie. ¡Cuenta conmigo! —exclamó Goofy—. Y así podríamos aprovechar y pescar un poco, también.

Goofy y Max llegaron al camping aquella noche, montaron su tienda y se fueron a dormir. Poco después, un estrépito ensordecedor los despertó.

—¡Es él! —gritó Max—. ¡Coge la cámara!

Pero cuando sacaron las cabezas de la tienda, vieron que no se trataba de Bigfoot, sino de Pete y P.J.

—Lo siento —se disculpó P.J.—. Le conté a mi padre lo de vuestro viaje y ahora quiere que nosotros ganemos ese premio. También hemos venido a buscar a Bigfoot.

Al día siguiente, Pete preparó una barbacoa con muchos filetes jugosos.

—Sin duda esto lo atraerá —le dijo a P.J. Y el truco funcionó. En cuestión de minutos, Bigfoot apareció atravesando los árboles y fue derechito hacia la carne—. ¡Atrápalo, P.J.! —gritó Pete.

Aunque estaba asustado, P.J. hizo lo que le ordenó su padre. Bigfoot lo sacudió por los aires mientras Pete encendía la cámara.

—¡A los jueces les va a encantar! —declaró.

—¡Socorro! —suplicó P.J.

Goofy y Max oyeron los gritos de P.J. y acudieron corriendo desde el lago. Sin decir una palabra, Goofy golpeó al monstruo con una caña de pescar mientras Max le lanzaba una red sobre la cabeza. El monstruo aulló y dejó caer a P.J. sobre el suelo.

—Has estado increíble —le dijo Max a Goofy.

—Lo mismo digo, hijo —respondió Goofy.

—¡Lo tengo! —dijo Pete con tono triunfante—. Ten, P.J., grábame a mí. —E hizo una pose heroica frente al monstruo cautivo.

De vuelta a casa, Pete mandó el vídeo al Canal 10 pero, después de ver la grabación, los jueces decidieron que Goofy y Max eran quienes merecían de verdad el premio.

No obstante, en el Día del Padre, el día que iban a salir por la tele, Goofy y Max prefirieron ir a la playa juntos. Se dieron cuenta de que no necesitaban que nadie les dijera el gran equipo que formaban como padre e hijo, ¡porque ellos ya lo sabían!

Caza de monstruos

Bonnie iba a jugar a casa de una amiga y había decidido llevarse a Buzz y a Woody con ella. Los dos amigos estaban muy emocionados, porque les encantaba conocer juguetes nuevos y, tan pronto como Bonnie y sus amigas se fueron a ver dibujos animados, salieron de su mochila.

Un conejito de juguete y la figura de acción de un marinero corrieron hacia ellos.

—¡Escondeos! —les advirtieron—. ¡Deprisa, antes de que salga el monstruo!

Woody y Buzz intercambiaron una mirada de preocupación.

—¿Un monstruo espacial? —preguntó Buzz.

El conejito sacudió la cabeza de un lado a otro y señaló una caja de vivos colores.

—¡No, un monstruo monstruoso!

Los juguetes nuevos explicaron que dentro de aquella caja se escondía una terrible criatura. Cuando no había nadie por allí, salía de la caja y atemorizaba a los otros juguetes.

En ese momento, la tapa de la caja se abrió de par en par y, de su interior, surgió una serpiente verde monstruosa con unos enormes dientes afilados.

—¡BU! ¡Huid! —gritó el monstruo, y frunció el ceño. Una luz roja parpadeante iluminó la punta de su nariz—. ¿Eh? ¿Qué es esto? —inquirió.

—Es un láser espacial —explicó Buzz al monstruo mientras mantenía presionado el botón de su brazo.

—Un láser ¿qué? —se burló el monstruo.

Pero antes de que Buzz pudiese responder, una cuerda pasó por el cuello de la serpiente.

—¡Atrapado! —gritó Woody—. Gracias por distraerlo, Buzz. ¡Bien hecho!

Buzz apagó su láser.

—Ya podéis salir, amigos —anunció, y los otros juguetes salieron con cautela de debajo de la cama. Lanzaron vítores de alegría. Por fin habían capturado a aquel espantoso monstruo.

La serpiente se quejó.

—Yo no quería hacer nada malo —confesó—. Sólo quería divertirme un poco, porque nadie quiere jugar conmigo.

Woody se pasó la mano por la barbilla, pensativo. Buzz y él sabían lo que sentía un juguete cuando no querían jugar con él. Tal vez hubiera algo que ellos pudiesen hacer para ayudarlo...

Cuando Bonnie y sus amigas volvieron, los juguetes se dejaron caer inanimados. Buzz se sentó junto a la caja del monstruo con la mano asida a la palanca que hacía salir a la serpiente de su caja.

—¿A qué jugamos? —preguntó Bonnie, y cogió a Buzz. De repente, el monstruo salió de la caja y Bonnie rio—: ¡Una serpiente! ¡Qué chula!

La amiga de Bonnie la miró sorprendida.

—¿De verdad? Nunca juego con ella; me da miedo.

—Eso es lo que la hace tan divertida —dijo Bonnie, y sonrió. Con la caja entre sus manos, la niña persiguió a sus amigas emitiendo silbidos y siseos escalofriantes, y todas rieron mientras huían de ella.

En su caja, la serpiente monstruosa suspiró feliz. Al final, ser espeluznante no era tan malo.

Disney · PIXAR
MONSTRUOS UNIVERSITY

Invasión de niños

Aquel día había empezado como cualquier otro día en Monstruos University. Los estudiantes y el personal de la universidad se habían pasado toda la mañana ocupándose de sus asuntos, aprendiendo, enseñando y descubriendo nuevas formas de asustar.

Todo eso cambió cuando una alarma penetrante comenzó a sonar con fuerza por todo el campus. Los monstruos gritaron y jadearon, presos del pánico. Empezaron a correr de un lado para otro, agitando los brazos y los tentáculos, y chillando hasta no poder más.

Era la alarma contra niños, y eso sólo podía significar una cosa: ¡un niño humano andaba suelto por la universidad!

—¡Qué horror! —se lamentó una criatura con temibles colmillos que corría presa del pánico. Toda la estampida monstruosa pasó corriendo junto a la decana y al profesor Knight, que observaban la escena, preocupados.

—Viene desde esa dirección —indicó el profesor señalando el otro lado del campus—. Tenemos que llamar a la ADN.

La Agencia para la Detección de Niños se había creado con un puñado de espantosos expertos, entrenados para capturar, contener y eliminar a cualquier niño humano que consiguiera hallar el modo de entrar en el mundo de los monstruos.

—¡Esperad! ¡No podéis hacer eso! —gritó Mike mientras corría hacia los dos monstruos. Sulley lo cogió por el brazo y tiró de él en la dirección que había

señalado el profesor Knight—. Ahora no puedo explicarlo —explicó Mike—, ¡pero no llaméis a la ADN!

Mike y Sulley se abrieron paso entre la muchedumbre que intentaba huir, hasta que divisaron a un chiquillo corriendo hacia ellos. Llevaba unos guantes gruesos y unas gafas aún más gruesas, y tenía una mata de rizos castaños por melena.

Sin dudar ni un instante, Mike y Sulley se abalanzaron sobre el niño con los brazos extendidos. La decana y el profesor los observaron incrédulos.

—¡Acaban de tocar a un niño humano! —soltó el profesor Knight sin aliento.

Mientras tanto, Mike y Sulley pelearon con el chico. Las grandes zarpas de Sulley lo aprisionaron contra el suelo, mientras los dedos de Mike buscaban algo entre el pelo rizado del chiquillo.

—¿Dónde está? —preguntó Sulley.

Tras unos instantes de pánico, Mike y Sulley hallaron lo que buscaban. Había una cremallera atascada en la cabeza del niño. Agarrándola con fuerza, Sulley rasgó el material y demostró que la cabeza del niño sólo era una máscara.

Squishy cogió una enorme bocanada de aire cuando le quitaron la máscara.

—Gracias, chicos —dijo con un silbido—. Se me había quedado atascada y no podía respirar.

Mike y Sulley sonrieron, aliviados de haber conseguido salvar a su amigo. Squishy también sonrió.

—Es la última vez que me pongo un disfraz de niño humano para practicar los sustos —se rio.

Cuadros vivientes

Flo estaba sirviendo una buena tanda de bebidas deliciosas en su peculiar café cuando irrumpió Ramón, asiendo una hoja de papel.

—¡Grandes noticias, Flo! ¡Soy un artista! —anunció Ramón con orgullo.

—Ya lo sabemos, cielo —respondió Flo. Después de todo, ¡Ramón era el pintor de coches oficial del pueblo!

—¿Y cuál es la noticia? —preguntó Doc.

—Quiero decir que soy un artista de verdad. ¡Recibí una carta de un famoso marchante de arte! —alardeó Ramón—. Se fijó en mi trabajo cuando pasó por Radiador Springs y quiere que organice una exposición.

—Estoy orgullosa de ti —dijo Flo con una sonrisa.

—Me voy rodando a pillar unos lienzos y algunos pinceles —dijo Ramón muy entusiasmado.

Ya con todo lo que necesitaba para pintar una obra de arte, Ramón invocó su magia artística, pero cuanto más movía el pincel sobre el lienzo en blanco, menos le gustaba la obra que tenía ante él.

—Esto no es bueno —murmuró. Sintiéndose frustrado, rompió el lienzo y cogió uno nuevo.

Una vez más, agitó y sacudió el pincel por encima de la superficie inmaculada y miró con desaprobación el resultado.

—¡Es horrible! —refunfuñó indignado.

—¿Cómo va todo, señor artista? —preguntó Rayo McQueen desde la puerta de la casa de Ramón. Flo estaba junto a él, asomándose con curiosidad.

—¿Cuántos cuadros has pintado? —quiso saber ella.

—Ninguno —se quejó Ramón.

Sus amigos se quedaron asombrados.

—Es decir, ninguno bueno. Creo que me expreso mejor en las capotas y los laterales de los coches que en los lienzos.

—No irás a cancelar la exposición, ¿verdad? —declaró Flo preocupada. Aquélla era una gran oportunidad para Ramón. ¡No podía tirarla por la borda sin más!

—Quizá haya una solución —sugirió con astucia.

El día de la gran exposición, Ramón se puso una corbata roja y dorada muy elegante y se inclinó ante el encantado público.

—Maravilloso —lo elogió un renombrado crítico de arte.

—¡Son verdaderas obras de arte! —exclamó un minibús con unos ojos tan grandes como sus propias ruedas.

—Gracias —dijo Ramón con una sonrisa triunfante. Se paseó arriba y abajo por todo aquel despliegue de arte que él mismo había pintado en los chasis de sus amigos.

—¡Oye! —susurró Rayo McQueen—. ¿Cuánto tiempo más hemos de estar quietos en estos podios?

—Sólo un ratito —le prometió Ramón—. Hasta que cierre la galería.

Sus amigos suspiraron y Ramón sonrió mientras se regocijaba entre las alabanzas y el aprecio que causaban sus ingeniosos cuadros «vivientes».

Bambi

El poder de Flor

Era una tarde calurosa en el bosque, y una pequeña y tímida mofeta llamada Flor, que jugaba al escondite, buscaba a su amigo Tambor. Hacía rato que lo buscaba.

—¡Sal! ¡Sal de donde estés! —dijo Flor—. Me rindo.

—¡Sorpresa! —gritó el conejo, saliendo de unos arbustos—. ¡Aquí estoy! ¡Puaj! —Tambor arrugó la nariz—. ¿Qué es ese olor?

A Flor se le puso la cara roja como un tomate.

—Lo siento. Se me ha escapado. Me ocurre cuando me asusto.

—¡Uf! —El conejo espantó el aire delante de su cara—. Deberías avisar antes de soltar esa peste.

—No, tú deberías avisarme a mí antes de aparecer así —dijo Flor—. En fin, el olor se irá... en uno o dos días.

Pero uno o dos días eran demasiado tiempo, y ¡el olor era demasiado fuerte!

—Perdona, creo que, eh, mi madre me llama —dijo Bambi.

—Sí, eh, y a mí —dijo Faline—. Hasta la vista, Flor... en un día o dos.

—¡O tres! —añadió Tambor con una risita.

De pronto, Flor se había quedado solo.

Pobrecito. «Ojalá no fuera una mofeta», pensó. Ojalá no apestara de aquel modo cuando se asustaba. ¿Qué sentido tenía? Sólo servía para espantar a sus amigos y ahora no podía ni jugar al escondite con ellos.

No importaba lo que le dijeran sus padres, ¡ser una mofeta apestaba!

Por eso a Flor no le sorprendería que pasados dos días sus amigos siguieran sin aparecer. Pero cuál fue su alegría cuando se presentaron Bambi y Faline, con Tambor brincando justo detrás de ellos.

—¿Quieres jugar? —le preguntó el cervatillo alegremente.

—¡A todo menos al escondite! —dijo Flor.

—¿Y al pillapilla? —propuso Tambor—. ¿Listo? ¡La paras!

Pero antes de que el juego empezara siquiera, un leve crepitar de las hojas alertó a los amigos.

—¿Qué... qué... qué ha sido eso? —dijo Bambi, mirando fijamente a una cara roja con pinta de hambrienta.

—¡Es un zorro! —gritó Tambor.

—¡¡Un zorro?! —chilló Flor—. ¡Ay, no! —Se dio la vuelta, levantó la cola y enterró la cabeza... Cuando se dieron cuenta, el zorro había huido gimiendo y frotándose el hocico.

—Lo siento —suspiró Flor, sonrojado.

—¡No lo sientas! ¡Nos has salvado!—dijeron Bambi y Tambor.

Así pues, ¿sabéis qué? ¡Flor no se sintió mal por ello!

Cruella ve manchas

Cruella contempló el salón de la vieja mansión de Vil y se frotó las manos. La habitación estaba llena de cachorros de dálmata. Mirara donde mirara ¡veía manchas y más manchas! Su sueño al fin se había hecho realidad. Mientras reía a carcajadas, recordó cómo había empezado todo aquello...

Todo comenzó un día desastroso. Cruella había salido a comprarse unas pieles, pero no encontraba nada que le gustara y sorprendiera.

—¡Demasiado largo! ¡Demasiado corto! ¡Demasiado negro! ¡Demasiado blanco! —chillaba, lanzándole al dependiente de la tienda un montón de abrigos—. ¡Quiero algo original, un abrigo que nadie antes haya visto!

Cruella salió de la tienda hecha una furia, y cerró la puerta de un golpe tan fuerte que rompió los cristales. Necesitaba animarse con algo. Entonces recordó que su vieja amiga de la infancia, Anita, vivía cerca.

Al cabo de poco, Cruella estaba delante de su puerta, llamando al timbre con impaciencia. A través de una ventana abierta, podía oír como alguien tocaba una pieza alegre en un piano.

Justo entonces, una preciosa mujer de pelo castaño abrió la puerta. Se sorprendió mucho al ver a la esquelética mujer cubierta de pieles.

—¡Cruella! —gritó—. ¡Qué sorpresa!

—Hola, Anita, querida —dijo Cruella, y pasó a la sala de estar. En ese momento, un hombre delgado que fumaba en pipa bajó la escalera y, al ver a Cruella, ¡dio un bote del susto!

—Ah, el caballero andante —dijo Cruella, burlándose del marido de Anita. Roger frunció el ceño. De pronto, algo captó la atención de Cruella: había dos perros blancos con manchas negras sentados en un rincón de la sala.

—Pero ¿qué tenemos aquí? —preguntó Cruella.

—Ah, son Pongo y Perdita —explicó Anita—. Son muy buenos. —Sin embargo, a Cruella no le interesaban los perros en sí... sino sus pieles. Tenían un pelo brillante, ni demasiado largo ni demasiado corto, ni demasiado negro ni demasiado blanco. La mujer nunca había visto nada como eso. Era perfecto—. Y pronto tendremos otra alegría —continuó Anita—. ¡Perdita va a tener cachorros!

—¡¿Cachorros?! —gritó Cruella. Una idea le cruzó la mente y sonrió malvadamente—. Ay, Anita, acabas de alegrarme el día. Bueno, avísame cuando nazcan los perros. Creo que son lo que andaba buscando.

Pongo gruñó, pero la mujer no se dio cuenta.

—Qué día tan maravilloso —se dijo Cruella mientras salía por la puerta.

... y así fue como empezó todo.

BUSCANDO A NEMO

La vuelta al cole

Era el primer día de colegio de un nuevo curso para Nemo y sus amigos.

—¡Hola, Tad! ¡Hola, Perla! —gritó Nemo mientras cruzaba el patio—. Qué ilusión volver a la escuela, ¿verdad?

—Bueno, yo no diría tanto... —dijo Tad.

—¿A qué te refieres? —preguntó Nemo—. ¡Será genial! He oído que este año aprenderemos a restar y a hablar langostino.

—Ya, pero ¿has oído quién nos va a dar clase? —dijo Tad.

—No —respondió Nemo—. ¿Quién?

En ese momento, se acercaron Sheldon, Jimmy y Jib.

—Eh, Sheldon —lo llamó Tad—. Háblale a Nemo sobre nuestra nueva profesora, la señora Langosta.

—¿La señora Langosta? —repitió Nemo.

—Sí. ¡Uf, dicen que es lo peor! —dijo Sheldon.

—¿Quién lo dice? —preguntó Nemo.

—Pues Pepe Plancton, por ejemplo. Dice que su primo, Krill, la tuvo el año pasado y que era tan mala que no quiere volver nunca más a clase.

—¿Sabéis qué me contó a mí? —dijo Tad—. ¡Que tiene unas pinzas enormes y que con ellas pellizca bien fuerte a los alumnos cuando se equivocan!

—¡Ay! —dijo Perla—. No digas eso, ¡harás que me tinte encima!

—La verdad es que suena horrible —dijo Nemo.

—Sí. Y Pepe dice que la señora Langosta nunca lleva a los niños de excursión como hacía el maestro Raya —añadió Jimmy—. Y que pone muchos deberes y ¡te obliga a quedarte después de clase si no los entregas al día siguiente!

¡Ay, no! Nemo se estremeció. Había esperado aquel día durante todo el verano, y ahora que ni siquiera habían empezado las clases ya tenía ganas de que se acabaran.

—No os giréis —susurró Sheldon—, pero ¡creo que ya viene!

—¡Me voy a tintar! —sollozó Perla.

Nemo cerró los ojos y deseó con todas sus fuerzas que su padre fuera a buscarlo y lo llevara a casa...

—Hola, niños —dijo una voz cálida—. ¡Vosotros debéis de ser mis nuevos alumnos! Soy la señora Langosta.

«¿Cómo?», pensó Nemo. Ésa no podía ser la misma profesora de la que le habían hablado. Pero cuando abrió los ojos, allí estaba, pasando lista.

—Jib, Jimmy, Nemo, Perla, Sheldon, Tad... ¡Vaya! Parece que tengo una clase muy inteligente. Espero que estéis listos para divertiros.

Nemo suspiró. ¡Ese bobo de Pepe Plancton...! A esas alturas ya deberían saber que no tenían que creer todo lo que decía. Ahora Nemo estaba bastante seguro de que, al final, ¡aquél iba a ser un curso estupendo!

HÉRCULES

Reunión familiar

Meg paseaba inquieta por la habitación.

—¿Qué pasa? —preguntó Hércules a su hermosa novia.

—Vamos a visitar a tus padres —dijo Meg—. Quiero causarles una buena impresión.

—Eres elegante, amable e inteligente —dijo Hércules, sonriendo—. Vas a causarles una buena impresión.

—¡Está bien, está bien! —exclamó Fil—. Basta de cháchara. Ya estoy harto. ¿Podemos salir de aquí?

—¡Por supuesto! —exclamó Hércules.

Pegaso salió corriendo. Mientras, los padres de Hércules, Anfitrión y Alcmena, se preparaban para la visita de su hijo. Anfitrión iba de un lado a otro.

—¿Va todo bien? —preguntó Alcmena.

—Sí, por supuesto —respondió Anfitrión—. ¿Por qué lo preguntas?

—¿Estás nervioso porque tu hijo vuelve a casa después de mucho tiempo? —dijo Alcmena.

Antes de que Anfitrión pudiera contestar, se oyó un ruido.

—¡Mira! —gritó Anfitrión—. ¡Es Hércules!

Efectivamente, Hércules se estaba acercando a la casa. Cuando llegó, saltó de Pegaso y dio un cariñoso abrazo a sus padres. Luego les presentó a Fil.

—Encantado de conocerlos —dijo Fil.

Enseguida les tendió su tarjeta de visita.

—¡Educaron a un gran chico! —continuó—.

No duden en ponerse en contacto conmigo si conocen a alguien como él.

—¿Y tú quién eres? —preguntó Anfitrión.

—Es mi novia Meg —dijo Hércules, sonrojándose.

Justo en ese momento, Pegaso resopló.

—Ah, y ¿cómo me iba a olvidar de mi amigo Pegaso? —exclamó Hércules.

—Está bien, de acuerdo, ya basta de presentaciones —interrumpió Fil—. Ha sido un viaje muy largo. Tengo hambre. ¿Dónde está la deliciosa comida?

—¡Espera! —dijo Hércules a Alcmena—. Sé que has preparado una comida maravillosa, pero antes quiero contarte lo que ha sucedido desde que me fui. —Respiró hondo y continuó—. He descubierto que soy el hijo de Zeus y Hera. De ahí proviene mi fuerza física. Pero, sin todo lo que he aprendido de vosotros, mis padres adoptivos, eso no significaría nada.

Anfitrión y Alcmena sonrieron con orgullo, transmitiendo a su hijo su gran amor.

Entonces todos se sentaron para celebrar una fiesta digna de los dioses. Anfitrión y Alcmena estaban contentos de tener a Hércules en casa; Hércules era feliz de estar en casa; Meg tuvo el honor de ser su invitada y Fil ¡estaba emocionado por poder comer al fin un poco de comida casera!

Los tramposos nunca ganan

El estadio estaba vacío antes de la celebración del campeonato de la Copa Pistón. Nitroade estaba en la pista, entrenando duro para la carrera.

—¡Necesito mejorar! —se dijo a sí mismo.

Nitroade pasó zumbando por una curva cuando Chick Hicks lo adelantó de repente. Nitroade pisó a fondo los frenos, envuelto en una nube de humo, y evitó chocar con Chick Hicks por los pelos.

—¡Eh, tío! Eres justo el tipo que andaba buscando —gritó Chick Hicks.

Nitroade sabía que Chick Hicks no tramaba nada bueno, como siempre...

—He oído que vas a salir por delante de Rayo McQueen. Mi patrocinador te estaría muy agradecido si pudieras cortarle el paso y dejar que yo lo adelante —continuó Hicks.

Nitroade se sorprendió al oír que Chick Hicks quería que él hiciera trampas para ayudarlo a ganar la carrera. Él no se había convertido en corredor para eso: sólo quería entrenar y correr limpiamente.

—Algunas proposiciones son impropias de un verdadero corredor —declaró Nitroade con firmeza antes de salir disparado.

—Si eso es lo que piensas al respecto... ¡será mejor que te mantengas lejos de mí mañana! —lo amenazó Hicks.

Al día siguiente, en la gran carrera, Nitroade estaba decidido a mostrar a todos lo mucho que había estado entrenando. Chick Hicks calentó el motor con gran agresividad para distraer a Nitroade.

—¡Preparados, listos, ya! —gritó el locutor.

Los coches salieron zumbando de la línea de salida y corrieron veloces por la pista. Rayo McQueen iba en cabeza, mano a mano con su rival Chick Hicks, pero gracias a su entrenamiento, Nitroade fue ganando terreno a los líderes. Quizá esta vez hiciera una visita al podio.

—Te advertí que te mantuvieras alejado de mí. ¡Estás a punto de morder el polvo! —declaró Chick Hicks.

El motor de Hicks gruñó y sus ojos se entrecerraron mientras giraba con brusquedad para adelantar a Nitroade.

—¡Cuidado! —exclamó Rayo.

Nitroade esquivó a Chick Hicks justo a tiempo gracias a la advertencia de Rayo. Aquella sucia jugarreta de Hicks fracasó y éste se desvió de su curso.

Los otros coches le pasaron por delante, con Rayo y Nitroade encabezando la carrera. La muchedumbre lanzó gritos de alegría cuando Rayo voló por encima de la línea de meta, pero Nitroade no andaba muy lejos y consiguió una cercana segunda posición.

Después de la carrera, Nitroade se unió a Rayo en el podio. Su duro trabajo había valido la pena: había quedado segundo en la Copa Pistón.

Chick Hicks parecía muy enfadado. No había ganado la carrera tras intentar hacer trampas.

Nitroade sonrió frente a su rival y dijo:

—Chick, escúchame bien. La próxima vez ¡recuerda que debes jugar limpio!

AVIONES
EQUIPO DE RESCATE

Del fuego al agua

Dusty estaba muy emocionado. Sus amigos del equipo de bomberos de la base de Pico Pistón estaban pasando por Hélices Junction, después de acudir a una reunión sobre seguridad contra incendios, y todos habían parado un momento para saludar.

Era una noche tormentosa y violenta, y sus amigos estaban disfrutando del cálido interior del hangar, resguardados del viento y la lluvia.

De repente, Mayday, el camión de bomberos, llegó chirriando.

—El río se ha desbordado por todas partes. Podría provocar inundaciones —advirtió.

—¿Has comprobado la situación? —preguntó Blade, el helicóptero. Mayday les explicó que lo había intentado, pero que el puente que cruzaba el río estaba prácticamente inundado y no podía cruzar por él.

Dusty arrancó los motores.

—Por suerte, los que podemos volar no necesitamos un puente —afirmó. Blade y él levantaron el vuelo para averiguar lo mal que estaba la situación.

Cuando llegaron al río comprobaron que era mucho peor de lo que Mayday había dicho. No sólo estaba aumentando rápidamente el nivel del agua, sino que una furgoneta llamada Flap había quedado atrapada en una isla en medio de todo el embrollo. Si no la rescataban pronto, ¡el agua se la llevaría por delante!

Sin puente no había manera de llegar a ella por tierra. Por fortuna, el equipo de Pico Pistón contaba con un grupo de especialistas que podrían ayudar.

Los bomberos paracaidistas se lanzaron de inmediato y se pusieron ruedas a la obra. Avalancha reforzó las orillas de la isla para evitar que el agua subiera aún más; al menos, durante un tiempo.

—Pero sigo estando atrapada —sollozó Flap.

Dinamita le sonrió de un modo tranquilizador.

—¡No por mucho tiempo!

Todos levantaron la vista para ver un enorme helicóptero verde que descendía sobre ellos y como, de la parte trasera, colgaba una plataforma sostenida por cuatro cables robustos.

—¡Aquí está nuestro taxi! Subid a bordo —exclamó Dinamita mientras Windlifter, el helicóptero, bajaba la plataforma hasta el suelo.

Las ruedas de la aterrorizada Flap temblaban sin cesar, pero consiguió subir a la plataforma. Sobresaltada, lanzó un grito cuando Windlifter se elevó en el aire para llevar a la furgoneta, sana y salva, a Hélices Junction.

Unas pocas horas después, llegó el momento de la despedida. Había dejado de llover y todos se habían reunido en la pista, listos para partir.

—Muchas gracias a todos —dijo Dusty agradecido—. No podríamos haberlo hecho sin vosotros.

—Ha sido un placer, Dusty —afirmó Blade—. Por suerte todo ha salido bien.

—Eso es lo que ocurre cuando tienes amigos con los que contar —comentó Mayday.

Dusty sonrió.

—¡Especialmente si son expertos en emergencias!

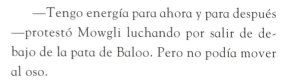

La siesta de Mowgli

Mowgli se inclinó hacia delante para ver mejor. Cuando Baloo bostezó, casi se podían ver sus amígdalas. El gran oso cerró su bocaza y parpadeó adormilado. Se desperezó, se apoyó en el tronco de un árbol y se rascó la espalda.

—Creo que es la hora de un sueñecito vespertino —sugirió Baloo medio dormido.

—Bien pensado, amigo —se oyó por encima de ellos.

Arriba, tendida sobre una rama, la pantera Bagheera dejaba colgando una pata. Sus ojos dorados se entornaron.

—¿Una siesta? ¡Eso no es para mí! —exclamó Mowgli, sacudiendo su mata de pelo oscuro—. No estoy cansado.

—Espera un segundo —dijo Baloo—. ¿Quieres venir a cazar con nosotros cuando refresque un poco? Vas a necesitar energía.

—Tengo un montón de energía —repuso Mowgli—. ¡Tengo muchísima energía! —repitió mientras empezaba a alejarse del oso. Pero Baloo estiró una pata y agarró el tobillo del niño.

—No tan rápido —dijo Baloo.

—Puedes tener energía, pero, si la gastas ahora, no la tendrás más tarde —explicó Bagheera sabiamente.

—Escucha al gato —bostezó Baloo—. Él sabe de lo que está hablando.

Baloo empujó a Mowgli sobre un montón de hojas y lo inmovilizó con su gran pata.

—Tengo energía para ahora y para después —protestó Mowgli luchando por salir de debajo de la pata de Baloo. Pero no podía mover al oso.

—Buena siesta, cachorro de hombre —deseó Bagheera al ceñudo Mowgli.

Un momento después, la pantera y el oso dormían a pierna suelta. Tan pronto como Mowgli oyó sus ronquidos, levantó el brazo que lo estaba reteniendo.

—Buena siesta —susurró Mowgli, y salió de puntillas para subir a los árboles y lanzar palos a los animales que encontraba debajo.

Los ronquidos de Baloo retumbaron en la selva durante una hora, tal vez dos, antes de que Mowgli regresara al lugar de la siesta. Lo había pasado muy bien en las copas de los árboles, pero el sol y el balanceo lo habían cansado. El gran oso parecía tan suave y tranquilo apoyado en el árbol que Mowgli no pudo evitarlo. Se acurrucó contra su amigo y cerró los ojos enseguida.

No habían pasado ni dos minutos cuando Bagheera despertó y estiró las patas. La pantera tocó con su cola la nariz de Baloo.

—Estoy despierto. ¡Despierto y listo para ir!

Baloo se sentó, observó a Mowgli y le dio una buena sacudida.

—¿Y tú, Hombrecito? ¿Estás despierto?

Pero el único sonido que salió de la boca de Mowgli fue un suave ronquido.

La fiesta de disfraces

Bonnie estaba muy animada. ¡La habían invitado a su primera fiesta de cumpleaños de disfraces!

En la mesa de la cocina estaban sentados todos sus juguetes preferidos, que la observaban en silencio mientras preparaba su mochila.

—¿Os gustan mis lazos? —les preguntó a los juguetes. Llevaba puesto un vestido cubierto de lazos—. Tengo muchas ganas de ir a la fiesta —les confesó. Con una sonrisa radiante dejó un lazo sobre la mesa—. Mira lo que he hecho. ¿A que es bonito?

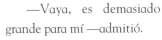

—¡Bonnie! —se oyó una voz desde la puerta principal—. ¡Tenemos que ir de compras!

—¿Puedo ir con el disfraz puesto, mamá? —respondió Bonnie con un grito mientras salía corriendo de la habitación.

Los juguetes esperaron a que Bonnie desapareciera para volver a la vida.

—¿Para quién es este lazo? —preguntó Jessie.

—¡Estaba hablando conmigo! —exclamó Pony el unicornio.

—¡Te equivocas! Bonnie me llevará a mí a la fiesta —afirmó el Sr. Púas con decisión.

—Tranquilizaos, chicos —intervino Woody—. ¿Por qué no nos probamos todos el lazo y vemos a quién le queda mejor?

Los juguetes acordaron que era una gran idea.

Rex fue el primero en probarse el lazo.

—¿Me queda bien? —Se lo colocó alrededor del cuello y se giró hacia sus amigos.

—¡Estás muy gracioso! —se rio Jessie.

Luego, el Sr. Púas se puso el lazo en el peto.

—Parezco un payaso —musitó.

Jessie colocó el lazo encima de su sombrero de vaquera.

—Vaya, es demasiado grande para mí —admitió.

—Pues estoy seguro de que a mí me quedará como anillo al dedo —afirmó Pony, ¡pero el lazo se cayó sobre sus ojos!

Finalmente, los extraterrestres pasaron por allí y levantaron el lazo por encima de sus cabezas, fascinados.

—¡No, no! —se rio Woody—. Se supone que debéis ponéroslo —les explicó.

Los juguetes se rindieron en poco tiempo. Aquel lazo podía ser para cualquiera de ellos.

—Sólo tenemos que esperar a que Bonnie nos diga quién es el juguete afortunado —dijo Woody.

Se oyó un portazo, y los juguetes se apresuraron para colocarse en sus posiciones.

—¡Estaré en la cocina, mamá! —gritó Bonnie.

La puerta se abrió y la niña entró corriendo para encontrarse de nuevo con sus queridos juguetes, que la esperaban sentados. Bonnie colocó su mochila del revés sobre la mesa y de su interior cayó de golpe un enorme montón de lazos multicolor.

—¡Vais a venir todos a la fiesta conmigo! —anunció con alegría—. Mamá me va a ayudar a meteros a algunos de vosotros dentro de la mochila.

Y así, le colocó un lazo a todos y cada uno de ellos para que pudieran disfrutar de la fiesta sin dejar de lado a nadie.

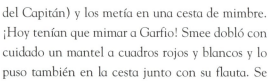

Nos vamos de pícnic

—¿Capitán? —El señor Smee llamó suavemente a la puerta del Capitán Garfio. No hubo respuesta. El primer oficial abrió y entró con una bandeja—. Le traigo el desayuno, Capitán.

—¡No tengo hambre! —contestó Garfio—. ¡Fuera de aquí!

—Pero, mi Capitán, tenéis que comer. —Smee estaba preocupado porque el Capitán hacía días que no comía. De hecho, ¡ni siquiera había salido de la cama!—. Sé que os sentís mal por Pet... —evitó pronunciar el nombre prohibido justo a tiempo—, por ese niño volador. Y por el coc..., quiero decir, ese reptil del reloj. —El Capitán Garfio estaba muy enfadado por haber sido derrotado de nuevo por Peter Pan. Y, para colmo, el niño había conseguido que el cocodrilo volviera a perseguirlo—. Pero hace una semana que no vemos ni rastro de ninguno de los dos. Creo que no hay moros en la costa.

El Capitán Garfio no contestó.

Smee meditó unos segundos.

—¡Ya sé cómo animaros! —gritó—. ¡Nos iremos de pícnic! ¡Será fantástico!

De nuevo, silencio por parte del Capitán Garfio.

—¡No y no! ¡No se admiten quejas! —Smee dejó la bandeja con el desayuno y bajó corriendo a la cocina. ¡Un pícnic en la Laguna de las Sirenas sería la medicina ideal!

Smee silbaba con alegría mientras preparaba bocadillos de arenque y pepinillos (los favoritos del Capitán) y los metía en una cesta de mimbre. ¡Hoy tenían que mimar a Garfio! Smee dobló con cuidado un mantel a cuadros rojos y blancos y lo puso también en la cesta junto con su flauta. Se aseguraría de que Garfio lo pasara bien, ¡lo quisiera o no!

Cuando tuvo todo listo, Smee llamó a Garfio.

—¡Es hora de irse, Capitán!

Al cabo de un rato, el Capitán Garfio por fin se presentó en la cubierta, parpadeando ante la luz del sol.

—De acuerdo —refunfuñó—. Pero seguro que no lo pasaré bien.

Smee bajó el bote al agua y Garfio comenzó a descender por la escalera de cuerda. Cuando llegó a la barca, Smee se agachó para coger la cesta con la comida del pícnic.

TIC, TOC, TIC, TOC, TIC, TOC.

—¡Smee! —gritó Garfio—. ¡Socorro!

Smee se asomó corriendo por la borda y ¡vio que el cocodrilo estaba a punto de dar un bocado a la barquita!

Entró en pánico y le lanzó lo único que tenía a mano: la cesta. Acertó de lleno en la boca abierta del cocodrilo, que se lo quedó mirando, perplejo. Luego, sin causar ruido ninguno, se sumergió de nuevo en el agua.

—¡Mi pícnic! —gritó Smee—. ¡Mi flauta!

—La próxima vez que tengas una idea brillante para animarme, ¡guárdatela! —dijo el Capitán, fulminándolo con la mirada.

SuperMate

Rayo McQueen y sus amigos estaban disfrutando de unas latas de aceite en el Café V8 de Flo cuando... ¡Hala! Mate corrió marcha atrás sobre una rampa a gran velocidad y acabó estrellándose contra un montón de latas.

—Solía ser una estrella de los saltos —explicó, y empezó a contar la historia de sus días como saltador temerario. Uno de aquellos acontecimientos transcurrió en un estadio deportivo.

—¡Sras. y Sres. coches, aquí llega SuperMate!

En las gradas, sus seguidores agitaron banderines y vitorearon. Faltaba muy poco para el gran número de Mate. ¡Iba a intentar saltar por encima de una larguísima hilera de coches!

—¡Y allá va! —gritó el locutor. La goma de las ruedas de Mate se fue quemando a medida que se acercaba a la rampa.

¡Pum! SuperMate aterrizó sobre los dos primeros coches que había al pasar la rampa. Todos y cada uno de los vehículos gruñeron y se quejaron mientras SuperMate pasaba de puntillas por encima de la hilera.

—Perdón —dijo—. Disculpen. Voy a pasar. —Finalmente, SuperMate pasó por encima del último coche.

—¡Lo ha conseguido! —exclamó el locutor. ¡La muchedumbre enloqueció! SuperMate había conseguido abrirse paso por encima de los coches, no les importaba cómo lo había hecho.

—Hacía todo tipo de acrobacias —contó Mate a Rayo a continuación. Describió cómo lo habían disparado con un cañón a través de un aro de fuego.

En otra acrobacia, SuperMate se había lanzado desde una plataforma muy alta para sumergirse en una diminuta piscina de agua.

—La mayor acrobacia que hizo SuperMate fue saltar el Cañón del Carburador —contó Mate. Dijo que, incluso con un cohete atado a la capota, el salto parecía ser imposible de realizar.

Rayo comenzó a dudar de la historia.

—¡Saltaste el Cañón del Carburador? ¡Imposible!

—Sí, posible —replicó Mate—. ¿No te acuerdas? Tú también estabas allí.

Mate prosiguió con su historia, pero ahora Rayo se encontraba con él.

Rayo llevaba puesta una pintura muy llamativa y tres cohetes atados al techo. Llevaba puestos incluso los dientes falsos de SuperMate que vendían como recuerdo.

—¡Listo, colega? —le preguntó SuperMate.

Pero Rayo no tuvo oportunidad de responder. ¡Alguien encendió los cohetes y lo empujó rampa abajo!

Rayo salió disparado por la rampa y voló por los aires. Había cruzado la mitad del cañón cuando los cohetes dejaron de funcionar... y empezó a caer. Para entonces, todos los que estaban en el Café V8 de Flo los escuchaban con atención. Esperaban poder oír el final de la historia de Mate.

—Pero ¿qué pasó? —preguntó Rayo.

—No conseguiste cruzar —contestó Mate—. Bueno, ¡nos vemos!

Disney
Pinocho

El mejor amigo del niño

Como todos los niños pequeños, Pinocho quería un cachorro. Se comprometió a darle de comer, sacarlo a pasear y hacer todo lo necesario para cuidarlo.

—Los cachorros dan mucho trabajo —dijo Gepetto a su hijo—. Les gusta morder cosas, zapatillas, madera...

El carpintero echó un vistazo a las filas de juguetes de madera que había en su mesa de trabajo.

—No creo que un perro sea buena idea —dijo finalmente, muy serio.

Esa tarde, cuando Pinocho regresó de la escuela, Gepetto tenía un regalo para él. El chico no perdió tiempo en abrir la caja.

—Es un perro... —dijo Pinocho, tratando de ocultar su decepción—... de madera.

Como no quería herir los sentimientos de Gepetto, le dio las gracias y colocó el juguete en su cama.

Unos días después, mientras Pinocho volvía a casa desde la escuela, oyó un cachorro lloriqueando en un callejón. Con un poco de persuasión, el cachorro salió.

—Vaya, te pareces al perro de madera que ha tallado mi padre para mí —dijo Pinocho.

Pinocho se preguntó qué hacer.

—No puedo dejarte aquí solo —decidió.

Fue a su casa y lo ató a un árbol que había cerca. Luego le sacó un plato de comida.

Cuando Gepetto fue a dormir, Pinocho salió a hurtadillas y cogió al perro.

—Debes estar muy tranquilo —advirtió.

Una vez en casa, el cachorro saltó de los brazos de Pinocho y echó a correr hacia Fígaro. Mientras el perro daba saltos detrás del huidizo gato, volcaron sillas y tiraron varios platos.

—¡Cuidado! —gritó alarmado Pinocho.

Pronto apareció Gepetto en pijama y preguntó.

—¿Qué ocurre aquí?

Pinocho iba a hablar, pero el cachorro saltó sobre su cama, golpeando al perro de madera, y lo tiró al suelo. Gepetto parpadeó. ¡El cachorro era igual que el juguete que había tallado para su hijo!

—¿Será posible? —exclamó Gepetto sin salir de su asombro—. ¡Pinocho! ¡Tú querías tanto un cachorro que el Hada Azul debe de haber convertido tu perro de juguete en uno de verdad!

Pinocho cogió al cachorro y lo llevó a conocer a Gepetto. Al día siguiente, cuando Pinocho, por fin, tuvo el valor de contar la verdad a Gepetto, el cachorrito corrió el riesgo de convertirse en un huérfano de nuevo.

—Bueno —contestó cariñosamente Gepetto cuando vio al cachorro llevando al perro de madera por toda la casa—, supongo que tenemos espacio para dos perros, ¡especialmente si uno de ellos pasea al otro!

El Día de los Deportes

El arrecife estaba repleto de peces animados que sentían la emoción que se respiraba en el agua. Había llegado el Día de los Deportes, una oportunidad perfecta para que los niños se divirtieran y participaran en diferentes competiciones mientras sus orgullosos padres los observaban y aplaudían.

—¡Bravo! Me encanta el Día de los Deportes. ¿A ti no, Nemo? —le preguntó Tad, el pescadito mejor amigo de Nemo—. ¿En qué evento vas a participar?

—No lo sé. No sé qué se me daría mejor —confesó Nemo.

—¿A qué te refieres?

Nemo parecía estar triste.

—Bueno, es que no se me dan muy bien los deportes —admitió tímidamente.

—¡Vamos! —intentó animarlo Tad—. Yo encontraré algo en lo que puedas participar.

Cogió a Nemo y lo llevó de paseo por los eventos que se estaban realizando por todo el arrecife. Un montón de criaturas marinas estaban practicando, listas para cuando llegara el momento de competir.

Tad llevó a Nemo al campo de fútbol.

—¿Qué tal el fútbol? —le sugirió.

—Pues… no estoy seguro —comentó mientras Perla colaba una pelota hábilmente dentro de la red—. No soy tan bueno como Perla, ni por asomo.

—Vale —dijo Tad encabezando la marcha—. ¿Y qué tal la carrera de obstáculos?

Nemo vio cómo Churumbel y sus amigas tortuga esquivaban chorros de burbujas y se deslizaban por aros hechos con algas a una velocidad pasmosa.

—Creo que dejaré la carrera de obstáculos a Churumbel —respondió Nemo en voz baja.

—¡Oye! ¿Y qué tal el levantamiento de pesas? ¡Podría ser lo tuyo! —exclamó de pronto Tad.

Nemo inspeccionó a los peces que estaban levantando rocas cinco veces más pesadas que ellos por encima de sus cabezas. Todo el mundo vitoreaba y lanzaba gritos de asombro.

—Bueno, puede que no —reconoció Tad antes de que Nemo abriera la boca. No le gustaba ver a su mejor amigo tan desanimado. Entonces, tuvo una idea brillante—. De hecho, conozco el deporte perfecto para ti. ¡Vamos, Nemo!

Tad consiguió encontrar la carrera perfecta para Nemo… ¡tan perfecta que ni siquiera el propio Nemo pudo creerlo!

Mientras estiraba su pequeña aleta, Nemo se centró en la línea de meta. Tad, a su lado, asintió con la cabeza para darle ánimos y, cuando hicieron la señal para que comenzara la carrera, Nemo y Tad nadaron mano a mano por todo el recorrido de arena.

—¡Hemos ganado, hemos ganado! —gritó Tad.

—¡Lo hemos conseguido! De no ser por ti, nunca se me habría ocurrido participar en una carrera de tres aletas —dijo Nemo sonriendo.

Tad y Nemo chocaron sus aletas y recibieron sus medallas con una sonrisa tan amplia como la de un pelícano. Después de todo, el Día de los Deportes no daba tanto miedo como parecía. Y Nemo tenía muchísimas ganas de colgar su medalla en la pared de casa, para recordar aquella victoria inesperada, pero bien merecida.

La gran cita de Flik

Flik quería mucho a la Reina Atta. Así que decidió planear para los dos la noche más romántica que una hormiga podría imaginar.

—Te recogeré esta noche a las ocho —dijo Flik a Atta cuando la vio en el hormiguero por la mañana temprano.

Luego se apresuró a prepararse para la gran cita.

En primer lugar, tenía que hacer la cena: brotes de trigo con semillas de girasol y trufas silvestres; mijo de corral sobre diente de león y el postre favorito de la Reina Atta: *mousse* de grosella.

Flik estaba seguro de que impresionaría a Atta. Bajó al arroyo para buscar la hoja ideal para un romántico crucero a la luz de la Luna.

—Esta hoja de olmo está bien —comentó Flik mientras ataba la hoja a una raíz cerca de la orilla—. Y utilizaré esta rama a modo de remo. Sí, a Atta le va a encantar.

Pero eso no era todo lo que Flik había planeado para la romántica cita.

—¿Cómo va eso? —preguntó a los bichos de circo que estaban ocupados practicando con sus instrumentos junto al arroyo.

—¡Genial! —respondió Slim—. Simplemente genial. No te preocupes por nada. Todo está bajo control. ¡Tendremos memorizada la canción favorita de Atta mañana por la noche, no hay problema!

—Pero nuestra cita es esta noche —dijo Flik.

—Oh —respondió Slim tímidamente.

—Te lo dije —advirtió Francis.

—No te preocupes —dijo Slim—. Recuerda que somos animadores profesionales. ¿Quieres una orquesta para bailar? Pues tendrás una orquesta para bailar.

—¡Seguro que no quieres un poco de magia? —preguntó Manny el Mago—. He descubierto que nada inspira tanto romanticismo a una dama como cortarla por la mitad.

—Gracias, creo que me quedo con el baile —dijo Flik.

¡Pero, hablando de inspirar romanticismo, casi se había olvidado de las luciérnagas!

—¡Vamos, chicas! —llamó a la docena que había contratado para esa noche—. Quiero a algunas de vosotras en los árboles, a otras a lo largo del arroyo, y al resto por allí, alrededor del mantel de la merienda... ¡Ideal! —dijo mientras las luciérnagas iluminaban la noche.

La cena estaba lista. El barco estaba listo. La música estaba lista. ¡Todo estaba listo!

De repente, Flik miró el reloj y su corazón dio un vuelco.

—¡Oh, no! ¡Son las ocho! —gritó alarmado—. ¡Tengo que irme!

¡Flik había estado tan ocupado preparándolo todo que casi se había olvidado de recoger a Atta para la cita!

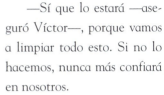

Un gran desastre

En lo alto de la torre del campanario de la catedral de Notre Dame, las gárgolas Víctor, Hugo y Laverne comenzaron su juego del escondite número 45 ese día.

—¡Allá voy! —exclamó Víctor—. ¡Y que nadie se esconda en el cajón de la ropa interior de Quasimodo!

Víctor saltó sobre un montón de ropa arrugada y empezó a buscar entre pilas de libros, juegos y otros objetos desperdigados.

¡La torre era un caos! Quasimodo sólo había estado fuera unos días pero parecía que la torre había sido sacudida por un huracán. ¿Y por qué había pasado eso? ¡Porque las gárgolas eran un desastre!

Quasi les había pedido que cuidaran de sus cosas, en particular de sus tallas y sus valiosas campanas, mientras él estaba ausente.

—Y, por supuesto —les había dicho Quasi—, podéis hacer lo que queráis en casa.

¡Y eso fue justamente lo que hicieron!

Se habían probado su ropa y la habían dejado esparcida por el suelo. Habían hojeado sus libros y jugado con sus juegos sin volver a dejarlos en su sitio. ¡E incluso habían utilizado sus cojines para peleas de almohadas!

Así fue como, horrorizado, Víctor dejó de jugar de repente y gritó:

—¿Sabéis qué día es hoy?

—¿Cómo? —dijo Hugo sin entender.

—¡Es viernes! —exclamó Víctor, preocupado—.

¡El día en que Quasimodo vuelve a casa!

—¡Oh! —Hugo tragó saliva contemplando el desastre—. No va a estar muy contento con nosotros, ¿verdad?

—Sí que lo estará —aseguró Víctor—, porque vamos a limpiar todo esto. Si no lo hacemos, nunca más confiará en nosotros.

—Tal vez no debería hacerlo —murmuró Hugo.

—¿Dónde está Laverne? ¡Laverne! —gritó Víctor—. ¡Hay trabajo que hacer!

Y se pusieron manos a la obra. Doblaron la ropa, hicieron la cama y colocaron los libros en la estantería. Lavaron los platos y fregaron el suelo. Limpiaron el polvo a las figuras talladas a mano de Quasi y las dejaron en su lugar.

Incluso se pusieron a pulir cada una de las campanas de Quasi.

—¡Te has dejado una mancha ahí! —dijo Víctor a Hugo, justo cuando llegó Quasimodo.

—¡Chicos! ¡Ya estoy en casa! —gritó.

—¡Quasi! ¡Te echábamos de menos! ¿Cómo lo has pasado? —preguntaron ellos.

—¡Muy bien! ¡Fenomenal! —respondió Quasimodo—. ¡Deberíais probarlo alguna vez!

Y, después de todo el trabajo que acababan de hacer las gárgolas, ¡unas vacaciones eran exactamente lo que necesitaban! Pero no pudieron decir nada a Quasi, por supuesto.

Un amigo en el campo

La vaquería era cálida y acogedora. En ella, 99 cachorros hambrientos se turnaban para tomar la leche tibia de las vacas.

—Casi habíamos perdido la esperanza de que lo conseguiríais —dijo el amable collie a Pongo y Perdita, que acababan de llegar con los cachorros.

—Muchas gracias por tu hospitalidad —murmuró Perdita fatigada.

—Basta con mirar a los cachorritos —dijo una de las vacas—. ¡Nunca había visto tantos cachorros en un lugar como éste!

Pongo, Perdita y los cachorros acababan de llegar de una larga y agotadora marcha por el campo. Era muy tarde y los perritos esperaban tomar un poco de leche, pero apenas podían mantener los ojos abiertos. Habían logrado escapar de la espantosa casa de Cruella De Vil, donde habían estado prisioneros, custodiados por los villanos Horacio y Gaspar. Cruella planeaba hacerse un abrigo con su piel moteada. Afortunadamente, Pongo y Perdita los habían rescatado justo a tiempo.

Los cachorros habían cenado y se reunieron alrededor del collie, agradeciendo nuevamente su hospitalidad.

—En absoluto, en absoluto —respondió el collie—. No ha sido nada.

—¿Tienes leche caliente para la cena todas las noches? —preguntó Rolly.

—No, pero tenemos otras comidas. Estoy seguro de que son más sencillas que los alimentos que consumís en la ciudad, pero tomamos comidas abundantes por todas las tareas que realizamos durante el día —explicó el collie.

—¿Y siempre hace tanto frío en el campo? —preguntó Patch.

—Supongo que la mayoría de vosotros venís de la ciudad —respondió el collie—. No siempre hace tanto frío, pero hay un montón de diferencias entre vivir en el campo y vivir en la ciudad. Las correas, por ejemplo. Aquí las mascotas no van con correa, como hacéis en la ciudad, ya que nuestros animales domésticos tienen un montón de espacio abierto para ir por ahí. No hay muchos perros cerca, pero sin duda hay otros tipos de animales que no se ven en la ciudad. Hay vacas, por ejemplo. Y también hay ovejas, caballos, gansos...

De repente, el collie dejó de hablar. A uno de los cachorros se le escapó un pequeño ronquido. Miró a su alrededor y se dio cuenta de que los cachorros, así como Pongo y Perdita, habían caído en un profundo sueño.

—Pobrecitos —dijo en voz baja, mientras salía al exterior para hacer guardia—. Han pasado por tantas peripecias... Espero que lleguen a casa pronto.

Y viendo cómo dormían, se quedó dormido.

El héroe del día

Todo Radiador Springs vibraba de inquietud. ¡Había llegado la carrera callejera anual! Los espectadores se alineaban en las calles, animando y agitando banderines para apoyar a los participantes. Todo el pueblo estaba allí, además de una oleada de turistas ajetreados que buscaban un sitio desde donde ver la carrera.

—Este sitio es perfecto, Ramón —exclamó Flo. Estaban justo en la línea de meta, así que iban a tener unas vistas excelentes del ganador en los momentos finales de la competición—. ¡Qué emocionante!

—No tan emocionante como estar aquí contigo —respondió Ramón guiñándole el ojo.

Flo se ruborizó. Ramón era tan romántico... Cuando estuvo a punto de devolver aquellas tiernas y consideradas palabras, se oyó un repentino ruido metálico a su derecha.

—¡Ups, lo siento! —se disculpó alguien.

—¿Qué ocurre? —preguntó Flo.

No muy lejos de allí, Mate iba deambulando entre un grupo de coches enfadados, con la cuerda del remolque balanceándose de un lado a otro. Su gancho no hacía más que golpear a los turistas, que le gruñían con cara de desaprobación.

—¡Mira por dónde pones esa cosa! —le gritó uno de ellos.

La desilusión embargó el corazón de Mate.

—Supongo que será mejor que me marche —murmuró con suavidad mientras se alejaba.

—¡Eh, mirad allí! —exclamó otro coche. Una nube de polvo indicaba que los corredores se estaban acercando—. ¡Ya casi están aquí!

—La verdad es que esperaba estar en primera fila —se enfurruñó Mate, dando la espalda a la carretera. Lo único que quería era formar parte del bullicio, y no ser objeto de queja por estar oxidado y ser patoso, con un gancho que podía sacar los ojos a los demás.

—¡Oh, no! —chilló una voz—. ¡Alguien está en medio de la pista!

Un coche pequeño y joven se había colado en la carretera con los ojos muy abiertos, sin darse cuenta del peligro que corría. La nube de polvo que habían levantado los corredores aumentaba y se iba acercando...

—¡Sólo yo puedo llegar a tiempo! —chilló Mate.

Lanzó la cuerda de su remolque con pericia, como el lazo de un vaquero, sobre el coche al que iban a arrollar. El gancho se agarró al parachoques de éste y Mate lo remolcó, veloz, hasta llevarlo con los demás.

—¡Bien! ¡Estoy volando! —chirrió el cochecito mientras los corredores pasaban zumbando hacia la línea de meta. Lo habían esquivado por unos pocos milímetros, sin tener la menor idea del peligro al que habían estado expuestos.

La muchedumbre estalló en vítores, pero no por el ganador, ¡sino por Mate!

—¡Buena puntería! —dijo Flo mientras los coches rodeaban a su amigo.

Mate no podía creer lo que oía. ¡Había pasado de molestar a los demás a ser un héroe!

Disney
DUMBO
Los colegas de desfile de Dumbo

Cuando el circo de Dumbo llegó a la ciudad, los animales y los artistas del circo hicieron un gran desfile. A la multitud le encantó ver a los animales desfilando.

Bueno, puede que fuera divertido para el público, pero no lo era para Dumbo. Le dolían las pezuñas y estaba hambriento.

El elefantito vio un cacahuete en el suelo. Lo cogió con la trompa y se lo comió. Después vio otro y otro. Abandonó el desfile y siguió el rastro de los cacahuetes hasta llegar a un parque infantil.

—¡Mira, los cacahuetes han funcionado! —exclamó una niña con coletas—. Ya tenemos nuestro elefante para jugar.

La niña y sus amigos rodearon a Dumbo, acariciándole la cabeza. Se sorprendieron de su larga trompa y sus grandes orejas.

—¡Qué elefante tan maravilloso! —gritaron.

—Montemos nuestro circo —dijo un niño.

—¡Yo seré la directora del circo! —gritó la niña, llevando a Dumbo al centro del parque—. ¡Damas y caballeros! Les presentamos nuestra atracción estrella: ¡el Pequeño Elefante!

Dumbo sabía qué hacer, así que se levantó sobre sus patas traseras y empezó a hacer malabares con bolas. Los niños aplaudieron.

De repente, apareció Timoteo.

—¡Estás aquí! —dijo a Dumbo—. ¡Tenemos que prepararnos para el espectáculo!

Dumbo asintió con la cabeza y se despidió de sus nuevos amigos. Los niños lo vieron marcharse, mirándolo decepcionados.

—Me gustaría verlo hoy en el circo —comentó uno de ellos—. Pero no tengo suficiente dinero para la entrada.

—Yo tampoco —dijeron los otros niños.

Dumbo lamentó que los niños tan encantadores que había conocido no pudieran ir al circo. Esa noche, mientras se maquillaba para el espectáculo, se sentía triste. Por último, metió a Timoteo en el ala de su sombrero y se subió a una plataforma alta.

—¡Damas y caballeros! —gritó el director del circo—. ¡Dumbo, el Elefante Volador!

Dumbo saltó desde la plataforma y desplegó sus orejas gigantes. El público aplaudió cuando Dumbo voló alrededor de la carpa.

De repente, vio a sus amigos del parque infantil. ¡Estaban sentados en la primera fila! Entonces voló por encima de ellos, dando a cada uno una palmadita en la cabeza con su trompa. La niña con coletas saludó a Dumbo.

—¡El ratón nos regaló entradas! —exclamó.

Dumbo sonrió y llevó su trompa hasta el ala del sombrero, donde iba montado Timoteo, y le dio una palmadita en la cabeza. ¡Se sentía el elefante más afortunado del mundo por tener amigos tan maravillosos!

BUSCANDO A
NEMO

¡Un mal cangrejo!

Nemo tenía un problema en el colegio... que se llamaba Ruddy. El cangrejo grandote se portaba mal con Nemo y los demás niños a todas horas. Lo peor era que se las ingeniaba para llevar a cabo sus maldades cuando los profesores no miraban.

Un día, empujó a Nemo a una piscina de olas, y por culpa de eso llegó tarde a su clase de coral. En otra ocasión, lo chinchó diciéndole:

—¡Mi padre es más grande y más fuerte que el tuyo!

—Pasa de él —dijo Marlin a su hijo—. Y, para que lo sepas, puede que su padre sea más grande y más fuerte, pero seguro que yo soy más listo y más guapo.

—Mis amigos y yo lo hemos intentado todo —se quejó Nemo más tarde a sus amigos tiburones Bruce, Chum y Ancla—. Pero no nos deja en paz. ¿Qué creéis que debería hacer?

—¡Nosotros nos encargamos! Somos expertos en modificación de conducta —dijo Bruce.

Al día siguiente, tres sombras enormes se cernieron sobre los compañeros de clase de Nemo cuando jugaban en el patio de recreo.

—Hola —dijo Bruce, rodeando al cangrejo con una aleta—. Tú debes de ser el nuevo amiguito de Nemo. —Ruddy temblaba de miedo y Bruce masculló—: Sólo queríamos que supieras que los amigos de Nemo son nuestros amigos. Tú eres amigo suyo, ¿verdad?

Todos se quedaron mirando a Ruddy.

—¡Ah, sí! —consiguió pronunciar, y rodeó a Nemo con una pinza—. ¡Y que lo digas! ¡Somos colegas, sí, señor!

—¡Estupendo! —dijo Ancla—. No quieras saber lo que les ocurre a quienes no tratan bien a nuestro compi.

Chum se limpió un trozo de alga de entre los dientes con un pincho de erizo de mar.

—Podríamos quedar un día para comer —le dijo a Ruddy, y le guiñó un ojo.

La señora Langosta llegó para recoger a la clase y los tiburones se despidieron del cangrejito y se fueron.

Ruddy se emparejó con Nemo en la fila.

—¿Esos tres tiburones son tus amigos? ¡Hala! ¡Es alucinante! Ojalá tuviera amigos como ésos. De hecho, ojalá tuviera amigos...

—¿Cómo esperas que alguien quiera ser tu amigo si siempre eres un... mal cangrejo? —dijo Nemo.

Ruddy confesó que odiaba ser el nuevo y que había decidido meterse con los demás antes de que los demás se metieran con él.

—Si me prometes que dejarás de ser cruel, yo te prometo que seremos amigos —le propuso Nemo.

—Trato hecho —aceptó Ruddy—. Además, más me vale ser tu amigo, o tus compis tiburones me comerán.

Nemo no le dijo que Bruce, Chum y Ancla eran vegetarianos. Al menos ¡no de momento!

AVIONES
EQUIPO DE RESCATE

El héroe sensible

Chug y Sparky habían ido a visitar a Dusty a Pico Pistón. No podían creer lo precioso que era aquel parque nacional.

Dusty pidió a sus amigos que vigilaran la zona mientras él hacía unos recados, y les recordó lo importante que era respetar a los animales salvajes.

—¿Recordáis las normas que os he explicado? —dijo él. Sparky y Chug asintieron para indicarle que sí las recordaban.

—No salgáis del camino; mantened los motores al ralentí y no hagáis ruido —recitaron los dos—. ¡Pan comido!

Mientras Dusty hacía sus recados, Chug y Sparky fueron a dar una vuelta por el bosque para buscar animales salvajes.

Muy pronto se encontraron con un árbol caído que bloqueaba el paso. Sparky pensó que podía utilizar sus horquillas para apartar el árbol del camino, pero Chug pensó que aquello implicaba demasiado esfuerzo.

—Iremos mucho más rápido si lo rodeamos —afirmó mientras aceleraba el motor y salía del camino. Delante de ellos, oyeron un crujido entre los árboles y vieron un puñado de criaturas astadas que huyeron despavoridas.

—Dusty nos ha dicho que no hiciéramos ruido, Chug —le regañó Sparky—. Y acabamos de asustar a los ciervos.

Chug se sintió mal al respecto. Volvió al camino, pero, al hacerlo, derribó una valla, ¡lo que provocó mucho más ruido! A medida que volvía al camino a trompicones, el brusco balanceo hizo sonar su claxon.

Resonó con fuerza y asustó a muchos más animales.

—¡No es mi culpa! ¡Tengo un claxon muy sensible! —dijo Chug, pero Sparky no escuchaba.

—¿Hueles eso? —preguntó el montacargas olisqueando el aire. Los dos amigos se giraron para ver una columna de humo y llamas que se elevaba desde unos árboles cercanos—. ¡Un incendio forestal! —exclamó Sparky con un grito ahogado.

Chug se movió marcha atrás asustado y chocó contra el árbol caído. Su claxon comenzó a sonar de nuevo.

—¡Apágalo! —le ordenó Sparky—. Vas a asustar a todos los animales del bosque.

Pero, por mucho que lo intentaba, Chug no conseguía apagar aquel claxon atronador. A pocos kilómetros, Dusty y Blade oyeron el ruido y se abalanzaron a ver lo que estaba ocurriendo.

—Le dije que no hiciera ruido —gruñó Dusty.

No obstante, a medida que se iban acercando, divisaron el incendio. Dusty se apresuró para entrar en acción, vaciando sus depósitos de polvo retardante sobre las llamas... ¡y también sobre sus amigos!

El polvo retardante detuvo el fuego, y también paró el claxon de Chug.

En la base, Dusty le agradeció a Chug su rapidez. Su claxon hizo huir a los animales y alertó a los bomberos.

Sparky se rio mientras susurraba a su amigo:

—¡Será mejor que no le contemos que todo fue gracias a tu claxon sensible!

Un caballo con buen gusto

Bonnie iba a quedarse a dormir en casa de Betty, la amiga de su madre, y se había llevado sus juguetes consigo para que le hicieran compañía.

—¡Ay, me encanta tu gorro de dormir, sheriff! —dijo la niña mientras jugaba con sus juguetes del lejano Oeste, Woody y Jessie.

Justo entonces, la llamaron para que se fuera a dormir.

—¡Vámonos, Jessie! Los otros dormirán aquí —comentó Bonnie, y se llevó a la vaquera al piso de arriba. En la planta baja dejó a Woody, Buzz, Sr. Púas el erizo y a Trixie la triceratops.

Una vez se hubo marchado, los juguetes cobraron vida.

El Sr. Púas comenzó a bostezar y a estirarse.

—Creo que ya es hora de irse a dormir —declaró. Woody estuvo de acuerdo con él, pero Trixie no estaba lista para irse a la cama.

—No puedo dormir si no miro un ordenador —se quejó.

—Betty no tiene ordenador —señaló Buzz.

Pero Trixie ya lo sabía.

—¡Lo sé! —exclamó—. Eso significa que podemos quedarnos despiertos toda la noche y charlar.

Los otros juguetes refunfuñaron; ellos sólo querían irse a dormir.

—A lo mejor podemos encontrar el modo de que te entre sueño, Trixie —comentó Woody.

—¡Yo te leeré un buen cuento! —se ofreció el Sr. Púas. Desafortunadamente, el único libro que pudieron encontrar era un libro de recetas, y sólo provocó que les entrara hambre a todos.

Así que Woody sugirió otra idea.

—¡Podríamos jugar a las cartas! —Pero Trixie pensó que podría resultar aburrido—. ¡Exacto! —rio Woody—. Por eso hará que te entre sueño. Cojamos las cartas y averigüémoslo.

Sin embargo, las cartas estaban en la balda más alta de la estantería, un lugar fuera del alcance de los juguetes. Por suerte, los valientes Buzz y Woody estaban listos para afrontar el desafío.

—No os preocupéis —gritó Buzz cuando llegaron a mitad de camino—. ¡Esta noche lograremos que te duermas!

Al fin, Buzz y Woody llegaron a la balda de arriba. Tiraron el mazo de cartas al suelo, donde el Sr. Púas había colocado un cojín para atraparlo.

—¡Buf! Ésta ha sido una misión difícil —comentó Buzz mientras descendían por la estantería y se limpiaba el sudor de la ceja.

—¡Shh! —susurró el Sr. Púas, y señaló el suelo, justo donde Trixie se había acurrucado—. Mientras estabais trepando, Trixie se quedó mirando el péndulo oscilante y se quedó dormida.

Buzz no podía creerlo.

—¡Y hemos trepado hasta allí arriba para nada! —se quejó.

—No —dijo el erizo sonriendo—. Ahora podemos irnos a dormir nosotros también.

Pero Woody y Buzz estaban demasiado emocionados para dormir. ¡Querían ir a explorar! El Sr. Púas lanzó un suspiro... Aquélla iba a ser una noche muy larga.

REY LEÓN
Disney
EL

La historia de Timón y Pumba

Era un día muy caluroso en la sabana. Simba, Timón y Pumba estaban tumbados a la sombra, sin apenas moverse. Hacía demasiado calor para hacer otra cosa que no fuera hablar. Pumba acababa de contar una historia sobre el mayor insecto que se había comido (por cómo lo describía parecía que tuviera el tamaño de un avestruz), y se hizo el silencio en el pequeño grupo de amigos.

—Ya sé —dijo Simba—. Oye, Timón, ¿por qué no me explicas cómo os conocisteis tú y Pumba?

Timón y Pumba se miraron entre ellos.

—¿Crees que está preparado para oírlo? —preguntó.

—¡Déjalo de piedra! —dijo Pumba.

—Todo empezó en una pequeña aldea de suricatos, en un lugar muy muy lejano —comenzó Timón.

—No, te equivocas —interrumpió Pumba—. Todo empezó cerca de un bebedero de facóqueros, en un lugar muy muy lejano.

—Si no recuerdo mal, Simba me ha pedido a mí que explique la historia —dijo Timón—. Y esta historia es desde mi punto de vista.

—Muy bien —dijo Pumba enfurruñado.

—Y en esa aldea de suricatos había un suricato que sentía que no encajaba con los demás. Todos eran felices cavando, cavando y cavando todo el día —dijo Timón—. Yo era ese suricato aislado. ¡Cómo odiaba cavar! Sabía que tenía que irme de allí, encontrar mi propio hogar, un lugar en el que

encajara. Así que me fui, y por el camino me encontré a un viejo y sabio babuino que me reveló qué era lo que estaba buscando (*hakuna matata*), y decidí ir hasta la Roca del Rey. Partí valientemente hacia dicha roca. Y cuando estaba de camino...

—¡Me conoció! —interrumpió Pumba.

Timón le lanzó una mirada asesina y continuó.

—... oí un crujido extraño entre los arbustos. Me asusté. ¿Qué podía ser? ¿Una hiena? ¿Un león? De repente ¡me encontré cara a cara con un facóquero grande y feo!

—¡Eh! —se quejó Pumba, que parecía ofendido.

—Pronto nos dimos cuenta de que teníamos mucho en común: nos encantaban los bichos y ambos buscábamos un sitio al que llamar hogar. Así pues, nos dirigimos juntos hacia la Roca del Rey. Nos ocurrieron un montón de cosas malas durante el viaje: hienas, estampidas, ¡de todo! Pero al cabo de poco, dimos con el lugar ideal para vivir. Y ¡entonces te conocimos a ti, Simba!

—Qué historia más chula —dijo Simba, bostezando—. Creo que voy a echarme una siesta...

Pumba se aclaró la garganta.

—Todo empezó cerca de un bebedero de facóqueros, en un lugar muy muy lejano —comenzó.

—¿Es que siempre tienes que tener la última palabra? —dijo Timón.

—No, siempre no —contestó Pumba, y prosiguió con su versión de la historia.

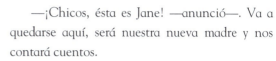

Regreso a Nunca Jamás

Había pasado mucho tiempo desde las aventuras de Wendy en el país de Nunca Jamás, pero ella nunca había dejado de creer. Varios años después, a Wendy le seguía gustando contar historias sobre Peter Pan, Campanilla y los Niños Perdidos a sus propios hijos. Sin embargo, su hija Jane no tenía tiempo para historias infantiles sobre piratas y polvo de hada.

Una noche, Jane se quedó dormida de inmediato cuando, de repente, la despertó un ruido. La niña lanzó un grito ahogado cuando vio de pie frente a ella al Capitán Garfio.

—Hola, Wendy —dijo Garfio, pues la había confundido con su madre.

Antes de que Jane pudiese decir una palabra, los piratas la metieron en un saco y saltaron a bordo del barco pirata volador de Garfio.

Zarparon hacia la segunda estrella a la derecha y todo recto hasta el amanecer. Cuando llegaron a Nunca Jamás, Garfio usó a Jane como cebo para Peter Pan... ¡lanzando el saco al mar con ella dentro!

De repente, algo se abalanzó sobre el agua y cogió el saco justo a tiempo. ¡Había sido Peter Pan!

Peter voló hasta una roca cercana y liberó a Jane.

—Tú no eres Wendy —exclamó, confuso.

Jane se quedó sin aliento. ¡Peter Pan y Campanilla estaban allí, justo delante de sus ojos! Las historias que contaba su madre eran verdaderas, después de todo.

Cuando Jane explicó que ella era la hija de Wendy, Peter la acompañó para que conociera a los Niños Perdidos.

—¡Chicos, ésta es Jane! —anunció—. Va a quedarse aquí, será nuestra nueva madre y nos contará cuentos.

Jane sacudió la cabeza.

—No se me da bien contar cuentos —confesó—. Tengo que volver a casa.

Los Niños Perdidos no entendieron por qué Jane quería marcharse.

—¿Qué es lo que le ocurre? —le preguntaron a Peter.

—No lo sé —respondió Peter frunciendo el ceño—. Actúa como si fuera... ¡un adulto!

Más tarde, aquel mismo día, Peter encontró a Jane mientras construía una balsa. ¡Quería volver a casa por mar!

—Sólo te puedes ir volando —dijo Peter—. Necesitas fe, confianza...

—¿Y polvo de hada? —terminó Jane, aburrida.

Peter volvió a llevar a Jane al bosque para ver a los Niños Perdidos y a Campanilla.

—Cualquiera puede hacerlo —afirmó Peter con gran emoción—. ¡Muéstraselo, Campanilla!

Campanilla roció con polvo de hada a los Niños Perdidos... ¡y éstos comenzaron a volar! Después lanzó un montón de polvo de hada sobre Jane... pero la niña seguía sin poder volar.

Jane se sintió muy desilusionada. A ese paso no ¡conseguiría volver a casa nunca!

—¡No creo en nada de esto! —gritó—. Y, especialmente, ¡no creo en las hadas!

Peter y los demás vieron alarmados como Jane iba dando zancadas para estar sola.

Peter Pan

Engañados

Después de que el Capitán Garfio hubiese traído consigo a Jane, la hija de Wendy, a Nunca Jamás, la niña había conocido a Peter Pan, Campanilla y a los Niños Perdidos. ¡Las historias de su madre eran ciertas! Pero, a pesar de haberlo visto todo con sus propios ojos, Jane seguía negándose a creer en la magia. Y, en especial, se negaba a creer en las hadas.

—Si Jane no cree en las hadas, ¡la luz de Campanilla se apagará para siempre! —dijo Peter después de que Jane se marchara enfadada.

Peter y los Niños Perdidos fueron a buscarla, pero Garfio la encontró primero.

—Ese maldito Pan me robó mi tesoro. Ayúdame a recuperarlo y te llevaré de vuelta a casa —le ofreció el Capitán, y dio a Jane un silbato para que lo hiciera sonar cuando encontrara el tesoro. Jane quería volver a casa, así que accedió y volvió para buscar a Peter.

Los Niños Perdidos se alegraron muchísimo de ver a Jane de nuevo, así que la llevaron a vivir una emocionante aventura por todo el país de Nunca Jamás.

—¿Por qué no vamos a buscar un tesoro? —sugirió Jane. Los niños pensaron que era una buena idea y, en muy poco tiempo, Jane se encontró en la cueva del Hombre Muerto, con el tesoro de Garfio. Peter estaba muy impresionado al ver que había conseguido convertir a Jane en la primera Niña Perdida. Jane se sentía tan honrada que decidió deshacerse del silbato y no decirle nunca a Garfio dónde estaba su tesoro.

Sin embargo, uno de los Niños Perdidos lo encontró y lo hizo sonar con todas sus fuerzas. Poco después,

Garfio y sus piratas entraron en la cueva y capturaron a Peter y a toda su pandilla.

Peter pensó que Jane los había traicionado.

—¡Como no crees en las hadas, la luz de Campanilla se está apagando! —gritó.

Jane se sintió fatal, y partió en busca del hada. Cuando por fin encontró a Campanilla, su luz estaba a punto de apagarse por completo.

—¡Lo siento mucho, Campanilla! —sollozó Jane.

Entonces, la luz de Campanilla parpadeó y volvió a la vida. ¡Jane había comenzado a creer!

A bordo del barco pirata, Garfio había atado al mástil a los Niños Perdidos y estaba a punto de obligar a Peter a caminar por la tabla.

—¡No tan rápido! —gritó una voz. ¡Era la de Jane, con Campanilla a su lado! Garfio se quedó tan anonadado que Jane consiguió quitarle la llave y liberó a Peter y a los Niños Perdidos mientras su tripulación permanecía allí parada, con la boca abierta.

El Capitán Garfio, embargado por la ira, persiguió a Jane hasta llegar a lo alto del mástil.

—¡Ríndete, niña! —dijo gruñendo.

—¡Nunca! —respondió Jane y, gracias a una pizca de polvo de hada, saltó del mástil y voló lejos del alcance de Garfio.

Peter y Campanilla acompañaron a Jane de vuelta a casa, en Londres. Cuando llegó el momento de irse, Jane fue corriendo hacia la ventana abierta.

—Siempre creeré en vosotros —prometió a Peter y a Campanilla. Y mantuvo su promesa.

Tokio Mate

Una tarde, en el Café V8 de Flo, tres coches tuneados con colores vistosos rugieron al pasar.

—Yo fui un coche de importación. —Mate le contó a Rayo que una vez, paseando por Carburador County, vio un coche viejo...

Mate se detuvo.

—¿Necesitas que te remolque? —le dijo.

—Sí, pero es que vivo muy lejos —respondió el coche viejo. Se llamaba Ito-san.

—Nada está lejos para el gran Mate —exclamó éste, que remolcó a Ito-san... ¡hasta Tokio! Mate nunca había visto tantos rascacielos. Pero chocó sin querer con Kabuto, el líder de una pandilla de coches ninja.

—Has arañado mi pintura —gruñó Kabuto, y dio varias vueltas alrededor de Mate—. *Dorifuto de shobu da!* —gritó en japonés.

—Te reta a una carrera de derrapes. —Ito-san le explicó que, en una carrera de derrapes, se conduce a gran velocidad y luego se gira el volante con brusquedad para dar vueltas y deslizarse.

—La carrera será a medianoche —anunció Kabuto, y se marchó rápidamente.

—Necesitas tunearte —le aconsejó Ito-san

Con la ayuda de otros coches, Mate recibió una capa de pintura azul impecable y un enorme alerón trasero. A medianoche, se acercó a la línea de salida.

—Debéis correr hasta lo alto de la torre Tokio. El primero que coja la bandera se convertirá en el Rey de los Derrapadores —explicó Ito-san.

Ambos zigzaguearon por las calles. Mate iba tan deprisa que no pudo derrapar en la primera curva.

—¡No sabes derrapar! ¡Ja! —se rio Kabuto.

Pero Mate condujo en sentido contrario por una calle de un solo carril y aceleró por un callejón. Vio a Kabuto y se puso a su lado.

—Eres bueno —dijo Kabuto—, pero no tanto. Ninjas, ¡atacad!

Un grupo de ninjas apareció de repente. Mate se vio obligado a reducir la velocidad, mientras Kabuto aceleraba entre carcajadas.

De vuelta en Radiador Springs, Rayo le preguntó:

—¿Y qué hiciste?

—¡Tuercas! Tendrías que saberlo —respondió Mate—. ¡Tú también estabas allí!

Mate explicó como se encontraba rodeado de ninjas cuando, de pronto, apareció Rayo Dragón McQueen.

—Me encargaré de esto... ¡al estilo dragón! —anunció. Con un golpe de su rueda trasera, Rayo lanzó por los aires a los ninjas.

Mientras tanto, Kabuto estaba cada vez más cerca de la torre Tokio. Sin embargo, justo entonces, Mate aterrizó frente a él.

—¡Hola! —lo saludó, y salió disparado por la autopista conduciendo marcha atrás. Kabuto fue tras él y, entonces, empujó a Mate contra los guardarraíles.

Mate lanzó el gancho hacia la torre y tiró de él para subir a la cima. ¡Llegó el primero a la meta!

—¡He ganado! —gritó Mate con orgullo.

Disney
EL EMPERADOR
Y SUS
LOCURAS

Buscando un amigo

—¡Así que Yzma y Kronk sólo querían ir a por mí todo este tiempo! Menudos amigos —murmuró Kuzco mientras trotaba por el bosque.

Las cosas no iban bien para el emperador. Primero, había sido convertido en llama. Y luego, descubrió que su consejera de confianza, Yzma, ¡había intentando matarlo!

No, Yzma ya no era su amiga. Kuzco paró para rascarse la oreja con una de sus pezuñas delanteras. Y ahora estaba solo, sin un amigo en el mundo, ni siquiera ese sucio campesino, Pacha. De hecho, había sido lo más cercano a un amigo que Kuzco había tenido. Pero también se había ido.

Kuzco suspiró. Lo mejor era regresar a su palacio. El problema era que nunca había hecho nada por sí mismo. Y ahora que había llegado el momento de hacer las cosas solo, no estaba seguro de poder hacerlas.

—¿Por qué yo? —sollozó la llama, mientras atravesaba arbustos y enredaderas.

Estaba seguro de que se dirigía en la dirección correcta, pero el bosque era espeso y oscuro. Podría haber cualquier cosa detrás de ese árbol..., de ese helecho..., de esa piedra...

¡Detrás de esa piedra! Kuzco retrocedió rápidamente mientras una pantera saltaba hacia él desde detrás de una gran piedra. Las mandíbulas hambrientas de la pantera chasquearon a centímetros del hocico de Kuzco.

—¡Auxiiiliooooooo! —gritó la llama.

Kuzco corrió todo lo que pudo, pero la pantera le ganaba terreno. De pronto vio un barranco delante de él. Estaba a sólo unos metros.

—De acuerdo —se dijo a sí mismo—, ésta es tu oportunidad. Las llamas son ágiles. Las llamas son rápidas. Las llamas pueden saltar... muy... ¡lejos!

Zump.

Kuzco sacudió la cabeza y miró alrededor. ¡Había cruzado el barranco, y detrás, al otro lado, rugiendo y moviéndose hacia delante y hacia atrás, estaba la pantera!

Kuzco le sacó la lengua y se fue trotando. ¡Lo había conseguido! Había escapado de una pantera, ¡él solo!

—Pero sé —dijo pensativo— que lo podría hacer incluso mejor con un amigo a mi lado. Me pregunto adónde habrá ido Pacha.

Justo entonces, el bosque se abrió a un claro soleado. Kuzco oyó un débil balido. ¡Llamas! Había llamas cerca y Pacha era un pastor de llamas.

Una sonrisa apareció en la peluda cara de Kuzco. Se dirigió al rebaño y ahí estaba Pacha. Por primera vez desde que despertó siendo una llama, Kuzco empezó a sentir que quizá tuviera una oportunidad. Era bueno tener amigos.

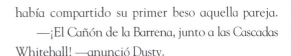

Una pareja encantadora

Era una mañana clara y soleada en Hélices Junction, y la furgoneta de correos había acabado de realizar sus entregas.

Dusty había recibido una postal. Delante había dos autocaravanas sonrientes, posando junto a un puente. Dusty sonrió también al ver la fotografía.

—¿Quiénes son estas dos simpáticas caravanas? —preguntó Dottie.

Dusty le explicó que eran dos amigos suyos, Harvey y Winnie, y que estaban posando junto al puente del Cañón de la Barrena, que habían reconstruido recientemente.

Dottie y Chug se preguntaron qué tenía de importante ese puente, así que Dusty les contó la historia de cómo había conocido a aquella pareja de autocaravanas... ¡y de cómo se había convertido en una emocionante aventura para todos ellos!

Acababan de abrir el albergue Fuselaje cerca de Pico Pistón después de haber realizado diversas reparaciones, y habían organizado una fiesta para celebrarlo.

Winnie y Harvey eran sus huéspedes y esperaban en el vestíbulo. Estaban celebrando su 50º aniversario de bodas.

La pareja había celebrado su luna de miel en ese mismo lugar años atrás, y estaban intentando encontrar el punto exacto donde se besaron por primera vez. Sabían que había una catarata y un puente cerca de aquel lugar, pero no habían conseguido encontrarlo.

Dusty dirigió toda su atención hacia un mapa de Pico Pistón. Juntos pudieron averiguar dónde había compartido su primer beso aquella pareja.

—¡El Cañón de la Barrena, junto a las Cascadas Whitehall! —anunció Dusty.

Agradecidos por la ayuda de Dusty, todos pasaron una agradable velada conociéndose los unos a los otros, pero al día siguiente debían volver a centrarse en el trabajo. Habían estallado dos incendios forestales en el parque, y Dusty y el resto de apagafuegos corrieron para lanzarse a la acción.

Mientras Dusty y los demás se ponían manos a la obra, rociando agua y polvos retardantes sobre las llamas, guiaron a los huéspedes del albergue Fuselaje hasta un lugar seguro.

Sin embargo, los pobres Winnie y Harvey no estaban en el vestíbulo: ¡se habían marchado para explorar el Cañón de la Barrena y se habían encontrado con uno de los incendios! Las llamas los acechaban desde los dos lados del puente. ¡Estaban atrapados!

Sin pensárselo dos veces, Dusty voló por debajo del puente y abrió sus flotadores. Tras llenarlos de agua, trepó con brusquedad y extinguió el fuego. Winnie y Harvey aceleraron para cruzar el puente justo antes de que éste se viniera abajo por completo.

¡Dusty lo había conseguido! Había salvado a las viejas caravanas y sería el principio de una amistad que duraría para siempre; estaba seguro.

—¡Qué historia más alucinante! —exclamó Chug cuando Dusty acabó de contarla.

Dottie estuvo de acuerdo con él.

—Sí, Dusty —dijo—. ¡Eres un héroe!

Loco por los ordenadores

Arriba, en la habitación de Bonnie, Woody agachó la cabeza para protegerse de Rex, que pasó a gran velocidad. Rex estaba embargado por el pánico, mientras Trixie la triceratops corría detrás de él.

—Ya vale, Trixie —le advirtió Woody—. Los buenos juguetes no se pelean.

—No estamos peleando —explicó Trixie—. Sólo intento ayudar a Rex.

Rex se puso a lloriquear.

—Trixie quiere enseñarme a utilizar un o-o-ordenador.

A Trixie le encantaban los ordenadores, y quería que sus amigos disfrutaran tanto de su afición como ella. El problema era que a Rex le aterrorizaba probar cosas nuevas.

—No querrás que la gente piense que los dinosaurios somos prehistóricos, ¿verdad? —le preguntó Trixie. Rex tuvo que admitir que no deseaba que pensaran eso.

Dándole un golpecito con los cuernos, Trixie llevó a Rex hacia el cuarto donde estaba el ordenador.

—Pronto verás que los ordenadores son muy útiles —le prometió la triceratops.

Woody los observó y sacudió la cabeza.

—Trixie tiene razón, pero no está bien que obligue a Rex a hacer algo que él no quiere hacer.

Buzz no estuvo de acuerdo con él.

—Sólo necesita que lo apoyemos. Todo juguete debería saber utilizar un ordenador. Creo que ayudaré a Trixie con la lección de hoy —comentó, y corrió detrás de los dinosaurios.

Con Buzz y Trixie intentando explicarle cómo funcionaba un ordenador, pronto Rex empezó a preocuparse. Todo le resultaba muy confuso, y no tenía ni idea de lo que sus amigos intentaban decir.

—¡Parad! —gritó, cubriéndose las orejas.

—Vaya —musitó Buzz mientras se acariciaba la barbilla—. Tal vez deberíamos empezar con algo más divertido.

—¿Y si jugamos a un juego? —sugirió Trixie. Apretó unas cuantas teclas y en la pantalla cargó un juego de batallas espaciales.

Los ojos de Rex brillaron de la emoción al ver como las naves, los alienígenas y los disparos láser llenaban la pantalla. Dio un paso para acercarse al teclado mientras observaba a Trixie, que pilotaba un cohete en medio de una flota alienígena.

—Eh, eso es divertido —admitió Rex—. Quizá los ordenadores no sean tan malos, después de todo.

Un rato después, la Sra. Patata andaba buscando a Buzz.

—Se fue con Trixie y Rex —le dijo Woody, aunque ya hacía tiempo que sus amigos se habían marchado. El vaquero se enderezó el sombrero—. Será mejor que vaya a ver qué es lo que traman.

Tras ir directamente a la sala del ordenador, Woody no podía creer lo que veían sus ojos: Rex y Buzz estaban apretando las teclas sin descanso, y las explosiones y los disparos láser inundaban la pantalla por completo.

—¿Qué pasa, chicos? —quiso saber Woody.

Trixie se desplomó con tristeza junto al teclado.

—Ahora a Rex le encantan los ordenadores —dijo en un suspiro—. El problema es que... ¡no para de jugar!

La **Dama** y el **VAGABUNDO**

Noche de tormenta

—¡Guau! —ladró Golfillo a una ardilla que roía una bellota en el césped. Su hermano y sus hermanas estaban durmiendo la siesta bajo un enorme roble, y no tenía a nadie con quien jugar.

—¡Guau! —ladró de nuevo, y la ardilla huyó por la parcela. Golfillo la persiguió, pero la pequeña escaló por una farola y saltó a la rama de un árbol. El perrito gimió y se sentó, dando golpes en el suelo con la cola. Ése era el problema de las ardillas: siempre se escapaban con mucha facilidad.

Decepcionado, Golfillo echó a trotar y se detuvo al llegar a un espacio abierto. La hierba era alta y las mariposas volaban de una flor a otra.

—¡Guau! ¡Guau! —Golfillo corrió entre la alta hierba, cazando las mariposas hasta el espacio abierto y luego de vuelta en sentido contrario.

Empezaba a oscurecer, así que el cachorro decidió que era hora de volver a casa. No había logrado cazar ninguna mariposa, pero se lo había pasado bien intentándolo. ¡Qué ganas tenía de explicar a sus hermanos el nuevo juego que había inventado! ¡Seguro que quedarían impresionados!

Golfillo llegó a la puertecita del porche delantero y cuando trató de entrar... ¡Pom! Su hocico chocó contra la puerta, que no se movió. ¡Estaba cerrada!

—¡Guau! ¡Guau! ¡Estoy en casa! —ladró—. ¡Dejadme entrar!

Golfillo esperó sentado varios minutos, ladrando, pero nadie acudió. De pronto..., ¡bum!, un trueno retumbó en el cielo. Con un relámpago, la lluvia empezó a caer.

El perrito corrió hacia el roble; se tumbó y se cubrió los ojos con las patitas. ¡Las tormentas siempre le daban mucho miedo!

—No voy a llorar —se dijo a sí mismo cuando se le empezaron a humedecer los ojos. Temblaba en medio de la oscuridad. ¡Seguro que mañana estaría constipado!

Golfillo sollozó y se acercó un poco más al tronco. Hundió la nariz mojada bajo sus patas mojadas y cerró los ojos.

Justo cuando estaba a punto de quedarse dormido, un ruido lo sobresaltó. ¡Se acercaba un coche!

Cuando Jaime Querido y Linda bajaron del taxi, Golfillo cruzó el jardín como un rayo y entró por la puerta en cuanto la abrieron.

—¡Golfillo, estás empapado! —exclamó Linda cuando el cachorro se reunió con sus hermanos, que dormían frente a la chimenea. Mientras el pequeño se acurrucaba junto a los demás, Jaime trajo una toalla seca y calentita para secarlo.

«Hogar, dulce hogar», pensó Golfillo, feliz, y se quedó dormido.

Corredores de neón

Rayo McQueen estaba en Japón para participar en una carrera organizada por Shu Todoroki.

—*Buona sera!* —exclamó Francesco—. Francesco espera con impaciencia derrotarte de nuevo en Tokio.

—Vas a llevarte una decepción —se burló Rayo.

—Estáis tan enfrascados en vuestra rivalidad que ni siquiera os daréis cuenta de lo rápido que os adelantaré —comentó Carla Veloso guiñando un ojo.

Antes de que Rayo o Francesco pudiesen responderle, un coche blanco se acercó a ellos.

—Bienvenidos a Japón. Shu os está esperando.

En la sede central, Shu les explicó en qué iba a consistir la carrera.

—Correremos de noche. Será un viaje de ciento cuarenta kilómetros desde el monte Fuji hasta Ginza.

Shu hizo un gesto para que varios miembros de su equipo bajaran las luces de su taller y lo sumieran en la penumbra.

—Y, como vamos a correr de noche, todos necesitaremos luces de competición especiales.

Los otros corredores se quedaron sin aliento. ¡Shu estaba brillando en la oscuridad!

A la noche siguiente, los corredores, todos brillantes con sus luces de neón refulgentes, se reunieron a medio camino mientras subían el monte Fuji.

—Cuando baje la bandera, podéis bajar la montaña directamente —aclaró Shu—, o podéis subir hasta la cima... ¡y firmar en el legendario libro del alpinista!

Los corredores levantaron la vista hacia la cima.

—La subida parece muy pronunciada —comentó

Rip—. Pero podéis contar conmigo.

—La elección es vuestra —estableció Shu—. ¡Buena suerte!

La bandera cayó y dio comienzo la carrera. Rip, Francesco y la mayoría de los corredores decidieron descender la montaña, pero Rayo, Shu, Carla, Lewis y Vitaly Petrov, el corredor ruso, prefirieron ir hacia arriba. Cuando alcanzaron la cima, Shu gritó:

—¡Ahí está el libro!

—*¡Ka-chau!* —exclamó Rayo mientras firmaba en el libro. Los demás corredores hicieron lo mismo.

Cuando giraron los morros para descender la montaña, Shu los detuvo en seco.

—¡Se me olvidaba! Hay otra recompensa por haber llegado a la cima: ¡otra carretera que lleva directamente hacia abajo! ¡Seguidme!

Los cinco descendieron la montaña enseguida. De pronto, la carretera se unió a otra y vieron al resto de los corredores justo delante de ellos. ¡Los habían alcanzado!

—¿De dónde salís vosotros? —preguntó Francesco cuando, de la nada, Rayo apareció a su lado.

—No creerías que iba a ponértelo tan fácil, ¿verdad, Francesco? —preguntó Rayo, que sonrió y, tras acelerar el motor, ¡tomó la delantera!

Los dos corredores estuvieron tan concentrados en adelantarse el uno al otro que no se percataron de que un coche los consiguió adelantar a ambos. ¡Y ese coche era Carla Veloso! Tal y como había prometido, se deslizó ente los dos corredores y ganó la carrera.

El más valiente del acuario

—Vamos, Nemo —dijo Gill mientras cruzaba nadando la pecera—. Tienes que moverte rápido, así. —Y agitó con rapidez su aleta caudal blanca y negra.

—De acuerdo —exclamó Nemo—. ¿Puedo intentarlo otra vez?

—¡Por supuesto! Pero a ver si te esfuerzas un poco más esta vez —lo animó Gill.

Nemo movió la aleta caudal de un lado para otro con todas sus fuerzas.

—¡Así está mejor! En poco tiempo conseguirás estar en forma para el próximo plan de escape —le elogió Gill.

Los otros peces se acercaron a ellos para averiguar qué estaban tramando y los observaron completamente fascinados.

—¡Ya estoy en plena forma! —insistió Nemo mientras flexionaba sus dos aletas, tanto la pequeña como la grande, como si de un levantador de peso se tratase.

—No todo es cuestión de fuerza, Nemo —explicó Gill—. ¡Debes ser valiente! El mundo exterior es muy peligroso.

—Ya estamos otra vez —comentó Gluglú, que se tapó los ojos con una de sus aletas moradas y sacudió la cabeza.

Por otro lado, Globo se había hinchado de la emoción. ¡Le encantaban las historias de supervivencia! Aunque ya la hubiera oído antes.

—Me estaba acercando a la pared de la pecera con mi objetivo a la vista —comenzó a relatar Gill. Su rostro cubierto de cicatrices brilló a la luz del sol—, cuando la mano de un niño vino y golpeó el cristal justo donde yo estaba.

Nemo lanzó un grito ahogado.

—¿Y qué hiciste?

—No me rendí, porque nada me asusta —respondió Gill con una sonrisa orgullosa—. Me giré hacia él de repente y... ¡Aaah!

Nemo se estremeció.

En el momento en el que Gill se había movido para hacer una demostración de su historia, una calavera pirata apareció, con una expresión espeluznante y un parche en un ojo. ¡Gill nunca había gritado tanto antes!

—¡Sorpresa! —exclamó Globo, que salió nadando de detrás del cráneo.

Cuando Nemo se fijó con más detenimiento se dio cuenta de que la calavera sólo era un objeto decorativo de plástico. Gluglú y Globo habían dejado caer la calavera por detrás de Gill justo en el momento crucial de la historia... y es que ya la habían oído tantas veces que le quisieron añadir un toque de emoción.

—Así que nada te asusta, ¿eh, Gill? —se rio Globo.

—Muy divertido, chicos —dijo Gill, sonrojado.

Los peces se rieron y volvieron a colocar la calavera en el lugar que le correspondía al fondo del acuario.

—Sabía perfectamente que eran ellos desde el principio, Nemo —susurró Gill en privado—. Sólo te estaba enseñando qué es lo que no debes hacer.

Nemo sonrió, contento en su interior por haber visto que incluso Gill se asustaba a veces.

—Por supuesto, Gill —le respondió en voz baja—. ¡Lo que tú digas!

Una lección de confianza

—¡Oh, cielos! —Olivia, una ratona muy preocupada, se sentó con el Doctor Dawson junto a la chimenea de la casa de Basil de la Calle Baker.

—¿Cuál es el problema? —preguntó el Doctor Dawson.

—¡¿Cuál es el problema?! —repitió Olivia, indignada—. ¡Mi padre ha sido secuestrado por un murciélago con pata de palo! ¿Es que ya te has olvidado?

—No, no, no —aseguró Dawson—. Por supuesto que no. Sé que debes de estar bastante triste.

—¡Bastante triste! —chilló enfadada Olivia—. ¡No creo que pudiera estar más triste!

—Pero ahora estamos en la casa de Basil y él es el mejor. Tú misma lo dijiste —afirmó Dawson.

—Pero ¿y si no quiere ayudarme? —preguntó Olivia angustiada.

—¿Por qué no iba a querer ayudarte? —contestó Dawson.

—Ya le has oído. Sencillamente, no tiene tiempo para padres perdidos —dijo Olivia.

—No lo decía en serio —aseguró Dawson—. Está muy ocupado. Tal vez era mal momento. Pero debes intentar no impacientarte.

—Sé que tratas de ayudarme, Doctor Dawson —dijo Olivia, tan educadamente como pude—. Pero no sé si puedo evitar impacientarme. Mi padre está ahí afuera, ¡y tengo que encontrarlo!

—¡Eso es cierto! —dijo Dawson—. Tienes que encontrarlo. Tienes que ayudar a Basil a seguir el rastro de tu padre y para ello necesitas tener la mente despejada. Ahora bien, ¿puedes tener la mente despejada mientras te impacientas?

—Bueno, no creo que ayude mucho —dijo Olivia a regañadientes.

—¿Puedes pensar con claridad cuando estás triste? —preguntó Dawson.

—Probablemente no... —respondió Olivia.

—¿Puedes trabajar codo con codo con Basil para salvar a tu padre mientras estás preocupada? —insistió Dawson.

—¡No! —Olivia permaneció callada un momento—. No, no puedo. Debo a mi padre el ser juiciosa. Podré estar asustada y triste más tarde, ahora mismo debo convertirme en una detective, ¡como Basil! —dijo triunfalmente.

—Bien, jovencita, es la cosa más inteligente que podrías haber dicho. Y, si consigues mantener esa actitud, encontraremos a tu padre en poco tiempo —dijo Dawson a Olivia, sonriendo y transmitiendo confianza.

Justo entonces, Basil irrumpió a toda prisa en el cuarto.

—Por supuesto que sí. Nunca pierdo el rastro. ¡Encontraremos a tu padre, soy el mejor!

Olivia sonrió en secreto. Ella también sabía que era la mejor.

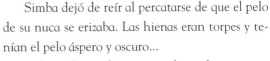

Pisándole los talones

¡Aquí! —gritó Simba al olisquear la huella—. ¡Ha pasado por aquí!

—Sí, es verdad —asintió Nala mientras olisqueaba una rama—. Y no hace mucho.

—Yo he visto esa rama antes —dijo Simba. Nala era una buena rastreadora, pero Simba había aprendido de una experta: su madre. Ella era una de las mejores cazadoras de la manada.

—Ya veo —respondió Nala con un resoplido—, entonces, ¿qué estamos persiguiendo, gran rastreador? ¿Me lo puedes decir?

Simba enmudeció. Habían visto unas huellas, pero no estaban muy bien definidas y no podían leerlas. También habían visto algo de pelo áspero y oscuro en un tronco, pero podía pertenecer a cualquier animal.

—Algo no muy elegante —concluyó Simba. Habían visto hierba pisada y ramas rotas por doquier.

—Ajá... —asintió Nala con impaciencia.

—¡Un rinoceronte! —dijo Simba lleno de confianza.

—¿Un rinoceronte? —Nala se tumbó de espaldas y rio—. ¡Simba, me parto de risa contigo!

—¿Qué pasa? —Simba se sintió herido y no pudo esconderlo. ¡Podía tratarse de un rinoceronte!

—Las huellas no son lo suficientemente grandes —explicó Nala—. Son de Rafiki, el babuino.

Ahora era el momento para que Simba se riese.

—¡A Rafiki le gustan los árboles, no anda por los caminos como las hienas!

Simba dejó de reír al percatarse de que el pelo de su nuca se erizaba. Las hienas eran torpes y tenían el pelo áspero y oscuro...

Nala no dijo nada, pero su pelo también se erizó un poco.

Los dos leones anduvieron en silencio. Ante ellos oyeron ruidos, golpes y gruñidos.

—Oye, Simba —susurró Nala—, creo que deberíamos volver.

—Sólo un poco más —le respondió. ¡Ya casi habían llegado!

Los dos jóvenes leones se deslizaron por la hierba tan sigilosamente como pudieron. Los golpes y los gruñidos se oían cada vez más. Se levantó una nube de polvo, y Simba reprimió un rugido. El olor y el sonido le eran familiares, pero Simba no acababa de reconocerlos.

A medida que se acercaban, dos cuerpos aparecieron al lado de un termitero. ¡Simba se abalanzó sobre ellos!

—¡Pumba! ¡Timón! —gritó una vez aterrizó entre sus dos amigos.

—¡Simba! —dijo el facóquero sonriendo. Las termitas caían de su boca sucia—. ¿Quieres?

Timón le acercó a Nala un puñado de insectos escurridizos.

—Hay de sobra para todos.

—No, gracias —respondió Nala mientras salía de su escondite riendo. Lanzó una mirada a Simba—. Creo que esperaré a que el gran rastreador busque mi comida.

Nuevos reclutas

Los rebeldes de Radiador Springs volvían a hacer de las suyas: tomaban las calles con su terrible comportamiento y no respetaban las leyes. Sheriff les iba pisando los talones. No iba a permitir ese tipo de conducta en su pueblo.

—Sheriff no se rinde —gruñó el líder, Boost.

—¡Sí, pero nunca nos atrapará! —exclamó su rebelde amigo azul.

—Es verdad, nunca lo conseguirá, pero no me apetece pasarme toda la tarde huyendo de él —comentó Boost, y salió de la carretera inesperadamente.

Sus amigos vieron sorprendidos como Boost levantaba la valla que marcaba el límite y se escabullía por debajo, adentrándose en territorio desconocido.

—Nos libraremos de él si pasamos por aquí —les contó Boost a sus amigos.

Sus compañeros rebeldes lo siguieron, y se escurrieron hacia el otro lado de la valla hasta que estuvieron a salvo.

—¿Qué es todo esto? —preguntó el rebelde azul. Había neumáticos, puentes, manchas de aceite resbaladizo, zanjas y...

—¡Hola, reclutas! —gritó una voz. Sargento se acercó a ellos con el ceño fruncido—. Debéis de ser las nuevas incorporaciones a mi campamento militar.

Los rebeldes se dieron cuenta de dónde estaban exactamente: ¡en el curso de asalto de Sargento!

—Muy bien, vamos allá —dijo Sargento—. El entrenamiento empieza ahora mismo.

—No me apetece mucho entrenar, Boost —murmuró el coche azul.

—Pero a Sheriff nunca se le ocurriría buscarnos aquí, cabeza de chorlito —expuso él—. Esperaremos aquí hasta que las cosas se hayan calmado.

Sus amigos sonrieron con picardía ante su astuto plan.

—Además, un poco de ejercicio con ese viejo jeep será pan comido —comentó uno de ellos.

Pero hablaron demasiado pronto. El curso de Sargento los obligó a columpiarse sobre puentes estrechos y a caminar por el espeso fango.

—Espero que no os abolléis —dijo Sargento mientras obligaba a los rebeldes a conducir por una pared rocosa casi vertical. Usaron todas sus fuerzas para no caer rodando hasta el suelo.

Unas horas más tarde, lo confesaron todo.

—¡Queremos salir! —gritó Boost—. ¡No somos tus reclutas!

—Ya lo sé —respondió Sargento con naturalidad—. Pero entrenar un poco os vendrá bien. Un amigo me pidió que os mantuviera alejados de los problemas un tiempo.

Entonces, Sheriff apareció con una sonrisa triunfante.

—¿Os estáis divirtiendo?

Los rebeldes gruñeron, cubiertos de barro.

—Tendríamos que haber dejado que nos pillaras antes —confesó un dolorido Boost. Les habría ahorrado ese duro entrenamiento...

Bambi

Siesta de invierno

Bambi olisqueó por debajo de las hojas quebradizas buscando hierba fresca, pero no tuvo suerte. Levantó la cabeza y miró los árboles, pero tampoco había hojas verdes. En el bosque, la comida estaba escaseando.

—No te preocupes, Bambi —le dijo Tambor al ver su mirada confusa—. Conseguiremos pasar el invierno. Papá dice que siempre lo conseguimos. Cogemos lo que podemos cuando se puede, y siempre llegamos a la primavera.

Bambi suspiró y asintió con la cabeza. El padre de Tambor era muy listo y sabía muchísimas cosas del bosque.

—Además, es mejor estar despierto que pasarse todo el invierno durmiendo. ¡Puf! —Tambor odiaba irse a la cama incluso a la hora de dormir.

—¿Durmiendo? —Bambi aún no sabía que algunos animales dormían durante los meses de invierno.

—Claro, como Flor, las ardillas y los osos. Se esconden durante meses. ¿No te has fijado en que las ardillas rayadas han estado guardando bellotas durante los últimos dos meses? —Tambor señaló un roble.

Bambi asintió.

—Ésa será su comida para el invierno. Tan pronto como empiece a hacer frío, se resguardarán en el tronco y dormirán —explicó Tambor.

—Y ¿cómo sabrán que ha llegado el momento de despertar? —Bambi no podía imaginar la vida en el bosque sin el resto de los animales.

Tambor golpeteó el suelo con la pata y se puso a pensar. Ésa era una buena pregunta, pero, como él nunca había dormido durante el invierno, no sabía la respuesta.

—Preguntémosle a Flor —dijo, y se dirigieron hacia la madriguera de la joven mofeta.

—Hola —exclamó Flor.

—Flor, tú duermes durante todo el invierno, ¿verdad? —preguntó Tambor.

—Se llama hibernación. —Flor bostezó con la boca muy abierta—. Disculpad —se excusó, ruborizado.

—Pues Bambi quiere saber quién te despierta al llegar la primavera —dijo Tambor.

—Vas a volver, ¿verdad, Flor? —le preguntó Bambi preocupado.

La pequeña mofeta soltó una risita.

—Siempre volvemos, como la hierba, las flores y las hojas —explicó Flor—. Nunca había pensado en qué nos hace despertar. Supongo que será el sol.

Bambi sonrió. ¡No sabía que la hierba y las hojas también volverían en primavera! Ahora se sentía mejor con la siesta que se echaba el bosque en invierno.

De repente, Tambor empezó a reírse. Rodó sobre su espalda y sacudió en el aire sus largas patas.

—¿Qué pasa? —preguntaron Bambi y Flor a la vez.

—¡Eres una flor de verdad, Flor! —rio Tambor—. ¡Incluso floreces en primavera!

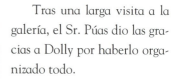

Fin de semana en Sunnyside

El Sr. Púas se sentía un poco disgustado porque Bonnie los había dejado aquel fin de semana a él y a Dolly en la guardería Sunnyside.

—¿Por qué? ¡Ay!, ¿por qué nos ha abandonado en este lugar desordenado y abarrotado? —preguntó el Sr. Púas a Dolly.

—¡Vamos, no está tan mal! —intentó animarlo Dolly.

—¡Sí, podemos hacer un montón de cosas! —añadió Pulpi la pulpo, mientras los otros juguetes de Sunnyside se reunían a su alrededor para ayudarles.

Pero nada funcionaba.

—Echo de menos nuestra acogedora casa —suspiró el Sr. Púas—. Añoro mis libros, mis poemas, nuestra adorable mesa para el té con sus sillitas...

El erizo se alejó lentamente de los otros juguetes mientras seguía enumerando las cosas que añoraba.

Dolly sabía que debía hacer algo para que el Sr. Púas se sintiese mejor, así que elaboró un plan y pidió ayuda al resto de los juguetes.

—Danos un poco de tiempo —le gritó la muñeca—. Organizaremos un plan especial para ti.

Pero el Sr. Púas no la escuchó.

Más tarde, Dolly lo encontró sentado a solas, leyendo un libro. El Sr. Púas pareció alegrarse al verla.

—¡Por fin! ¡Has vuelto!

—Por favor, ven conmigo a la Galería Oruga —le pidió con una sonrisa, y lo llevó hasta la Sala Oruga. Cuando llegaron, la muñeca anunció—: ¡Bienvenido a nuestra exposición de arte!

—¡Es increíble! —exclamó el Sr. Púas.

—Yo seré tu guía —dijo Pulpi, y le mostró los coloridos dibujos de los niños, con flores y casitas, pegados en las paredes.

Tras una larga visita a la galería, el Sr. Púas dio las gracias a Dolly por haberlo organizado todo.

—¡Ha sido maravilloso! —la elogió.

Sin embargo, la diversión aún no había terminado.

—¡Lo mejor todavía está por venir! —exclamó Dolly—. Mientras nos preparamos para el próximo evento, puedes disfrutar de un tratamiento de belleza.

—¡Fantástico! Es justo lo que los actores como yo adoran —respondió el Sr. Púas mientras se acomodaba, listo para que lo mimaran.

Una vez terminó el tratamiento de belleza, Dolly acompañó al Sr. Púas a una elegante fiesta del té donde Ken aguardaba para darles la bienvenida.

—Por favor, sé nuestro invitado —dijo, y entregó una taza de juguete al Sr. Púas.

—¿Acaso no es la fiesta del té más elegante en la que jamás hayas estado? —le preguntó Dolly.

—¡Lo es, sin duda alguna! —exclamó el erizo.

Después del té, los juguetes de Sunnyside interpretaron una obra para deleite del Sr. Púas. Dolly se giró hacia él cuando ésta terminó.

—Bueno... ¿has cambiado de opinión respecto a Sunnyside? —quiso saber.

—¡Por supuesto! —dijo con alegría—. Estoy impaciente por ver qué tenéis preparado para mañana.

Mala suerte para el mejor

Estaban entrevistando a Dusty en la televisión sobre la increíble historia de su vida. Mientras la cámara lo grababa, él explicó cómo había pasado de ser corredor a apagafuegos.

—Antes pensaba que mis días de corredor iban a ser un sueño que no acabaría nunca —comentó—, pero un día, en una carrera de entrenamiento con Skipper, mi motor comenzó a hacer ruidos extraños.

Aunque Dusty se recuperó con gran rapidez, Skipper insistió en que fuera a visitar a Dottie para que lo revisara.

En el garaje, Dottie descubrió un problema: ¡uno de los componentes mecánicos de Dusty fallaba! Dottie le instaló una luz de alarma y le dijo que, cada vez que esa luz se encendiera, debía reducir la velocidad o podía correr el riesgo de sufrir daños muy graves.

—Aquella noche tuve que demostrarme a mí mismo que todavía podía volar, y rápido —explicó Dusty al presentador del programa de televisión—, pero cuando aceleré demasiado, la luz de alarma me distrajo.

Perdió la concentración y acabó chocando contra una gasolinera, lo que provocó una explosión que amenazó con quemar hasta los cimientos todo el aeropuerto.

Mayday, el coche de bomberos, había hecho todo lo posible por apagar las llamas, pero su vieja manguera no estuvo a la altura. Los otros vehículos echaron una mano, y entre todos pudieron salvar Hélices Junction, pero sólo por los pelos.

Habían conseguido solucionar el problema pero, al día siguiente, declararon que el aeropuerto no era nada seguro. Si no renovaban a Mayday y buscaban un segundo apagafuegos para la base, ¡podían cerrar Hélices Junction para siempre!

Dusty declaró que más tarde, aquella misma noche, vio una fotografía de Mayday con lo que parecía ser un avión fumigador. Mayday le contó que aquel fumigador había sido modificado para que, en lugar de fumigar las cosechas, lanzara agua para combatir los incendios.

—Eso me dio una idea —dijo Dusty—, y fui directamente a Pico Pistón para comenzar con mi entrenamiento.

El presentador del programa sonrió, mostrando sus perfectísimos dientes.

—Estoy seguro de que fue una tarea muy fácil para un experto corredor como tú, ¿verdad?

Dusty recordó aquellos días.

—Bueno, yo no diría que fue fácil. —Soltó una carcajada al pensar en todas las veces que había fallado—. Pero conocí a muchos buenos amigos, y ¡al final lo conseguí!

Una vez Dusty se convirtió en un apagafuegos certificado y Mayday recibió una puesta a punto completa, Hélices Junction volvió a ser un aeropuerto seguro.

—Y todo comenzó con una caja reductora defectuosa —comentó el presentador—. Ahora tienes una nueva, ¿no?

Dusty dijo que sí.

—Lo que pasó con mi vieja caja reductora fue lo mejor que me podría haber ocurrido nunca —afirmó.

BIG HERO 6

Un simpático robot

Después de que Hiro destruyera su robot de combate, Pequeño Yama, en el torneo de robocombates, el mafioso Sr. Yama juró vengarse.

Un día acorraló a Hiro y a Baymax y les mostró su nueva creación: Gran Yama. El robot apenas llegaba a las rodillas del Sr. Yama, pero el gánster insistía en que era más fuerte y rápido que su anterior modelo.

Gran Yama estaba equipado con unas afiladas hojas de sierra y cuchillos mortíferos. Hiro sabía que podrían desgarrar con gran facilidad el mullido cuerpo de Baymax, así que, mientras el Sr. Yama se regodeaba, Baymax y él dieron la vuelta y salieron corriendo.

Furioso, el Sr. Yama les dio caza.

—¡Volved aquí ahora! —jadeó, persiguiéndolos tan rápido como sus piernas regordetas le permitían. Con un gruñido, el Sr. Yama se desplomó sobre el suelo, casi sin aliento.

De repente, Baymax se detuvo en seco.

—Alguien necesita atención médica —dijo, y se giró hacia el mafioso caído. Hiro intentó detenerlo, pero el cuerpo elástico de Baymax resbalaba entre sus manos.

Baymax volvió contoneándose hasta el Sr. Yama y lo escaneó.

—Soy Baymax, su compañero y cuidador personal —dijo el robot—. Está sufriendo agotamiento por el calor. Su temperatura corporal necesita disminuir gradualmente.

El Sr. Yama intentó apartar a Baymax de su lado.

—¡Aléjate de mí, globo parlante!

—Mi piel está equipada con compresas frías de cloruro de amonio para ayudarlo —siguió hablando Baymax, que rodeó al Sr. Yama con sus brazos y lo apretó contra su barriga fresca.

—¡Déjame! ¡No estás de mi parte! —espetó Yama.

Hiro se rio mientras Baymax abrazaba bien fuerte a aquel villano.

Justo entonces, Hiro se dio cuenta de que el control remoto del Gran Yama estaba tirado en el suelo, así que, mientras el Sr. Yama estaba ocupado con el refrescante abrazo de Baymax, se agachó y cogió el control.

Cuando el Sr. Yama se hubo refrescado lo suficiente, se zafó de los brazos de Baymax y lo empujó a un lado.

—¿Está satisfecho con mis cuidados? —preguntó Baymax con calma.

—Estaré satisfecho cuando estés hecho pedazos —exclamó Yama. Cogió el control remoto y miró con desprecio a Hiro—. ¡Voy a destruir a tu inútil robot!

El Sr. Yama apretó un botón, y el Gran Yama explotó con un estridente estallido. Hiro mostró una sonrisa burlona y le entregó una placa de circuitos que había quitado de su mando.

—Puede que necesites esto.

Yama lanzó un grito de rabia y sacudió los puños en el aire, mientras Hiro y Baymax huían.

—Detecto altos niveles de estrés que son perjudiciales para su salud, Sr. Yama —dijo el robot, pero esta vez no se detuvo. Incluso él sabía que el gánster ya había recibido suficiente atención médica por un día.

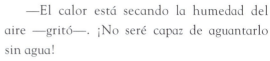

Héroes de vacaciones

La familia Parr estaba de vacaciones en una isla tropical desierta. Su amigo Lucio (más conocido como Frozono) estaba con ellos, y todos deseaban pasar unos días bajo el sol.

Mientras Dash y Violeta exploraban la isla, el resto decidió relajarse en la arena. Frozono utilizó sus poderes de hielo para crear unas bebidas frías refrescantes.

De repente, se oyó un fuerte estallido que provenía de la montaña que había en medio de la isla. Bob se levantó las gafas de sol y frunció el ceño, intentando averiguar la causa de aquel ruido. Cuando se percató de lo que era, se quedó con la boca abierta. Aquella montaña no era una montaña en absoluto. Era un volcán, ¡y acababa de entrar en erupción!

Violeta y Dash volvieron corriendo para reunirse con el resto de la familia, mientras la lava ardiente comenzaba a rezumar por la ladera. Mientras contemplaban aquel escenario, otra explosión sacudió el volcán y arrojó con violencia una enorme roca contra ellos.

Dash la esquivó, pero el resto no pudo moverse a tiempo. Bob alargó los brazos, aseguró su posición y atrapó la roca antes de que pudiese herir a su familia.

Pero aún tenían que encargarse de la lava. Chisporroteaba y echaba humo a medida que se les acercaba. Lucio levantó las manos y golpeó la lava fundida con su rayo de hielo, pero apenas consiguió detener la roca fundida.

—El calor está secando la humedad del aire —gritó—. ¡No seré capaz de aguantarlo sin agua!

Bob cogió a su mujer y a su hijo del brazo y los arrastró hacia el mar. Si su amigo necesitaba agua, él iba a conseguírsela.

Tras pedir a Helen que transformara su cuerpo elástico en un cuenco, Bob la dejó sobre las olas, flotando con la marea. Cogió las manos de Dash y le ordenó que pataleara a supervelocidad. Los pies de Dash levantaron grandes chorros de agua, y Bob los dirigió hacia el cuenco que Helen había creado con su cuerpo.

De vuelta a tierra, Lucio empezaba a debilitarse por culpa del calor. Su rayo de hielo ya no era más que una brisa fresca, y la lava se iba acercando cada vez más.

Bob corrió por la playa sosteniendo a Helen sobre su cabeza, pero a medio camino tropezó. Helen salió disparada por el aire, dio la vuelta y acabó derramando toda el agua que llevaba sobre la cabeza de Lucio.

Con las pilas cargadas de nuevo, el rayo de hielo de Lucio volvió a atacar a máxima velocidad. Se formó un denso muro de hielo frente a ellos, que congeló la lava y la detuvo por completo.

Todos estaban a salvo, pero mientras subían a bordo del barco para volver, Lucio dijo que la próxima vez que la familia se fuera de vacaciones, ¡él seguramente se quedaría en casa!

Rescatando a Flo

Ramón salió desesperado del motel La Rueda. Había pasado toda la tarde preparándose, limpiándose el barro de la parrilla, inflando los neumáticos e incluso dándole una capa fresca de pintura amarilla brillante a sus flamantes tatuajes. Pero... ¿dónde estaba Flo? Se preguntó si todavía debía de estar acicalándose en casa. Sin embargo, ella nunca antes había llegado tarde...

—Teníamos que reunirnos aquí para celebrar mi cumpleaños. ¡Supongo que se habrá perdido! —refunfuñó Ramón—. Será mejor que vaya a buscarla.

Partió en su búsqueda, y se pasó por el Café V8 de Flo sólo para comprobar que no estuviera liada con algún asunto. Pero todo estaba despejado, y el café estaba cerrado por la noche.

Ramón siguió paseándose por las calles de Radiador Springs y por los bosques de los alrededores. Por encima del crujido de las ramas y el canto de los pájaros, pudo oír el lejano sonido de una voz.

—¡Socorro!

Ramón abrió los ojos de par en par.

—¡Es Flo! ¡Parece que está en peligro! —exclamó sin aliento—. ¡Sigue hablando, Flo! ¡Ya voy!

Siguió aquellos gritos desesperados, serpenteando entre los árboles, rodeando la maleza y esquivando rocas enormes. Al borde de una ciénaga apestosa, llena de ranas croando, Ramón se quedó boquiabierto.

—¡Flo! —gritó.

Enterrada en medio de las aguas pantanosas se encontraba su amiga de color verde menta refulgente.

—¡Oh, Ramón! ¡He estado muy asustada! —lloriqueó.

—He venido a rescatarte —le prometió Ramón. Odiaba verla tan aterrada.

—¡Cuidado! —le advirtió Flo cuando estuvo a punto de sumergirse en la mugre para sacarla—. ¡Podrías hundirte!

Ramón se detuvo. Ella tenía razón. Miró a su alrededor en busca de algo que pudiese ayudarlo.

—Llevo una cuerda en el maletero —recordó de pronto. La sacó tan rápidamente como pudo y la ató a su parachoques. Le lanzó el otro extremo a Flo, que lo cogió aliviada. Tras unos cuantos resbalones y unos pocos patinazos sobre el fangoso terraplén, Ramón logró arrastrar a Flo fuera del lodo.

—Sana y salva —dijo Ramón cuando las ruedas de Flo tocaron al fin tierra firme.

—Lo siento mucho, Ramón —se disculpó—. Tenía un regalo de cumpleaños perfecto para ti. Era un juego de pinceles, pero los he perdido entre el barro.

—No te preocupes, querida —respondió Ramón, acurrucado a su lado—. El mejor regalo de cumpleaños que jamás podría tener es estar junto a ti.

Flo se sonrojó y sonrió. Ansiaba deshacerse del horrible hedor que emanaba aquella ciénaga viscosa y disfrutar de la velada con Ramón, ¡su propio caballero de flamante armadura!

LOS Rescatadores

Noche ideal para pasear

Bernard fregaba el suelo de la Sociedad de Rescate cuando apareció Miss Bianca.

—Voy a dar un paseo —anunció Miss Bianca—. ¿Quieres acompañarme?

—Pues no sé —respondió Bernard—. Es de noche, ¡y además está lloviendo!

—Sí —dijo Miss Bianca, sonriendo—. ¡Es la noche ideal para dar un paseo!

Ya en la calle, ella se puso un pañuelo en la cabeza y Bernard abrió un gran paraguas.

—Vayamos a Central Park —propuso Miss Bianca.

—¡Está a trece manzanas y el trece trae mala suerte! —dijo Bernard.

—No seas tonto —dijo Miss Bianca.

Empezó a llover más fuerte.

De repente, Bernard se detuvo.

—¡Escucha! —gritó.

—¡Miau!

—Es un gatito en apuros —dijo Miss Bianca.

—¡Espera! —exclamó Bernard—. Los gatos son peligrosos. ¡Comen ratones como nosotros!

—¡Allí! —exclamó Miss Bianca señalando con el dedo.

Debajo de un buzón, un pequeño gatito anaranjado se resguardaba de la lluvia. Tenía el pelo mojado y parecía estar muy triste.

—Hay que ayudarlo —dijo Miss Bianca.

—¡Iré delante! —insistió Bernard, arrastrándose hacia el gatito—. Eh... Hola. ¿Estás perdido?

—¡Sí, y hambriento! —se quejó el gatito.

—Me lo temía —dijo Bernard, echando una ojeada con nerviosismo a los afilados dientes y las garras del gatito.

—¿Sabes dónde están tus padres? —preguntó Miss Bianca con cariño.

—Soy huérfano —contestó el gato.

—Lo ayudaremos —dijo Miss Bianca a Bernard.

—Tengo una idea. ¡Síguenos! —exclamó Bernard, agarrando del brazo a Miss Bianca y dirigiéndose al Orfanato de Morningside.

Llamaron a la puerta y abrió el viejo gato Rufus.

—Me alegro de veros otra vez —dijo—. ¿Quién es vuestro amigo? —preguntó.

—Es el... Joven Señor Gatito y es huérfano —respondió Miss Bianca.

—Tiene hambre —añadió Bernard nervioso.

—Aquí tienes un cuenco de leche —ofreció Rufus y el gatito fue corriendo.

—No me vendría mal un ayudante por aquí —comentó Rufus—. ¿Te gustaría ser adoptado?

El gatito se lanzó al cuello de Rufus y ronroneó con alegría.

Ya era tarde, así que Miss Bianca y Bernard se despidieron. En la calle, Bianca agarró del brazo a Bernard.

—Ya ves —murmuró ella—. ¡Te dije que era la noche ideal para dar un paseo!

EL LIBRO DE LA SELVA

¡Modales, Mowgli!

Un olor extraño pero delicioso pasó rozando la nariz de Mowgli. Al darse la vuelta, vio varios platos de comida. Un momento después, entraron unas personas en fila y se sentaron en círculo alrededor de la comida. Mowgli estaba emocionado. Acababa de llegar al poblado de los hombres y ¡estaba a punto de tomar su primera comida!

Mowgli se lanzó y agarró un pedazo de carne. Se lo metió en la boca y lo masticó. Nunca había probado la carne cocinada y ¡estaba deliciosa! A medida que el jugo se le escurría por la barbilla, sonreía a los humanos que lo rodeaban.

Ellos no le devolvieron la sonrisa. De hecho, lo miraban con asco. ¿Por qué lo miraban todos?

—Es asqueroso —comentó una anciana.

—¡Come como un animal! —dijo una chica.

Mowgli no entendía ni una sola palabra de lo que decían. Pero de repente se dio cuenta de que ya no vivía en la selva. Los humanos hacían las cosas de manera diferente que las criaturas de la selva. Mowgli suspiró.

Sonrió tímidamente, acabó de masticar la carne y se limpió la boca con el brazo. Luego se sentó y observó comer a los demás.

Utilizaron extraños palos planos y afilados para cortar y una especie de remo para llevar la comida a la boca. Tomaban bocados pequeños y masticaban con la boca cerrada. ¡No parecían disfrutar de la comida en absoluto! ¡Qué raro! Mowgli no entendía nada.

Intentó imitarlos, con poco éxito. El palo afilado no cortaba tan bien como los dientes y del remo se caía la mitad de la comida.

—Es tan torpe como un bebé —comentó alguien.

—Tal vez sea realmente un animal —dijo una chica.

En la siguiente comida, Mowgli observó durante un buen rato antes de empezar a comer. La comida parecía extraña: un líquido caliente con verduras blandas. Sostuvo su cuenco con una mano, intentó llevar la sopa a la boca con el remo. Pero se le caía todo, y apenas pudo comer.

Mowgli depositó su cuenco y su remo con un gesto de frustración. Luego, muy despacio, cogió el cuenco por segunda vez y lo llevó directo a los labios. Después tomó un gran sorbo de sopa, lo saboreó y se relamió.

Los otros se detuvieron y lo miraron una vez más. Entonces el anciano del poblado asintió, levantó su cuenco hacia la boca y bebió un largo trago, acabando la sopa de golpe. Sonrió a Mowgli. Pronto todo el mundo estaba bebiendo y sorbiendo la sopa, relamiéndose después.

Mowgli también sonrió. Aquellos humanos ya no parecían tan extraños, no hacían cosas tan raras, al menos por ahora. Después de todo, ¡le parecía que podría adaptarse!

Disney
HÉRCULES

Los nuevos vecinos

Pegaso pastaba fuera de la casa donde vivían Hércules y Meg. Ahora que Hércules era un hombre y no un dios, la vida era un poco más tranquila de lo que solía ser. Esa mañana, sin embargo, había cierta agitación en el pueblo. Se estaban instalando unos vecinos nuevos.

—Les daremos la bienvenida —dijo Hércules a Meg; cogieron unas flores y fueron a su encuentro.

Poco después, Pegaso oyó un suave relincho. Al volverse, descubrió una hermosa yegua que se acercaba. Su corazón se disparó. Pero entonces Pegaso recordó la vez que Pena y Pánico se disfrazaron de yegua y lo capturaron. Estaba decidido a no caer en su trampa por segunda vez. Así que extendió sus alas y arremetió contra lo que él creía un caballo, espantándolo.

La yegua pasó corriendo al lado de Meg y Hércules cuando regresaban a casa.

—Pegaso, ¿qué haces? —preguntó Meg—. ¿Así recibes a la yegua de nuestros vecinos?

Pegaso tragó saliva. ¡Realmente aquella hermosa yegua era de verdad!

—Yo, en tu lugar, iría allí y trataría de hacer las paces con ella —sugirió Hércules.

Pegaso fue dando brincos al campo de los vecinos, se paró delante de la yegua y adoptó una pose noble. No creía que hubiera ninguna yegua capaz de resistirse a un semental tan apuesto como él. La encantadora yegua no se dejó impresionar. ¡Se dio la vuelta y su cola sacudió en pleno rostro a Pegaso! El caballo sabía que tendría que hacer algo increíble para impresionar a esa belleza. Así que batió sus alas y se elevó al cielo. Después bajó y dio un salto mortal en el aire.

Cuando la yegua empezó a alejarse se acercó volando a ella, ¡y se estrelló contra un árbol!

Hércules estaba observando desde la ladera. Sin duda, Pegaso necesitaba un poco de ayuda.

Meg tuvo una idea.

—El regalo adecuado podría convencer a esa yegua para perdonarlo —dijo.

Llenó una gran cesta con manzanas y avena y ató alrededor una enorme cinta roja. Pero cuando Pegaso fue a entregar el regalo, agarrando el asa de la cesta con los dientes, la yegua lo echó a patadas. Después relinchó y pateó el suelo, dejando claro a Pegaso lo que pensaba de él.

Al final, Pegaso se dio cuenta de lo que tenía que hacer. Tímidamente, se acercó a la yegua con la cabeza gacha. Luego la empujó suavemente con el hocico. Ella relinchó y le acarició el lomo. Todo lo que ella quería era que Pegaso se disculpara.

Ahora ella entendía que, aunque tuviera cabeza de chorlito, su nuevo amigo tenía buen corazón.

Disney Pinocho

¡Imagínate!

El circo había llegado a la ciudad. Pinocho agarró a su amigo Pepito Grillo y salieron a la calle. Había malabaristas y todo tipo de juegos. ¡Incluso un elefante haciendo trucos!

—¡Mira! ¡Ese elefante es increíble! —gritó Pinocho.

—Supongo que sí —contestó Pepito educadamente.

Después llegaron a la jaula de un león. El gran felino abrió la boca y rugió.

—¡Eh! ¡Mira qué dientes! —exclamó Pinocho.

Pepito Grillo asintió.

—Son bastante grandes, es verdad.

—¡Qué cuello tan largo! —exclamó Pinocho al ver una jirafa.

—Las jirafas están bien, supongo... —dijo Pepito Grillo, encogiéndose de hombros.

Pinocho estaba desconcertado.

—Si no te gustan los elefantes, ni los leones, ni las jirafas, ¿qué animales del circo te gustan? —preguntó Pinocho.

—Las pulgas —contestó Pepito Grillo.

—¿Las pulgas? —repitió Pinocho, más desconcertado todavía.

—¡Ven! Te mostraré algo —dijo Pepito Grillo.

Pepito Grillo llevó a Pinocho a una tienda con un cartel que decía: CIRCO DE PULGAS.

Dentro, Pinocho vio tiovivos y columpios diminutos. Había pequeñas jaulas, un trapecio y una pequeña carpa con tres anillas en miniatura. Pero Pinocho no podía ver las pulgas.

—Es porque no hay —explicó Pepito Grillo.

—No lo entiendo —confesó Pinocho.

—Es la imaginación —dijo Pepito Grillo—. Con la imaginación se puede hacer cualquier cosa. Incluso se pueden ver pulgas en el circo de pulgas.

—Pero yo no veo ninguna —insistió Pinocho, confundido.

—Uno tiene que fingir ver las pulgas y muy pronto se pueden ver —explicó Pepito Grillo—. Como esas pulgas malabaristas de allí. Uy, pobres, se les han caído las mazas.

Pinocho se echó a reír y se unió al juego.

—Esa pulga va a saltar a través de un anillo de fuego —comentó Pinocho—. ¡Espero que lo haga bien!

—Ahora las pulgas están haciendo acrobacias —declaró Pepito Grillo.

—Han hecho una pirámide de pulgas —dijo Pinocho—. Y la pulga en la parte superior está haciendo el pino.

Después de un largo rato, finalmente llegó el momento de volver a casa.

—¿Qué te ha parecido el circo de pulgas? —preguntó Pepito Grillo.

—Ha sido el circo más increíble que he visto jamás —respondió Pinocho.

—Sí, ciertamente. Has imaginado un circo increíble —dijo Pepito Grillo—. ¡Imagínate!

Buzz está zumbado

Los juguetes estaban muy emocionados. Bonnie iba al parque con Woody, Jessie y Dolly. El resto también esperaba pasar un día lleno de diversión, pero Jessie estaba preocupada.

—No perdáis de vista a Buzz —dijo Jessie a sus amigos—. Temo que se le haya soltado un cable.

Bonnie entró corriendo y cogió su mochila.

—Buzz, ahora estarás tú al mando —declaró antes de marcharse.

Las Guisantitos saltaban emocionadas en la estantería.

—¡Cuidado! ¡Puede ser peligroso! —exclamó Buzz.

Entonces, Slinky se resbaló y cayó del estante, ¡lo que provocó que los extraterrestres y las guisantes cayeran también! Se desplomaron sobre Buzz. Él se levantó y miró a su alrededor.

—¿Dónde está mi nave espacial? —preguntó Buzz con tono flamenco y gran salero.

—Vaya, genial —suspiró Jam—. Ha vuelto a cambiar de modo.

Rex intentó mirar el panel posterior de Buzz, pero éste le dio esquinazo. Los juguetes intentaron atraparlo, pero Buzz cogió una de las cortinas de la casa de muñecas y la sujetó como el capote de un torero. Jam corrió hacia Buzz pero resbaló y... ¡cras! Se dio de lleno contra la estantería. Uno de los libros le cayó en la cabeza a Buzz. Poco después, Buzz apartó el libro a un lado.

—Buzz, ¿estás bien? —gritó Rex.

—Buzz, ¿estás bien? —repitió Buzz.

Jam susurró al oído a Pony:

—El golpe debe de haberlo puesto en modo repetición.

Los juguetes se preocuparon. ¡Jessie les había pedido que cuidaran de Buzz! Tenían que arreglarlo antes de que Jessie y Bonnie volvieran.

—Tendremos que toquetear algunos cables —dijo Jam con un suspiro.

Los juguetes tiraron a Buzz sobre la cama y Rex saltó encima. ¡Boing! Buzz salió volando y cayó al suelo. Entonces los juguetes oyeron el coche en la entrada de la casa.

—¡Deprisa! —gritó Jam.

Rex abrió el panel posterior de Buzz y observó los cables. ¡No sabía cuál de ellos arreglar!

Se oyó un ruido y todos se desplomaron cuando entró la madre de Bonnie, que dejó la mochila de la niña y se fue. Jessie salió de la bolsa.

—Buzz, ¿estás bien? —preguntó.

—Sí, está bien —respondió Trixie mientras incorporaba a Buzz, pero éste se derrumbó y se dio un sonoro golpe en el suelo.

—¡No es culpa mía! —protestó Rex—. ¡Tiene demasiados cables!

Jessie se rio y golpeó a Buzz en la espalda. Buzz parpadeó y miró a sus amigos.

—¿Tengo algo en la cara? —preguntó.

Los otros juguetes suspiraron aliviados: ¡Buzz había vuelto a la normalidad!

Al llegar Bonnie, todo estaba como lo había dejado.

—Gracias por cuidar de todos, Buzz. ¡Sabía que todo iría bien contigo al mando!

El bulldozer perezoso

En la oscuridad de la noche, mientras los tractores dormitaban en los campos, Mate y Rayo McQueen se acercaron sigilosamente a ellos.

—Vamos, Rayo —susurró Mate.

Rayo McQueen lanzó un suspiro.

—¿Por qué siempre molestas a los tractores?

—Porque no son toritos —respondió Mate riéndose entre dientes.

—¿Y qué sabes tú de toritos? —inquirió Rayo.

—Todo lo que hay que saber, colega —insistió Mate—. Antes era conocido como el Matedor, ¿sabes?

—¿Lo dices en serio? —dijo Rayo asombrado.

Mate recordó una de sus corridas, en las que llevaba una montera negra sobre la cabeza. Por aquel entonces no estaba tan oxidado, y su pintura brillaba engalanada con dibujos intrincados.

—En un gran acontecimiento perdí el apoyo del público. Me abuchearon con mucha fuerza.

—Qué público más duro —comentó Rayo.

—Sí. Comenzaron a exigir que les devolvieran el dinero, porque el torito se había quedado medio dormido en la arena... ¡incluso con el jaleo que había montado!

—¿Y qué ocurrió? —preguntó Rayo McQueen con curiosidad.

—Salí corriendo hacia el torito y le dije que moviese el culo. Lo siguiente que recuerdo es ahogarme con el humo que me lanzó a la cara.

Rayo se rio.

—¡Esta historia sí que es divertida! Por una vez no tengo nada que ver con ella.

Mate tenía por costumbre incluir a Rayo en sus historias. Hasta donde se remontaba su memoria, Mate tenía anécdotas muy interesantes... pero Rayo no recordaba nunca haber formado parte de ellas, ¡por mucho que Mate insistiera en que eran verdaderas!

—Estuve a punto de rendirme, medio dormido en la arena, ¡hasta que tú apareciste para ayudarme!

—Sí, claro, por supuesto —suspiró Rayo.

—Realizaste un giro con el freno de mano, que lanzó una gran cantidad de polvo sobre la cara del torito, aunque yo te advertí que no lo hicieras —dijo Mate—. ¿Sabes? Los toritos se enfadan cuando los despiertan de golpe.

—Pero por suerte conseguimos escapar, ¿verdad? —presionó Rayo McQueen.

—¡Por los pelos! ¡Casi nos arranca los parachoques! —contestó Mate—. Por eso me gustan los tractores. Son más tranquilos.

—¿Y por qué ahora ya no haces cosas tan emocionantes como ésa? —se preguntó Rayo McQueen.

—Bueno... esto es emocionante —respondió Mate con una risita.

Como una bestia en la oscuridad, Frank la cosechadora enfocó sus faros sobre el coche y puso en marcha el motor con un gruñido.

—¿Lo ves? —gritó Mate.

Pero Rayo McQueen no podía oírlo. Ya había salido disparado hacia las colinas.

DISNEY
MICKEY
Y SUS AMIGOS

Un Día del Tío Mickey

Morty y Ferdie Fieldmouse estaban muy emocionados. Aquél era uno de sus días preferidos. ¡Un Día del Tío Mickey! Eso significaba que su tío Mickey les iba a llevar a hacer todo tipo de cosas sorprendentes y especiales.

—¡Tío Mickey! —gritaron los gemelos cuando fue a recogerlos—. ¿Qué vamos a hacer hoy?

—Qué no vamos a hacer hoy, querrás decir —respondió Mickey—. He pensado empezar con los bolos.

—¡Hurra! —vitorearon Morty y Ferdie.

En la bolera, Morty y Ferdie descubrieron que si tiraban la bola juntos podían derribar al menos cuatro o cinco bolos a la vez.

Luego fueron al parque para jugar al escondite y al corre que te pillo. Al tío Mickey no le importaba ser siempre el que buscaba en el escondite. Tampoco le importaba correr detrás de las pelotas que Ferdie a veces lanzaba muy, muy por encima de su cabeza.

—Tengo hambre —dijo Morty cuando, por fin, pararon para descansar.

—Yo también —asintió Ferdie.

—¿Qué tal un poco de pizza? —sugirió Mickey.

—¡Bien! —gritaron los gemelos al unísono.

En la pizzería, Mickey dejó que Morty y Ferdie eligieran sus ingredientes favoritos. Morty escogió atún. Ferdie eligió aceitunas negras. Mickey, por su parte, pidió lo de siempre: ¡extra de queso!

—¿Habéis terminado? —preguntó Mickey—. Vamos a tener que darnos prisa si queremos ir a la feria.

—¡Vale! —exclamaron los chicos.

Después de la feria, donde cada uno ganó un premio, los chicos dijeron a Mickey que había sido un día maravilloso.

—Esperad un momento, esto no ha terminado todavía —dijo Mickey.

—¿En serio? —preguntó Morty con los ojos como platos.

Entonces Mickey levantó tres entradas... y una manopla. ¡Partido de béisbol! ¡Oh, guau! No había nada en el ancho mundo que a los sobrinos de Mickey les gustara más que los partidos de béisbol... y los cacahuetes... y las palomitas... y los helados. Para hacer las cosas aún mejor, el tío Mickey cogió una pelota rasa y su equipo favorito ganó. Incluso vieron fuegos artificiales al final del partido.

—¡Guau, tío Mickey! ¡Muchas gracias! —dijeron los gemelos cuando regresaron a casa, cansados pero muy, muy felices—. ¡Ha sido uno de los mejores Días del Tío Mickey que hemos pasado jamás!

—Oh, esto no ha sido nada —dijo el tío Mickey—. ¡Esperad a la próxima vez!

Disney
Tod y Toby

Tarde para la cena

La Viuda Tweed llenó la gran cazuela de hornear con carne y verduras; a continuación, extendió una capa de masa y la puso en la parte superior. Después de prensar los bordes de la tarta, introdujo la cazuela en el horno.

—Pastel de pollo —dijo—. ¡El favorito de Tod!

Tarareando, fregó los platos y arregló la casa. Luego puso la mesa con sus mejores platos y un mantel, y añadió un platito de leche para Tod.

La Viuda Tweed miró por la ventana y se dio cuenta de que anochecía.

—¿Dónde estará ese astuto diablillo? —dijo.

Observó como se ocultaba el sol detrás de las colinas del bosque y luego se sentó y cogió su labor de punto. El pastel estaría listo pronto y Tod nunca llegaba tarde a la cena.

—Uno del derecho, dos del revés, uno del derecho, dos del revés —contó en voz baja mientras completaba las últimas vueltas de una manta que estaba tejiendo para la cama de Tod.

Sabía que el pequeño zorro tenía su propio abrigo de piel, pero siempre gusta algo agradable para arroparse cuando se va a dormir.

El olor a pastel de pollo le llegó a la nariz y la Viuda se levantó para sacarlo del horno. La corteza estaba dorada y la salsa cremosa hervía alrededor de los bordes. Nada más dejar el pastel sobre la encimera, oyó un arañazo en la puerta.

—Justo a tiempo, como siempre —dijo mientras abría la puerta—. La cena está lista, Tod.

Pero Tod no estaba allí. El ruido lo hacía una pequeña ramita que golpeaba la puerta, agitada por el viento.

—¿Tod? —llamó la Viuda Tweed, escudriñando la oscuridad—. No me gastes bromas ahora.

Pero el pequeño zorro rojo no apareció.

El cielo estaba plomizo. Algunas nubes ocultaron la luna. La Viuda Tweed se estremeció.

—Oh, Tod —se lamentó—, ¿dónde estás?

Tras entrar en la casa, se puso los zapatos y un suéter. Tenía que salir a buscarlo. Después encendió una vieja lámpara de queroseno, abrió la puerta por segunda vez y casi tropezó con el zorro rojo en el porche. Estaba allí sentado en silencio, con un colorido ramo de flores silvestres entre sus patas.

—¡Oh, Tod! —exclamó cogiendo el ramo y al zorro entre sus brazos—. Eres un encanto.

Tod rozó con su hocico el cuello de la Viuda Tweed mientras ella lo llevaba a su silla en la mesa de la cocina. Pronto, los dos compartían una deliciosa porción de pastel de pollo. Y, después de la cena, la Viuda Tweed contempló su ramo colocado sobre la repisa de la chimenea, mientras que Tod se acurrucó en su cama con su agradable manta nueva.

El apagón de Blackout

Dusty estaba pasando el rato con sus amigos, los bomberos paracaidistas. Blackout pasó por allí buscando una lata de aceite que había perdido.

—El mismo Blackout despistado de siempre —rio Dusty para sí.

—¿Sabes cómo se ganó su apodo? —le preguntó Dinamita.

Dusty no tenía ni idea, así que Dinamita le contó toda aquella espantosa historia.

—Nos había llegado una alarma peor de lo habitual —comenzó Dinamita. Explicó que un incendio estaba arrasando una zona llena de cables de alta tensión. Si las llamas llegaban a esos cables, sería un completo desastre.

Sin tiempo que perder, el equipo de rescate corrió para ponerse en acción. Pero en aquel momento no sabían que también había una emergencia en el albergue Fuselaje. El suministro de electricidad estaba sufriendo un cortocircuito, y la caja de fusibles echaba chispas en todas direcciones.

El albergue podía incendiarse en cualquier momento, pero era demasiado peligroso tocar los fusibles. Necesitaban un experto, pero todos estaban enfrentándose a las llamas. No había nada que el personal pudiese hacer salvo esperar... y tener esperanza.

Dusty escuchó con gran atención mientras Dinamita continuaba con la historia. Le contó que los bomberos paracaidistas habían saltado y aterrizado en la primera línea de fuego. El calor era intenso, pero no le prestaron atención mientras limpiaban la zona.

—El fuego no debe llegar al tendido eléctrico —ordenó Dinamita al equipo.

Fue entonces cuando Blackout se percató de que las llamas se iban acercando cada vez más a los arbustos que rodeaban un tendido eléctrico. Si aquellos matorrales ardían, el poste de madera que sostenía los cables se quemaría de inmediato, lo que provocaría un importante corte en el suministro eléctrico de toda la zona.

Blackout comenzó a cortar los arbustos con su sierra circular, pero las llamas que se le acercaban lo distrajeron. Se le escapó la sierra y cortó el poste eléctrico. El poste se derrumbó como un árbol caído y, cuando cayó, los cables tocaron la carrocería metálica de Blackout.

Gritó aterrorizado cuando un golpe de electricidad le recorrió el cuerpo. Aquella sacudida le dolió mucho, pero hizo algo mucho peor: ¡provocó que Blackout perdiera la memoria por completo!

Entonces, en el albergue Fuselaje, la caja de fusibles dejó de echar chispas. Al derribar el tendido eléctrico, Blackout había cortado el suministro de electricidad del albergue y había evitado que se provocara otro incendio.

—¡Vaya! Tiene suerte de estar vivo —exclamó Dusty cuando Dinamita terminó de contar la historia—. Y por lo menos pudo recuperar su memoria.

Miraron a su amigo, que seguía buscando la lata de aceite perdida.

—Más o menos —rio Dusty.

Entrega especial

Ahora que la familia había aumentado tan drásticamente, Roger, Anita, Nanny y los dálmatas tuvieron que mudarse al campo, o a la «plantación de dálmatas», como a Roger le gustaba llamarlo. Desde la ciudad les hacían llegar comida de perro una vez a la semana. Llegaba todos los jueves a las tres de la tarde, y Rolly la esperaba con gran expectación.

Un jueves, Rolly y Pepper se percataron de que habían dejado abierta la parte trasera de la camioneta.

—¿Estás pensando lo mismo que yo? —preguntó Pepper a Rolly, y éste asintió.

—¡Hora del aperitivo!

Los dos perritos corrieron hacia la camioneta y saltaron por detrás. Pepper trepó por encima del montón de bolsas y las olisqueó de arriba abajo. Debía de haber comida suelta por alguna parte...

—¡Bingo! —gritó Pepper—. ¡Rolly, por aquí!

Rolly acudió en un santiamén y los hermanos empezaron a comer. Estaban tan ocupados comiendo que no vieron salir de la casa al conductor de la camioneta.

¡Blam! El conductor cerró la puerta trasera de la camioneta y, un segundo después, ésta se marchaba traqueteando camino abajo.

—Ay, no —susurró Pepper.

Al final, tras lo que pareció ser una eternidad, el vehículo se detuvo con una sacudida, la puerta trasera se abrió y el conductor empezó a descargar bolsas de comida.

Pepper y Rolly salieron de la camioneta aprovechando que él no estaba mirando y corrieron a esconderse detrás de la casa.

—¿Qué creéis que estáis haciendo? —gruñó una voz.

Los cachorros se dieron la vuelta y se encontraron con un enorme bulldog que los miraba con gravedad.

—Ésta es mi propiedad —dijo—. Ya va siendo hora de que os larguéis.

Los dos perritos lo miraron fijamente.

—¡Ahora! —ladró.

—No me da miedo —dijo Pepper con descaro—. No es ni la mitad de malo que Cruella.

El bulldog se quedó con la boca abierta.

—¿Te refieres a Cruella de Vil? —preguntó—. ¡Debéis de ser los cachorros de Pongo y Perdita! He oído vuestras aventuras por el Aullido Nocturno. Vivís en la plantación de dálmatas, ¿verdad?

—¡Sí! —exclamó Rolly—. ¿Nos puede llevar allí?

—¡Pues claro! —dijo el bulldog—. ¡Vamos!

Por suerte, Pongo y Perdita habían salido ese día y no supieron en qué berenjenal se habían metido, pero en el jardín había 97 cachorros que esperaban la llegada de ellos dos y su escolta.

—¡Vaya! —dijo Lucky tras oír su historia—. ¿Tuvisteis miedo de ese bulldog gigantesco y malo?

—¡Qué va! —respondió Pepper—. ¡Ese bulldog era ladrador y poco mordedor!

Los ARISTOGATOS

Hora de acostarse para Duquesa

—¡Venid, preciosos míos! —llamó Duquesa a Berlioz, Toulouse y Marie—. Es hora de ir a dormir.

—¡Oh, mamá! —protestó Toulouse.

—¡No estamos cansados! —se unió Marie.

—No me voy a ir a dormir —añadió Berlioz—. Por la noche es justo cuando empieza la diversión para nosotros, los gatos callejeros. —Berlioz agachó la cabeza, erizó el pelo y se abalanzó sobre un oponente imaginario.

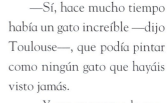

—¿Por qué hay que acostarse tan pronto? —susurró Toulouse a Marie, que cerró los ojos en señal de apoyo.

—Vale ya, ha sido un día muy largo —les dijo Duquesa—. No quiero oír más protestas.

—¡Mamá! —gimió Berlioz.

—¡Cuéntanos un cuento! —exclamó Marie.

—¿Un cuento? Queridos, ya teníais que estar en la cama hace rato, y esta noche estoy demasiado cansada —respondió Duquesa.

—Entonces, ¿por qué no te contamos nosotros un cuento a ti? —se ofreció Toulouse.

—¡Sí! —gritó Berlioz.

—Qué idea tan maravillosa —dijo Duquesa.

—Hace mucho tiempo... —comenzó Marie.

—Había un enorme, malvado y feroz gato callejero —continuó Berlioz.

—¡Berlioz! —protestó Marie—. Se supone que no va a ser de miedo. ¡Tendrá pesadillas!

—Lo siento, mamá —dijo a Duquesa.

—Bien, a ver, ¿por dónde íbamos? —preguntó Toulouse a los demás.

—Hace mucho tiempo... —comenzó de nuevo Marie.

—Sí, hace mucho tiempo había un gato increíble —dijo Toulouse—, que podía pintar como ningún gato que hayáis visto jamás.

—Y eso es porque la modelo para sus pinturas era la más hermosa gata que hayáis visto nunca —añadió Marie.

—¡Eh, dadme un respiro! —dijo Berlioz, gruñendo. Toulouse y él se rieron disimuladamente.

—Muy graciosos. —Marie no se estaba divirtiendo—. ¿Podemos volver al cuento?

—Ese gato era pintor por la mañana y zalamero, perdonavidas, camorrista y gato jazz por la noche —continuó Berlioz.

Toulouse dio una palmada a Berlioz con su pata. Miró hacia arriba y vio lo que Toulouse y Marie estaban viendo. ¡Duquesa se había quedado dormida!

Berlioz, Toulouse y Marie dieron un beso de buenas noches a su madre.

—Buenas noches, mamá —dijeron los tres gatitos, procurando no hacer ruido.

Entonces los tres se acurrucaron junto a Duquesa y se quedaron profundamente dormidos, al calor de su querida mamá.

Diversión sobre ruedas

El estadio se llenó de aplausos y expectación mientras la muchedumbre esperaba para ver quién ganaría la carrera y levantaría el trofeo.

—¡Rayo McQueen y Leak Less están enzarzados en un brillante duelo codo con codo! —anunció la voz del comentarista—. ¡En la recta final, la cosa está muy igualada!

El público esperaba al borde de sus asientos.

—¡Esperen! —gritó el comentarista. Leak Less estaba sufriendo un pequeño inconveniente en el último minuto. Su rueda se había torcido y lo había lanzado fuera de la carrera—. Leak Less echa a perder su gran momento y Rayo McQueen acelera hacia la victoria.

El gentío estalló de emoción y un montón de confeti cayó del cielo. Rayo McQueen sonrió desde el primer puesto del podio con otro trofeo brillante y extraordinario junto a las ruedas.

—Me ha faltado tan poco —refunfuñó Leak Less desde su segundo puesto. Cuando acabó la ceremonia de entrega de premios, se alejó sin rumbo fijo, avergonzado por lo que había pasado en la carrera.

—¡Qué gran carrera! —insistía su amigo—. Casi vences a Rayo McQueen.

—¿Eh? —exclamó Leak Less—. Ah, sí... claro.

—¡Tú lo has dicho, colega! —soltó una voz maliciosa. Chick Hicks rodó hacia Leak Less—. Casi vences a Rayo McQueen, pero no eres ni la mitad de bueno. —Rio a carcajadas con crueldad—. Míralo, ahí viene. Vendrá para fastidiarte, siempre hace eso.

Leak Less se asustó y comenzó a alejarse de él rápidamente.

—¡Eh, Leak Less! —le llamó Rayo McQueen—. ¿Adónde vas?

Leak Less serpenteó entre los coches del aparcamiento en un intento desesperado por perder a Rayo McQueen entre la muchedumbre, pero Rayo era demasiado rápido y ágil en las curvas.

—¡Espera! —le pidió Rayo McQueen—. ¿Qué pasa?

Leak Less se giró para mirarlo cara a cara.

—¿Ahora vas a fastidiarme?

Rayo McQueen se sorprendió sobremanera.

—¡No, nunca!

—Pero Chick Hicks me ha dicho... —murmuró Leak Less.

—¡Chick Hicks! —interrumpió Rayo McQueen—. Ya sé por qué huías de mí. ¡Chick está celoso porque quería subir al podio! Hacía mucho tiempo que no me lo pasaba tan bien —le contó a Leak Less con una sonrisa—. Venía para invitarte a la fiesta que haré con mis amigos para celebrarlo.

Leak Less se alegró muchísimo.

—¡Vaya!

Juntos lo celebraron hasta bien entrada la noche, riendo, compartiendo batidos de aceite y rememorando sus carreras preferidas... mientras Chick Hicks merodeaba entre las sombras. Si no fuese siempre tan malvado, también podría haberse divertido.

Disney
DUMBO

El osado rescate de Dumbo

Dumbo estaba en su alta plataforma, sobre el suelo de la carpa del circo. Debajo de él, los payasos parecían del mismo tamaño que los cacahuetes. Le pedían que saltara.

—Muy bien. Tú puedes —dijo Timoteo desde el ala del sombrero de Dumbo.

Dumbo estaba listo. Sabía qué debía hacer porque hacía lo mismo cada noche. Cuando los payasos bomberos lo indicaran, Dumbo saltaría de la plataforma y caería en picado hacia el suelo. Luego, en el último momento, desplegaría sus enormes orejas y volaría. El público aplaudiría. Y acabaría el espectáculo.

—¡Oye, chico, ésa es tu señal! —gritó Timoteo al oído de Dumbo.

Con un paso adelante Dumbo comenzó a caer. Caía cada vez más rápido hacia el suelo de la carpa. El público no apartaba la vista. Todos gritaban y reían. De repente, Dumbo vio algo.

En la primera fila había una niña sola. Lloraba y sostenía un palo de algodón de azúcar.

En un instante, el pequeño elefante se olvidó por completo del espectáculo. Extendió sus orejas y se abalanzó por encima de los payasos chillones. Echó un vistazo a los asientos con atención. ¿Por qué estaba sola la niña? ¿Dónde estaban sus padres?

—¡Dumbo! ¿Qué estás haciendo? —Timoteo se agarró al sombrero de Dumbo mientras él se precipitaba hacia los vendedores de cacahuetes y palomitas de maíz—. ¡Ahora no tenemos tiempo para merendar!

Dumbo ignoró a su amigo. ¡La niña necesitaba ayuda!

Por fin, Dumbo vio lo que estaba buscando. Allí, junto al puesto del algodón de azúcar, dos padres parecían estar muy preocupados.

—¡Clara!, ¿dónde estás? —llamó el padre.

Su voz se perdió entre los gritos de la multitud. ¡Su hija nunca podría oír que la llamaba!

Dumbo rodeó la carpa de nuevo, dirigiéndose hacia el banco donde la niña estaba sentada llorando. ¿Cómo podía decirle que sus padres la estaban buscando? Él tenía que reunirlos. Volando bajo, Dumbo extendió la trompa y recogió a la niña.

—Dumbo, ¡qué estás haciendo! —gritó de nuevo Timoteo.

Dumbo siguió volando y depositó suavemente a la niña al lado de sus padres.

Inmediatamente, la niña dejó de llorar. ¡Estaba a salvo en los brazos de sus padres!

La multitud enloqueció al ver a Dumbo sobrevolando la pista. Incluso los payasos sonreían.

—Buen trabajo, chico —dijo Timoteo—. Un gran espectáculo.

Y después de eso, ¡el circo continuó!

Una historia ballenástica

—¡Subid a bordo, exploradores! —gritó el maestro Raya.

Nemo, Tad y el resto de la clase saltaron sobre la espalda de la gran manta raya. Era la semana del «invitado de honor» y se dirigían hacia el cantil.

Cuando llegaron al cantil del arrecife, un pez cirujano azul se reunió con ellos.

—Aquí está la invitada de honor de hoy —anunció el maestro Raya.

—Hola a todos —dijo la cirujano azul—. Soy Dory... espera... ¿lo soy? ¡Sí, soy Dory, y estoy muy feliz de estar aquí!

—Dory, ¿nos enseñas hoy algo sobre las ballenas? —preguntó el maestro Raya.

—Bueno, vamos a ver... Las ballenas son muy grandes, pero se alimentan de unas criaturas diminutas llamadas krill. Lo sé porque, una vez, casi me come una ballena...

—No es verdad —soltó Tad.

—¿Que no es verdad? —preguntó Dory.

—Pepe Plancton dijo que Nemo se había inventado la historia de que una ballena se había comido a su padre —respondió Tad.

—¡No me la inventé! —replicó Nemo.

—Bueno —dijo Dory—, técnicamente, Pepe Plancton tiene razón. La ballena no nos comió, en realidad.

Tad sonrió satisfecho hasta que Dory añadió:

—¡Simplemente estuvimos en su boca durante mucho tiempo!

—¡Vaya! —exclamó la clase impresionada. Tad frunció el ceño.

—Veréis, la ballena sólo nos estaba llevando a Sídney. Si hablas antes con ella, se pueden aclarar muchos temas de ingestión de antemano —explicó Dory.

—¡Una lección excelente! —dijo el maestro Raya—. Ahora enséñanos algunas palabras en balleno.

—De acuerdo —respondió Dory—. Repetid después de mí: ¡Teeeeeeeeeen uuuun buuueeeeeeeeen díííííaaaaaaaa!

—¡Teeeeeeeeeen uuuun buuueeeeeeeeen díííííaaaaaaaa-aaaaa! —repitió la clase.

—¡Muy bien! —exclamó Dory.

—Esto es una estupidez —farfulló Tad—. Tú no has...

De pronto, Tad dejó de hablar y todos miraron a Dory con expresión de pánico.

El pez cirujano se giró muy poco a poco. Justo detrás de ella, ¡había una ballena azul!

Dory se encogió de hombros y le dijo a la ballena:

—¡Sóóóóóloooo praaaaacticáááááááááábaaaa-aamooooooos!

Con un bramido, la ballena le deseó un buen día igualmente y se alejó nadando.

—Tad, ¿crees ahora a Dory?

—¡Increíble, ha sido genial! —gritó Tad—. Tengo muchas ganas de contarle a Pepe Plancton que casi me come una ballena.

Nemo y Dory se limitaron a lanzar un suspiro.

El susto del silo

Flik dio un paso atrás y levantó la mirada hacia el silo gigante que él y una tropa de hormigas acababan de levantar. Ahora que la colonia utilizaba su cosechadora, tenían trigo de sobra. El silo lo almacenaría de forma segura.

—Buen trabajo —dijo la Reina Atta a Flik.

Atta era la hormiga más inteligente y más hermosa de la colonia. También era su nueva reina.

—Gracias, Atta —contestó Flik—. El silo debería mantener seco nuestro trigo todo el invierno.

De repente, se oyó una voz que procedía de lo alto del silo:

—¡Holaaaaaa!

Flik y Atta miraron arriba. Era Dot, la hermana pequeña de Atta. Ella y la Tropa de Frambuesas estaban sentadas en la parte superior del silo.

—¡La vista desde aquí es increíble! —exclamó.

—¡Dot! Tened cuidado —dijo Atta inquieta.

—¡Lo tendremos! —sonrió Dot.

—No te preocupes —dijo Flik—. Construí con total seguridad...

Atta lo interrumpió.

—Tengo una reunión —dijo a Flik—. No te metas en líos —añadió en voz más alta.

Por un segundo, Flik pensó que Atta le estaba hablando a él. Entonces se dio cuenta de que se estaba refiriendo a Dot y las Frambuesas.

—No las perderé de vista —aseguró Flik.

—Ven aquí arriba, Flik —dijo Dot mientras Atta se alejaba apresuradamente—. ¡Sólo tienes que contemplar las vistas!

—¡Ya voy! —respondió Flik.

Quería vigilar de cerca a las Frambuesas, pero justo cuando llegaba a la cima, una de ellas saltó al silo.

—¡Síííííí! —exclamó mientras se acercaba rápidamente al montón de trigo.

—El silo no es un patio de recreo —dijo Flik a las otras hormigas—. Es para almacenar trigo.

—Venga, vamos, Flik —interrumpió Dot.

Sonriendo, ella saltó al silo y se deslizó hacia la parte inferior del montón de trigo. Otras dos Frambuesas la siguieron. Pero entonces otra Frambuesa empujó accidentalmente una palanca. ¡Un gran montón de trigo cayó al silo, directo hacia las Frambuesas que había debajo!

Presa del pánico, Flik pulsó un interruptor. El trigo que caía fue capturado a mitad de camino por uno de los dispositivos de seguridad que había instalado en el silo.

Las Frambuesas miraron a Flik. Justo en ese momento, llegó Atta.

—Dot, ¿qué estás haciendo? —preguntó.

—Eh..., Flik nos estaba mostrando sus dispositivos de seguridad —dijo tímidamente Dot.

—Y realmente funcionan —añadió Flik, suspirando con alivio.

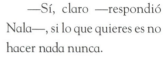

Hakuna matata

—¿Por qué estás tan triste? —le preguntó Pumba a Nala.

—No estoy triste —respondió ella—. Sólo soy un poco más seria que vosotros dos.

—Creo que podrías usar un poco de *hakuna matata* —dijo Pumba.

—¿A kula manata? —preguntó Nala.

—¿Crees que puede hacerlo? —le susurró Timón a Pumba por la comisura de los labios.

—¡Claro que puedo! —exclamó Nala, levantando la voz—. Pero primero necesito saber qué es.

—*Hakuna matata* —repitió Pumba con tono abstraído y soñador—. Es la manera de enfrentarse a las dificultades de la vida sin problemas.

—Significa «sin preocupaciones» —explicó Timón.

—Ya lo entiendo —dijo Nala—. En lugar de enfrentaros a vuestros problemas, preferís fingir que no existen.

—*Hakuna matata* te ayuda a relajarte —añadió Pumba.

—Me parece que vuestro *hakuna matata* es sólo otra forma de decir «vago y sin interés» —continuó Nala.

—Creo que nos acaba de insultar —le susurró Timón a Pumba.

—Conque estáis ahí. —Simba se acercó—. ¿Qué tramáis vosotros tres?

—Estaba aprendiendo el extraño concepto de *hakuna matata* —explicó Nala.

—¿A que es genial? —dijo Simba con una sonrisa.

—Sí, claro —respondió Nala—, si lo que quieres es no hacer nada nunca.

Simba frunció el ceño.

—No es nada de eso. *Hakuna matata* te ayuda a superar las cosas.

—Ya —replicó Nala—. *Hakuna matata*, no te preocupes. No lo intentes.

—Ésa es una manera de verlo, supongo —explicó Simba—, pero, para mí, significa «no te preocupes por eso ahora, no pasa nada». Me da la fuerza para superar los malos momentos.

—Vaya, no lo había visto así —dijo Nala.

—Entonces, ¿ya estás lista para unirte a nosotros? —preguntó Timón.

—¡Desde luego! —sonrió Nala.

—¡Traed los escarabajos crujientes! —gritó Pumba.

—¡Vayamos a molestar a los elefantes! —exclamó Timón.

—¡Vayamos al lodazal, a pelear en el barro! —chilló Simba, y los tres emprendieron la marcha.

—Ay, madre —murmuró Nala—, esto no es lo que tenía en mente.

Aun así, sonrió y corrió tras sus despreocupados amigos.

—¡El último en llegar al barrizal es un huevo podrido! —gritó.

Un problema de guisantes

Las Guisantitas estaban pasándoselo en grande botando por toda la habitación de Bonnie, persiguiéndose unas a otras y riéndose a carcajadas.

Buzz y Woody se lo estaban pasando igual de bien sólo con verlas... ¡hasta que Woody se dio cuenta de que faltaba una de las guisantes! Entonces, de repente, algo aterrizó sobre la cabeza del vaquero.

¡Boing!

—Ahí está —rio Buzz cuando la guisante cayó delante de ellos.

Woody se dirigió a ella.

—Deberías ir con más cuidado y ver por dónde saltas, Guicenta —le advirtió mientras se frotaba la cabeza. La guisante pareció ofenderse.

—¡Soy Guisandra! —lo corrigió. Las otras guisantes aterrizaron junto a Guisandra, tan ofendidas como ella.

—Siempre te equivocas con nuestros nombres —se quejó una de ellas.

—¡Sí! Y es muy molesto —añadió otra.

—¿Qué? Lo siento —se disculpó Woody—. Pero es que os parecéis tanto...

—¡No es justo! —exclamó otra guisante, que se giró hacia una de sus hermanas—. No puedo evitar ser idéntica que tú.

Buzz oyó por casualidad la conversación de las guisantes y quiso ayudar.

—¿Puedo contaros una historia? —preguntó.

Las guisantes se alegraron de tener algo que las distrajera, pero Woody no estaba seguro de que fuera la mejor opción.

—Quizá deberíamos disculparnos —sugirió.

—¡No te preocupes! —respondió Buzz—. Tengo un plan.

Una vez las guisantes estuvieron sentadas frente a él, Buzz comenzó a relatar su historia.

—Estaba explorando el peligroso planeta Zurg. Parecía estar desierto... pero, de pronto, oí un extraño zumbido. Un minuto más tarde, ¡me vi rodeado por el ejército de robots del Emperador Zurg!

Las guisantes lanzaron un grito ahogado, y Buzz prosiguió.

—No hacían más que zumbar y zumbar mientras se acercaban más y más a mí. ¡Querían capturarme! Pero entonces oí un ruido diferente... ¡Parecía que alguien estuviese cantando! A los zurgbots no les gustaba aquel sonido, así que huyeron. Y me percaté de que ese sonido provenía de otro robot. Al parecer, a ese zurgbot llamado Zenny no le gustaba zumbar, ¡así que me salvó! ¿Lo veis? Aunque Zenny pareciera igual que los otros zurgrobots...

—... ¡era distinto del resto! —terminó Woody.

—¡Y vosotras también! —anunció Buzz a las Guisantitas—. Parecéis todas iguales, ¡pero sois únicas!

—Y nosotros lo sabemos, aunque nos equivoquemos con vuestros nombres —añadió Woody.

Las guisantes parecieron estar satisfechas.

—¡Vaya! Sois geniales, chicos —dijeron con una sonrisa.

Y, así, las guisantes se alejaron, saltando de un lado para otro para jugar un poco más, contentas por saber que, aunque todas parecían iguales, eran muy distintas.

Disney · PIXAR
LOS INCREÍBLES

Superhéroes al rescate

Bob Parr, conocido también como Mr. Increíble, se había hartado ya de fingir ser normal y había vuelto a su trabajo de superhéroe en secreto. Se lo había ocultado a su esposa, Helen, y le habían hecho prisionero en la isla de Nomasian, propiedad de Síndrome, quien en otro tiempo fue el mayor fan de Mr. Increíble, Buddy.

Buddy había logrado convertirse en una persona súper construyendo máquinas y un robot, Omnidroide, al que solamente él podía vencer. Helen había descubierto el paradero de su marido, y sabía que el único modo de ayudarlo era convirtiéndose en Elastigirl una vez más.

Elastigirl siguió la señal de búsqueda que emitía el traje de Mr. Increíble con un avión a reacción prestado. Pronto descubrió que sus superhijos, Violeta y Dash, habían dejado a Jack-Jack en casa con una niñera y viajaban como polizones en el avión. ¡Habían descubierto los supertrajes que Edna Mode había confeccionado para ellos!

A medida que se aproximaban a la isla, unos misiles atacaron el avión a reacción. Elastigirl ordenó a Violeta que creara un campo de fuerza alrededor del avión, pero la joven no estaba segura de poder crear uno tan grande.

En su celda, Mr. Increíble oyó horrorizado el ataque que habían realizado contra su familia.

—Objetivo destruido —se oyó por un altavoz.

—Lo superarás —declaró Síndrome con una sonrisa desdeñosa.

Mr. Increíble, desesperado, agarró a la ayudante de Síndrome, Mirage.

—¡Suéltame ahora o la aplasto! —lo amenazó.

—Adelante —respondió Síndrome. Sabía que Mr. Increíble no sería capaz de hacer una cosa así. Abatido, el héroe soltó a Mirage.

Pero la familia de Mr. Increíble seguía con vida. Elastigirl había estirado su cuerpo y había envuelto con él a Violeta y a Dash para protegerlos justo cuando el misil hizo estallar el avión en el cielo. Entonces se convirtió en un paracaídas, y descendió flotando con los niños hasta llegar al agua.

Elastigirl le dio a su cuerpo la forma de una balsa, y Dash la empujó junto con Violeta, hasta la orilla pataleando con sus rápidas piernas. Una vez en tierra, encontraron refugio en una cueva.

—Voy a buscar a vuestro padre —les contó Elastigirl a los niños—. Si ocurre algo, utilizad vuestros poderes. Cuando llegue el momento, sabréis qué hacer.

Después de que Helen se marchara, la cueva se llenó de repente con una gigantesca bola de fuego. Dash y Violeta salieron corriendo... ¡y se libraron por los pelos! El fuego había salido por el sistema de escape del cohete desde el cuartel de Síndrome. ¡Había lanzado al Omnidroide en dirección a la ciudad!

La familia Parr iba a tener que utilizar toda su superfuerza para salvar la ciudad, y a ellos mismos, de Síndrome.

Detective Mate

Rayo McQueen se detuvo junto al inflador.
—Se me están deshinchando las ruedas.

Justo entonces, Mate salió de la nada.

—¡Has dicho ruedas deshinchadas? Creía que había resuelto ese crimen. Antes fui detective privado —explicó Mate. Luego habló con su amigo de sus días de detective—. Era un viernes por la noche... —comenzó.

Mate estaba sentado detrás del escritorio de su oficina leyendo un artículo sobre los accidentes provocados por neumáticos pinchados.

—Era un asunto muy gordo —comentó Mate—. Se trataba de una red de falsificadores de llantas.

Un coche llamado Tia entró rodando.

—Necesito que encuentres a mi hermana Mia —dijo Tia entre lágrimas—. ¡La han autosecuestrado! La vieron por última vez trabajando en el club de Big D, el Cochecabana.

Big D era un sedán que tenía un club nocturno. Esa noche, Mate fue a aquel local. Una cantante, tras la actuación, se acercó a la mesa de Mate.

—Busco a Mia. ¿La has visto? —preguntó Mate.

—La vi hace un par de días con Big D. Apestaba a sal, igual que el océano —confesó la cantante, pero, antes de que pudiese averiguar nada más, lo echaron del local.

Por suerte, un camión de la basura amigo suyo le dio una pista que lo condujo a los muelles. ¡Allí vio a Mia en la cubierta de un enorme carguero! Mate intentó subir al barco a hurtadillas para salvarla, ¡pero lo descubrieron! Y entonces apareció Big D. Una grúa agarró a Mate y lo levantó del suelo.

Justo en ese momento, Tia salió disparada hacia delante. Le había contado a Big D que Mate pensaba ir a los muelles. Tia alegó que aquélla era la única forma de salvar a su hermana, y la grúa sostuvo a Mate sobre el agua.

De vuelta en Radiador Springs, Rayo aguardaba impaciente al borde de su parachoques.

—¿Y qué hiciste?

—¡Como si no lo supieras, teniente Rayo McQueen! —se rio Mate.

Mate siguió con la historia. El teniente Rayo McQueen fue a los muelles con varios coches patrulla.

—Por fin te hemos pillado, Big D —dijo él, pero los secuaces de Big D lanzaron varios barriles por una rampa para mantener alejada a la policía. Mientras tanto, Tia le dio al interruptor de la grúa, y ésta bajó a Mate hasta el suelo. Mate lanzó su gancho contra otra grúa y arrojó la caja que cargaba... ¡justo sobre Big D! La caja se abrió de golpe y dejó caer un montón de neumáticos encima de él.

—¡Ajá! Justo lo que pensaba: llantas falsificadas —exclamó Mate. Big D había estado cambiando los neumáticos buenos por otros falsos. Todos los accidentes de coche acontecidos últimamente habían sido culpa suya. Ahora que Mate había destapado el timo de Big D, la policía ya podía hacerse cargo.

—Nos has conducido hasta él, Mate —le agradeció Rayo—. ¡Lleváoslo, chicos!

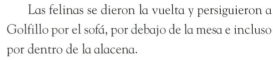

De tal palo, tal astilla

Golfo tenía una vida nueva. Había pasado de ser un perro callejero a un miembro de la casa de los Querido y, ahora, Reina y él eran unos padres orgullosos.

Sin embargo, a Golfo le estaba costando mucho cambiar sus viejas costumbres.

—Golfo —dijo Reina con suavidad—, debes ser un ejemplo para los cachorros, especialmente para Golfillo.

Golfillo tenía un lado aventurero, justo igual que su padre. Por eso no era de extrañar que padre e hijo se dejaran llevar cada vez que jugaban juntos. No podían resistir el impulso de rodar por encima de un charco de barro... y luego perseguirse el uno al otro por el suelo limpio de la cocina.

La tía Sara y sus dos problemáticas gatas, Si y Am, iban a ir de visita pronto y Reina estaba intranquila.

—No te preocupes. Te prometo que mantendré a Golfillo alejado de esas alborotadoras.

—¿Y qué más? —preguntó Reina.

—Y yo también me mantendré alejado de ellas —añadió él.

Cuando llegó el gran día, Reina y Golfo llevaron a los cachorros a la habitación y les ordenaron que se quedaran allí. Aun así, Golfillo sentía curiosidad, así que se escapó del cuarto y se escondió detrás del sofá del salón. Luego se acercó sigilosamente por detrás de las gatas y golpeó sus colas, que no paraban de moverse de un lado para otro.

Las felinas se dieron la vuelta y persiguieron a Golfillo por el sofá, por debajo de la mesa e incluso por dentro de la alacena.

Golfo pensó: «Bueno, supongo que tendré que perseguir a esas gatas viejas y desagradables quiera o no».

Entró a toda prisa y con entusiasmo en la alacena y, unos segundos después, salió junto con Golfillo. Horrorizada, la tía Sara encontró más tarde a Si y Am dentro de la alacena, atadas con una bufanda. Sin que los viera nadie, Golfo y Golfillo compartieron un guiño de victoria.

Ambos salieron al jardín para seguir haciendo de las suyas. Aquella tarde, cuando Reina salió, descubrió que habían estado escarbando por todo el jardín en busca de huesos. Padre e hijo vieron la expresión disgustada de Reina y supieron que iban a recibir un buen sermón.

Golfo miró a Reina con inocencia.

—¿No quieres que el chico haga ejercicio? —le preguntó.

—¿Qué voy a hacer con vosotros dos? —dijo Reina riéndose.

Golfo y Golfillo sacaron un hueso gigante de detrás de la caseta.

—¿Cenas con nosotros? —sugirió Golfo.

—Bueno, de acuerdo —respondió Reina—. Pero nada más acabemos, limpiamos el jardín.

—¡Sí, señora! —dijeron a coro Golfo y Golfillo, muy satisfechos con ellos mismos.

Disney · PIXAR
LOS INCREÍBLES

Truco o trato

Era Halloween, y Dash iba disfrazado de una horrible criatura marina, con una máscara espantosa y todo. Andaba de un lado para otro con impaciencia. No podía salir a pedir caramelos hasta que llegara su padre a casa, y su padre acababa tarde de trabajar.

—¿No puedes llevarme tú? —le preguntó a su madre, pero ella estaba demasiado ocupada cuidando de Jack-Jack. Aunque Helen sabía qué otra persona podía acompañar a Dash.

Violeta refunfuñó mientras caminaba, arrastrando los pies por detrás de Dash. Él estaba a punto de advertirle por enésima vez que no le robara sus chuches cuando oyeron un leve sollozo.

Tras mirar a su alrededor divisaron a tres niños pequeños, sentados en el bordillo de la acera, llorando con sus bolsas vacías. Los niños iban completamente disfrazados, y se quitaron las caretas cuando Dash y Violeta se les acercaron.

Los niños les explicaron que dos fantasmas se habían lanzado sobre ellos y les habían robado todas las chucherías. Dash comenzó a dar saltos de emoción. Nunca antes había visto un fantasma de verdad, y quería darse prisa para encontrarlos.

—Los fantasmas no existen —dijo Violeta, pero después de que los niños contaran que se habían marchado flotando hacia el parque, decidió ir a investigar.

En el parque, Dash y Violeta oyeron unas risas y se agacharon tras un arbusto. Echaron un vistazo entre las hojas y vieron a dos niños mucho más grandes disfrazados de fantasmas aterradores. Estaban comiendo dulces y riéndose de cómo habían robado aquellas chucherías a los niños pequeños.

—Sólo son un par de matones —susurró Dash.

Violeta asintió conforme. Los matones debían aprender una lección, y ella sabía cómo hacerlo. Se acercó a Dash y le susurró al oído:

—Tengo una idea...

Poco después, Dash salió corriendo de entre los arbustos con su ropa de diario.

—¡Ayuda, ayuda! —gritó. Tuvo cuidado de no correr a supervelocidad y dejar atrás a los matones—. ¡Me persigue un monstruo!

Los matones fruncieron el ceño. Alguien les estaba copiando la idea de asustar a los niños pequeños, y no les gustaba en absoluto.

Se adentraron entre los árboles y vieron al disfraz de criatura marina acercándose hacia ellos.

—¡Quítate la máscara! —gruñeron—. No te tenemos miedo.

El monstruo fue levantándose la careta poco a poco. Los matones se agarraron el uno al otro embargados por el miedo al ver que, debajo de la careta, ¡no había ninguna cabeza! Huyeron de allí llorando, justo cuando Violeta se volvió visible de nuevo. Dash y ella cogieron las chuches y se las devolvieron a los niños.

Violeta sonrió. Después de todo Halloween resultó ser muy súper.

Duelo en el salvaje oeste

El sonido de un tren retumbó por todo el desierto. De pronto, el techo explotó y apareció el forajido Bart *el Tuerto*, cargado con bolsas de dinero robado. Por suerte, ¡el sheriff Woody estaba allí para detenerlo!

—Tienes una cita con la justicia, Bart *el Tuerto* —exclamó el sheriff.

—¡Ai-ai-yah! —gritó alguien a sus espaldas. Era Betty *la Tuerta*, ¡la esposa karateka de Bart *el Tuerto*! La bandolera hizo caer a Woody del tren.

De repente, Jessie, la vaquera, llegó veloz como el viento, montada sobre su fiel corcel, Perdigón, ¡y salvaron a Woody justo a tiempo!

Pero no iban a poder detener a Bart *el Tuerto* con tanta facilidad. Éste sacó un detonador e hizo explotar el puente que cruzaba un gran cañón. Bart y Betty saltaron y huyeron con su coche.

—O nosotros o los niños —gritó Bart *el Tuerto*—. ¡Usted decide!

Mientras los bandidos se alejaban a gran velocidad, Jessie vio que el tren estaba lleno de huérfanos... ¡y se dirigía directo hacia el puente destruido! Woody debía salvar a los huerfanitos antes de ir tras Bart *el Tuerto*.

Woody galopó con Perdigón y saltó sobre la locomotora. Encontró el freno de inmediato y el tren comenzó a frenar entre fuertes chirridos... pero no lo suficientemente pronto. ¡La máquina se hundió en el cañón con Woody y los huérfanos todavía a bordo!

Entonces, apareció el guardián espacial Buzz Lightyear y sacó el tren del cañón.

—¡Menos mal que has podido coger el tren, Buzz! —gritó Woody.

Jessie les aplaudió, mientras Buzz llevaba el tren a un lugar seguro. A continuación, Buzz utilizó su láser para partir en dos el coche con el que huía Bart *el Tuerto*. De pronto, un perro gigante que tenía una espiral de metal en lugar de cuerpo rodeó a los forajidos.

—No puedes tocarme, sheriff —soltó Bart *el Tuerto*. Pero entonces, una sombra enorme apareció sobre ellos. Una nave con forma de cerdo teletransportó a Bart, Betty y los demás secuaces a un lugar seguro.

—¡El maléfico doctor Chuletón! —exclamó Woody.

—¡Señor maléfico doctor Chuletón para ti! —corrigió el villano. Con una risa malvada, el doctor Chuletón soltó un ejército de monos despiadados sobre Woody, Jessie y Buzz.

—¡Buzz! —gritó Woody—. ¡Dispara con tu láser a mi estrella!

Buzz apuntó su láser contra la insignia de Woody y disparó. La luz rebotó en la estrella y alcanzó la nave del doctor Chuletón.

¡Bum!

Pronto los villanos acabaron maniatados y listos para ir a la cárcel.

—¡Buen trabajo, ayudantes! —felicitó Woody a sus compañeros. ¡El sheriff y sus amigos habían salvado la situación una vez más!

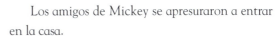

El círculo de amigos

Mickey echó un vistazo al reloj.

—¡Ay, mi madre! Tengo que prepararme para la fiesta de Halloween. ¿Dónde he puesto mi viejo disfraz de pirata?

Mientras Mickey subía al oscuro desván, fuera refulgió un relámpago, seguido de un trueno ensordecedor.

Se acercó a un viejo baúl. Le quitó el polvo, giró la llave dentro de la cerradura, abrió la tapa... y de repente ¡salió un esqueleto!

—¡Aaah! —gritó Mickey, que retrocedió de un salto. Entonces se dio cuenta de que sólo era una decoración de plástico—. ¡Uf!

Mickey hurgó dentro del baúl.

—¡Aquí hay un montón de cosas chulas para Halloween! Lo llevaré todo abajo.

Mientras tanto, Pluto andaba persiguiendo una pelota por el jardín. Al correr por debajo de las cuerdas para tender la ropa, una de las sábanas se soltó y cayó sobre él. Lo cubrió de la cabeza hasta la cola y no podía encontrar su puertecilla.

De repente comenzó a llover, y la sábana mojada se pegó a Pluto como si tuviera pegamento. El perro corrió por todo el jardín, pero no pudo quitársela de ningún modo.

Frente a la casa, Donald, Goofy, Minnie y Daisy detuvieron el coche.

—¡Fijaos en los relámpagos! —exclamó Goofy.

Daisy soltó una risita nerviosa.

—Da un poco de miedo.

Los amigos de Mickey se apresuraron a entrar en la casa.

—¡Mickey, ya hemos llegado!

Pero no hubo respuesta. Mickey todavía estaba en el desván y no podía oírles.

En ese momento se fue la luz, y los amigos de Mickey oyeron unos golpes sobre ellos.

Minnie lanzó un grito ahogado.

—¿Qué ha sido eso?

Parecía que estuvieran arrastrando un objeto grande y pesado en el piso de arriba.

De repente, algo blanco pasó por la ventana y... ¡los amigos de Mickey se asustaron tanto que no pudieron gritar!

Mientras tanto, Mickey estaba bajando la escalera, ya disfrazado, y sosteniendo el esqueleto. Sus amigos alzaron la mirada y vieron un monstruo horripilante acercándose a ellos.

Y de pronto, la luz volvió.

—Vaya, hola, chicos —dijo Mickey.

—¡Nos has asustado, Mickey! —sonrió Minnie.

Daisy suspiró y dijo:

—Mickey, ¡ésta es la fiesta de Halloween más terrorífica y emocionante que hemos celebrado nunca!

—Sí, Mickey. Es la mejor casa encantada en la que he estado —asintió Donald.

—Eh... ¿casa encantada? —Mickey miró a su alrededor desconcertado.

Entonces, Pluto encontró al fin su puertecilla y entró corriendo en el salón. Mickey y sus amigos levantaron la vista y vieron... ¡un fantasma!

Disney
Tod y Toby

Vida salvaje

Tod, el zorro, acababa de llegar a la reserva natural, un vasto y hermoso bosque donde los animales salvajes vivían protegidos de los cazadores. La Viuda Tweed lo había llevado allí para mantenerlo a salvo, ya que su vecino de al lado, Amos Slade, se había propuesto cazarlo. Amos estaba enfadado con el zorro porque su querido perro, Jefe, había resultado herido mientras lo perseguía.

Al principio Tod no entendía por qué su amable propietaria, la Viuda Tweed, lo había dejado en medio de este extraño bosque, solo y asustado. Pero ella parecía estar muy triste por abandonarlo allí.

La primera noche fue terrible. Llovía a cántaros y, aunque intentó encontrar refugio en varias cuevas, siempre estaban ocupadas por otros animales. No había lugar para el pequeño zorro empapado. Pero a la mañana siguiente, las cosas empezaron a mejorar. Tod conoció a una atractiva zorrita llamada Vixey. Ella le mostró todo el bosque, que tenía muchas cascadas maravillosas y arroyos llenos de peces.

—Me va a gustar esto, Vixey —dijo Tod.

Al haber pasado toda su vida con la Viuda Tweed, nunca había conocido a otro zorro, y mucho menos a uno como Vixey.

Pero Vixey había vivido la vida de un zorro salvaje y sabía más sobre el mundo que Tod.

—Ten cuidado, Tod —advirtió—. Recuerda: somos zorros y tenemos muchos enemigos. ¡Has de estar siempre alerta ante el peligro!

—Venga ya, Vixey —se burló Tod—. ¡Estamos en una reserva! Oí decir a la Viuda Tweed que en este bosque no está permitida la caza. ¿Qué podría pasarnos aquí? ¡No tenemos que preocuparnos de nada!

De pronto, una enorme sombra se cernió sobre los dos zorros. Un gesto de pánico cruzó el rostro de Vixey. Al darse la vuelta lentamente y con cautela, Tod descubrió el motivo. Un oso gigantesco estaba de pie sobre sus patas traseras. ¡Y los miraba directamente a ellos!

—¡Grrrr! —gruñó el oso.

—¡Corre! —gritó Vixey.

Tod no necesitaba que se lo dijeran dos veces. Los dos zorros corrieron para alejarse del oso, subiendo y bajando colinas, pasando a través de un árbol hueco y saltando por encima de un pequeño arroyo. Cuando estaban muy lejos del oso, se detuvieron y se apoyaron contra una roca, jadeando con fuerza.

—Está bien —dijo Tod cuando recuperó un poco el aliento—. Ya veo qué quieres decir sobre los peligros, Vixey. A partir de ahora, tendré mucho más cuidado.

—Me alegro —sonrió ella—. Venga, ¡vamos a pescar! —añadió con alegría.

El combustible secreto

Rayo McQueen se sentía un poco triste.

—¿Cómo te va, soldado? —le preguntó Sargento.

Rayo McQueen miró a la muchedumbre cercana. Avanzaba lentamente hacia él, imitando cada movimiento que el héroe realizaba.

—Estos aficionados no me dejan en paz ni un momento, Sargento —suspiró—. Todos quieren conocer el secreto de mi éxito.

—¿Qué les has dicho? —preguntó Fillmore—. Yo creo que deberían probar el yoga.

Sus amigos sonrieron con cariño, pero Rayo McQueen siguió igual de triste.

—O tal vez —añadió Fillmore—, podrían probar un poco de mi aceite orgánico casero.

Rayo McQueen lo consideró detenidamente.

—¿Qué tal si les das un sorbito de la nueva gasolina orgánica en la que has estado trabajando?

—De la nueva gasolina..., bueno..., tiene algunos inconvenientes —le advirtió Fillmore.

Rayo McQueen miró a sus fans.

—¿De verdad? —exclamó—. Interesante...

Con un acelerón repentino, salió disparado.

—¡Vamos! Quiero probar la gasolina orgánica.

Sus amigos lo siguieron con rapidez.

—Tengo que hacerle varios ajustes... —dijo Fillmore.

—¡No te preocupes! —insistió Rayo—. Soy un coche de carreras. ¡Puedo soportarlo todo!

Cuando llegaron, Fillmore le pasó una lata de aceite.

—Aquí tienes, Rayo. ¡Bebe!

—¡Gracias, Fillmore! —Rayo McQueen dio un enorme sorbo a aquella bebida aceitosa y mostró una sonrisa radiante—. ¡Excelente!

Fillmore se sorprendió.

Rayo McQueen siguió hablando en voz muy alta:

—Sin tu gasolina casera, ¡nunca me habría convertido en campeón!

—Será una broma, ¿no? Si ni siquiera bebes... —comenzó a decir Fillmore, pero lo interrumpieron.

—¡Habéis oído eso? —gritaron los aficionados en la distancia—. ¡Ése es el secreto de McQueen!

Todos corrieron hacia él con impaciencia.

—¡Quiero probar tu gasolina orgánica! —gritó uno.

—¡Yo también! —gritó otro.

—Ahora podremos ser tan rápidos como Rayo McQueen —dijeron todos.

Pero entonces los sedientos aficionados comenzaron a quejarse. De sus tubos de escape empezó a salir humo ennegrecido a trompicones.

—¡Necesitamos un mecánico! —rugieron todos.

Los coches salieron pitando entre una nube de polvo con sus pobres motores rechinando.

—Ahora estarán contentos —rio Rayo—. ¡Corren como verdaderos campeones!

—Es un poco raro... —dijo Sally con desconfianza—. ¿Por qué no te ha afectado la gasolina orgánica?

—Porque sólo he fingido que la bebía —confesó entre risas.

Al fin consiguió un poco de paz y tranquilidad.

Disney · PIXAR

WALL·E

Al fin en casa

Abordo de la nave *Axioma*, donde todos los seres humanos vivían, la robot EVA entregó al capitán una planta especial proveniente de la Tierra. La encontró entre la colección de tesoros de un robot llamado WALL·E.

El capitán se emocionó mucho, porque aquella planta significaba que los humanos podrían volver a la Tierra. Sin embargo, Auto, el piloto automático, no iba a permitírselo, así que le quitó la planta rápidamente y la tiró por el conducto de la basura.

La planta dio un golpe a WALL·E. ¡El pequeño robot estaba trepando por el conducto para llegar a EVA! Muy feliz por ello, el robot pudo devolverle la planta, pero Auto lo electrocutó y lo lanzó de nuevo por el conducto, junto con EVA.

Los dos robots acabaron en el vertedero de la nave. EVA rescató al robot herido mientras éste intentaba entregarle la planta, pues aún pensaba que ella la deseaba más que a cualquier otra cosa, pero WALL·E se equivocaba. Ahora, EVA sólo deseaba ayudarlo.

EVA los sacó volando de inmediato del vertedero, junto con la planta. La robot quería llevar a WALL·E de vuelta a su casa, la Tierra, para así encontrar la manera de repararlo.

Mientras tanto, el capitán estaba luchando contra Auto por el control de la nave. Envió un mensaje a EVA ordenándole que llevara la planta a una enorme máquina a la que llamaban holodetector. Aquella máquina haría que la nave se dirigiera hacia la Tierra.

El capitán consiguió apagar al malvado robot, y EVA luchó por llegar al holodetector. Al final, la robot introdujo la planta en la máquina y por fin se dirigieron todos hacia la Tierra.

Pero no todo iba bien. ¡La gigantesca máquina había aplastado a WALL·E! Aunque desconsolada, EVA quiso llevar al robot de vuelta a su camión con más determinación que nunca, ya que allí podría encontrar las piezas exactas para devolverle de nuevo a la vida. Tan pronto como la nave *Axioma* aterrizó en la Tierra, EVA se dirigió como un rayo hacia el hogar de WALL·E y lo reparó. El robot por fin consiguió encenderse... y se dispuso a recoger basura. Algo no iba bien. Era un robot compactador de basura cualquiera. Todo el amor había desaparecido. ¡Ni siquiera reconocía a EVA!

Embargada por la tristeza, EVA tomó la mano de WALL·E y se inclinó sobre él. Un arco voltaico apareció entre las dos cabezas: se trataba de un beso robótico; así quiso despedirse de él. Entonces... la mano de WALL·E empezó a moverse. EVA lo miró a los ojos. ¡Estaba volviendo a la vida! ¡La había reconocido!

—¿EEEVAAA? —dijo él. Tras perseguir a EVA por todo el universo, WALL·E acabó justo donde todo empezó, en casa, pero esta vez tenía lo único que realmente quería: la mano de EVA entrelazada con la suya.

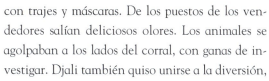

El festival de los animales

Quasimodo era un joven amable que siempre estaba dispuesto a ayudar a cualquier persona que lo necesitara. Después de pasar años confinado en la torre del campanario de la catedral, sabía lo terrible que podía llegar a ser la soledad.

Quasimodo tenía una enorme colección de animales huérfanos. Primero había recogido un gatito perdido y luego un perrito abandonado. Después adoptó un cordero, un burro, un pajarito y un buey. Esmeralda y Febo lo ayudaron a construir un corral. Pero no sabían cómo iba a poder alimentar a tantas mascotas.

—Encontraré la manera —dijo Quasimodo a la pareja—. ¡Ellos cuentan conmigo!

El Festival de los Bufones se acercaba, y Quasimodo estaba preocupado. ¿Cómo reaccionarían sus mascotas a tanto ruido?

—Mientras ayudas a Clopin con su espectáculo de marionetas en el festival —dijo Esmeralda—, ¿dejamos que Djali vigile a los animales?

Djali era la inteligente cabra de Esmeralda. Estaba acostumbrada a las multitudes y muy a menudo bailaba con Esmeralda en la plaza del pueblo. Le gustaban las fiestas.

—¡Gracias, Esmeralda! —dijo Quasimodo—. Es una idea maravillosa.

Llegó el día del Festival. Esmeralda trajo a Djali y la metió en el corral con los otros animales. La plaza se llenó rápidamente de personas ataviadas con trajes y máscaras. De los puestos de los vendedores salían deliciosos olores. Los animales se agolpaban a los lados del corral, con ganas de investigar. Djali también quiso unirse a la diversión, así que mordisqueó el pestillo del corral y la puerta se abrió fácilmente.

Djali oyó el tintineo de la pandereta de Esmeralda en el otro extremo de la plaza y corrió hacia el sonido. Los otros animales la siguieron, ¡incluso cuando la cabra se estrelló contra un puesto en el que vendían máscaras! Todos se volvieron para ver a los animales, que ahora iban disfrazados de bufones y reyes, aves cantoras y reinas. Los animales con máscaras fueron bailando detrás de la carreta de títeres de Clopin hasta el escenario de Esmeralda. Quasimodo vio con asombro que Djali y los demás animales se sumaban a la alegre danza de la gitana. La multitud aplaudía entusiasmada y lanzaba una lluvia de monedas a los artistas.

Cuando terminó el espectáculo, Esmeralda entregó el dinero a Quasimodo.

—Esto debería servir para comprar toda la comida que necesitas —dijo, feliz.

Quasimodo estaba tan contento que sintió ganas de bailar de alegría, pero ¡decidió dejar que eso lo hicieran los animales!

Bambi

La primera helada

Bambi abrió los ojos poco a poco. Estaba muy calentito en la espesura, acurrucado junto a su madre. Parpadeó aún adormilado y miró más allá de las zarzas. Algo había cambiado, porque el bosque no parecía el mismo. El aire era frío, y todo estaba cubierto por una brillante capa de escarcha.

—Jack Escarcha ha estado aquí —explicó la madre de Bambi—. Ha pintado todo el bosque con cristales de hielo.

Bambi estuvo a punto de preguntar a su madre quién era Jack Escarcha y cómo podía pintar con hielo, pero llegó a sus oídos otra voz, una muy impaciente.

—¡Levántate, levántate! ¡Ven a ver la escarcha! —Era Tambor, que golpeaba el suelo con su pata nerviosa—. ¡No tenemos todo el día!

El cervatillo se levantó y miró a su madre. Con un movimiento de cabeza ella le dio su aprobación, y el pequeño salió corriendo de la espesura. Miró con atención las hojas multicolores del suelo. Todas y cada una de ellas estaban cubiertas de hielo blanquecino. Bambi tocó con la nariz una gran hoja de roble naranja.

—¡Está fría! —gritó.

—¡Claro que lo está! —rio Tambor.

—Yo creo que es preciosa —dijo Faline al acercarse al claro.

—Yo también —afirmó Bambi.

—¡Pues mirad esto! —Tambor se alejó saltando y los dos jóvenes ciervos lo siguieron, admirando la forma en la que el sol brillaba sobre la escarcha que cubría los árboles y la hierba.

Tambor desapareció bajo un arbusto, y luego Bambi oyó un nuevo sonido, una especie de crujido.

Faline se abrió paso a través de los arbustos, con Bambi justo detrás de ella. Allí encontraron a Tambor, rompiendo la fina capa de hielo de un charco con su pata.

Bambi no había visto hielo nunca, así que pisó con su pezuña la fina capa de hielo que cubría el charco. Parecía doblarse... ¡hasta que se rompió!

Los tres amigos se pusieron enseguida a pisotear los charcos cubiertos de hielo, y, cuando rompieron todo el hielo, Faline tuvo una idea.

—¡Vamos a la pradera!

Bambi pensó que era una idea genial. ¡La hierba estaría brillando! Salieron de inmediato hacia allí, saltando y corriendo juntos por el bosque, pero, cuando llegaron a la linde de la pradera, se detuvieron.

Observaron, olisquearon y escucharon con atención. No sentían ningún tipo de peligro... porque el verdadero problema era que, en el prado, nada había cambiado. Allí no había escarcha.

—¿Qué ha pasado? —preguntó Bambi.

—La escarcha no dura mucho tiempo —explicó Tambor—. Se derrite tan pronto como aparece el sol. Pero no te preocupes, porque se acerca el invierno y pronto habrá algo mucho mejor que la escarcha. ¡Habrá nieve!

Un día no tan horrible

—¡Qué día tan maravilloso! —canturreó Mickey Mouse mientras paseaba por el mercado.

El aire era fresco. Las hojas eran de color rojo, amarillo y naranja. Y el trozo de queso estaba justo enfrente de él.

—Póngame ese queso y una rebanada de pan —dijo al vendedor del mercado.

—Llegas a tiempo —respondió el vendedor—. Estoy a punto de cerrar el puesto.

Mientras, el Pato Donald salió de su casa.

—¡Qué día tan espantoso! —exclamó, enfadado.

Se había quedado dormido y se había despertado con un calambre en el cuello. Se apresuró a cruzar la calle, pero tuvo que esperar a que el semáforo se pusiera en verde.

Justo en ese momento, un enorme camión pasó a su lado... ¡lo que faltaba!

—¡Mira por dónde vas! —gritó y luego se dirigió al mercado.

—Deme una barra de pan —dijo al vendedor.

—Lo siento —respondió—. No me queda pan.

—¿Que no queda? —preguntó Donald con los ojos desorbitados—. ¿Cómo que no queda?

Un poco más adelante, Mickey Mouse charlaba animadamente con Goofy.

—¿Qué tal te ha ido, Goofy? —preguntó.

—Bien —respondió Goofy mientras pelaba un plátano, tirando la cáscara al suelo.

En el mercado, Donald seguía de mal humor. ¡Tenía hambre!

—¡Esto es tan injusto! —protestó.

Se dirigió al parque al final de la calle, pero un segundo después, resbaló al pisar una piel de plátano. Cayó al suelo con un ruido sordo. Con el ceño fruncido, se puso de pie.

No muy lejos, Mickey extendía su mantel de pícnic en el parque. A su alrededor, los niños reían y jugaban.

—¡Hola, chicos! —saludó en tono amistoso antes de dar un gran mordisco a su sándwich de queso—. Qué día tan maravilloso —volvió a decir.

Donald dio una patada a una piedra en la acera mientras su estómago rugía. Entonces, de repente, ¡tunc!, una pelota lo golpeó en la cabeza.

—¡Cuidado, chicos! —gritó Donald frotándose la dolorida cabeza—. ¡Qué día tan horrible!

Justo en ese momento, Donald oyó una voz familiar que lo llamaba.

—¡Eh, Donald! ¡Ven a tomar un sándwich de queso conmigo!

Donald vio a Mickey saludándolo a la sombra de un árbol. Donald quería estar enfadado. Pero la verdad es que ningún pato puede resistirse a un sándwich de queso. Así que sonrió y se encaminó hacia él. ¡Tal vez no fuera un día tan horrible, después de todo!

Campamento Sunnyside

Una mañana temprano, Buzz y Rex llegaron a la guardería Sunnyside y, tan pronto como no hubo moros en la costa, salieron de la mochila de Bonnie. Aunque ahora vivían con Bonnie, a Buzz y Rex les gustaba ir a visitar a los juguetes de Sunnyside.

Buzz saludó a Sargento. Cuando Andy se fue a la universidad, Sargento y sus últimos dos cadetes encontraron su nuevo hogar en aquella guardería. Sargento le contó a Buzz que deseaba reclutar más soldados.

—Tienes un montón de reclutas a tu alrededor —le comentó Buzz—. Organicemos un campamento militar.

—¡Voy a ponerme mis botas! —exclamó Ken, y se fue corriendo a ponérselas, antes de que pudiesen explicarle que no necesitaba ponerse botas para participar en el campamento.

Durante la siesta de los niños, los juguetes salieron a escondidas y comenzaron el entrenamiento.

Ken volvió a aparecer con unas botas camperas. Cuando Sargento le ordenó que diera vueltas al jardín, ¡Ken se escandalizó!

Mientras tanto, los otros estuvieron trabajando duro. Sargento ordenó a todos que subieran a los balancines del patio de recreo. Rex saltó sobre uno de ellos y empezó a mecerlo poco a poco, pero Grandullón se unió a él... ¡y lo sacudió mucho más rápido!

—¡Demasiado rápido! —gritó Rex—. ¡Para!

Pero cuando Grandullón dejó de mecer el balancín, ¡Rex salió volando! Aterrizó en lo más alto de los hierros para trepar, por lo que Sargento y Buzz sugirieron una misión: debían rescatar a Rex.

—Tendremos que trabajar juntos —dijo Buzz a los juguetes.

Todos aceptaron ayudar... excepto Ken.

—¡Estas botas son *vintage*! —explicó señalando sus botas camperas.

El resto de los juguetes formó una torre, pero era demasiado corta y no llegaban hasta Rex, así que dijeron a Ken que necesitaban su ayuda.

Ken lo consideró detenidamente y terminó aceptando.

—¡La moda nunca me ha detenido! —gritó.

Se quitó las botas camperas en un abrir y cerrar de ojos y trepó hasta lo más alto de la torre, pero ¡seguía sin poder llegar hasta Rex!

Entonces Ken tuvo una idea.

—Pulpi —dijo—, tráeme las botas de plataforma a rayas rojo cereza de 1972. —Se las puso y estiró los brazos hacia Rex—. ¡Te tengo! —anunció.

—¡Lo hemos logrado! —gritaron los juguetes.

—Buen trabajo, tropa —les felicitó Sargento—. Misión cumplida.

Tras aquel suceso, llegó la hora de partir para Buzz y Rex. Se despidieron de todos los juguetes, pero Buzz no conseguía encontrar a Ken...

Finalmente, Buzz logró localizarlo.

—Gracias por tu ayuda de hoy —dijo Buzz—. ¡Eres un gran soldado!

—Gracias, Buzz, pero creo que ese adjetivo no es el más indicado —dijo Ken—. Cuando acabe de diseñar las nuevas botas militares... ¡estaremos fabulosos!

Disney
EL EMPERADOR
Y SUS
LOCURAS

El festín de Kronk

—¡Una vez más! —gritó Kronk. Las Ardillas Rayadas Junior miraron a su líder, tomaron aire y gritaron por cuarta vez:

—¡Somos Ardillas Rayadas! ¡No somos m-m-marmotas!

La tropa estaba cansada. Junto a ellos, la ardilla Bucky y tres de sus amigos cantaron también..., aunque en ardillo.

—Ñiiiiii ñi-ñi-ñiiiiiii. Ñi-ñi-ñiiiiiii ñi-ñi-ñiiiiiii, ñiiiiiii.

Las peludas colas de los animales se encorvaron.

—Tengo hambre —dijo Tipo a su hermana Chaca.

—Sigue cantando —recomendó Chaca—. Va a acabar pronto.

Mientras los pequeños empezaban otra estrofa, Kronk estaba de pie junto a los fogones. Mezcló, removió y sazonó con frenesí. Había estado cocinando durante horas y los olores que llegaban a la tropa cansada eran deliciosos.

—Estoy... casi... listo... —Kronk peleaba para poner en equilibrio varios platos en el brazo antes de dar la vuelta para servir a la tropa.

—*Voilà* —sonrió Kronk—. *Bon appétit!*

La tropa se inclinó hacia delante y sonrió. La comida tenía un aspecto delicioso.

Kronk dio un paso atrás, con modestia.

—Creo que soy un poco *gourmet* —dijo.

Todos estaban contentos. Todos, sí, menos Bucky y las ardillas. ¿Dónde estaba su comida?

—¡Ñiiii! Ñiiii, ñiiiiii, ñi-ñiiiiiii —murmuró Bucky tapándose con la pata.

Hizo un rápido gesto con la cabeza y todos se fueron corriendo hacia la tienda de Kronk. ¡Era un escándalo! ¡Las ardillas también eran Ardillas Rayadas Junior!

Bucky mantuvo abierta la cortinilla de la tienda y entraron todas las ardillas.

—Ñi-ñi-ñiiiiiii —ordenó Bucky mientras señalaba el saco de dormir de Kronk.

Las ardillas asintieron. Sabían qué debían hacer... ¡para masticar la sábana de Kronk! Cuando iban a empezar fueron interrumpidas.

—Oh, ñiiiiii. —La voz profunda de Kronk canturreó desde el exterior—. ¡Ñiiiiiii!

Las ardillas se asomaron fuera de la tienda. Ahí estaba Kronk, sosteniendo un nuevo plato. Mantenía en equilibrio un suflé de bellota de color marrón-dorado y un tazón de humeante salsa de bayas silvestres.

Bucky se encogió de hombros y miró tímidamente al líder.

—Pensabas que me había olvidado de ti, ¿eh? ¿Haría eso Kronk? —Kronk dejó la bandeja—. ¿Qué tal un abrazo?

Las cuatro ardillas se agarraron a las piernas de Kronk y las estrujaron. Todo estaba olvidado. Las Ardillas Junior disfrutaron juntas de su comida.

Mate en París

Mate estaba escuchando un poco de música en una tarde tranquila. De pronto, la música se paró y oyó una voz hablándole por la radio. ¡Era la agente secreta británica Holley Shiftwell!

—¡Hola, Mate! —dijo ella—. Perdona que te haya asustado. Me pongo en contacto contigo porque Finn y yo necesitamos tu ayuda. Estamos en París siguiendo la pista a varios Lemons que se han escapado del Gran Prix Mundial. ¿Podrías ayudarnos?

—¡Por supuesto! —exclamó Mate—. ¡Me encantaría!

De repente, Siddeley, el avión espía, aterrizó en medio de la calle principal. El mejor amigo de Mate, Rayo McQueen, llegó rodando hasta allí.

—Mate, ¿qué está pasando? —preguntó.

—Me voy a una misión secreta a París —susurró Mate—. ¿Quieres venir?

—¿A París? Pues... bueno..., vale —respondió Rayo.

Una vez llegaron a París, Mate y Rayo se reunieron con Holley y Finn.

—Llevamos un tiempo persiguiendo a estos Lemons, pero siguen escabulléndose de nuestras ruedas —explicó Finn.

—Los Lemons son algo complicados —comentó Mate—. Tienes que aprender a pensar como ellos. Si yo fuese un Lemon, me aseguraría de tener muchas piezas de recambio.

—Una idea brillante —dijo Finn—. Rayo y tú podéis ir a visitar al traficante de recambios del mercado central. Mientras tanto, Holley y yo nos dirigiremos a los mercados de la zona oeste de París.

Cuando Rayo y Mate llegaron al local del traficante de recambios, ¡lo habían saqueado todo!

—Los Lemons ya han estado aquí —comentó Mate. Entonces se fijó en un reguero de recambios que había en el suelo. La pareja siguió aquel rastro hasta llegar a una cafetería cercana donde Mate vio a dos coches de apariencia sospechosa. Uno de ellos petardeó y se le cayó la parrilla. ¡Era un disfraz! Mate gritó:

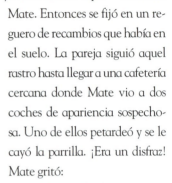

—¡Lemons! ¡Sus viejos tubos de escape los hacen petardear!

Los Lemons huyeron rápidamente de la cafetería, y Rayo y Mate los persiguieron por toda la ciudad. Sin embargo, no sólo había dos... ¡había seis Lemons rodeándolos!

—¡Vamos a deshacernos de ti de una vez por todas, remolcador, y también de tu amiguito corredor! —declaró uno de los Lemons, y los rociaron con gas somnífero.

Pero Mate hizo girar el gancho de su grúa a gran velocidad y devolvió el gas a los Lemons. Los matones perdieron el conocimiento en un abrir y cerrar de ojos.

Llegaron algunos Lemons más, pero Mate tuvo una idea...

Rayo y él provocaron una persecución, con los Lemons pisándoles las ruedas, hasta alcanzar la cima de la torre Eiffel. Los Lemons estaban tan exhaustos que acabaron volcando, y Finn y Holley llegaron justo a tiempo para capturarlos. ¡Otra magnífica misión cumplida por el agente secreto Mate!

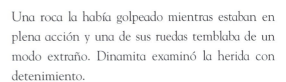

Dulce Dinamita

Dusty estaba charlando con Piñón y Blackout, dos de los bomberos paracaidistas sobre la líder del equipo, cuyo apodo era Dinamita.

—Hubo un momento en el que íbamos a llamarla de otra forma —comentó Blackout.

—¿Y cómo la ibais a llamar? —preguntó Dusty con curiosidad.

Después de mirar a su alrededor para asegurarse de que Dinamita no estaba cerca de allí, Blackout comenzó a contar la historia.

—Todo se remonta al momento en el que acababa de llegar para asumir el cargo de líder —dijo Blackout.

Explicó cómo, en su primer incendio, Dinamita había demostrado ser una líder muy eficiente. Había corrido para entrar en acción sin dudarlo ni por un instante, dando órdenes al resto de los bomberos paracaidistas antes de tocar siquiera el suelo.

Dinamita sabía muy bien qué debía hacer para evitar que las llamas se propagaran. Pasó zumbando alrededor de los claros, gritando órdenes a diestro y siniestro mientras los apagafuegos trabajaban para detener el avance del fuego.

Había costado mucho esfuerzo y trabajo duro, pero, bajo el mando de Dinamita, el equipo había conseguido parar el fuego que se estaba propagando, permitiendo así que el equipo aéreo actuara y extinguiera las llamas.

Sin embargo, cuando todos volvieron a la base, se dieron cuenta de que Piñón tenía un problema.

Una roca la había golpeado mientras estaban en plena acción y una de sus ruedas temblaba de un modo extraño. Dinamita examinó la herida con detenimiento.

—Puede que tengas torcido un semieje —declaró—. Será mejor que Maru te eche un vistazo.

Estaba claro que Piñón no podía conducir hasta Maru por sí sola, así que Dinamita cargó con ella muy amablemente y la llevó hasta el taller. Antes de marcharse, se tomó unos segundos para asegurarse de que el resto del equipo estaba bien y no había más heridos.

Cuando Dinamita dejó a Piñón, volvió y se encontró a todos los demás riéndose entre dientes.

—Hemos encontrado el apodo perfecto para ti —dijo Blackout.

—Eres tan atenta y bondadosa que creemos que te iría muy bien algo como Terroncito o Cariño —rio Drip.

Dinamita pareció enfurecerse. Se levantó sobre sus ruedas y gritó con todas sus fuerzas:

—¡Cómo os atrevéis a burlaros de mí?

El resto de los apagafuegos se echaron atrás asustados, y se dieron cuenta enseguida de que, aunque su nueva jefa era muy atenta, ¡no era dulce y tierna para nada! De hecho, su personalidad era un poco explosiva así que decidieron un nuevo nombre de inmediato: la nueva jefa iba a llamarse Dinamita, y desde aquel día ¡todo el equipo tuvo mucho cuidado de no hacerla estallar!

EL LIBRO DE LA SELVA

La patrulla de la selva

Un día Mowgli fue a la selva a visitar a su viejo amigo el oso Baloo.

—¿Por qué estás tan triste, Mowgli? —le preguntó.

—Es la estación seca y el caudal del río está bajando —explicó Mowgli—. Mis amigos de la aldea tienen miedo de que nos quedemos sin agua.

—Vaya —dijo Baloo, y se rascó la cabeza—. ¿Y si usáis el manantial de la selva? Nunca se seca.

Mowgli sacudió la cabeza.

—Está demasiado lejos. Tardaríamos un día entero en ir y volver.

Entonces, la sigilosa pantera Bagheera se acercó.

—Tengo una idea, Mowgli: la patrulla de la selva.

A la mañana siguiente, Bagheera, Baloo y Mowgli esperaron junto al manantial. No pasó mucho tiempo hasta que el suelo empezó a temblar y el coronel Hathi y sus elefantes aparecieron.

—Un, dos, tres, cuatro. Con el un, dos... —gritaba el coronel, con el pelotón marchando tras él.

—Aquí viene —dijo Bagheera—. La patrulla de la selva.

Los tres se apresuraron a esconderse entre los arbustos y esperaron a que los elefantes pararan en el manantial a dar un buen trago.

—¿Preparado para poner en marcha mi plan? —susurró Bagheera a Mowgli. El chico asintió y los dos saltaron de los arbustos gritando—. ¡Al río, rápido! ¡Todos al río!

Los elefantes los miraron alarmados.

—¿Qué... qué es lo... lo... lo que pasa? —tartamudeó el coronel.

—¡Shere Khan se acerca! ¡Corred hacia el río! —gritó Mowgli.

—Compañía... ¡corran! —vociferó el coronel, y los elefantes marcharon en estampida por la selva.

Bagheera y Mowgli vieron que la manada derribaba todos los árboles que se encontraban entre el manantial y el río. Cuando Mowgli llegó a la orilla, se dio la vuelta y vio un camino despejado hacia el gran manantial.

Ahora era el turno de Baloo.

—¡Escuchad! —gritó Baloo mientras corría hacia la manada—. ¡Falsa alarma!

—¿Cómo que falsa? —preguntó Hathi.

—Shere Khan no se está acercando —dijo Baloo—. Unos cazadores humanos lo están persiguiendo, así que ha huido lejos. ¡Estamos a salvo!

Todos los elefantes suspiraron aliviados. Entonces el coronel Hathi gritó:

—¡De frente! ¡Marchen!

Mowgli sonrió mientras los elefantes se alejaban.

—Con este nuevo camino al manantial, mis amigos nunca se quedarán sin agua.

Bagheera asintió.

—Buen trabajo —dijo.

—Y tanto —añadió Baloo con una carcajada—. Y ¿sabes qué ha sido lo mejor? ¡Que otros lo han hecho por nosotros!

Pinocho

Bateador

Pinocho no siempre fue un niño de verdad. Antes había sido una marioneta. Para él, ser un niño era un sueño hecho realidad.

Un día, Pinocho iba caminando a casa desde la escuela. Había estado pensando en qué haría un niño para divertirse. ¿Trepar a los árboles, hacer cabrillas con piedras en el agua o quizá saltar en el barro? De pronto, divisó a un grupo numeroso de niños reunidos en un campo justo al final de la calle.

—¿Qué estáis haciendo? —preguntó Pinocho.

—Jugar al béisbol —respondió un chico pelirrojo.

—¿Béisbol? —Pinocho no había oído hablar de ese juego antes, pero sonaba divertido.

—¿Puedo jugar? —preguntó.

Los niños asintieron.

—¿Has traído un guante? —preguntó uno.

—¿Un guante? —repuso Pinocho.

—Está bien, puedes utilizar el mío mientras yo bateo —dijo el niño lanzando un gran guante de cuero marrón a las manos de Pinocho—. Puedes jugar la primera base.

Pinocho sonrió. ¡Primera base! ¡Eso sonaba importante! Este juego iba a ser divertido. Si pudiera averiguar qué base era la primera...

Por suerte, los otros chicos corrieron hacia sus bases, dejando sólo una vacía. Pinocho corrió a la base polvorienta. Luego esperó.

¿Qué pasaría después?

¡Batea!

¡Fiiiuuu!

¡Crac!

Antes de que Pinocho se diera cuenta, una pelota pasó volando por encima de su cabeza, ¡y un niño alto iba corriendo a toda velocidad hacia él!

—¡Aaaah! —gritó Pinocho, cubriéndose el rostro con el guante.

El niño estaba a salvo. Y Pinocho se trasladaba al campo derecho. Pero en el siguiente lanzamiento, la pelota debía volar hacia arriba..., arriba..., arriba...., y abajo hasta el campo derecho. Esta vez, Pinocho intentó atraparla. Sin embargo, la pelota aterrizó con un ruido sordo en la hierba detrás de él.

Pero Pinocho nunca se rendía y, cuando por fin le llegó el turno de batear, se metió en la caja de bateo y mantuvo la cabeza alta. Para su sorpresa, sentía el bate extrañamente natural en sus manos..., casi como una parte de su viejo cuerpo de madera. Observó con detenimiento al lanzador..., y en el primer lanzamiento, ¡crac!, envió la pelota alta y lejos, al cielo.

—¡Hurra! —aplaudieron los chicos.

¡Había nacido un bateador! Y un niño de verdad había aprendido un nuevo juego.

Cuidando del gato

—Esta noche vamos a cuidar de Fígaro, el gato de Minnie —anunció Mickey Mouse a sus sobrinos, Morty y Ferdie.

Cuando Minnie y Fígaro llegaron a la casa de Mickey, Pluto atravesó corriendo el jardín con una gallina enfurecida detrás de él.

—¡Pluto! ¿Has estado persiguiendo gallinas otra vez? Tal vez Fígaro pueda enseñarte buenos modales —dijo Minnie, y se marchó dando fuertes pisotones y dejando a Fígaro en brazos de Mickey.

Apenas hacía unos segundos que se había ido Minnie cuando Fígaro saltó al suelo y se escabulló dentro de la cocina. Saltó encima de la mesa y derramó una jarra llena de leche.

Pluto gruñó, pero Mickey se limitó a limpiar el desastre.

—Sé amable, Pluto —le pidió.

Más tarde, Pluto se comió toda su comida, pero Fígaro se negó a tocar la comida que Minnie había dejado para él.

A la hora de acostarse, Morty llamó a su tío.

—Tío Mickey, ¿has cerrado la ventana de la cocina?

—¡Ay, no! —exclamó Mickey. La ventana estaba abierta y Fígaro no estaba por ninguna parte.

Mickey y los niños buscaron a Fígaro por toda la casa, pero no pudieron encontrarlo, así que fueron a casa de Minnie. Sin embargo, tampoco estaba allí.

—¿Ha visto a un gatito blanco y negro? —preguntó Mickey a un policía que andaba por la calle.

—¡Desde luego! —respondió—. Estaba molestando a unos patos junto al estanque.

Sin embargo, cuando llegaron allí, lo único que encontraron fueron unas huellas diminutas de barro.

El grupo siguió el rastro hasta otra calle, donde se toparon con un camionero.

—¿Ha visto a un gatito? —preguntó Mickey.

—¡Sí! —exclamó éste—. ¡Tiró al suelo mis huevos!

Mickey refunfuñó mientras pagaba los huevos rotos.

Buscaron por toda la ciudad, pero no encontraron señales del minino. Cuando volvieron a casa, el sol ya empezaba a salir.

Poco después, Minnie llegó con su coche.

—¿Dónde está Fígaro? —quiso saber.

Justo entonces, se oyó un cacareo estridente. Una docena de gallinas salió corriendo por encima de la valla del jardín agitando las alas, con Fígaro detrás.

—¡Ahí está tu dulce gatito! —anunció Mickey—. Se escapó, molestó a los patos del estanque, luego rompió unos huevos y...

—Esperaba que Fígaro enseñara a Pluto a comportarse —dijo Minnie—. ¡Pero Pluto le ha enseñado a portarse mal! —Cogió a su gatito y se fue.

—Ya le contaremos toda la historia después, cuando no esté tan molesta —explicó Mickey a los niños.

—No se lo digas demasiado pronto —le pidió Morty—. Mientras la tía Minnie piense que Pluto es un perro malo, no tendremos que cuidar de Fígaro.

—Puede que tengas razón. Así estaremos todos mucho más tranquilos —sonrió Mickey.

Un problema burbujeante

A los pies del Monte Escupitájulus, Globo instó a sus amigos a que acudieran y observaran su intento de cruzar el chorro de burbujas que rezumaba de la cumbre.

—Fíjate bien, Nemo —dijo Globo—. Voy a enseñarte mi movimiento secreto para cruzar el famoso anillo de fuego del volcán.

Nemo soltó una risita.

—¿Pero no es sólo un chorro de burbujas?

—Es el chorro de burbujas más potente de todo el acuario —le informó Globo—, ¡y no conseguirá detenerme!

Globo se inclinó hacia abajo.

—¿Has visto cómo pienso abordarlo? —preguntó—. ¡Todo se basa en el ángulo de entrada! Aunque se vuelve bastante difícil...

Cuando iba a lanzarse hacia el torrente y abrirse paso a la fuerza, ¡las burbujas desaparecieron!

—¿Qué ha pasado? —se preguntó Nemo.

—Ha perdido el brío —comentó Globo, algo confuso.

—Vamos a investigar —sugirió Nemo.

Nemo y Globo encontraron a Peach pegada a un lado de la pecera. Apartó su cabeza puntiaguda y rosa del cristal cuando le contaron lo que había pasado.

—Podría ser un problema eléctrico —dijo Peach.

Jacques no pudo evitar oír su conversación.

—Si el problema está ahí abajo, lo encontraré —declaró, y se fue corriendo hacia el fondo del acuario. Al seguir el tubo que transportaba las burbujas al volcán todo parecía estar bien... hasta que descubrió un enorme nudo.

—Voilà! —exclamó Jacques.

El culpable había sido el pez Burbujas. Había hecho un nudo en el tubo para poder ver todas las burbujas concentradas en un mismo sitio.

—Suelta esas burbujas de inmediato —le ordenó Gill mientras nadaba lentamente hacia ellos.

La presión del tubo fue aumentando, lo que provocaba que se expandiera. Todos se unieron rápidamente para enderezar el tubo, pero ¡el nudo explotó!

La explosión alcanzó a Nemo, que aterrizó en el chorro de burbujas que apuntaba en dirección al volcán.

—¡Ayuda! —gritó mientras el volcán lo engullía. Un momento después, salió por el cráter metido dentro de una burbuja gigantesca.

—¡No te muevas, Nemo! —le mandó Gill—. ¡Condúcela hasta un lugar seguro!

Nemo tragó saliva al mismo tiempo que la burbuja subía y subía. Rompió la superficie del agua, y pudo ver el océano que se extendía al otro lado de la ventana.

—¡Soy libre! —gritó de alegría.

Pero la burbuja se rompió... y Nemo cayó de nuevo dentro de la pecera.

—Lo siento, chico —le dijo Gill.

—Todas las burbujas explotan —añadió Globo.

A Nemo no le importó. Sabía que su padre llegaría algún día. Hasta entonces, simplemente, disfrutaba de las aventuras alocadas e impredecibles que estaba viviendo con sus nuevos amigos.

La aventura espacial de Buzz

Un día, después de jugar durante un buen rato, las Guisantitas se encontraban muy fatigadas, así que pidieron a Buzz que les contara una de sus historias sobre el espacio.

—En una ocasión —comenzó Buzz—, el malvado emperador Zurg robó un turbotraje de guardián espacial supersecreto, y el Comando Estelar sabía que yo era el único que podía recuperarlo.

—Vaya —exclamó Woody—. Me pregunto qué se siente al ser un héroe espacial.

—Yo también —intervino Rex—. ¡Oye, Buzz! ¿Puedo estar en tu historia? ¿Pero con brazos más largos?

—Claro, ¿por qué no? —respondió Buzz, y siguió con su historia—. Me iba a adentrar en una zona peligrosa del espacio, así que fui con una tripulación muy especial: ¡el primer teniente Woody y el segundo teniente Rex!

»Mientras aterrizábamos en el planeta Zurg, un zumbido estridente llenó el aire, así que fuimos a investigar.

»De repente, divisamos un ejército. Había cientos de zurgrobots fieles al emperador Zurg, y todos ellos emitían ese zumbido. Woody y Rex lo tenían todo controlado, así que partí en busca del cuartel general de Zurg... ¡y de ese turbotraje!

»Pero no había llegado muy lejos cuando vi a un zurgrobot solitario, de pie. Era muy raro, porque normalmente nunca viajan solos. Su zumbido parecía diferente, casi como una cancioncilla.

»—¡Alto el fuego! —gritó el zurgrobot—. ¡No soy como los otros! Mi nombre es Zenny y no quiero zumbar, sino cantar. Pero el emperador no me lo permite.

»Por lo visto, este zurgrobot también se oponía a Zurg. Pero con toda la galaxia en juego, ¿cómo podía confiar en él?

»—Te llevaré hasta el turbotraje —prometió Zenny.

»Y, fiel a su palabra, Zenny me guio hasta el corazón de la guarida de Zurg... y hasta el turbotraje.

»Pero cuando alargué la mano para coger el turbotraje, un grupo de zurgrobots me atacó. ¡Habían capturado a mis dos tenientes! Entonces apareció Zurg, con nuestra muerte cada vez más y más cerca...

»—No tan rápido, Zurg —gritó una voz.

»¡Era Zenny!

»—¡Silencio, zurgrobot! —le ordenó el emperador.

»—No —replicó Zenny—. Puede que parezca un zurgrobot más, pero no tengo por qué actuar como ellos.

»Y, tras estas palabras, ¡comenzó a cantar!

»A medida que la voz de Zenny iba subiendo de volumen, las estalactitas del techo de la cueva se desprendieron. Cayeron sobre el suelo y atraparon a Zurg. Zenny nos soltó de nuestras ataduras y nos liberó. Luego, me puse el turbotraje tan rápido como pude y, con la ayuda de mis tenientes, ¡derroté al ejército de zurgrobots! También con la ayuda de Zenny.

»En el viaje de vuelta a casa, pudimos ver a Zenny enseñando a otros zurgrobots a cantar. El planeta Zurg iba a ser un lugar mucho más alegre a partir de entonces. ¡Y fin!

Patch Relámpago

Cada noche, Pongo, Perdita y sus quince cachorros dálmatas se reunían alrededor de la televisión para ver las heroicas aventuras de Relámpago. Los cachorros miraban, con los ojos como platos, como el perro salvaba al mundo de todo tipo de villanos y ladrones. Patch quería ser como él.

Después del programa, era hora de que los cachorros se fueran a dormir y Pongo y Perdita salieran a dar un paseo con sus amigos humanos.

Pero, una noche, Patch tuvo otra idea.

—¿Podemos quedarnos despiertos un poco más? —suplicó.

—Es hora de ir a dormir —respondió Perdita, mientras salían para dar su paseo.

Pero Patch no quería ir a dormir. Quería vivir una gran aventura, como Relámpago. Y cuando los cachorros oyeron un ruido extraño, Patch vio su oportunidad.

—¡Mirad! —susurró Patch, señalando a un pequeño ratón que estaba sentado cerca de la cesta de los cachorros—. ¡Es un bandido! ¡Tenemos que atraparlo!

Todos los cachorros querían jugar, así que salieron rápidamente de la cama y subieron a hurtadillas por la escalera tras el temible criminal.

—Seguidme —susurró Patch, fingiendo ser Relámpago—, ese despreciable canalla se dirige al estudio de música.

Antes de que los cachorros pudieran atrapar al ratón, oyeron a alguien que subía por la escalera.

¡Era Nanny! Si pillaba a los cachorros, se meterían en un buen lío.

—Escondeos —dijo Patch.

Los cachorros corretearon por la habitación hasta encontrar un escondite.

—¿Qué es ese ruido? —preguntó Nanny, mirando por la habitación, aparentemente vacía.

Mientras los cachorros aguantaban la respiración, Patch vigilaba al canalla que ahora estaba bajando de nuevo por la escalera. Cuando Nanny se marchó, los cachorros reanudaron su caza.

—Ese ladrón tiene que estar por alguna parte —dijo Patch mientras los perritos buscaban por la cocina.

—¡Ahí está! —gritó Rolly, de repente.

Rolly corrió a toda velocidad hacia el bandido, pero chocó con una bolsa de harina, que cayó sobre él. ¡Rolly estaba todo blanco!

—Ese cachorro no tiene manchas —dijo Patch señalando a su hermano—. ¡Él es el verdadero intruso! —gritó Patch.

Todos los cachorros se abalanzaron sobre Rolly, pero Pepper vio a Pongo y Perdita fuera.

—¡Mamá y papá están aquí! —exclamó Pepper—. ¡Todo el mundo a la cama!

—¡Tranquilos, amigos! —gritó el líder de la manada—. ¡Patch Relámpago os salvará!

Cuando Pongo y Perdita echaron un vistazo a sus preciosos cachorros, los encontraron... acurrucados en la cama, justo como los habían dejado.

Disney · PIXAR INSIDE OUT

Fueron tristes y comieron perdices

Ira, Asco, Miedo, Tristeza y Alegría cuidaban juntos de su niña, Riley, en el cuartel general.

—¡Anímate, Tristeza! ¡Estamos patinando sobre hielo! ¡Nos encanta patinar sobre hielo! —exclamó Alegría.

—Estoy demasiado triste para patinar —lloriqueó Tristeza.

—¿Sabes lo que necesitas? ¡Un recuerdo feliz! Elige uno —respondió Alegría.

—¿Qué tal ese momento en el que fuimos al parque e hicimos un pícnic? —sugirió Tristeza.

—Ése es un recuerdo genial —la animó Alegría—. Aquel día hicimos un montón de cosas. ¡Mamá y papá nos sorprendieron con un *cupcake*! Riley estuvo a punto de morderlo cuando...

—Una mariquita aterrizó sobre el glaseado y se quedó pegada —continuó Tristeza—. Pobre mariquita.

—¡Tristeza! —suplicó Alegría.

—Aquel pícnic iba de perlas hasta que apareció aquel perro y lo destrozó todo —gritó Ira—. Eso te debe enfurecer mucho, ¿verdad, Tristeza?

—Mamá y papá no nos dejaron llevarnos ese perro a casa —se quejó Tristeza.

—Olvidas la parte más espantosa de aquel día —intervino Asco—. Resbalamos en el barro y nos ensuciamos de arriba abajo. ¿No te da mucho asco?

Tristeza lanzó un suspiro.

—Es triste. Nuestro jersey preferido se estropeó.

—Eh... ¿te acuerdas de cuando hicimos un collar de margaritas? —dijo Miedo—. ¡Casi nos pica una abeja enorme!

—Salimos corriendo y pisamos el collar de flores —balbuceó Tristeza entre lágrimas—. Las margaritas quedaron aplastadas... Fue tan tan triste.

—No funciona. Elige un recuerdo triste —sugirió Alegría.

—Una vez perdimos el autobús del colegio —recordó Tristeza.

—Eso fue triste, pero ¿cómo os hizo sentir eso a vosotros tres? —preguntó Alegría a su equipo.

—¡Furioso! —gritó Ira—. ¡Ese conductor salió tres segundos antes de lo habitual!

—Y casi nos ahogamos con el humo del tubo de escape. Absolutamente repulsivo —añadió Asco.

—E íbamos a tener problemas por haber llegado tarde a clase —explicó Miedo.

—¿Sabéis cómo recuerdo yo ese día? —preguntó Alegría—. ¡Fue el mejor del mundo! Mamá nos llevó al cole en coche. Cantamos muy fuerte y paramos a tomar un chocolate delicioso.

—Tienes razón, Alegría —respondió Ira con tranquilidad—. Quizá no fuese un día tan malo.

—Para nada repugnante —comentó Asco.

—Ahora me siento bien y a salvo —añadió Miedo.

Tristeza pensó durante un rato.

—Me siento...

—Genial, ¿verdad? ¡Estás feliz! Todos estamos felices —afirmó Alegría. Pero entonces...

—Estoy triste —lloró Tristeza—. Al dar un sorbo al chocolate, nos quemamos la lengua.

Ira, Asco, Miedo y Alegría suspiraron.

Viejos y nuevos fans

Como un borrón rojo, Rayo McQueen pasó zumbando por la línea de meta. La multitud aclamó y vitoreó al ganador, mientras él daba la vuelta de honor por el estadio.

—¡Una vez más, Rayo ha ganado la carrera! —gritó Doc Hudson por los altavoces.

No sólo había ganado Rayo McQueen la Copa Pistón, ¡sino que también había superado su mejor tiempo!

La noticia sobre el nuevo récord de velocidad de Rayo se esparció como la pólvora, y Chuki, el reportero, estaba ansioso por conseguir una entrevista con el coche de carreras favorito de todo el mundo.

—¿Dónde está el campeón? —preguntó Chuki emocionado.

Doc entornó los ojos. Sabía que Rayo querría tomarse un descanso después de la gran carrera.

—Está ocupado, entrenando —contestó Doc con seriedad. Acto seguido advirtió a Rayo por el micrófono—: ¡Sigue en el circuito, hijo!

«Vaya —pensó Rayo—, Chuki debe de venir tras de mí.»

Rayo redujo su velocidad y Leak Less condujo hasta ponerse a su altura.

—¿Qué pasa, colega? —le preguntó Leak Less.

—Me está persiguiendo un reportero, Leak Less. ¡No sé cómo escapar de él! —se quejó Rayo.

—¿Eso es todo? —rio Leak Less—. ¡Sígueme!

Rayo se sintió bastante confundido al ver que su compañero Leak Less salía de la pista y se dirigía hacia una entrada que no había visto antes.

—Esta puerta de servicio lleva directamente al exterior. Es un viejo truco de los corredores veteranos —explicó Leak Less con una amplia sonrisa.

Rayo le devolvió la sonrisa.

—¡Gracias por el consejo! Siento haber interrumpido tu sesión de entrenamiento.

—¡No importa! Iba de camino a una reunión de aficionados. ¿Te quieres venir? —preguntó Leak Less.

—¡Por supuesto! —exclamó Rayo con emoción—. Siempre es un placer conocer a nuevos fans.

—¡Ja, ja, ja! Yo no diría exactamente «nuevos» —dijo Leak Less riéndose.

Leak Less y Rayo llegaron a la reunión. El lugar estaba decorado con banderas amarillas y negras, además de pósters antiguos de Leak Less.

El grupo de coches vitoreó cuando entró su héroe. Leak Less avanzó con orgullo.

—Como ya te he contado, soy un corredor veterano y mis fans ya están entrados en años.

Rayo miró al grupo de fans que había a su alrededor. ¡Había algunos viejos modelos que ni siquiera sabía que todavía seguían conduciendo!

Los fans estaban muy contentos por conocer al joven corredor y ansiaban compartir historias de su héroe. Tenían muchas preguntas para Rayo de su última carrera en la Copa Pistón y de cómo había batido su récord.

«Huy —pensó Rayo—. ¡Seguro que Chuki no me habría hecho tantas preguntas!»

La pasión de Piñón

Otro fuego fue extinguido con seguridad en Pico Pistón, y Dusty y algunos de los apagafuegos estaban recuperando el aliento antes de volver a la base.

Los amigos hablaron sobre sus nombres y apodos. Dusty les explicó que su nombre no tenía realmente significado, mientras que los apagafuegos comentaron que sí que había una razón detrás de todos sus motes.

Dusty se dio cuenta de que no sabía cómo Piñón había conseguido el suyo, así que se puso cómodo mientras Drip comenzaba a contar la historia.

Tiempo atrás, cuando Piñón se había unido al equipo, los otros se percataron de que le gustaba escabullirse y adentrarse en el bosque siempre que tenía un rato libre.

Un día, Drip la había encontrado deambulando entre los árboles misteriosamente, con los ojos fijos en el suelo de la foresta. Cada cierto tiempo se detenía y recogía algo del suelo. Sin duda, era un comportamiento muy raro.

Cuando Drip contó a los otros apagafuegos lo que ocurría con el extraño comportamiento de la recién llegada, se preguntaron qué sería lo que estaría recolectando. Drip les explicó que no había podido ver de qué se trataba, pero que había visto a la recién llegada esconderlo en un armario con llave, allí cerca.

Embargados por la curiosidad, el equipo fue a mirar lo que había dentro, pero el armario estaba cerrado a cal y canto. Maru, el mecánico, no había podido evitar oírlo todo, así que estaba tan intrigado como los apagafuegos. ¡Necesitaban saber qué era lo que escondía en aquel armario!

Tras enganchar una de sus horquillas bajo el asidero, Maru tiró con fuerza. El cerrojo cedió al fin y las puertas del armario se abrieron de par en par. De dentro salieron cientos y cientos de piñones, que cubrieron por completo el cuerpecito del pobre Maru.

—¿Y para qué quiere ella recolectar piñones? —quiso saber Blackout, y dio un salto cuando Piñón apareció exigiendo explicaciones sobre lo que estaban haciendo.

—¡Sentíamos curiosidad! —se excusó Drip. Le preguntaron si era una coleccionista de piñones, y ella se rio.

—¡No! Me apasiona la botánica —dijo ella, y les contó lo mucho que le gustaba estudiar plantas, aunque lo que más le gustaba eran los piñones.

Les explicó que, una vez los acababa de estudiar, los devolvía al mismo sitio donde los había encontrado, pero al abrir la puerta del armario se habían mezclado todas sus muestras.

Dusty se rio cuando los apagafuegos le contaron cómo Piñón se cernía sobre ellos mientras los obligaba a colocar las muestras en orden, una por una.

Tras pasar varias horas poniendo los piñones de vuelta en el armario, Avalancha y los demás decidieron que no había mejor mote para su amiga botánica que Piñón.

Disney
DUMBO

Un ratón con talento

—Mira, Dumbo —dijo el ratón Timoteo, señalando el periódico—. Aquí hay otro artículo sobre nosotros.

No era algo inusual. Desde que Dumbo se había hecho famoso por ser capaz de volar, todo el mundo sentía interés por él.

La señora Jumbo, su madre, miró por encima del hombro de Timoteo.

—Qué bonita historia —susurró—. Lástima que la imagen no sea muy buena. Apenas se te ve, Timoteo.

El ratón se fijó en la foto.

—Oye —exclamó tras revisar la historia—, ¡en el artículo no me nombran siquiera!

—No pasa nada —lo tranquilizó la señora Jumbo—. Todos saben lo importante que eres.

Timoteo sacó pecho, con orgullo. Al fin y al cabo, ¡él fue quien enseñó a volar a Dumbo! Pero entonces volvió a derrumbarse.

—¿De verdad soy tan importante? —dijo—. Es Dumbo quien tiene talento, no yo.

La señora Jumbo y Dumbo intentaron animarlo, pero se alejó alicaído. ¡Era tan listo y tenía tanto talento que también debería ser famoso!

—Tengo que pensar en la forma de hacerme famoso por mi cuenta —murmuró—, pero... ¿cómo?

De repente, chasqueó los dedos.

—¡Ya lo tengo! —gritó—. ¡Yo también aprenderé a volar! Y así podremos ser famosos los dos.

Trepó rápidamente hasta la cima de la carpa más alta del circo. Dumbo había aprendido a volar por sí solo saltando desde diferentes sitios, y Timoteo confió en que también funcionaría con él.

—De perdidos al río —susurró.

Saltó desde lo más alto y abrió los ojos. El suelo parecía estar muy lejos.

—Oh, no —se lamentó, y tragó saliva.

¿Qué es lo que había hecho? El suelo se acercaba cada vez más y más. Timoteo cerró los ojos con fuerza...

Entonces sintió que tiraban de él hacia arriba y, al abrir los ojos de nuevo, ¡vio que Dumbo lo había atrapado con la trompa!

—¡Menos mal! ¡Gracias, chico! —suspiró aliviado.

Dumbo sonrió y lo depositó en su gorrito.

Timoteo se acomodó en su lugar habitual. Volar era mucho más divertido cuando las orejas de Dumbo hacían todo el trabajo.

No tardaron mucho en aterrizar al lado de la señora Jumbo.

—¡Timoteo, estás a salvo! —gritó—. Cuando te vi caer me asusté muchísimo. ¿Qué haríamos Dumbo y yo sin ti?

Timoteo parpadeó asombrado.

—Nunca lo había visto de ese modo —musitó—. Puede que no salga en las portadas de los periódicos todos los días, pero ¿a quién le importa? Sé que soy importante, y mis amigos también lo saben. Eso es lo único que importa.

Sonrió con alegría. Tenía mucho talento propio, y eso era suficiente para él.

Los guardianes del jardín

Bonnie había llevado a Woody consigo a Sunnyside, pero cuando llegó la hora de volver a casa se lo dejó allí por accidente.

Woody miró por la ventana con tristeza. Era viernes, así que Bonnie no volvería a la guardería hasta el lunes.

—Bonnie no te ha dejado a propósito, Woody —lo animó Chatarra, la figura de acción de aspecto rocoso.

Woody sonrió.

—Lo sé, Chatarra —respondió algo más animado—. Será como unas pequeñas vacaciones.

Era un día precioso, así que Woody decidió salir para dar un paseo relajante por el jardín. Todo estaba muy tranquilo cuando no había niños, pero, en el momento en el que Woody pasó junto a los columpios, oyó un crujido entre la hierba alta que había cerca.

—¡Eh! —exclamó—. ¿Hay alguien ahí?

Al ver que nadie respondía, Woody se adentró entre la hierba.

—Sal, amigo —prosiguió, mientras apartaba las largas briznas. Antes de que pudiera decir nada más, un trozo de cuerda le rodeó el pie con fuerza y lo levantó en el aire. Woody lanzó un grito ahogado.

—¡Arriba las manos! —gritó una voz entre la hierba, mientras Woody colgaba de la rama del árbol que había sobre él sin poder hacer nada.

Entretanto, dentro de la guardería, la figura de acción que tenía forma de bicho, Mantis Man, se preguntaba dónde habría ido Woody. Cuando Chatarra le explicó que el vaquero había salido solo al jardín, Mantis Man comenzó a preocuparse.

—¿Qué? ¿No le has avisado de que ellos están ahí fuera? —dijo tragando saliva—. Podría caer en una de esas trampas que han construido para detener a los intrusos.

Chatarra se quedó con la boca abierta.

—¡Huy! —profirió.

Junto con Pulpi, el pulpo de goma morado, Chatarra y Mantis Man salieron corriendo de la guardería y se adentraron en el jardín. Buscaron a Woody por el cajón de arena y se arrastraron bajo las mesas de pícnic, intentando encontrar al sheriff perdido.

—¡Woody! ¡Woody! —gritó Pulpi.

—¿Dónde estás? —añadió Chatarra, que se sentía culpable. Tendría que haberle advertido de lo que había en el jardín.

Los juguetes estaban a punto de pedir ayuda cuando Mantis Man divisó algo.

—¡Mirad! —les dijo, señalando los columpios.

Chatarra y Pulpi soltaron un suspiro de alivio. Woody estaba de pie entre la hierba, riendo y charlando alegremente con un grupo de soldaditos verdes.

—¡Ha sido un placer verlo de nuevo, señor! —afirmó el sargento mientras hacía el saludo militar.

—Nos preocupamos por nada —dijo Mantis Man.

Woody sonrió. Fue muy agradable ponerse al corriente de nuevo con los soldados, los viejos juguetes de Andy, pero admitió que quedarse colgado de aquella trampa también le había preocupado un poco.

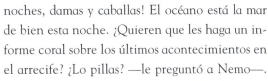

¡Menudo muermo!

—Es hora de dormir, Nemo —dijo Marlin—. Mañana tienes colegio, así que necesitas descansar.

—De acuerdo —respondió Nemo—, pero ¿puedes contarme una historia? ¿Qué tal una de cuando eras joven?

—Muy bien, pero sólo una —concluyó Marlin, y volvió nadando hacia su hijo. Estuvo un rato pensando y luego sonrió—. ¿Sabías que cuando era joven... de hecho, muchísimo más joven que ahora... quería ser humorista?

Nemo abrió los ojos sorprendido.

—¿Tú? ¿Humorista? ¿No se supone que los humoristas son... graciosos?

—Verás, hijo —explicó Marlin—, la vida de un pez payaso no es fácil, debes de haberte dado cuenta ya. Mira, al ser un pez payaso, todo el mundo presupone que eres gracioso, pero es un error muy común. De todos modos, hace algunos años pensé que, si todos esperaban que fuera gracioso, podía intentar serlo para ganarme la vida.

—Pero, papá —interrumpió Nemo—, no eres gracioso para nada.

—¡Oye, espera un momento! —dijo Marlin malhumorado—. En mis tiempos era conocido por ser muy bueno. Deja que piense un momento, a ver si recuerdo alguno de mis viejos monólogos. —Reflexionó durante un rato—. ¡Vale, ya me acuerdo! —Se aclaró la garganta—. ¡Buenas noches, damas y caballas! El océano está la mar de bien esta noche. ¿Quieren que les haga un informe coral sobre los últimos acontecimientos en el arrecife? ¿Lo pillas? —le preguntó a Nemo—. Mira, hay algo llamado informe oral, y las palabras oral y coral suenan casi igual.

Nemo miró a su padre algo contrariado.

—Pues el otro día tenía el apéndice a punto de estallar —prosiguió Marlin—, así que decidí visitar al pez cirujano.

Nemo parpadeó.

—Papá, no es tan divertido como piensas —dijo su hijo bostezando.

—¿Lo pillas? Al pez cirujano, porque se supone que es su oficio. —Marlin suspiró y siguió con su monólogo—. Me ha ocurrido algo muy gracioso mientras venía hacia aquí. He conocido a un pez muy majo, pero parecía estar pasando por una mala racha. Le pregunté qué solía hacer normalmente y me dijo que nada.

Los ojos de Nemo empezaron a cerrarse, le estaba entrando el sueño.

—¿Sabes por qué la ballena no cruzó el océano? —continuó Marlin—. No intentes adivinarlo, ya te lo digo yo: la ballena no cruzó el océano porque iba llena. Iba... llena.

Nemo cerró los ojos por completo y se le escapó un pequeño ronquido. Marlin miró a su hijo y, con una sonrisa, dijo:

—Siempre funciona.

La gramola de Mate

—¡Yija! Estés listo o no, Radiador Springs... ¡aquí llega mi gramola! —gritó Mate.

Había construido una gramola fantástica y no podía esperar para mostrársela a todos sus amigos.

La sujetó con el gancho de su grúa y emprendió la marcha. Ramón fue el primer coche con el que se topó, pero Ramón no tenía tiempo para escuchar la gramola. ¡Unos tractores pequeños estaban estropeando su tienda de pintura!

—Tengo que limpiar este desorden —le dijo Ramón.

—¡Caramba! Ya sé a lo que te refieres —comentó Mate.

A continuación Mate se encontró con su mejor amigo, Rayo.

—Lo siento, Mate —se disculpó Rayo—. Tengo que acorralar a estos tractorcillos. —Y salió corriendo detrás de otro tractor que se alejaba de él.

«¡Maldita sea! Esos tractores pequeños son rápidos de verdad. Podría ayudarlo, pero es difícil moverse con rapidez con mi nueva gramola a cuestas», pensó Mate.

En la Casa della Rueda, Luigi no tenía tiempo para escuchar la gramola hecha con chatarra de Mate.

—¡No, no, no, no! —gritó Luigi—. ¡Fíjate en la torre inclinada de ruedas de Luigi! ¡Ahora sólo es el montón de ruedas de Luigi!

Mate sabía que debía ayudarlo, pero ¿cómo?

Delante de la estación de bomberos, Rojo estaba lloriqueando por las flores que le habían pisoteado.

—¿Han sido los pequeños tractores? —preguntó Mate—. Oye, ¿sabes qué? Puede que un poco de música te...

Pero Rojo estaba demasiado triste para escucharle. Mate giró la esquina y se encontró con Sheriff.

—Oye, Sheriff, nunca adivinarás lo que he hecho...

—¡Mate! No tengo tiempo para estar de cháchara. Tengo que atrapar a esos granujas.

Así pues, Sheriff encendió la sirena y se fue detrás de los tractores.

«Para ser tan pequeñitos y monos, están causando un montón de problemas —pensó Mate—. Tengo que soltar la gramola para poder ayudar a mis amigos.»

Antes de seguir su camino hacia la chatarrería para dejar su gramola, Mate encendió el aparato, puso la música a todo volumen y comenzó a cantar. Entonces, un tractor empezó a seguirlo con timidez.

Y, en poco tiempo, ¡empezaron a seguirle otros tractores! Para su sorpresa, Mate se dio cuenta de que la música atraía a los pequeños tractores, así que subió el volumen todavía más e inició un pequeño rodeo de tractores.

—¡Eh, fijaos en esto! —gritó Mate—. A estos chiquitines les gusta mi música.

—¡Mate ha atrapado a todos los tractores! —exclamó Sally.

Todo el pueblo lo ovacionó.

—¡Tres hurras por Mate!

—¡Esto es música para mis oídos! —suspiró Sheriff.

Todo el mundo estaba contento. Los tractores estaban lejos de los problemas, la música era genial y Mate había sido capaz, al fin, de presumir de gramola.

Dawson toma el caso

—¡Mi pequeño ha desaparecido! —comunicó una sollozante Señora Mousington a Basil, el Ratón Superdetective—. ¿Puedes ayudarme a encontrarlo?

—Lo siento mucho —respondió Basil, que estaba examinando una pared de ladrillo buscando pistas—. Estoy trabajando en un importante caso para la Reina. No tengo tiempo.

—¡No, espera! —gritó el Doctor Dawson, el compañero de Basil—. Madame, si el Ratón Superdetective está demasiado ocupado, quizá yo pueda ayudarla.

—¡Una idea espléndida! —exclamó Basil.

Antes de que Dawson se fuera con la Señora Mousington, Basil lo detuvo.

—No te olvides de esto —dijo a Dawson, entregándole un paraguas.

—Pero si hace un día soleado —dijo Dawson.

—Un día soleado se puede volver oscuro —repuso Basil—. Recuerda eso y te irá bien.

Dawson se encogió de hombros y agarró el paraguas. Entonces se volvió hacia la Señora Mousington y dijo:

—¿Dónde vio a su hijo por última vez?

Fueron a una tienda con un árbol muy alto enfrente. Dawson buscó por la zona y encontró un pelo largo y blanco. Pero una ojeada más de cerca reveló que no era un pelo cualquiera. ¡Era el bigote de un gato!

Entonces Dawson llamó a un pájaro cercano y le pidió que lo elevara hasta el tejado de la tienda.

Desde allí divisó un gato durmiendo, y bajo su pata ¡había una diminuta cola de ratón!

El pájaro dejó a Dawson sobre el tejado y éste se preguntó cómo iba a levantar la pesada zarpa del gato. ¡Entonces se acordó del paraguas!

Utilizando un extremo a modo de palanca, empujó la pata. Debajo de ella encontró al hijo de la Señora Mousington, aterrado.

—¡El gato quería cenarme! —chilló el pequeño.

Dawson lo liberó y, con alivio, hizo una seña a la madre, que estaba esperando abajo en la acera. Pero antes de que Dawson pudiera hacer una señal para que otro pájaro los bajase, el gato se despertó.

Dawson sólo vio una escapatoria: abrió el paraguas y saltó con el ratoncito en brazos.

La Señora Mousington soltó un grito de terror. Pero el paraguas se llenó de aire y ralentizó su caída hasta que aterrizó con suavidad.

La Señora Mousington abrazó al pequeño.

—¡Gracias, Doctor Dawson! —exclamó.

Ya en casa, el Ratón Superdetective estaba encantado escuchando cómo Dawson había salvado al ratoncito.

—Fue fácil —dijo Dawson a Basil—. ¡Gracias a tu paraguas! Yo lo llamaría un caso de abrir y cerrar, querido detective.

Juguetes sobre hielo

La pobre Bonnie estaba en la cama, recuperándose de un desagradable caso de gripe. Ya se sentía un poco mejor, pero todavía necesitaba descansar mucho.

—Lo siento, cielo, pero no puedes ir a ver *Canciones sobre hielo* —le dijo su madre mientras le acariciaba la cabeza.

—Pero va todo el colegio —lloriqueó Bonnie—. ¡Es un musical!

La madre de Bonnie le dijo que descansar era más importante, pero no tenía por qué preocuparse: Bonnie ya se había vuelto a quedar dormida.

—Pobre Bonnie —exclamó Woody cuando se marchó la madre—. Parece estar muy triste. Debemos hacer algo por ella.

—¿Tienes un plan, Woody? —preguntó Buzz.

El vaquero sonrió. ¡Él siempre tenía un plan! El sheriff empezó a explicárselo a los demás, y luego todos se pusieron manos a la obra.

La nieve caía mientras los juguetes salían a hurtadillas al jardín, cargando con un enorme cubo de plástico. El Sr. Púas, el erizo, sacudió la cabeza.

—¿Que cojamos toda la nieve que podamos y la llevemos dentro? —declaró—. ¡Es absurdo!

—Créeme —intervino Woody—. Bonnie realizará el musical *Juguetes sobre hielo* con nosotros y volverá a ser feliz.

Rex pensó que era un plan genial pero, antes de poder decírselo a Woody, sus patas resbalaron sobre el hielo. El dinosaurio rodó en círculos y lanzó por los aires en todas direcciones a los otros juguetes con la

cola. ¡Y aterrizaron sobre la nieve de cara! Aquello iba a ser más difícil de lo que Woody pensaba.

Buzz se incorporó y miró a su alrededor. Los extraterrestres no estaban por ninguna parte. ¿Dónde podrían haber ido?

—¡Sorpresa! —soltó una de aquellas criaturitas de tres ojos. Los otros dos salieron de pronto de detrás de él—. ¡Hagamos una batalla de bolas de nieve!

Woody sacudió la cabeza con firmeza.

—Chicos, no hay tiempo para jugar —comenzó, pero, entonces, una bola de nieve lo golpeó en la cara, y recordó que los juguetes siempre tienen tiempo para jugar—. Así que esto es la guerra, ¿eh? —declaró mientras cogía un poco de nieve polvo—. ¡Mis bolas de nieve son las más rápidas del Oeste!

Después de aquella divertida pelea, los juguetes llenaron el cubo y lo metieron de nuevo en la sala de estar. Iban a celebrar el éxito de otra misión cuando ocurrió algo terrible. ¡La nieve comenzó a derretirse!

Los hombros de Woody se hundieron. Ahora no había forma alguna de que Bonnie pudiese jugar a *Juguetes sobre hielo*. Buzz le dio unos golpecitos en la espalda.

—A pesar de lo ocurrido, estoy seguro de que Bonnie encontrará el modo de jugar con nosotros, Woody.

¡Y Buzz tuvo razón! Cuando Bonnie se despertó se sintió mucho mejor, y el cubo enorme de nieve derretida era justo lo que necesitaba para crear su propia versión del musical: *¡Juguetes sobre agua!*

En busca de la casa perdida

La expedición a través de las Cataratas Paraíso fue larga y complicada. Tras horas de caminar, Carl y Russell se pararon a descansar. Carl anudó la casa a una roca enorme para evitar que se fuera flotando, pero cuando volvieron a por ella... ¡la casa había desaparecido!

Los dos la buscaron por todas partes, pero no había señal alguna de la casa por ningún lado. Carl comenzó a asustarse. Todo lo que poseía estaba en esa casa. ¿Acaso su vida entera había desaparecido de verdad cuando no miraba?

—No se preocupe, Sr. Fredricksen. Dug nos ayudará —intentó tranquilizarlo Russell—. ¡Dug, busca la casa!

El golden retriever olisqueó por todo el claro, dejando que su nariz le mostrara el camino. Russell y Carl siguieron al perro mientras éste rebuscaba entre los arbustos. Consiguieron alcanzar a Dug a los pies de un árbol altísimo.

—¡Apuntando! —exclamó Dug levantando una pata y utilizando su nariz para señalar hacia las ramas. Carl levantó la vista con la esperanza de ver su casa. Sin embargo, en su lugar, vio una ardilla masticando unas nueces y ocupándose de sus propios asuntos.

Carl se agarró el pelo.

—¿Y si se ha ido flotando? —gruñó.

De repente, Russell divisó algo colorido en un hueco entre los árboles. Se parecía mucho a los globos que iban atados a la casa del Sr. Fredricksen.

No obstante, cuando treparon al árbol para ver con más claridad, se dieron cuenta de que aquella masa de colores no eran globos, sino mariposas. Cientos de mariposas de vivos colores aletearon y revolotearon en una nube a su alrededor.

Mientras las observaban, les pareció que las mariposas tomaban la forma de una flecha. ¿Era posible que estuvieran señalando el camino hacia la casa de Carl? Russell decidió investigar. Después de todo, los exploradores intrépidos siempre intentaban ayudar a los animales salvajes, así que tenía sentido que, a cambio, los animales salvajes quisieran ayudar al explorador intrépido.

Siguieron la dirección de la flecha, y Carl no pudo creer lo que vio cuando salió de la densa mata de árboles dando un traspié: su casa estaba flotando justo delante de ellos. El anciano se echó a reír y a gritar de alegría, mientras Russell y él corrían hacia ella.

Cuando llegaron, Carl se sorprendió al ver que la casa seguía estando enganchada en la misma roca a la que la había atado antes. Sabía que era la misma por las características vetas de la piedra. Pero... si seguía atada a la roca... ¿cómo pudo moverse?

La respuesta quedó clara cuando aparecieron una cabecita verde y cuatro patas regordetas. No se trataba de una roca en absoluto, sino de una tortuga gigante. La tortuga siempre carga con su casa a cuestas, pero durante un breve tiempo ¡había estado cargando con dos!

El derbi del Chatarraville

—¡Yiha! —gritó Mate mientras él y Rayo McQueen avanzaban hacia el estadio Chatarraville. Mate era el dueño de aquel estadio y le encantaba.

Bubba, una enorme grúa el doble de grande que Mate, llegó rodando con dos grúas más pequeñas tras él.

—¡Tenías razón, Bubba! —dijo una de ellas—. Este lugar es perfecto para nuestra oficina central.

Mate y Rayo los miraron sorprendidos.

—Lo habéis oído bien —dijo Bubba—. Tater y Tater Junior son dueños de la compañía de remolques Po' Tater, y van a abrir su oficina justo aquí, en el estadio Chatarraville. Tú me retaste a una carrera, Mate. ¿No te acuerdas? ¡El ganador se quedará con tu estadio! —explicó con gesto de desprecio.

—Bueno, si tú lo dices, Bubba —respondió Mate—. ¡Ya sabes que se me olvidan las cosas!

—Tater y Tater Junior serán los jueces —declaró Bubba.

—¡Eso no es justo! —exclamó Rayo.

—¡Vamos, Bubba! —gritaron Tater y Tater Junior cuando tomaron su posición de jueces—. ¡Que empiece la pesca de neumáticos!

Guido arrojó varias ruedas al aire, y los dos remolques lanzaron sus ganchos al viento. Azotando el aire consiguieron pescar cuatro ruedas, pero Bubba le quitó una a Mate tras golpearle el gancho.

—¡Sí, he ganado! —aulló Bubba.

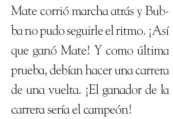

—Bubba no ha jugado limpio —susurró Tater Junior a Tater.

—¿Y eso qué importa? —replicó Tater.

La siguiente prueba consistía en esquivar conos. Mate corrió marcha atrás y Bubba no pudo seguirle el ritmo. ¡Así que ganó Mate! Y como última prueba, debían hacer una carrera de una vuelta. ¡El ganador de la carrera sería el campeón!

—Dile adiós a tu estadio —dijo Bubba gruñendo mientras se colocaba en primera posición. Mate le iba pisando los talones cuando de pronto Bubba dejó que su gancho cayese sobre la pista.

—¡Bubba, para! ¡Eso es peligroso! —gritó Rayo. Bubba se rio con desdén, pero, entonces, ¡su garfio se quedó enganchado en el suelo!

—¡Ayuda! —pidió Bubba, que volcó sobre uno de sus lados. Mate pisó el freno a fondo y se detuvo. Balanceó en el aire la cuerda de su remolque como si fuese un vaquero y asió el gancho a la ventanilla de Bubba.

—¿Quieres ayudar a Bubba a pesar de que esté intentando quitarte el estadio? —preguntó Tater.

—Está en problemas —contestó Mate—. ¡Vamos! Si colaboramos podremos levantarlo enseguida.

Todos tiraron con todas sus fuerzas y consiguieron salvar a Bubba. Después de aquello, Bubba decidió que Mate podía quedarse el estadio.

—Señor Mate, ¿nos enseñará a pescar neumáticos? —quiso saber Tater Junior.

—Por supuesto, Taters —respondió Mate—. Siempre es un placer ayudar a los amigos.

Disney
Aladdín

Allí donde fueres, haz lo que vieres

—¡Vamos, Abú! —exclamó Aladdín en el concurrido mercado de Agrabah.

Desde su posición en lo alto del carro de un vendedor de cestas, Abú apenas oyó la llamada. Estaba cautivado por el mono que acababa de ver asomándose hacia él tras el carro del frutero. Abú saltó del carro de cestas y se apresuró a saludarlo. Pero el otro se escondió detrás de una rueda. Se asomó para verlo desde su nuevo escondite.

Abú miró a su alrededor, intentando pensar en una forma de sacar al mono de su escondite. El frutero estaba distraído hablando con un cliente, así que Abú saltó al carro, cogió una manzana y se la colocó sobre la cabeza. Corrió al extremo del carro y miró hacia abajo, esperando llamar la atención del mono. Pero se había ido.

Abú oyó chillar al mono detrás de él. Se giró y lo vio en el otro extremo del carro de fruta, colocándose una manzana sobre su cabeza, exactamente igual que Abú.

Abú se rio y cogió una pera y una naranja. Empezó a hacer malabares con ellas, esperando divertir al otro mono.

Pero el otro mono no parecía divertirse. ¡Parecía estar enfadado! Pensó que Abú intentaba ponerlo a prueba. Para no ser menos, el mono también cogió una pera y una naranja y comenzó a hacer malabares, justo como Abú.

Abú dejó las frutas y se apoyó sobre una mano en el borde del carro.

El otro mono también se apoyó sobre una mano.

Abú se agarró al toldo del carro, dio una voltereta y se colgó del toldo agarrado a su cola.

El otro mono hizo exactamente lo mismo.

Abú se rio de nuevo. Pensó que este juego era divertido. Pero ahora quería encontrar una acción que el otro mono no pudiera imitar. Abú miró a su alrededor y enseguida vio a Aladdín dirigiéndose hacia él.

Entonces tuvo una idea: se abalanzó sobre Aladdín y escaló por el cuerpo de su amigo hasta que estuvo tumbado cómodamente sobre su cabeza.

El otro mono lo observó, atónito. No sabía que Aladdín era amigo de Abú. ¿Cómo podía imitar eso?

Miró a su alrededor. El humano más cercano era el frutero. Espontáneamente, el mono se abalanzó sobre él, pero sólo logró escalar hasta su hombro, antes de que éste lo ahuyentara a manotazos.

Detrás del carro de cestas, el mono cruzó los brazos, puso mala cara y vio al astuto Abú riéndose y despidiéndose con la mano mientras se alejaba sobre la cabeza de Aladdín.

Mate el sustituto

La fría brisa matutina de Radiador Springs provocaba una sensación maravillosa cuando Sally salió de su motel. De pronto, un borrón estridente pasó zumbando frente a ella. Se trataba de Boost, Wingo y DJ, que escuchaban música maquinera a todo volumen.

—¡Pisad el freno! —les gritó Sally. Pero aquellos graciosillos que iban a toda velocidad ya estaban muy lejos.

Sally condujo hasta el Café V8 de Flo para tomar el desayuno, y allí encontró a Fillmore hablando con Sheriff.

—Buenos días, compañeros —saludó Sally, y contó a Sheriff lo ocurrido con los corredores.

—Ya lo sé, Sally —le respondió Sheriff—, pero me cuesta mucho mantener su ritmo.

—¿Y por qué no buscas a alguien que te ayude, tío? —sugirió Fillmore.

—¡Es una idea fantástica! —exclamó Sally. Justo entonces pasó Mate por la calle principal. Algo parecía diferente en él.

—Hola, Mate. ¿Qué has hecho con esa puerta? ¡La has pintado de color blanco! —comentó Sally.

—¡Tuercas! Le he pedido a Ramón si me podía tapar la zona más oxidada y ha puesto el color de la pintura equivocado en ese espray que usa.

Sally miró detenidamente la puerta blanca de Mate.

—¿Qué te parecería ayudar a Sheriff... y a todos nosotros? —preguntó ella.

Aquella tarde, ¡Sheriff nombró a Mate comisario honorario de Radiador Springs! El remolque eligió de una lista de ayudantes a Sargento, Lizzie, Sally y Rayo McQueen. Los nuevos reclutas fueron a la tienda de pintura de Ramón, y allí les dieron el escudo oficial de Radiador Springs. Luego, fueron a la calle principal.

Lizzie oyó algo a lo lejos y gritó:.

—¡Ánimo, ayudantes!

Mate rodó hasta colocarse en medio de la calle cuando un borrón ruidoso muy familiar se detuvo a centímetros de él.

—Hola, tramposillos —dijo Mate con seriedad. Frente a él estaban Boost, Wingo, DJ y Snot Rod, resoplando por haber corrido tanto—. Nos alegra que os guste tanto nuestro pueblo, pero ¿os importaría respetar nuestras leyes? Aquí, el límite de velocidad es mucho más bajo que la velocidad a la que vais.

—Vimos «66» en una señal, señor, y creímos que íbamos a la velocidad permitida —dijo Wingo.

Mate hizo un gesto y señaló una luz amarilla parpadeante que colgaba sobre la intersección.

—¿Para qué sirve eso? —preguntó DJ.

—Voy a convertir esa luz aquí y ahora en la luz para reducir la velocidad —comentó Mate—. Cuando la veáis, relajaos con el acelerador, ¿vale?

Los tramposillos asintieron.

—Estoy segura de que ahora os vendría bien un poco de aceite, chicos —dijo Flo mientras repartía unas latas bien fresquitas.

Todos los coches, los más lentos del pueblo y los acelerados visitantes, disfrutaron de aquel maravilloso día en Radiador Springs.

¡Somos los buitres!

—Nunca pasa nada emocionante por aquí —se quejó Despeinao a sus compañeros buitres del grupo.

—Eso no es verdad —repuso Oxigenao—. ¿Y ese enfrentamiento que tuvimos con el tigre Shere Khan la semana pasada?

—¡Caray, es verdad! —exclamó Ziggy—. Eso fue bastante emocionante.

Despeinao suspiró.

—Y ¿qué vamos a hacer ahora?

—Pues podríamos cantar —sugirió Ziggy.

—¡Oye, qué buena idea! —exclamaron los otros tres.

—Pero hay un problema —dijo Dizzy—. Necesitamos un tenor.

—Vaya, es cierto —contestó Ziggy—. Aquel cachorro humano, Mowgli, habría sido un buen tenor. Lástima que abandonara la selva.

—Y ¿qué vamos a hacer? —preguntó Despeinao.

—¿Convocamos una audición? —sugirió Ziggy.

—Bien pensado —respondió Oxigenao.

Así pues, los buitres extendieron la noticia por toda la selva y, una semana más tarde, se formó una fila de animales que querían entrar en el grupo.

—¿Nombre? —preguntó Despeinao al primer aspirante.

—Coco —respondió el mono.

—De acuerdo, Coco, a ver cómo cantas —dijo Oxigenao.

Coco chilló durante unos minutos y los cuatro buitres se reunieron.

—No es muy bueno —dijo Despeinao.

—Y es un mono —añadió Oxigenao.

—¡Siguiente! —gritó Dizzy.

Los buitres siguieron con la prueba. Se presentaron un lémur, dos perezosos, un lobo, un hipopótamo, un sapo y un elefante. Sin embargo, ningún candidato parecía encajar. Finalmente, llegó el último aspirante.

—¿Nombre?

—Afortunao —dijo el buitre—. Oye, ¿no sois vosotros los cuatro tipos que ayudaron al cachorro humano a ahuyentar al tigre ese, Shere Khan?

—Sí —respondió Despeinao—. Somos nosotros.

—¡Pues tendríais que llamaros vosotros «afortunaos»! —exclamó, y se rio de su propio chiste.

—Venga, canta —dijo Ziggy, poniendo los ojos en blanco.

Afortunao cantó durante unos minutos y los cuatro buitres se reunieron una vez más.

—No está mal —dijo Dizzy.

—Y, además, es un buitre —añadió Ziggy.

—Y es el único que queda —puntualizó Oxigenao, y así se decidieron.

—¡Contratado! —cantaron los buitres.

—¿Veis? Os dije que era Afortunao —exclamó el buitre.

—Pero sólo en la audición —le aclaró Dizzy.

—Exacto —dijo Despeinao—. Cuando volvamos a encontrarnos con Shere Khan, ya veremos si de veras eres «afortunao».

Cómo convertirse en una leyenda

Dusty estaba esperando en la pista del aeropuerto internacional JFK. El rally Alas alrededor del Mundo estaba a punto de comenzar, pero, cuando Dusty miró a su alrededor y vio a los demás competidores, empezó a ponerse muy nervioso.

Los otros competidores eran muy famosos y Dusty pensó que no estaría a su altura.

—¡Hola, amigo! ¿Cómo estás? —le preguntó El Chupacabra. El Chu era un as mexicano de las competiciones y uno de los aviones más rápidos del mundo. Era el campeón de México y se

las daba de ser uno de los mayores competidores de la historia.

Dusty dijo a El Chu que se sentía fuera de lugar entre los demás campeones, pero el mexicano no tardó en tranquilizarlo.

—Oye, nadie sale de la fábrica siendo un campeón —le dijo—. Los demás también empezaron de cero.

Little King, un amigable avión irlandés, atravesó la pista.

—Tu amigo tiene razón —le dijo—. Tú intenta hacerlo lo mejor que puedas.

Le explicó que, aunque se había convertido en el mejor competidor de Irlanda, no siempre había sido así. Little King se había pasado muchos años haciendo la ruta del correo del condado de Cork, enfrentándose a lluvias torrenciales, vientos huracanados y tormentas terroríficas.

—Por eso quise probar a competir en las carreras. Pensaba que no podía ser tan desafiante como entregar el correo —se rio.

Otro corredor, Gunnar Viking, los oyó mientras hablaban y quiso compartir su historia con ellos. Les contó que, antes de empezar a competir en las carreras, era un avión ambulancia en Noruega, que llevaba piezas muy necesitadas de un lado a otro del país. Había aprendido a volar a gran velocidad y eso le había animado a intentar competir.

—Mi historia no es tan emocionante —dijo un avioncito rosa que se les había acercado—. Yo solía volar de ciudad en ciudad entregando paquetes pequeños. ¡Por eso me llamo Pack Rat!

—Y ahora eres un competidor famoso —dijo Dusty. Se sentía mucho mejor y sonrió. Todos los demás aviones habían tenido un comienzo humilde, como él. Quizá sí que pertenecía al mundo de las carreras.

—¿Y usted, señor El Chu? ¿Usted también tiene una historia? —preguntó Little King.

El Chu hinchó su hélice y dijo:

—¡Claro! Yo no empecé siendo el mejor competidor de México. También fui un cantante muy famoso y un actor al que todo el público adoraba, y un gran luchador y…

Los demás aviones gruñeron y pusieron los ojos en blanco. Dusty soltó una risita. Puede que él y los demás hubieran tenido un comienzo humilde, pero el legendario Chupacabra no tenía nada de humilde.

Monstruos University

El reto del guante

Una mañana, en Monstruos University, Mike Wazowski salía de su habitación y se dirigía a su primera clase del día cuando, de repente, algo hizo que frenara en seco. Allí mismo, en el suelo, delante de él, había ¡un guante humano de color rosa chillón!

Mike gritó del susto. Los monstruos no podían tocar nada que perteneciese a los humanos, porque decían que podía contaminarlos. Si un objeto del mundo humano entraba en el mundo de los monstruos, la Agencia de Detección de Niños debía destruir el objeto y descontaminar a cualquier monstruo que hubiera tocado.

Al oír el grito de Mike, todos los demás monstruos salieron corriendo de sus habitaciones.

Rodearon el guante y se quedaron mirando ese objeto tan curioso. ¡No todos los días podían ver un objeto del mundo humano! Todos empezaron a preguntarse qué pasaría si lo tocaban…

Los monstruos se daban codazos y se preguntaban quién sería lo bastante valiente para aceptar el reto de tocar el guante.

—Yo lo tocaré… ¡No tengo miedo! —gritó Mike en un intento de sonar valiente.

—Tranquilo, pequeñajo —gruñó Sulley mientras avanzaba hasta colocarse delante de la multitud—. Dejad que se encargue de esto un monstruo con potencial para dar sustos de verdad.

Mike se enfrentó cara a cara con Sulley.

—Muy bien, pues tócalo —le dijo—. ¡Te reto a que lo hagas!

—¡Y yo te reto el doble! —respondió Sulley.

—Caballeros —dijo una voz entre la multitud—. ¿No será que no estáis a la altura del reto?

Era el rival de Mike, Johnny «La Mandíbula» Worthington. Johnny era el líder de la mejor fraternidad de la universidad de monstruos, Roar Omega Roar y había rechazado a Mike porque pensaba que no asustaba lo suficiente.

Mike no pensaba dejar que Johnny se burlase de él delante de los demás monstruos. Estaba decidido a demostrar que era lo bastante valiente para tocar el guante.

—De acuerdo —dijo Mike—. Lo haré.

Pero Sulley no pensaba dejar que Mike se enfrentase solo al reto.

—Hagámoslo juntos.

Se acercaron muy despacio al guante. Pero cuando estaban a punto de tocarlo con la mano… oyeron una voz que los detuvo.

—¡Lo habéis encontrado! —gritó.

Mike y Sulley se quedaron helados. ¿De quién podría ser esa voz?

De repente, un monstruito verde con cinco antenas con ojos en forma de mano apareció corriendo por el pasillo.

—¡Mi sombrero! —dijo el monstruito—. Lo he buscado por todas partes.

Después, cogió el sombrero, se lo puso y se fue, dejando atrás a un montón de monstruos confusos.

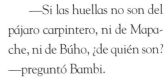

El rastro del invierno

Una mañana de invierno, Bambi estaba dormitando en el bosque, cuando oyó un estruendo que se acercaba.

—¡Vamos, Bambi! —gritó su amigo el conejo Tambor—. ¡Es un día perfecto para jugar!

Bambi siguió a Tambor a través del bosque. El cielo era azul y el suelo estaba cubierto por un manto de nieve nueva.

—¡Mira ese rastro! —dijo Tambor emocionado, señalando una hilera de huellas sobre la nieve—. ¿De quién crees que son?

Bambi no lo sabía, así que decidieron seguir el rastro y enseguida llegaron a un árbol.

—¡Despierte, señor Búho! —lo llamó Tambor.

—¿Ha estado paseando por aquí? —preguntó Bambi.

—¿Para qué querría yo pasear? —repuso el señor Búho—. Mis alas me llevan a todas partes.

Bambi y Tambor siguieron su camino. Al siguiente que encontraron fue a un mapache sentado junto a un árbol con la boca llena de bayas rojas.

—Hola, señor Mapache —dijo Bambi con timidez—. ¿Es posible que haya sido usted quien ha dejado estas huellas en la nieve?

El mapache sacudió la cabeza y empezó a golpear el árbol.

—¡Ya sé! —gritó Tambor—. Piensa que deberíamos preguntarle a los pájaros carpinteros.

Los amigos encontraron enseguida a la familia de pájaros carpinteros.

—¿Son vuestras esas huellas en la nieve? —preguntó Tambor a los pájaros.

—No, hemos estado aquí todo el día —respondió la madre.

—Si las huellas no son del pájaro carpintero, ni de Mapache, ni de Búho, ¿de quién son? —preguntó Bambi.

—No lo sé —dijo Tambor.

Muy pronto llegaron al final del rastro. Las huellas desaparecían dentro de un arbusto cubierto de nieve, donde descansaba una familia de codornices.

—¿Son vuestras estas huellas? —preguntó Tambor.

—Sí, claro —respondió la señora Codorniz—. El señor Búho me habló de este maravilloso arbusto, así que esta mañana mis crías y yo hemos venido directas hacia aquí.

Tambor y Bambi se unieron con mucho gusto a la familia de codornices para tomar un aperitivo, y al poco llegó la hora de volver a casa. Habían estado todo el día siguiendo aquel rastro y, cuando se dieron la vuelta para marcharse, una sorpresa los aguardaba: ¡sus madres! Bambi fue brincando hacia su madre y estiró la nariz para darle un beso.

—¿Cómo nos habéis encontrado? —preguntó Tambor.

Su madre señaló las huellas que había en la nieve.

—¡Habéis seguido nuestro rastro! —gritó Bambi.

Su madre asintió con la cabeza.

—Ahora, sigámoslo de vuelta a casa —dijo ella, y eso fue exactamente lo que hicieron.

Pequeño gran Buzz

Una noche, en el Palacio del Pollo, Bonnie estaba ilusionada por saber qué juguete le había tocado en su menú infantil. Miró el expositor y vio un pequeño Buzz Lightyear.

—¿Me puede dar un Buzz Lightyear? —preguntó.

—Lo siento. Ésos son sólo de exposición —negó el cajero.

—Vamos, Bonnie —dijo su madre.

El pequeño Buzz observó a Bonnie mientras ésta jugaba en la piscina de bolas con el verdadero Buzz Lightyear y con Rex. Después, salió del expositor y corrió hacia ellos.

Cuando Bonnie no miraba, hundió al verdadero Buzz bajo las coloridas bolas. Después, el pequeño Buzz se puso al lado de Rex.

Poco después, la madre de Bonnie los metió dentro de la mochila de Bonnie. El pequeño Buzz estaba muy entusiasmado. ¡La madre de Bonnie no se había dado cuenta de que no era el verdadero Buzz!

Más tarde, el verdadero Buzz Lightyear salió de la piscina de bolas. ¡Estaba encerrado dentro del Palacio del Pollo! Mientras intentaba escapar, se encontró con unos juguetes muy extraños.

—¡Anda! ¡Hola! —dijo una amigable sirena de juguete—. Bienvenido al grupo de apoyo para juguetes de menú infantil desechados.

Parecía que aquellos juguetes eran simpáticos, pero Buzz sabía que tenía que volver con sus amigos. Sólo debía encontrar la forma de escapar…

En la habitación de Bonnie, el pequeño Buzz salió de la mochila de un salto y saludó a los demás juguetes:

—Soy Buzz Lightyear. Vengo en son de paz.

—Dice que el plástico de la pisci de bolas le ha hecho encoger —explicó Rex a los demás.

—¿Dónde está el verdadero Buzz? —preguntó Woody.

Pero el pequeño Buzz se estaba divirtiendo. Cogió el sombrero de Woody y se puso a corretear por la habitación.

—¡Es hora de jugar! ¡Me pido ser el vaquero!

Ésa fue la gota que colmó el vaso. Los juguetes se echaron encima del pequeño Buzz y lo ataron. El pequeño juguete confesó que había dejado a Buzz en la piscina de bolas.

Los juguetes planearon una misión de rescate. Jam sugirió forzar la cerradura del Palacio del Pollo. Otro de los juguetes sugirió atravesar la puerta con un camión.

—O colémonos por la ventanilla —dijo otra voz. ¡Era Buzz! ¡Había vuelto!

Buzz observó al pequeño Buzz.

—¿Qué puedes decir en tu defensa, guardián espacial?

El pequeño Buzz se limitó a tragar saliva.

Más tarde, en el Palacio del Pollo, el pequeño Buzz se disculpó con Buzz con la ayuda de los juguetes desechados.

—Lo siento, Buzz. Sólo quería tener un hogar. Pero ahora sé que éste es mi hogar.

Los demás juguetes lo aplaudieron. Parecía que el pequeño Buzz por fin había encontrado un lugar en el que encajar y en el que sentirse querido.

Robin echa una mano

Era un día caluroso en el Bosque de Sherwood. Tan caluroso que el sheriff de Nottingham había decidido no cobrar impuestos, ¡por miedo a que las monedas quemaran sus manos codiciosas!

Robin Hood descansaba a la sombra de los robles de Sherwood. Cerró los ojos y esperó a que soplara un poco de brisa.

—¡Alto! ¿Quién anda ahí? —gritó de repente.

Vio un pequeño conejito asustado con unas ramas esparcidas a su alrededor.

—Skippy, amigo, perdóname. No quería asustarte.

Rápidamente, Robin ayudó a Skippy a cargar las ramas, una vez más.

—Así está mejor —dijo acariciando al conejito en el hombro.

Pero Skippy no parecía estar de acuerdo. Robin nunca lo había visto tan decaído.

—¿Por qué estás tan triste, viejo amigo? —no pudo evitar preguntar Robin.

—Oh, Robin —suspiró Skippy—. Hace mucho calor y los otros niños se han ido a la piscina natural. Pero mi madre tiene muchas tareas para mí, no creo que pueda unirme a ellos.

—Ya veo —dijo Robin, asintiendo con la cabeza—. Eso puede deprimir a cualquiera.

—Pues sí... —suspiró Skippy.

—A menos que... —continuó Robin con una gran sonrisa—, ¡tenga un amigo que lo ayude!

La cara de Skippy se iluminó de alegría.

—¿Te refieres a...? —preguntó titubeando.

—¡Por supuesto! —respondió Robin, inclinándose para recoger un puñado de palos—. No tengo otros compromisos urgentes en este día bochornoso. Permíteme ayudarte, chico, y me atrevo a decir que habremos terminado tus tareas en la mitad de tiempo, por lo menos.

—¡Sí! ¡Hurra por Robin Hood! —Skippy aplaudió, casi dejando caer los palos una vez más—. ¡Hip, hip, hurra! ¡Hip, hip, hurra!

Así, trabajando juntos, Robin Hood y Skippy reunieron leña para el fuego. Limpiaron y tendieron la ropa. Recogieron algunas ciruelas jugosas y una canasta llena de lechugas, desbrozaron el jardín y construyeron un espantapájaros. A la hora del almuerzo, no sólo estaban terminadas todas las tareas de Skippy, sino que Robin y él también habían limpiado las ventanas y barrido el suelo de la casa de Skippy.

—Robin Hood, ¿cómo puedo agradecértelo? ¡De no ser por ti, aún estaría trabajando! —dijo Skippy cuando terminaron.

Robin pensó durante un momento.

—¡Ya lo tengo! —exclamó al fin—. ¡Llévame a nadar contigo!

—¡Claro que sí! —dijo Skippy, feliz—. ¡Vamos! ¡El último en llegar es un sheriff malísimo!

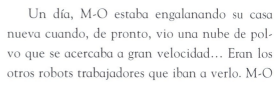

La suerte de M-O

Después de pasarse cientos de años limpiando la Tierra él solo, llegó un momento en el que todo cambió para WALL·E. Cuando conoció a EVA, se enamoró de ella.

WALL·E siguió a EVA en un increíble viaje hasta la nave *Axioma*. Por el camino, descubrió las maravillas del espacio. En los anillos de Saturno, usó su láser para grabar el nombre de EVA en una roca como muestra de su amor. Después, la envió volando lejos, muy lejos…

Tras descubrir que había vida vegetal, los humanos y los robots de la nave *Axioma* decidieron volver a la Tierra para limpiar el planeta y reconstruir sus hogares. Pero, cuando llegaron, se dieron cuenta de que aún les quedaba mucho por hacer.

El paisaje tenía todos los tonos de marrón que se puedan imaginar y unas cuantas plantas verdes que crecían sobre el suelo seco. A lo lejos, el sol brillaba detrás de las montañas de basura.

Aunque tuvieron que trabajar muy duro para quitar la torre gigante de basura, consiguieron cumplir con éxito la operación de limpieza. Incluso obtuvieron espacio para construir casas para los robots trabajadores que habían ayudado, entre los que se encontraban WALL·E y M-O, el amigo de EVA. M-O por fin tenía un lugar que podía considerar su hogar. A M-O le gustaba tener la casa limpia e impoluta, ¡pero eso no siempre es fácil!

Un día, M-O estaba engalanando su casa nueva cuando, de pronto, vio una nube de polvo que se acercaba a gran velocidad… Eran los otros robots trabajadores que iban a verlo. M-O quería mucho a sus amigos, pero siempre lo ponían todo perdido.

Rápidamente, M-O se acercó a sus amigos y les pidió que se detuvieran. M-O tuvo suerte, esta vez consiguió evitar que sus amigos le ensuciasen toda la casa. M-O se giró y admiró el brillo de su casa bajo el sol.

De repente, una gran sombra se cernió sobre el suelo, envolviendo a M-O y a su casa de oscuridad. Se oyó un estrepitoso sonido en el cielo y el suelo empezó a temblar. M-O miró hacia arriba y vio que un cometa enorme caía del cielo. ¡Se dirigía hacia su casa!

Nervioso, M-O se puso a dar vueltas, pero no podía hacer nada. El cometa se estrelló en la Tierra con un gran ¡BUM! y levantó una gran cantidad de tierra y basura.

La cabecita de M-O apareció de debajo del montón de polvo que lo cubría, a él y a su casa. Quizá M-O no tenía tanta buena suerte.

M-O miró más de cerca la roca que ahora echaba humo en un cráter al lado de su casa. Al instante, vio que el nombre de EVA estaba grabado en la roca y rodeado por un corazón grande. Sus amigos WALL·E y EVA tendrían que darle unas cuantas explicaciones cuando volvieran.

¡Un equipo de nuevo!

—¡**M**irad eso! —exclamó Juanito, señalando la foto de un Joven Castor descansando en una hamaca, mientras otro campista pescaba en un lago cercano.

—¡Y eso! —gritó Jorgito al ver una imagen de un cielo lleno de estrellas en el mismo folleto.

—Seguro que acampar en Lago Lejano es divertido —añadió Jaimito—. ¿Creéis que el Tío Gilito...?

—Nunca se sabe. Él podría pagar para que fuéramos —dijo Juanito.

Los tres se miraron.

—¡Bah! —exclamaron.

Puede que el Tío Gilito fuera el pato más rico del mundo, pero no se separaba de su dinero fácilmente.

—De todas formas, vale la pena intentarlo —dijo Juanito—, vamos a enseñárselo.

Los otros siguieron a Juanito hasta el despacho de su tío. Jorgito dio un codazo a Juanito.

—Mira esto, Tío Gilito. —Juanito empujó el folleto hacia el regazo de su tío.

—Hum... —Tío Gilito frunció el ceño al ver las fotos—. ¿Qué tenemos aquí, chicos?

—Es un campamento, Tío Gilito. Es educativo —tartamudeó Juanito.

—Me parece un desperdicio de mi dinero ganado con tanto esfuerzo —dijo el viejo pato.

—Pero... pero podríamos acampar bajo las estrellas —explicó Jorgito.

—Y cocinar en una fogata —dijo Jaimito.

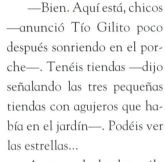

—Y ver la naturaleza —añadió Juanito.

Los ojos del Tío Gilito se entornaron. Miró el folleto y los rostros esperanzados de sus sobrinos. ¿Así que querían aprender sobre la naturaleza?

—Bien. Aquí está, chicos —anunció Tío Gilito poco después sonriendo en el porche—. Tenéis tiendas —dijo señalando las tres pequeñas tiendas con agujeros que había en el jardín—. Podéis ver las estrellas...

Aunque de hecho, sólo eran visibles una o dos estrellas a través de las ramas del árbol debajo del cual estaban las tiendas.

—Y cocinar en una fogata —concluyó Tío Gilito, señalando una diminuta llama.

Juanito dio un manotazo a una mosca en su brazo. Jorgito sacudió la cabeza para espantar una nube de mosquitos. Jaimito gritó cuando vio un murciélago. ¡Quién iba a imaginar que el jardín tenía tanta naturaleza!

—Esto es mucho mejor que la bobada de los Jóvenes Castores, ¿eh, chicos? —preguntó Tío Gilito, con la sonrisa de un pato que se ha ahorrado un dinerito.

—Sí, Tío Gilito —dijeron los tres a la vez.

Luego se sentaron de espaldas al fuego.

—Creo que la próxima vez... —dijo Juanito.

—... se lo pediremos... —continuó Jorgito.

—... ¡al Tío Donald! —concluyó Jaimito.

Alerta roja

Una capa de hielo y nieve cubría Radiador Springs.

—¡Hola, Ramón! —lo saludó Rayo McQueen mientras se deslizaba sobre el hielo—. Ya estamos casi en Navidad. ¿No vas a pintarte con colores especiales y festivos?

—Me encantaría —le contestó Ramón—. Pero para eso necesito pintura roja y no recuerdo dónde la he puesto.

La pintura roja era esencial ahora que la Navidad estaba a la vuelta de la esquina. Quizá sea el color más navideño que se pueda encontrar.

—En la carretera hay camiones llenos de todo tipo de útiles —señaló Rayo—. Vayamos a ver qué tienen.

Desde el arcén, vieron que un montón de coches se daban prisa para reunirse con sus familias y pasar con ellas la Navidad.

—No veo ningún camión que lleve pintura. ¿Y tú? —preguntó Ramón con aire sombrío.

Rayo negó con la cabeza.

—Lo siento, Ramón —se disculpó.

Al llegar a Radiador Springs, Ramón se encaminó hacia su casa desanimado.

—Parece que este año tendré que ser morado...

Justo cuando estaba a punto de despedirse de Rayo, una rueda pintada con un color muy chillón se cruzó en su camino, logrando que frenase en seco. Sólo había un lugar del que podría haber salido una rueda nueva...

Se dirigieron a toda prisa a la tienda de Guido y Luigi.

—¡Hola, chicos! —les saludó Guido.

Ramón se fijó en las ruedas que había en el suelo. Estaban pintadas con una mezcla de tonos azules y verdes.

—Así que por eso me pedisteis que os prestara pintura —dijo—. ¡Necesito pintura roja! ¿Os queda un poco?

Guido negó con la cabeza.

—No. Yo sólo me llevé la verde y la azul.

Y, después, añadió:

—¡Pero recuerdo que Flo necesitaba la pintura roja!

A Ramón se le agrandaron los ojos cuando se dio cuenta.

—¡Es verdad! Está decorando el café para las fiestas.

Ramón y Rayo fueron hacia allí y se encontraron con Flo en el exterior del café, que estaba lleno de luces de Navidad y espumillón.

—¡Pues claro que la tengo! —le dijo a Ramón después de que éste le explicase la situación—. ¿Acaso se te había olvidado?

Ramón apartó la mirada, avergonzado, mientras Flo iba a por la lata de pintura roja.

—¡Aquí la tienes, cabeza de chorlito! —se mofó.

Ramón le sonrió.

—¿Qué haría yo sin ti? —le preguntó.

Se roció con un poco de pintura y se hizo una capa nueva de color rojo intenso y brillante, perfecta para atraer las miradas de todos.

Después de eso, Ramón ya era el coche más navideño de todo Radiador Springs.

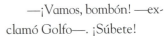

¡A deslizarse!

Reina permanecía en el porche mientras Jaime Querido y Linda se acercaban por el camino de la entrada. Jaime tiraba de un trineo y Linda sostenía a su hijo. Los dos estaban cubiertos de nieve, con las mejillas sonrosadas y una gran expresión de felicidad.

—Ha sido divertido, ¿verdad, Linda? —preguntó Jaime.

—No recuerdo cuándo fue la última vez que me lo pasé tan bien —asintió Linda, y acarició la cabeza de Reina.

—Pero deberíamos quitarnos esta ropa mojada antes de coger un resfriado —dijo Jaime mientras apoyaba el trineo contra la pared.

—Estoy de acuerdo —concluyó Linda, y los tres entraron enseguida.

Justo entonces, Golfo llegó por el camino de la entrada.

—Oye, bombón —le dijo a Reina—, ¿qué tal si cogemos este trasto y damos una vuelta?

—Pero ¿qué es? —inquirió Reina.

—¡Un trineo! —le dijo Golfo.

—Y ¿para qué sirve? —preguntó ella.

—Para bajar por las colinas —explicó Golfo.

—Suena peligroso —dijo Reina, vacilando.

—¡Qué va, es divertido! —exclamó él—. ¿Qué me dices?

—Ahí fuera hace muchísimo frío —comentó Reina. La idea no acababa de convencerla.

—Venga, vamos —la animó Golfo—. ¡Será genial! ¡Has visto lo bien que se lo han pasado Jaime y Linda? —Golfo cogió la cuerda con los dientes, arrastró el trineo por el porche y bajó la escalera.

Reina lo siguió.

—¡Espérame! —gritó nerviosa.

—¡Vamos, bombón! —exclamó Golfo—. ¡Súbete!

Reina saltó sobre el trineo. Golfo la arrastró por la nieve calle abajo y luego la subió hasta la cima de una colina cercana.

—Bonitas vistas, ¿verdad? —dijo.

—Sí que son bonitas —asintió Reina—. Y ¿ahora qué?

—Ahora nos montamos —respondió Golfo.

Empujó el trineo hacia delante y saltó rápidamente sobre él antes de que se deslizara colina abajo.

—¡Cielos! —chilló Reina mientras bajaban la pendiente y el viento empujaba sus orejas hacia atrás.

—¡Agárrate bien! —gritó Golfo.

Reina cerró los ojos con fuerza y Golfo ladró de emoción, pero entonces se toparon con una placa de hielo. El trineo dio varias vueltas, salieron disparados por los aires… y aterrizaron en un banco de nieve.

Golfo saltó sobre sus patas.

—¿Estás bien, bombón? —preguntó nervioso.

—¿Bien? —respondió Reina, que ya empujaba el trineo colina arriba—. ¡Vamos, Golfo! ¡Otra vez!

Unos abalorios peligrosos

Un día, cuando Bonnie salió con su madre, los juguetes encontraron una caja llena de abalorios de colores en su habitación.

—¡Eh, chicos! ¡Venid a ver esto! —exclamó Dolly al mismo tiempo que abría la caja para que todo el mundo viese su contenido—. Son cuentas para hacer joyas.

—Siempre me han encantado los collares —dijo embelesada la Sra. Patata mientras se probaba algunas de las coloridas tiras de cuentas—. ¿Cómo me queda?

—De maravilla —respondió el Sr. Patata—. ¡Pareces la reina de las patatas!

—¡Están tan a la moda! —exclamó Jessie mientras se ataba algunas cuentas a su gorro de vaquera para darle un toque de glamur.

—¡Y son divertidas! —añadió Woody—. Incluso podemos utilizarlas para jugar a la pelota.

Cogió una cuenta roja de la caja y la chutó para pasársela al Sr. Patata.

—¡Mía! —gritó el Sr. Patata, al mismo tiempo que cogía la bola—. ¿Estáis preparados? Se la pasaré a… ¡Pony!

Lanzó la bola al aire, pero cuando Pony, el unicornio, se alzó en el aire para cogerla, ¡clac!, la cuenta se le quedó atravesada en el cuerno.

Pony estaba confuso porque la bola no había caído al suelo

—¿Eh? ¿Dónde está? —preguntó.

No veía que la tenía en la cabeza.

El Sr. Púas se echó a reír.

—¡La tienes en el cuerno!

Pony sacudió la cabeza de lado a lado para ver si la bola caía, pero estaba muy atascada. Se empezó a preocupar por si nunca podía quitársela.

—Quitádmela —dijo muy triste.

El Sr. Puas pensó que, si todos estiraban con fuerza, podrían sacar la bola. Pero, aunque él y los extraterrestres estiraron, la cuenta no se movió. Al final, los juguetes se sentaron en el suelo, exhaustos.

—Nada ha funcionado —suspiró Woody.

—¡Esperad! —dijo Buzz de repente—. Aún queda algo por probar.

Sujetó la cuenta entre sus manos y siguió explicándoles qué hacer a los juguetes:

—Podemos meter algo por el otro agujero del abalorio para empujar el cuerno de Pony y sacarlo.

—Podríamos utilizar mi cola —sugirió Rex.

A Buzz le pareció una gran idea. Con mucho cuidado, metió la cola de Rex por el agujero del abalorio hasta que, ¡pop!, el abalorio se soltó del cuerno.

Pony estaba muy contento.

—¡Yuju! ¡Soy libre!

Sonrió y galopó para celebrarlo.

—¡Bien hecho! ¡Lo hemos conseguido! —gritó Buzz.

Todos los juguetes gritaron y vitorearon. Todos, excepto Rex… que estaba observando fijamente el abalorio que ahora tenía atascado en su cola.

—¿Y ahora quién me lo va a quitar? —suspiró.

Pinocho

El regalo más grande

Pinocho era muy afortunado. Ya no era una marioneta de madera, ¡por fin era un niño de verdad! Y Pinocho sabía que se lo debía todo a Gepetto por creer en él.

—Me gustaría dar algo a papá —se dijo a sí mismo.

No tenía dinero, por lo que decidió fabricar algo.

—Tal vez debería utilizar las herramientas de papá y tallar un regalo de madera para él —decidió Pinocho.

Una tarde que Gepetto estaba fuera, Pinocho se sentó a la mesa de trabajo de madera. Pero no sabía nada sobre carpintería.

—Esto parece peligroso —dijo mirando un cincel—. No creo que papá quiera que lo utilice.

Entonces decidió pensar otro regalo.

—¡Lo tengo! —exclamó—. ¡Tal vez pueda cocinar algo para papá!

Pinocho se acercó a la chimenea, donde Gepetto solía cocinar.

Pero enseguida se dio cuenta de que tampoco sabía cocinar.

—Y papá siempre me dice que permanezca a una distancia segura del fuego —recordó.

Pinocho miró por toda la casa y vio el acordeón de Gepetto encima de la mesa.

—¡Claro! —gritó Pinocho—. A papá le encanta la música. ¡Podría componer una canción de regalo e interpretarla para él!

Cogió el acordeón y empezó a tocar.

Pero los sonidos que salían eran..., en fin, ¡simplemente horribles!

—Humm —murmuró Pinocho, frustrado—. No sé cómo tocar el acordeón o componer una canción —se lamentó, dejando el acordeón y levantándose en medio de la habitación.

Las lágrimas brotaron de los ojitos de Pinocho cuando Gepetto entró por la puerta principal.

—Mi querido hijo —dijo Gepetto, corriendo al lado de Pinocho—, ¿qué te pasa?

Entre lágrimas, Pinocho explicó a su padre que había querido hacerle un regalo para mostrarle lo mucho que apreciaba todo lo que había hecho por él.

Mientras escuchaba, la expresión de preocupación de Gepetto se suavizó hasta convertirse en una sonrisa, y luego sus ojos se llenaron también de lágrimas.

—Hijo mío —dijo—, ¿no sabes que tú, y sólo tú, eres el regalo más grande que un padre podría desear?

—¿Yo? —preguntó Pinocho.

—Tú —respondió Gepetto.

—Bueno, en ese caso —respondió Pinocho con una sonrisa socarrona mientras abrazaba a su padre—, ¡de nada!

Entonces Gepetto cogió el acordeón, y ambos cantaron y bailaron el resto del día. Pinocho y Gepetto eran muy felices.

La revancha

Rayo McQueen y Francesco Bernoulli se habían retado a una carrera en Monza, Italia, la ciudad natal de Francesco.

—*Benvenuto!* —le saludó Francesco—. Tu avión ha llegado tarde, pero no me sorprende. Seguro que tú también llegarás tarde a la línea de meta.

Rayo sonrió. Después, le susurró a Mate:

—Voy a ganarle aquí, en su propia casa.

Al salir del aeropuerto, los fotógrafos los rodearon.

—A todo el mundo le encanta Francesco. Francesco tiene demasiados admiradores —dijo Francesco.

—¡Nadie tiene más admiradores que Rayo! —soltó Mate. Le enseñó a Francesco unos sacos llenos de cartas de admiradores.

—Francesco tiene muchísimas más cartas de admiradores —dijo Francesco.

Rayo se acercó a Francesco.

—¿Qué te parece si calentamos un poco antes de la gran carrera? Solos, tú y yo —le preguntó.

Francesco asintió.

—¡Buena idea! Intenta seguirme el ritmo, si…

Antes de que Francesco pudiera acabar la frase, Rayo se había convertido en un borrón rojo en medio de la carretera.

—¡*Ciao*, Francesco! —gritó Rayo.

Francesco estaba a punto de alcanzarlo cuando casi pierde el control en una curva a la izquierda.

—¿Cómo consigues girar tan bien en las curvas a la izquierda? —preguntó Francesco a Rayo.

—Ponte neumáticos recauchutados —le contestó Rayo—. Después, gira a la derecha para ir a la izquierda. Un buen amigo mío me enseñó ese truco.

Al fin, se detuvieron. Francesco suspiró y dijo:

—Italia es preciosa, ¿verdad? ¡Como Francesco!

—¿Siempre piensas en ti mismo? —le preguntó Rayo, riendo.

—Pues claro —le contestó Francesco—. En la carretera, Francesco sólo piensa en sí mismo y en hacerlo lo mejor posible. ¡Por eso siempre gana!

Al día siguiente era la gran carrera. Francesco salió de la primera curva a la izquierda a la cabeza. Presumió de sus neumáticos recauchutados nuevos.

—¡Creo que Rayo le ha enseñado demasiado bien, a Francesco!

Rayo iba a toda velocidad, pero los *flashes* de las cámaras y los gritos de las gradas lo distrajeron. De repente, Rayo recordó lo que Francesco le había dicho sobre centrarse en sí mismo y hacerlo lo mejor posible. Entonces miró al frente y se colocó en primera posición.

Cuando los dos coches cruzaron la línea de meta, el público boqueó asombrado. La carrera había acabado… ¡en empate!

Los coches discutieron sobre qué debían hacer. Entonces, Francesco gritó:

—¡Basta de cháchara! ¡Hablar es lento! Lo que debemos hacer es… ¡correr!

Y los dos coches más rápidos del mundo salieron a toda velocidad juntos.

Un regalo digno de un chef

Era el día anterior al cumpleaños de Remy. Emile y Django discutían sobre qué debían regalarle.

Django dijo que debían comprarle un regalo que fuera digno de una rata, así que sugirió regalarle un poco de basura. Sin embargo, Emile insistió en que a su hermano le haría más ilusión que le hicieran un regalo digno de un chef.

Decidieron cumplir con ambas cosas y buscar basura que le pudiera encantar a un chef. Emile llevó a su padre por las calles. Sortearon pies y se escondieron en las sombras, en un intento por permanecer ocultos.

Pararon en el exterior de una tienda de utensilios de cocina.

—Seguro que a Remy le encantaría que le regalásemos una de esas piezas de basura —dijo Emile, pero Django pensaba que ése no era un lugar adecuado para que entrase una rata. Estaba en lo cierto. Cuando estaban mirando el escaparate de la tienda, oyeron un grito cercano. Las dos ratas salieron corriendo mientras la gente les lanzaba cosas para intentar ahuyentarlas.

Se dirigieron a un basurero y buscaron allí. Se pasaron horas rebuscando entre la basura, pero, aunque encontraron muchos regalos adecuados para una rata, no encontraron ningún regalo digno de un chef.

Emile resolvió que sólo les quedaba una última opción. Necesitaban ayuda, así que él y Django fueron a la cocina a ver a Linguini y a Colette.

Los dos humanos los miraron confusos mientras las ratas movían los brazos y chillaban para intentar explicarles su problema.

Al final, Django decidió que ya habían tenido suficiente. Nunca había confiado en los humanos y pensaba que ellos jamás podrían comprender lo que estaban intentando hacer. Tendrían que encontrar un regalo ellos solos.

Al día siguiente, una multitud de ratas se reunió en el exterior del restaurante. Cantaron *Cumpleaños feliz* y regalaron tartas a Remy. Django y Emile le dieron un regalo envuelto y, cuando Remy lo abrió, casi no podía creerse lo que veían sus ojos.

Era un colador, un bol de metal con cientos de agujeros para poder colar líquidos. ¡Era un regalo perfecto para un chef!

Emile y Django se dieron la mano. Lo habían conseguido. A Remy le encantaba su bol, aunque tuviera agujeros.

Mientras las ratas estaban en medio de la celebración, Linguini apareció por la puerta. Se agachó y le dio a Remy un regalo envuelto con un papel de color del queso.

Remy abrió el regalo y gritó de alegría cuando vio el pequeño gorro de chef que había en su interior.

Django se quedó sorprendido. Los humanos habían entendido lo que les habían querido decir. Quizá las ratas y los humanos no fueran tan distintos…

Fiestasaurio Rex

Un día, el Sr. Patata y los demás juguetes estaban haciendo una fiesta de burbujas. Todo el mundo se estaba divirtiendo hasta que Rex fue corriendo hacia una burbuja y, ¡pop!, ésta explotó. Los demás juguetes se enfadaron y empezaron a llamarle «Aguafiestas Rex». Rex estaba avergonzado.

Justo entonces, Bonnie lo cogió y se lo llevó al baño.

—¡Es hora de bañarse! —gritó entusiasmada.

Rex estaba un poco nervioso, porque nunca había estado en una bañera.

—¿Quieres inundar la casa? —bromeó la madre de Bonnie cuando vio lo llena que estaba la bañera. Sacó el tapón y ayudó a Bonnie a salir de la bañera, dejando a Rex dentro.

—¡Bienvenido a bordo! —gritó Capitán, un barco remolcador de juguete, después de que Bonnie y su madre se hubieran ido—. ¿Cómo te llamas, marinero?

—¡Fiestasaurio Rex! —exclamó Rex. Quería que estos juguetes pensasen que era divertido.

Justo en ese momento, la última gota de agua se fue por el desagüe y los juguetes se cayeron de lado en el suelo de la bañera. Sin agua ¡no se podían mover!

Rex quería ayudar a los juguetes de la bañera. «Podría volver a poner agua», pensó. Así que abrió el grifo, puso el tapón en su sitio y la bañera empezó a llenarse. Después, apretó un botón de un juguete que tenía luces de colores y música.

—¡Fiestasaurio, eres lo más! —dijo Ducky.

Los juguetes pusieron collares de cuentas en el cuello de Rex. Después, un calamar de juguete saltó sobre su cabeza y Helga, el dispensador de jabón, le puso su gorro de vikinga encima. ¡Rex empezaba a parecer un fiestasaurio!

Pero Rex también estaba nervioso. La bañera estaba llena de juguetes y le daba miedo que el agua pudiera salirse, así que intentó cerrar el grifo, ¡pero se rompió! Así que tiró de la palanca encima del grifo. Todos se callaron por un momento, pero entonces se encendió la ducha y la bañera se llenó aún más rápido.

Rex veía que el agua estaba a punto de salirse de la bañera.

—¡Se desborda! —gritó. Desesperado, Rex siguió chillando mientras el agua arrastraba a todo el mundo fuera de la bañera.

Mientras tanto, como Rex no volvía, Buz, Woody y el resto de la pandilla fueron al baño a buscarlo.

—¡Soy un fiestasaurio! —respondió Rex cuando sus amigos le preguntaron qué estaba haciendo.

—¿Tú? ¿Un fiestasaurio? —contestó el Sr. Patata.

En ese instante, oyeron una voz que venía de la ventana.

—¡Psh! ¡Fiestasaurio!

En el jardín, los juguetes de Bonnie rodeaban la piscina.

—¡Rex! ¡Rex! ¡Rex! —vitoreaban.

Los amigos de Rex estaban sorprendidos.

—¡Me llaman! —dijo Rex mientras saltaba por la ventana. ¡Fiestasaurio Rex había vuelto!

Pasándolo en grande

¡Faltan diez días para que llegue Papá Noel! —ladraron los cachorros, saltando unos encima de otros mientras corrían por el pasillo.

—¡Diez días para los regalos! —gritó Penny.

—¡Diez días para la cena de Navidad! —añadió Rolly.

—Diez días para no meteros en problemas —dijo Pongo con una sonrisa.

—¿Sabéis lo que viene antes de Papá Noel, la cena y los regalos? —preguntó Perdita.

—¿Los calcetines en la chimenea? —respondió Lucky.

—No, antes que eso —dijo Perdita.

Patch no estaba seguro y se sentó a pensar en la alfombra.

—Tenemos que decorarlo todo y cantar villancicos —explicó Perdita moviendo la cola.

Justo en ese momento, Roger y Anita abrieron la puerta del estudio e invitaron a todos los perros a entrar.

Patch parpadeó varias veces, pues no podía creer lo que veían sus ojos.

—¿Qué hace un árbol dentro de casa?

—Tú mira. —Perdita le dio un lametón rápido.

Mientras los perros miraban, Roger y Anita empezaron a decorar el árbol con luces, ángeles, muñecos de nieve y tiras de espumillón. Lo que más le gustó a Patch fueron las brillantes bolas de cristal. Las pelotas eran una de sus cosas favoritas, y ¡no podía apartar la mirada de ellas!

Una vez acabaron con el árbol, Anita trajo chocolate y galletitas para perros. Mientras mordía una galleta frente al fuego, Patch no podía imaginar que la noche fuera a ir mejor. Entonces Roger se sentó frente al piano y todos empezaron a cantar.

Patch aulló junto con los demás, pero no podía dejar de mirar las bolas del árbol. Había una roja enorme muy cerca del suelo.

El cachorro se acercó y tocó la bola con una de las patitas delanteras. La bola se balanceó alegremente sobre él. Entonces vio su reflejo y empezó a reírse. ¡Su nariz parecía enorme!

—¿Qué haces? —preguntó Penny, que paró de cantar para averiguar qué era tan divertido.

Freckles se unió a ellos, y luego Lucky. Todos los cachorros hicieron turnos para golpear la bola y ver cómo se balanceaba, hasta que..., ¡crac!, se cayó al suelo y se rompió en mil pedazos.

La música se detuvo. El pobre Patch sabía que había arruinado aquella noche especial.

—¡Ay, cielos! —exclamó Anita mientras apartaba a los perritos de debajo del árbol—. Id con cuidado. Estas bolas no son para jugar.

Roger recogió los pedazos de cristal y Patch se encogió de miedo, pues sabía que se había metido en problemas.

—Tal vez debería daros un regalo anticipado —dijo Anita con una sonrisa.

Patch no podía creer la suerte que había tenido. En lugar de recibir un sermón, cada cachorro recibió un paquete pequeño. Patch rompió el papel de envolver, y ¡dentro vio una pelota de goma nueva!

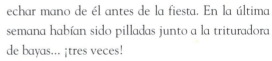

¡Alerta roja!

—¡**B**uen trabajo con el pelador de trigo, chicos! —dijo Flik sonriendo al ver una tropa de hormigas bajando el artefacto que descascarillaba los granos de trigo.

—¿Qué tal la trituradora de bayas? —preguntó Atta, la reina de la colonia.

—Iba a echar un vistazo —respondió Flik sonriendo a la Reina Atta—. ¿Quieres venir conmigo?

Atta aceptó. Las bayas estaban desparramadas por el suelo, así que las hormigas las llevaron a una zona especial del hormiguero.

—*Cowabunga!* —gritó una hormiga grande.

Diez docenas de hormigas saltaron desde una roca a una palanca gigante. La palanca bajó, golpeó una roca plana sobre un montón de bayas y un jugo rojo y dulce salió por los lados y cayó goteando en cuencos de madera tallada.

Cuando se exprimieron las bayas, Atta mojó el dedo en un recipiente para probarlo.

—Delicioso —dijo.

El jugo rojo teñía su boca y su barbilla.

—Las bayas son especialmente dulces este año —comentó Flik con modestia.

—Y con tu invento tendremos mucho jugo para la fiesta de este año —dijo Atta—. Si Dot y las Frambuesas no se lo beben todo antes —añadió.

Flik rio. A Dot y sus amigas les encantaba el jugo de bayas y, siempre que podían, trataban de echar mano de él antes de la fiesta. En la última semana habían sido pilladas junto a la trituradora de bayas... ¡tres veces!

—¡Bien hecho, hormigas trituradoras! —dijo Flik al grupo que estaba subiendo de nuevo a su puesto para saltar.

Otro grupo formaba un montón con bayas frescas. Casi habían terminado de acumular un gran montículo de bayas cuando, de repente, sonó la alarma.

—¡Alerta, alerta! —exclamó una hormiga guardiana por medio de un megáfono hecho con una hoja enrollada—. ¡Unas hormigas rojas están asaltando la colonia!

Flik, Atta y las hormigas trituradoras huyeron de la zona de la comida tan rápido como sus patas podían llevarlas. Efectivamente, pronto se toparon con media docena de hormigas rojas. Flik estaba a punto de atacar cuando oyó una voz que le resultaba familiar.

—¡Flik, soy yo! —dijo.

La voz sonaba como... la de Dot.

—¡Esperad! —gritó Flik.

Las hormigas se detuvieron. Flik limpió rápidamente la cara a la primera hormiga roja.

—¡No son hormigas rojas! —explicó Flik—. ¡Son Frambuesas manchadas de jugo de bayas! —exclamó sonriendo a Atta—. ¡Tal vez deberíamos llamarlas Grosellas!

Una carrera benéfica

Una mañana temprano, en Radiador Springs, Rayo estaba enseñándole el lugar a un invitado especial, Jeff Corvette.

—Gracias por ayudarme con esta carrera benéfica de Ayuda para Coches Antiguos —dijo Jeff—. Espero que recaudemos muchos fondos para ayudar a los coches más viejos.

Se dirigieron a la pista.

—Y estará bien ver a algunos de nuestros antiguos compañeros de carreras —apuntó Jeff.

—Tienes razón —respondió Rayo—. De hecho, creo que veo a uno ya. ¡*Ciao*, Francesco!

—Francesco se alegra de poder correr por una causa benéfica —dijo el coche de carreras italiano—. Francesco es tan generoso y maravilloso...

Rayo se rio.

—Francesco, no has cambiado nada.

Más corredores empezaron a llegar. Shu Todoroki revolucionó su motor. Carla Veloso presumió con unos cuantos giros y Nigel Gearsly, el caballeroso coche inglés, saludó a sus amigos con un guiño.

Entonces, apareció un coche verde que les resultó muy familiar. ¡Era Chick Hicks! Rayo empezó a desconfiar.

—El cartero habrá perdido mi invitación —dijo Chick.

—Bueno, Chick. La verdad es que no creímos que quisieras participar en este tipo de carrera —dijo Jeff.

—¿Tenéis miedo de que os gane? —preguntó Chick.

Rayo suspiró.

—De acuerdo, puedes competir. Pero será mejor que te comportes.

Sin embargo, durante la carrera, Chick no dudó en jugar sucio. Se estampó contra Nigel y luego sacó a Carla y a Shu de la pista.

—¡Ja, ja, ja! ¡Ay!

Chick se dio cuenta de que se había abollado un lateral. Intentó embestir a Francesco, pero éste hizo un viraje para apartarse y Chick se rascó contra una pared.

—¡Au! —gritó.

Chick se puso a la altura de Jeff y Rayo. Los dos amigos se guiñaron el ojo y aminoraron la marcha, dejando que Chick pasase primero.

—¿Quién será el gran ganador de hoy? Seré... ¡Ah! —Chick empezó a dar vueltas en espiral al pasar por la línea de meta.

Renqueando, Chick subió al podio de los ganadores.

—¿Y bien? Dadme ya el dinero y el trofeo —gritó.

Rayo le dio un gran cheque a Chick. Entonces, Lizzie, el coche portavoz de la organización benéfica, se lo quitó.

—¡Eh! ¿Qué pasa aquí? —exclamó Chick.

—Chick, gracias por ayudarnos a recaudar fondos para la caridad —dijo Jeff.

Chick alucinaba.

—¿Que he hecho qué? —dijo Chick, perplejo.

—Exacto, Chick. Has competido por una buena causa. La próxima vez, no te exijas tanto.

DUMBO

El espectáculo debe continuar

El viento silbaba en la carpa principal y empujaba la tela que Dumbo intentaba agarrar con su pequeña trompa.

—Yo la cogeré —dijo su madre mientras la carpa se agitaba sobre sus cabezas.

Dumbo pensó que, si el tiempo no hubiese sido tan malo, podría haber volado para coger el otro extremo de la carpa, pero el viento soplaba con demasiada fuerza para las orejas voladoras de Dumbo.

Al final, de pie sobre sus patas traseras, la señora Jumbo cogió la tela con la trompa. Tiró con firmeza y dejó que los peones del circo la ataran, pero Dumbo vio que la tela se había rasgado de nuevo.

—¡Dejad de hacer tonterías! —gritó el jefe de pista a los payasos. Él también había visto los desgarros y les ordenó que los cosieran—. ¡Debéis reparar la carpa antes de que empiece el espectáculo!

Dumbo se sintió fatal. Todos los artistas, animales y peones del circo estaban trabajando muchísimo bajo la tormenta y, para colmo, él no había evitado que la carpa se rompiera. Además, el jefe de pista estaba tan de mal humor como el tiempo.

Entonces, el elefante vio que una ráfaga de viento frío le quitaba el sombrero de copa negro al director.

—¡Se acabó! —gritó él—. ¡Ya no habrá espectáculo esta noche!

Dumbo no podía creer lo que había oído. Aquel anuncio fue suficiente para despertar al ratón Timoteo de la siesta que estaba echando en un fardo de heno cercano.

—¿Que no hay espectáculo? ¡No me lo puedo creer! —dijo Timoteo.

El resto del circo tampoco podía creérselo, pero siguieron con sus tareas en silencio.

—Cuánto alboroto por un sombrero. —Timoteo sacudió la cabeza—. El espectáculo debe continuar.

Dumbo asintió, y entonces algo llamó su atención. El sombrero en cuestión se había enganchado en el mástil de la carpa principal. ¿Sería capaz de recuperarlo?

Con valentía, Dumbo despegó. El viento era muy violento, pero agachó la cabeza y batió las orejas con fuerza. El viento se calmó durante unos instantes, así que el pequeño elefante aprovechó la oportunidad, cogió el sombrero de copa y volvió deprisa al suelo.

Dumbo entregó el sombrero al jefe de pista con timidez.

—Gracias, Dumbo —dijo él, que cogió agradecido el sombrero.

Miró a todas las personas y a todos los animales que aún seguían trabajando a su alrededor, y se avergonzó de su actitud. Entonces, volvió a ponerse el sombrero y gritó:

—¡El espectáculo debe continuar!

Todo el mundo se alegró por la noticia.

—¿Qué te había dicho? —preguntó Timoteo, y le guiñó un ojo.

Disney · PIXAR
BUSCANDO A NEMO

El viejo Pulpo

¡Tú la llevas! —Nemo encontró a Sheldon, que estaba escondido cerca de un molusco.

—¡Jopé! —Sheldon agitó la cola—. A la próxima voy a ir a por ti, Nemo.

—A ver si consigues encontrarme —se burló Nemo. Luego, habló en voz alta—. ¡Chicos, ya podéis salir!

El resto de los peces que jugaban al escondite volvieron al percebe gigante que usaban como base. Una vez se reunieron todos, Sheldon empezó a contar de nuevo.

Nemo se alejó nadando y buscó por todo el arrecife un buen escondite, porque Sheldon se la tenía jurada. Nadó y encontró una concha de abulón vacía.

—Demasiado fácil —murmuró.

Entró rápidamente en una anémona.

—Demasiado obvio.

Finalmente, se topó con una cueva oscura entre el coral.

—Demasiado oscura. —Le dio un escalofrío al ver la espeluznante entrada—. Es perfecta.

Armándose de valor, Nemo entró en la cueva. Al principio no podía ver nada, pero, a medida que sus ojos iban acostumbrándose a la oscuridad, vio un gran ojo abierto en la pared. ¿Qué podía ser?

Otro ojo se abrió, y, entonces, la pared entera empezó a moverse.

—¡E... e... el viejo Pulpo! —tartamudeó Nemo al ver que ocho largos tentáculos sobresalían de la pared de la cueva.

Nemo y sus amigos contaban historias del viejo Pulpo cuando se juntaban algunas noches. Se decía que el viejo Pulpo se acercaba a los pececitos y les daba un susto de muerte.

—Sie... siento haberlo molestado, señor.

Nemo nadó hacia la salida, pero entonces vio algo asombroso. ¡Los tentáculos del pulpo estaban cambiando de color y textura! En vez de mimetizarse con el color marrón de las paredes desiguales, tenían un tono rojizo, parecido al coral que había al fondo de la cueva.

—No me has molestado, chico. ¿Qué te trae a este rincón del arrecife? —Su voz era pausada y amable, y Nemo ya no tuvo miedo.

—Juego al escondite, señor —respondió con cortesía—. Si pudiese camuflarme como usted, ganaría siempre.

El viejo Pulpo se rio.

—El escondite, ¿eh? Me encanta ese juego. Camuflarse es muy útil, pero no hay nada como una nube de tinta cuando quieres correr hasta la base.

—¿También puede disparar nubes de tinta? —Nemo estaba tan emocionado que alzó la voz.

—¡Te he oído, Nemo! —gritó Sheldon.

—¿Preparado para nadar hasta la base? —susurró el viejo Pulpo, que le guiñó un ojo.

Nemo asintió con la cabeza. Chocó la aleta con uno de los tentáculos del viejo Pulpo y, entre una nube de tinta negra, salió disparado, adelantó a Sheldon y llegó a la base. ¡Salvado!

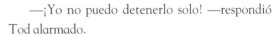

Regreso al hogar de Tod

Tod quiso mostrar a su amiga Vixey el lugar donde creció y la llevó a la cima de una colina desde donde divisaban un hermoso valle.

—Yo crecí en la finca de la Viuda Tweed —dijo Tod, alargando la pata en dirección a una granja situada en el valle—. Ella me cuidó cuando yo era un cachorro.

El zorro Tod señaló un perro de caza: era Toby, su mejor amigo.

—Vive en la granja de Amos Slade. Es vecino de la Viuda Tweed —explicó Tod.

La Viuda Tweed, Amos Slade y Jefe, el gruñón perro de Amos, montaron en un destartalado cacharro. Entre una nube de humo, se marcharon.

Pero Toby todavía estaba en casa, cerca de la valla, dormitando bajo un viejo barril.

—Vamos a visitar a Toby —dijo Tod.

—¡Yo no! —exclamó Vixey—. Soy un zorro y no me gustan los perros. Voy a coger un poco de pescado para la cena. Nos vemos más tarde.

Tod bajó por la colina, emocionado de ver a su viejo amigo. Pero cuando llegó, vio a un hombre extraño escondido en el gallinero de Amos Slade.

—¡Despierta, Toby! —gritó Tod—. ¡Hay un ladrón de gallinas en el gallinero!

Toby se despertó sobresaltado y se puso en acción. Pero la cuerda alrededor de su cuello se lo impidió.

—¡Vas a tener que detener a ese ladrón de gallinas tú solo! —gritó Toby.

—¡Yo no puedo detenerlo solo! —respondió Tod alarmado.

—Nosotros te ayudamos —dijo alguien.

Tod vio a Dinky, el gorrión, y a Boomer, el pájaro carpintero, en la valla.

—¡Vamos! —dijo Tod.

Tod irrumpió en el gallinero. El ladrón estaba allí, sosteniendo una gallina en cada mano.

Tod mordió al hombre en el tobillo.

—¡Ay! —chilló el ladrón.

Boomer entró volando por la ventana y picoteó la cabeza del ladrón de gallinas. El ladrón soltó las gallinas y se cubrió la cabeza.

Mientras tanto, Dinky desató el nudo que sujetaba a Toby. Ahora, Toby era libre. Ladrando, arremetió contra el ladrón.

Entre huevos que volaban, el ladrón de gallinas gritó y salió corriendo. Mientras corría por el camino, Dinky y Boomer revoloteaban alrededor de su cabeza, picoteándolo hasta que se fue muy lejos. El zorro y el sabueso corrieron de vuelta a la granja.

—Me alegro de verte, Tod —dijo Toby moviendo la cola—. ¿Qué te trae por aquí?

—Sólo he venido a hacerte una visita tranquila —respondió Tod.

—¡Ha sido muy tranquila, sí! —dijo Toby.

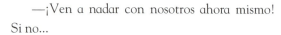

EL
REY LEÓN

Empapados

Timón hinchó su pequeño pecho y soltó un grito atronador mientras se balanceaba sobre la laguna. Se soltó de una enredadera y extendió los brazos tanto como pudo hasta que golpeó el agua, sin mucha violencia, pero de una forma satisfactoria. Salió a la superficie y gritó:

—¡Tachán!

Pumba fue el siguiente.

—¡Cuidado allí abajo! —avisó.

Sobre el saliente rocoso, cogió un poco de carrerilla y se lanzó. Al caer, el facóquero salpicó de agua todo lo que había alrededor de la laguna. Cuando salió a la superficie, el agua aún ondeaba.

—No ha estado mal —dijo Simba—, pero seguro que Nala puede hacerlo mejor.

El rey león miró a Nala, que estaba tomando el sol sobre una roca, tan lejos del agua como era posible.

—¡Ya! —rio Nala—. Sabes que no me gusta mojarme.

—Venga, Nala. Inténtalo. ¡El agua está muy buena! —intentó animarla Simba.

—El agua está buena —replicó Nala muy despacio, dándose la vuelta y lamiéndose la pata—... para beber.

Timón y Pumba se rieron como tontos mientras Simba fruncía el ceño. Nala lo estaba dejando en ridículo delante de sus amigos. ¿Acaso no era él el soberano de las Tierras del Reino?

Con su tono de voz más autoritario, Simba le dio una orden a Nala.

—¡Ven a nadar con nosotros ahora mismo! Si no...

Nala ni siquiera levantó la cabeza, se limitó a cerrar los ojos.

—Si no... ¿qué, alteza?

A Simba no se le ocurrió nada, así que la discusión se acabó y, como siempre, había ganado Nala.

Simba aceptó su derrota y corrió hasta el borde del saliente rocoso, saltó tan alto como pudo y se acurrucó para hacer una bomba real.

Pumba y Timón se mojaron hasta las orejas. Simba salió del agua poco a poco y les hizo una señal. Apuntó hacia su melena mojada y, luego, hacia la roca de Nala.

Timón le guiñó un ojo y, entre él y Pumba, empezaron una alborotada batalla de agua de mentira para distraer a Nala. Mientras, Simba trepó hasta el sitio donde Nala estaba tomando el sol. Se acercó veloz y sigiloso y se agazapó con las patas listas para saltar. Mientras tanto, Nala no se enteró de nada.

Entonces, con un rugido triunfal, Simba saltó sobre la roca de Nala y sacudió con vigor la melena mojada, dejando a Nala hecha una sopa.

Nala se levantó sobre sus patas con un gruñido. Simba rodó sobre su espalda y se tronchó de risa.

—¡Estás toda mojada, Nala! —rio Timón. Pumba se reía tanto que casi no podía respirar.

Nala intentó lanzar una mirada feroz a Simba, pero no podía más que reírse también.

—El rey de las bromas pesadas —dijo ella.

Bambi

Aventura nocturna

La luna se elevaba sobre el bosque, y Bambi se acurrucó al lado de su madre, que ya dormía. ¡Menudo día! Había explorado lugares nuevos, había aprendido palabras nuevas, y había hecho amigos nuevos. Bambi bostezó y cerró los ojos.

—¡Bambi! ¡Bambi!

Bambi abrió los ojos muy despacio.

—¿Tambor? —susurró—. ¿Por qué no estás durmiendo?

—¿Durmiendo? ¡Venga ya! —gritó Tambor—. ¡Dormir es para los pájaros! ¿Cómo puedes dormir cuando hay tanto que ver y hacer por la noche?

—Pero todo el mundo sabe que la noche es para dormir —dijo Bambi.

—Ay, hermano —respondió Tambor—. ¡Tienes tanto que aprender! Sígueme y te mostraré que la noche es como un nuevo día.

De pronto, ante la idea de una nueva aventura, a Bambi se le quitó el sueño. En silencio, se levantó y dejó que su amigo lo guiara.

Tambor tenía razón. El bosque estaba tan concurrido de noche como de día, pero con un grupo de animales nuevo: lechuzas, zarigüeyas, mapaches y tejones. Todos aquellos animales que parecían pasarse la vida durmiendo estaban ahora tan despiertos como uno podía imaginarse.

—¿Qué es esto? —exclamó Bambi al ver un punto de luz sobre su hocico.

—No te preocupes, sólo es una luciérnaga —explicó Tambor con una risilla.

—Luciérnaga —repitió Bambi, y, de repente, la luz desapareció—. ¿Adónde se ha ido?

—¡Ahí está! —gritó Tambor, y señaló la cola de Bambi—. No, espera. Está por allí.

Tan alegres como unas castañuelas, Tambor y Bambi persiguieron a la luciérnaga mientras ésta iba de un amigo a otro.

—¡Creo que le hemos gustado! —exclamó Tambor.

Sin embargo, su juego se vio interrumpido por una ruidosa ráfaga. Miles de alas batientes pasaron por encima de sus cabezas.

—¡Agáchate, Bambi! —gritó Tambor justo cuando aquel grupo revoloteaba alrededor de sus cabezas—. Nos hemos librado por poco.

—¿También eran luciérnagas? —preguntó Bambi.

—No —rio Tambor—. ¡No tenían luz! Eran murciélagos.

—Murciélagos —repitió Bambi—. Están muy ocupados de noche.

—Puedes apostar a que sí —dijo Tambor intentando contener un bostezo. Como los bostezos se pegan muy fácilmente, Bambi también acabó bostezando.

—Ha sido divertido —dijo Bambi a su amigo—, pero ¿qué te parece si volvemos a casa a dormir?

No hubo respuesta alguna... pues Tambor ya se había quedado frito.

Una misión en la nieve

Una nevada mañana de invierno, mientras Bonnie estaba en Sunnyside, Jessie miró por la ventana y jadeó, sorprendida. Un pajarito estaba dando saltitos por la nieve, buscando algo de comida.

—Ese pajarito parece estar muy hambriento —dijo.

—Supongo que es difícil encontrar comida en la nieve —dijo Buzz.

Los amigos decidieron ayudar al pajarito.

—Podríamos coger migas de la panera y dárselas —sugirió Woody.

—¡Ése es un plan estrella! —respondió Buzz, y Jessie se mostró de acuerdo.

Los juguetes fueron a la cocina. Jessie y Woody sujetaron una bolsa abierta en el suelo, mientras Buzz se subía a la panera para coger las migas.

—¿Estáis listos, chicos? —preguntó y luego tiró todas las migas que había…

… ¡pero ninguna cayó en la bolsa! Woody suspiró mientras las migas le caían encima del sombrero. Después, él y Jessie se pusieron a meterlas todas en la bolsa.

Cuando al fin lograron llenar la bolsa, abrieron la puerta y salieron al jardín. La escalera resbalaba mucho y el jardín estaba lleno de nieve.

—¡Esperad! —exclamó Jessie—. No quiero mojarme.

Los demás tampoco querían mojarse; si lo hacían, Bonnie se enteraría de que habían salido.

—Necesitamos ropa impermeable —dijo Buzz con la vista fija en las botas de agua de Bonnie.

A Jessie se le ocurrió una idea.

—¡Tachán! —exclamó mientras arrastraba un rollo de film transparente de la cocina.

—¿Qué quieres que hagamos con eso? —preguntó Woody, confuso.

Jessie guiñó un ojo.

—Ahora lo verás —respondió y empezó a envolver las piernas de Woody y de Buzz con el plástico transparente. Después, envolvió las suyas y, al fin, los tres llevaban un traje impermeable casero.

Protegidos contra la nieve, los juguetes salieron al jardín. Andar les resultaba complicado y, cuando llegaron a la mitad del jardín, les dolían las piernas. Empezaron a esparcir las migas y Jessie vio que se acercaba el pajarito.

El pajarito pio encantado al ver las migas, y empezó a comérselas con ganas. Los juguetes sonrieron, satisfechos por el trabajo que habían realizado.

—Ya podemos volver dentro y descansar —dijo Buzz.

—Sí… Claro —respondió Woody mirando hacia arriba. Las ramas de los árboles cercanos estaban llenas de pájaros. Todos piaban y gorjeaban alegres.

Woody y los demás volvieron a ponerse de pie.

—Pero, primero, ¡tenemos que alimentar a más amigos!

La víspera de Navidad de Mickey

Era la noche antes de Navidad y todo el mundo en la ciudad iba de aquí para allá. Los calcetines estaban colgados de la chimenea con esmero, y Mickey estaba relajándose en su butaca grande y cómoda.

De repente, se oyó un estruendo en el jardín. Mickey se levantó de su silla para ver qué sucedía y salió corriendo hacia la puerta. ¿Sería que Goofy había llegado y había chocado, como de costumbre?

Entonces, ante sus incrédulos ojos, apareció un trineo con cascabeles. ¿Eso eran renos de verdad? Y ese conductor viejecito tan contento y alegre ¿era el Tío Gilito? ¡Sí, lo era! ¡Menudo panorama!

—¡Yuju! —exclamó Minnie.

Morty y Ferdie vinieron corriendo.

—¿Podemos unirnos a la fiesta?

—¡Hola, amigos! —gritó una voz desde un trineo. Pluto tiraba de él.

—¡Es Goofy! —gritó Juanito—. ¡Coged bolas de nieve! ¡Vamos a jugar!

Justo en ese momento, se oyó una voz por toda la casa:

—¡Es hora de cenar!

¡Todos los perros, patos y ratones corrieron!

—¡Pasadme el pavo y el relleno de arándanos, por favor!

—Aquí tenéis: puré de patatas, salsa y zanahorias con guisantes.

—¿Alguien quiere repetir? No seáis tímidos.

—¿Habéis comido suficiente?

—¿Os queda hueco para el postre?

Cuando estaban llenos de comida, todos se fueron a echar una cabezadita invernal. Todos se metieron en la cama y se durmieron pensando en los regalos de Navidad.

En el cielo se podía apreciar una maravillosa escena navideña. ¡Santa Claus estaba volando para repartir sus regalos de Navidad! Cruzó el tejado de un salto y se metió por la chimenea sin hacer ningún ruido.

Abajo, en el hogar, Pluto pensó: «¿Qué es esto?» cuando vio que un grumo de nieve mojaba el fuego con un siseo. De repente, un hombre todo vestido de rojo bajó por la chimenea… ¡y le acarició la cabeza!

—¡Feliz Navidad! —dijo el hombre y dio un abrazo a Pluto. Después, dejó un gran saco sobre la alfombra de la sala de estar. Puso un dedo a un lado de su nariz, asintió y subió por la chimenea.

El reloj dio la medianoche y, tras la última campanada, la abuelita bostezó:

—¡Es Navidad! ¡Esos dormilones se han despertado!

—¡Vamos a abrir los regalos! —gritaron los pequeños con entusiasmo.

—¿Qué es esto? —preguntó Mickey—. ¡Hay un saco de regalos bajo el árbol! ¡Ya tenemos todos los regalos, celebrémoslo! ¡Feliz Navidad a todos y feliz año nuevo!

Disney
Mickey's Christmas Carol

Una Navidad muy feliz

—¡Feliz Navidad! —cantó Ebenezer Scrooge, mientras observaba cómo los niños Cratchit abrían los regalos que les había traído.

—¡Un osito de peluche! —exclamó el pequeño Tim. Su hermana había recibido una muñeca nueva y su hermano estaba entretenido jugando con un tren de juguete nuevo.

—¡Y aún hay otro regalo más! —dijo Scrooge con los ojos brillantes—. Enseguida vuelvo.

Un instante después, volvió con un paquete enorme entre las manos, envuelto con papel de regalo rojo y un lazo verde gigantesco.

Los niños gritaron de alegría mientras lo abrían.

—¡Papá, es un trineo! —gritaron.

—Ya lo veo —contestó Bob Cratchit tras levantar la vista del pavo que estaba trinchando.

Scrooge le había traído el pavo esa misma mañana.

—¿Podemos ir a jugar con él? ¿Podemos? ¡Por favor! —suplicaron los niños.

—Claro —respondió Cratchit—. Pero sólo después de cenar.

—Y la cena ya está lista —dijo la Sra. Cratchit.

—¡A cenar! —gritaron los niños y fueron corriendo a sentarse en sus sitios.

La Sra. Cratchit se sentó a la mesa.

—No recuerdo cuándo fue la última vez que disfrutamos de un festín semejante, Sr. Scrooge —dijo, muy contenta—. Gracias.

Scrooge alzó su vaso en el aire.

—De eso trata la Navidad —afirmó—. De ser felices y generosos.

Todos brindaron por ello y después se pusieron a comer.

—¿Os apetece ir a jugar con el trineo? —dijo el Sr. Cratchit cuando terminaron de cenar.

Unos minutos más tarde, todos se habían abrigado. Scrooge llevó a los niños por la ciudad, cantando villancicos a viva voz.

—¿Por qué todos miran extrañados al Sr. Scrooge? —preguntó el pequeño Tim a su padre.

El Sr. Cratchit le sonrió.

—Porque le quieren —respondió.

—Yo también le quiero —dijo el pequeño Tim.

Scrooge subió con el trineo a la cima de una colina. Todos se acercaron para admirar la empinada cuesta.

Scrooge cogió el trineo y se alejó unos pasos de la cima. Después, cogió carrerilla, saltó sobre el trineo y bajó hasta abajo.

—¡Yupi! —gritó.

Después, Scrooge volvió a subir el trineo a la cima de la colina.

—¿Quién quiere ser el siguiente? —preguntó jadeando.

—¡Yo! —exclamó el pequeño Tim.

Los demás también se subieron varias veces al trineo.

Más tarde, cuando Scrooge llevó a los niños a casa, sintió en su interior una calidez a pesar del frío que reinaba en el ambiente. Era la Navidad más feliz que recordaba.

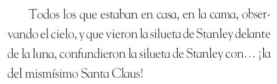

Stanley Claus

Radiador Springs estaba preciosa. Todos los edificios estaban cubiertos con luces navideñas, y había calcetines de Navidad colgados en todos los escaparates. Hasta la estatua de Stanley llevaba un gorro de Santa Claus.

—Todos van a quedarse boquiabiertos con estos adornos, Ramón —dijo Rayo McQueen.

Ramón estaba ocupado haciendo un mural de Santa Claus con sus espráis de pintura. En el mural, aparecían coches tirando del trineo, en vez de renos.

—¡Mi mural será el mejor adorno de todos!

Sargento observó con curiosidad el trabajo de Ramón.

—No te pases con el rojo, soldado —le aconsejó, haciendo gala de su ojo crítico para los detalles.

—He comprado un montón de cubos de pintura roja, Sargento.

Ramón se dio la vuelta para ver cómo estaba quedando su trabajo…

¡Plash! Ramón tiró los cubos de pintura sin querer, que fueron cayendo como fichas de dominó. La pintura roja inundó la carretera y salpicó la estatua de Stanley.

Ramón se giró para observar el desastre, pero notó que sus ruedas resbalaban en la pintura.

¡Crash!

—¡Au! —gimió Ramón al chocar con el podio de Stanley. Los coches contuvieron la respiración cuando vieron que Stanley salía volando por los aires.

Como una estrella fugaz, Stanley cruzó el firmamento y se enredó en los adornos y las luces que colgaban de los edificios.

Todos los que estaban en casa, en la cama, observando el cielo, y que vieron la silueta de Stanley delante de la luna, confundieron la silueta de Stanley con… ¡la del mismísimo Santa Claus!

El sonido de los gritos de emoción invadió todo Radiador Springs.

En ese instante, Stanley aterrizó sobre un montón de neumáticos.

—¡Menos mal que no ha sufrido ningún daño! —dijo Rayo McQueen, mientras ponían a Stanley de nuevo en su sitio.

—Tengo que limpiar este desastre antes de que Doc se entere de lo que he hecho —dijo Ramón, al mismo tiempo que se ponía a limpiar la pintura como un loco.

A la mañana siguiente, los coches bostezaron de cansancio. Todo volvía a estar limpio y en su sitio.

Justo entonces, apareció Doc.

—Creo que ha pasado algo esta noche —dijo Doc.

—¡No es culpa mía! —dijo Ramón—. Estábamos…

—¡Sin poder dormir! —le cortó Sargento—. ¡Miramos por la ventana y vimos a Santa Claus volando por aquí!

Todos los coches observaron la cara de Doc mientras reflexionaba sobre lo que había dicho Sargento. ¿Santa Claus? ¿En el cielo?

—Increíble —murmuró Doc al fin, mientras admiraba los adornos del podio de Stanley.

Ramón suspiró aliviado y Sargento sonrió con picardía. Nadie más tenía por qué enterarse de la aventura de Stanley en las estrellas…

Una zona catastrófica

Bárbara y Brody, los dueños del motel Pista de Aterrizaje iban a pasar el día fuera, así que dejaron a Sparky y a Dusty al mando.

—Sois muy amables por ocupar nuestro puesto mientras estamos fuera —dijo Bárbara.

Ella y su marido despegaron, no sin antes prometerles que volverían por la noche.

Dusty y Sparky estaban emocionados por estar a cargo del motel. Tras atender a los primeros huéspedes, ambos llegaron a la conclusión de que llevar un motel no era tan difícil.

Dusty estaba ansioso por hacer una cosa: encender el gran cartel de neón que había encima del edificio. Sparky no lo veía necesario. Aún era de día y el cartel sólo se veía de noche.

—¡Pero siempre he querido hacerlo! —dijo Dusty. Apretó el botón y miró el cartel… pero la luz no se encendió.

—¿No lo ves? No está enchufado —dijo Sparky al mismo tiempo que señalaba el cable del cartel, que estaba en el suelo junto al enchufe.

Dusty sabía cómo solucionarlo. Utilizando su brazo para combustible, cogió el enchufe y lo enchufó con cuidado.

De repente, hubo un destello y un estallido. El cartel sobre el motel destellaba y chisporroteó antes de que se produjera un cortocircuito con una consecuente lluvia de chispas.

—Ahora me tocará arreglarlo —gruñó Sparky.

Se subió a una plataforma mecánica y utilizó las palancas para elevarse hasta quedar a la altura del cartel.

Sparky inspeccionó minuciosamente el cartel para ver qué daños había sufrido. Sin embargo, no encontró ningún desperfecto visible, así que pidió a Chug que moviera la plataforma hacia la izquierda para poder mirarlo desde un ángulo distinto.

Chug intentó empujar la plataforma, pero estaba atascada.

—¡No se mueve! —gritó.

Sparky se dio cuenta demasiado tarde de que la plataforma se había enganchado en el cartel. Cuando Chug le dio un último empujón, la plataforma partió el cartel por la mitad. Ambos amigos observaron horrorizados cómo el cartel roto se estrellaba contra el suelo.

—Tenemos que volver a colocarlo antes de que Bárbara y Brody vuelvan —dijo Chug con voz entrecortada, pero era demasiado tarde. Él y Sparky miraron al cielo y vieron que los dueños del hotel estaban preparándose para aterrizar.

—Se nos olvidó deciros que no encendierais el cartel —dijo Brody antes de que Chug y Sparky pudieran explicarle lo ocurrido—. Está roto. El técnico vendrá mañana para colocar uno nuevo.

Sparky y Chug suspiraron aliviados. Gracias a ellos, el técnico se ahorraría el trabajo de quitar el cartel viejo.

El secreto de Cueva Calavera

En un rincón tranquilo del arrecife, había una formación de coral retorcida que parecía el esqueleto boquiabierto de un pez payaso enfadado.

—Mi padre dice que el Viejo Cangrejo Cascarrabias vive allí. Se ha pasado la vida ahuyentando a los niños —dijo Nemo.

—Nadie ha visto al Viejo Cangrejo Cascarrabias desde hace años. ¡Vayamos! Será una aventura —dijo Tad, agitando las aletas con entusiasmo.

Nemo y sus tres amigos se adentraron sigilosamente en la boca de la cueva. Sheldon estornudó estrepitosamente y asustó a Perla. Ella se le tiró encima enfadada, pero se quedó helada al ver que algo salía de un rincón oscuro.

—¡Aaaah! —gritó cuando vio que un cangrejo gigante con unas pinzas tan grandes como ella salía a su encuentro.

—¿Qué hacéis aquí, mocosos? —chilló el cangrejo, chasqueando sus pinzas—. ¡Quizá unos pellizcos os ayuden a aprender la lección!

—¡Es el Viejo Cangrejo Cascarrabias! —exclamó Nemo—. ¡Nadad para salvar vuestras vidas!

A Perla se le escapó un poco de tinta en la horrible cara del cangrejo al huir. Todos salieron disparados y destrozaron el jardín de algas por el camino.

—¡Estáis pisoteando mi jardín! —gritó furioso el cangrejo—. ¡Ya veréis cuando os coja!

Mientras, en casa, Marlin se preguntaba dónde estaba su hijo. De repente, Nemo entró en casa como una tromba, acompañado de sus amigos.

—¡Papá! ¡Un cangrejo! —gritó.

—¿Un cangrejo? —Todos miraron hacia el arrecife, asustados.

—¡Camuflaos en el coral! —les ordenó Marlin.

—Perdona por ir a la cueva del Viejo Cangrejo Cascarrabias —se disculpó Nemo mientras se escondían.

—¿Ése es el cangrejo que os persigue? —le preguntó Marlin, menos asustado.

El Viejo Cangrejo Cascarrabias atravesó la colina con las pinzas en alto.

—¡Eh! —le gritó Marlin—. ¡Guarda esas pinzas, cangrejillo!

Señaló con una aleta naranja hacia la cara del cangrejo.

—¿Me recuerdas? Me ahuyentaste de la Cueva Calavera cuando era pequeño, pero volví para avisarte de que venía un tiburón. De no ser por mí, te habrías convertido en su cena.

La mueca enfadada del Viejo Cangrejo Cascarrabias se desvaneció. Bajó las pinzas pensativo.

—¿Fuiste tú? —preguntó sorprendido.

Marlin asintió.

Más tarde, salieron de sus escondites y vieron al Viejo Cangrejo Cascarrabias sonriéndoles.

—Pasaos por la cueva mañana —les dijo el cangrejo—. Hablaremos de los viejos tiempos.

—Eso está hecho, cangrejillo —le prometió Marlin.

—Papá es un superpez —sonrió Nemo orgulloso mientras el Viejo Cangrejo Cascarrabias se despedía con la mano.

Una clase de interpretación

—¡Hala! ¡Me encanta este castillo! —dijo Pony, el unicornio, al ver el castillo que Bonnie y su madre habían construido.

—Es tan… de la realeza —suspiró el Sr. Púas—. Seguro que Bonnie va a jugar a princesas y caballeros.

Pony inclinó la cabeza.

—Yo seré un príncipe unicornio perfecto.

—Ese papel se te daría genial —coincidió el Sr. Púas.

Pero, cuando Pony miró a los demás juguetes, que ya estaban divirtiéndose leyendo una aventura espacial, no estaba seguro de que pudieran interpretar sus roles reales.

—Les hace falta una buena clase de interpretación —concluyó el Sr. Púas—. Y yo soy el juguete más indicado para dársela.

Pony y el Sr. Púas fueron a buscar a los demás juguetes.

—¡Eh! ¡Sabéis que Bonnie va a jugar con el castillo? —gritó el Sr. Púas.

—Yo seré el dragón de la torre —rugió Rex.

—Sí, pero después de la clase de interpretación, Rex —le contestó el Sr. Púas.

Buzz lo miró incrédulo.

—¡No necesitamos clases de interpretación! ¡Somos juguetes profesionales!

Pero el Sr. Púas no iba a cambiar de opinión.

—¡Te equivocas! —dijo—. Un juguete siempre debe estar preparado para dar lo mejor de sí mismo.

El Sr. Púas llamó a los otros juguetes cuando terminó de organizar la sesión de interpretación. Leía uno de los libros de cuentos de Bonnie y observaba cómo los demás juguetes interpretaban las diferentes partes de la historia.

—¡Veamos cómo lucha el valiente caballero contra el temible dragón! —gritó el Sr. Púas.

Buzz interpretaba al valiente caballero, subido en Perdigón. Apareció Rex, el dragón, y Buzz le disparó con su láser espacial.

—¡Has perdido, dragón!

El Sr. Púas suspiró.

—Los caballeros no usan láseres espaciales —dijo Pony.

Después, Jessie interpretó a una princesa. Pero se puso a cantar en la torre del castillo mientras ondeaba su lazo.

—¡No! —gritó el Sr. Púas—. Una princesa no se mueve así.

—Es que soy una princesa guay —contestó Jessie.

Más tarde, los juguetes interpretaron el final de la historia. Pero cuando el valiente Buzz iba a rescatar a la princesa Jessie, Bonnie llegó a casa.

Todos los juguetes se quedaron inmóviles cuando entró en la habitación. Bonnie los cogió, lista para jugar. Ellos se habían pasado el día preparándose para jugar a princesas y caballeros, pero Bonnie tenía otra idea.

—¡Vamos a jugar a que este castillo es una base espacial!

—Tanto trabajo para nada —se lamentó el Sr. Púas.

Jessie soltó una risita.

—¿Lo ves? Tendrías que haberte leído la aventura espacial con nosotros.

¡Corre hacia la meta!

La superestrella alemana de las carreras Max Schnell invitó a Rayo McQueen al Rally de la Selva Negra. ¡Rayo estaba muy emocionado! Le pidió a Mate, a Luigi y a Guido que lo acompañasen como su equipo.

Cuando el Equipo Rayo llegó a Alemania, Max los recibió en el aeropuerto y los llevó a una fiesta que se celebraba antes de la competición. Rayo estaba contento de ver allí a otros dos amigos suyos del Gran Premio Mundial: el corredor español Miguel Camino y el coche de rally francés Raoul ÇaRoule.

Más tarde, Rayo dijo a Mate que quería ir a la Selva Negra para practicar en la pista.

Un anciano coche oyó sus planes.

—¿Quieres ir a la Selva Negra de noche? En ese caso, ten cuidado con el monstruo Waldgeister.

—¿Un mo-monstruo? —tartamudeó Mate.

—Seguro que ese monstruo es sólo un mito —dijo Rayo. Él y Mate revolucionaron sus motores y condujeron hasta el bosque.

—¡Yuju! —gritó Mate mientras corría a toda velocidad por un camino bordeado de árboles—. Esto sí que es divertido.

Los dos amigos fueron por diferentes carreteras y puentes y… Mate se perdió.

—¿Rayo? ¿Hooooolaaaa? —gritó Mate.

Mate notó que algo rozaba su gancho.

—¿Quién anda ahí? —dijo, asustado.

Una figura enorme se alzó sobre él.

—¡Aaaaah! —gritó Mate, y salió disparado marcha atrás—. ¡El monstruo es de verdad!

Pero nadie lo creyó. Al día siguiente, se disputó la carrera. Rayo y los demás competidores se posicionaron en la línea de salida. Mate salió a la pista.

—No iréis a correr, ¿verdad? ¡Hay un monstruo!

—No tienes de qué preocuparte, colega —dijo Rayo.

La bandera verde que anunciaba la salida bajó. Rayo pasó a toda velocidad por una curva muy engañosa con Max, Raoul y Miguel pegados a su parachoques. De repente, los corredores oyeron un gruñido profundo que hizo que todo el suelo del bosque temblase. El volumen del gruñido fue elevándose hasta convertirse en un rugido que hizo eco por todas partes. Todos frenaron en la pista, paralizados por el pánico.

—¡Es el monstruo Waldgeister! —gritó Rayo—. ¡Existe de verdad!

¡Los coches salieron pitando para salvarse! Bajaron a toda prisa por una pendiente rocosa y derraparon en las curvas. Después, se enfilaron a velocidad máxima hacia un río y saltaron por encima de él para cruzarlo. El público no podía creerse lo que veía. Los cuatro corredores cruzaron la línea de meta a la vez y batieron el tiempo récord.

—¿Cómo habéis corrido tan rápido hoy? —les preguntó un reportero más tarde.

—Gracias al monstruo Waldgeister —se rio Rayo.

El concurso de trineos de Goofy

Una fría mañana, Goofy se despertó y vio nieve en su ventana.

—¡Yuju! —exclamó al mismo tiempo que salía de la cama de un brinco—. ¡Ha llegado el invierno!

A Goofy le encantaba el invierno. Le gustaba poder abrigarse con su ropa más calentita, hacer muñecos de nieve y el crujido de ésta. Pero lo que más le gustaba era montar en trineo.

Goofy tenía muchos trineos, pero se preguntaba si había una manera más rápida de bajar la colina. Buscó algo que pudiera servirle y encontró el objeto ideal… ¡su tabla de surf!

Goofy salió afuera corriendo y subió la colina. Puso la tabla de surf en el suelo, saltó sobre ella y… ¡se hundió!

—¡Jolín! —dijo Goofy—. Supongo que tendré que encontrar algo más ligero.

Entonces, cogió dos plátanos y se puso las pieles en las suelas de los zapatos. Dio un paso adelante y… ¡Catapum! Goofy se resbaló y se cayó en la nieve.

—¡Au! —gimió—. Supongo que, aunque yo me resbale con las pieles de plátano, éstas no resbalan por la nieve.

En ese mismo momento, apareció Mickey.

—¿Qué haces tumbado en la nieve? —le preguntó.

—Estoy intentando encontrar la forma más rápida de bajar por la colina. ¿Se te ocurre algo?

—A ver…. —respondió Mickey pensativo—. Tengo un trineo de carreras que corre muy rápido.

Creo que podrías probar a ver si te sirve.

—¿Será más rápido que mis trineos? ¡Hagamos una carrera! —propuso Goofy.

Llamó a Minnie, Minnie llamó a Daisy y Daisy llamó a Donald. ¡Todos estaban muy emocionados! Los amigos de Goofy buscaron objetos con los que poder competir en la carrera. Mickey cogió su trineo, Donald encontró una balsa hinchable y Minnie y Daisy eligieron un trineo con dos asientos.

«Quizá un trineo sea lo mejor», pensó Goofy. Pero ¿cuál debía usar? No sabía cuál escoger. Así que amontonó sus trineos en una cesta de la colada y se los llevó a la colina. Sus amigos subieron a la colina y se prepararon para la carrera. Goofy sacó todos los trineos, pero aún no sabía cuál escoger.

—¿Estáis todos listos? —preguntó Mickey—. Preparados, listos…

¡Pero Goofy aún no estaba preparado! Se giró… y cayó dentro de su cesta de la colada.

—¡Ya! —gritó Mickey.

La carrera había empezado sin Goofy. Pero la cesta empezó a deslizarse colina abajo. Cada vez iba más rápido, hasta que Goofy sobrepasó a sus amigos.

—¡Yuju! —gritó mientras se acercaba a la falda de la colina. ¡Goofy había ganado!

—¡Qué rápido has ido! —le dijo Mickey.

—¿Cómo se te ha ocurrido utilizar la cesta? —le preguntó Minnie.

Goofy sonrió.

—Digamos que… me caí en ella.